春秋學研究

第五輯

曾亦　郭曉東　主編

上海古籍出版社

《春秋學研究》委員會

目　録

公羊發微

春秋學史

經學文獻與義理

經 學 訪 談

春 秋 學 譯 介

書 評 與 札 記

公羊發微

何休《公羊傳》所據本尋踪

虞萬里

【摘　要】 東漢何休師承羊弼，上承李育，而與西漢經師之脉絡統緒模糊，故其《公羊傳解詁》所據經師文本，歷來有異説，或謂嚴彭祖本，或謂顔安樂本，或謂兼嚴、顔之本而成。溯其源，或謂上承董仲舒，或謂源自胡毋敬。熹平石經用《嚴氏春秋》本，已爲顔氏校記證明。經梳理文獻，并將何休本與今存熹平《公羊》殘石校核勘正，知其既與石經嚴本有異，也與石經校記的《顔氏春秋》本有同異，又與董仲舒《繁露》説存在差異，可知何休是依據羊弼、李育等所傳之文本，依胡毋敬解經條例，師心自用、自我作古地對文本進行了適當的調整改易，所以，《解詁》是何休心目中最符合胡毋敬記録時的一種文本。

【關鍵詞】 何休《公羊傳》　胡毋敬　董仲舒　熹平石經　師承

【作者簡介】 虞萬里，1956 年生，浙江大學馬一浮書院敦和講席教授。

東漢公羊學有嚴、顔兩家，熹平石經《公羊傳》用嚴彭祖本，此以洪适所記熹平殘石有“顔氏有所見異辭所聞異”等校記殘文而定。何休身丁漢末桓靈之際，遭黨錮之禁，閉門隱身，著《春秋公羊傳解詁》十二卷。方當其著書之始，正熹平石經將刻未刻之際，逮及《解詁》成書，石經亦已刻成。何休所用係何種經本，清代以來各有持説。據《公羊傳・昭公二十五年》“既哭，以人爲菑”何休注：“菑，周埒垣也。所以分别内外衛威儀，今大學辟雍作側字。”辟雍所用當即官方文本，與石經爲一，則知何休所據與熹平石經有異。然欲究其諦義，不妨先回溯《公羊傳》之傳授歷史。

一、《公羊傳》胡毋生、董仲舒傳授系統的争論

《公羊傳》雖不一定如《春秋説題辭》所載是孔子自云“傳我書者，公羊高也”，但

因爲《春秋》雖"貶損大人當世君臣",却未遭當時諸侯之難,可見其微言大義由口口相傳而存,是歷史的真實。

徐彦在《解詁序》"傳《春秋》者非一"下疏引東漢戴宏《解疑論》云:"子夏傳與公羊高,高傳與其子平,平傳與其子地,地傳與其子敢,敢傳與其子壽,至漢景帝時,壽乃共弟子齊人胡毋子都著于竹帛。"[①]何休也説:"孔子畏時遠害,又知秦將燔《詩》《書》,其説口授相傳。至漢,公羊氏及弟子胡毋生等乃始記于竹帛,故有所失也。"[②]説孔子預知秦將燔《詩》《書》,語涉讖緯而不經,但與戴宏説是至胡毋生之時著於竹帛,則相一致。唯所傳世系,前人略有異説。崔適計算子夏至漢景帝三百四十餘年,而謂子夏傳至公羊壽纔五世,必每世六十餘年方可接續。[③] 劉正浩更計算孔子卒於公元前479年,下及漢景帝元年爲公元前156年,前後三百二十餘年,孔子至景帝時之孔安國已十二世,與子夏至公羊壽五世差距太大,所以他説:"歷來傳《公羊》者亦不止於公羊氏一派而已。"[④]崔、劉兩人都是就公羊家屬世系計算,故認爲差距太大。但公羊五世,若加上子夏和胡毋生,則成七世。子夏卒於公元前400年,下至漢景帝元年(前156)約經244年,平均每一世約35年。當然子夏不可能臨終前授徒,但依子夏小孔子44歲推論,若40年左右傳一世,仍在情理允可範圍之内。至於中間或失載一世或二世,也不無可能。由此可知,口傳是《公羊傳》之主要途徑。從授徒傳學而言,子夏傳《公羊》也不可能單綫獨傳,假若某一世傳給二三個學生,而後各自相傳,則途徑必然多頭。這從公羊壽傳給胡毋生而後共同著於竹帛,而董仲舒雖與胡毋生同業而不同師,可證漢初傳《公羊傳》者確實不可能單綫獨傳。

《史記·儒林列傳》云:"言《春秋》於齊魯自胡母生,於趙自董仲舒。"[⑤]《漢書》胡毋生本傳云:"胡母生字子都,齊人也。治《公羊春秋》,爲景帝博士。與董仲舒同業,仲舒著書稱其德。年老,歸教於齊,齊之言《春秋》者宗事之。公孫弘亦頗受焉。"[⑥]公孫弘受業於胡毋生,而《漢書》不載弘所傳之人。相反,與胡毋生同業,但年

① (清)陳立:《公羊義疏》卷七十六,北京:中華書局,2017年,第2922頁。

② 何休《春秋公羊傳解詁》卷二"紀子伯者何?無聞焉爾"下注,(清)陳立:《公羊義疏》卷四,第164頁。

③ (清)崔適:《春秋復始》卷一《公羊傳當正其名曰春秋傳》,《續修四庫全書》(第131册),上海:上海古籍出版社,2002年,第381頁上。

④ 劉正浩:《春秋左傳通考》,臺北:致知學術出版社,2014年,第9頁。

⑤ (漢)司馬遷:《史記》卷一百二十一,北京:中華書局,2003年,第3118頁。按,《史記》作"胡母",胡母、胡毋,文獻頗不統一,本文凡引文一律依原文,而筆者行文則作"胡毋"。

⑥ (漢)班固:《漢書》卷八十八,北京:中華書局,1962年,第3615頁。

齡少其一輩之董仲舒，亦以治《春秋》聞名。《儒林列傳》云："董仲舒爲人廉直。是時方外攘四夷，公孫弘治《春秋》不如董仲舒，而弘希世用事，位至公卿。董仲舒以弘爲從諛。……董仲舒恐久獲罪，疾免居家。至卒，終不治産業，以修學著書爲事。故漢興至于五世之閒，唯董仲舒名爲明於《春秋》，其傳公羊氏也。"①自上武帝三策之後，更提出獨尊儒術，得到武帝重用，由是董仲舒公羊學大顯。但董仲舒之學傳自何人？公孫弘之學不傳，是確無傳人，還是與其爲人有關？皆史缺難徵。

太史公謂《春秋》於齊則胡毋生，於趙則董仲舒，未嘗言胡毋傳董，或董傳胡毋。班固也僅云兩人同業。至徐彦疏《解詁序》"往者略依胡毋生條例"下乃云"胡毋生本雖以《公羊》經傳授董氏，猶自别作《條例》"，②意謂董氏文本係胡毋生所傳，何氏更闡發胡毋之條例。清彭兆漋又提出三條理由以佐證其説。③ 江藩説："同業者，同治《公羊》之學，未嘗云以經傳授董子也。"④皮錫瑞在《經學通論》中引述司馬遷和班固的記載，也駁斥徐説"未可爲據"。⑤ 徐復觀分析《史》《漢》所記，説公孫弘"亦頗受焉"，是弘稍稍受於胡毋生而非正式弟子。弘非正式弟子，史公尚且有記録，"豈有仲舒是胡毋生的正式弟子，而不加紀録之理？"他認爲："董仲舒是趙人，又與胡毋生同時爲博士，此時無相師之理。胡毋生因年老回鄉，而仲舒仍應在長安，更無相師之事。"⑥

胡、董、公孫三人關係，須先確認其年代先後。《史記》説"胡母生，齊人也。孝景時爲博士，以老歸教授，齊之言《春秋》者多受胡母生"，不知其年齡。《史記・平津侯主父列傳》謂公孫弘爲齊菑川國薛縣人，年四十餘乃學《春秋雜説》，建元元年（前 140）弘年六十。若如太史公所述，弘生於高祖七年（前 200），至景帝中元（前 149—前 144）乃學《春秋》於胡毋。胡毋於景帝時爲博士，謂其爲博士時已年老，或已在八十左右，則其生當秦王政十二年（前 235），若然其行迹與伏勝相似。秦時有繼李斯《蒼頡篇》、趙高《爰歷篇》而作《博學篇》的胡毋敬，以三種童蒙識字課本先後來校核李斯、趙高、胡毋敬之年齡，似胡毋最少，年代適與記録《公羊傳》之胡毋生相

① （漢）司馬遷：《史記》卷一百二十一，第 3128 頁。

② （清）陳立：《公羊義疏》卷七十六，第 2932 頁。

③ （清）彭兆漋：《胡毋生以公羊經傳傳授董氏廣證》，見（清）江標輯：《沅湘通藝録》卷一，《叢書集成初編》（第 233 册），上海：商務印書館，1935 年，第 24—25 頁。

④ （清）江藩：《隸經文》卷四《公羊先師考》，《江藩集》，上海：上海古籍出版社，2006 年，第 69 頁。

⑤ （清）皮錫瑞撰，張金平校注：《經學通論校注》卷五，北京：中國社會科學出版社，2019 年，第 317 頁。

⑥ 徐復觀：《兩漢思想史》第二卷《先秦儒家思想的轉折及天的哲學的完成》中《董氏的〈春秋〉學之一》，《徐復觀全集》（第 8 册），北京：九州出版社，2014 年，第 292 頁。

近。胡毋生字子都,子都與敬有字義聯繫。《説文》解“都”爲“有先君之舊宗廟曰都”,後趙岐注《孟子》、高誘注《吕覽》皆用此義,可見爲先秦相傳舊義。“都”爲先君宗廟所在,自當以“敬”爲重,《周頌》多爲祭祀之詩,如祀文王之《清廟》云“於穆清廟,肅雝顯相”,肅即是敬。如諸侯助祭遣於廟之《臣工》云“嗟嗟臣工,敬而在公”,皆是在廟必敬之意。是胡毋敬字子都,亦名與字相應。《漢書》記作胡毋生,“生”乃“先生”之省稱,爲先秦、兩漢對有學問之人的通稱,如《史》《漢》稱董仲舒爲“董生”。“生”與“都”無字義與典實關係,故“生”非胡毋之名,當是對年老有學問的胡毋敬之尊稱。若作《博學篇》之胡毋敬即將《公羊傳》書於竹帛之胡毋生,則年輩自然最高,所以董仲舒“著書稱其德”。董仲舒生於文帝元年(前 179),顯然不僅晚於公孫弘,更晚於胡毋生。

胡毋與董生相師與否是一事,兩人之著作和學術傳承又是一事,而尤當以著作和傳承更爲重要。

金德健認爲,《春秋繁露》中論列《春秋》微言大義,和《公羊傳》講法相同或相似者,觸處皆是;又《春秋繁露》側重陰陽五行生剋之理,與稷下學派的鄒衍“一氣相通”,所以西漢《公羊傳》是由董仲舒傳授下來,“而不會來自别人”。① 金氏意思是藉以上兩點,可以排斥、否定胡毋生在公羊學傳授中的事迹。周桂鈿也梳理兩漢公羊學傳授源流,雖然承認公羊壽同時傳胡毋生和董仲舒,但最後仍説“董仲舒有《春秋繁露》存世,胡毋生没有書流傳下來,何休所依的胡毋生哪一本書,史無憑證,不得而知”,所以他的結論就是:“公羊學在漢代,兩個人成爲代表人物:西漢董仲舒,東漢何休。”②周説之意,胡毋生文本無傳,東漢何休所據係董仲舒一系文本。

胡毋和董生的文本,與兩人弟子之傳授有密切關係。但《史》《漢》所載,頗使後人滋生歧義。《史記·儒林列傳》云:

> 董仲舒爲人廉直,是時方外攘四夷,公孫弘治《春秋》不如董仲舒,而弘希世用事,位至公卿。董仲舒以弘爲從諛。弘疾之……董仲舒恐久獲罪,疾免居家,至卒終不治産業,以修學著書爲事,故漢興至于五世之間,唯董仲舒名爲明於《春秋》,其傳公羊氏也。胡母生,齊人也。孝景時爲博士,以老歸教授,齊之言《春秋》者多受胡母生,公孫弘亦頗受焉。……仲

① 金德健:《〈公羊傳〉述作當在董仲舒辨——徐彦所引〈戴宏序〉説質疑》,《管子學刊》1993 年第 2 期,第 59—62 頁。

② 周桂鈿:《漢代公羊學傳授考》,《中國史學史》1996 年第 2 期,第 34 頁。

舒弟子遂者，蘭陵褚大、廣川殷忠、温吕步舒。[①]

師從胡毋生的公孫弘嫉妒董仲舒之爲人，陰使手段，致使董仲舒"疾免居家，至卒終不治産業"，只能"以修學著書爲事"。表面看弘陰使手段使董仲舒淡出政界，却也造就了董在學界的地位。太史公明言董仲舒弟子有褚大、殷忠和吕步舒，但班固所記略有不同。《漢書·儒林傳》云：

> 胡母生字子都，齊人也。治《公羊春秋》，爲景帝博士，與董仲舒同業。仲舒著書稱其德，年老，歸教於齊，齊之言《春秋》者宗事之。公孫弘亦頗受焉。而董生爲江都相，自有傳。弟子遂之者，蘭陵褚大、東平嬴公、廣川段仲、温吕步舒。大至梁相，步舒丞相長史，唯嬴公守學不失師法，爲昭帝諫大夫。授東海孟卿、魯眭孟。孟爲符節令，坐説灾異誅，自有傳。[②]

班固文字雖因襲史遷，然弟子多出一於師傳中極其關鍵之嬴公。何以謂嬴公爲關鍵人物？蓋班固《儒林傳》承接而云：

> 嚴彭祖字公子，東海下邳人也，與顔安樂俱事眭孟。孟弟子百餘人，唯彭祖、安樂爲明，質問疑誼，各持所見。孟曰：'《春秋》之意在二子矣。'孟死，彭祖、安樂各顓門教授，由是《公羊春秋》有顔、嚴之學。[③]

《漢書》顔安樂傳云："安樂字公孫，魯國薛人，眭孟姊子也。家貧，爲學精力，官至齊郡太守丞，後爲仇家所殺。"[④]其弟子泠豐，豐弟子馬宫，在王莽時亦貴顯。可見嚴、顔兩家在西漢都曾顯赫一時。至哀、平之際，郅惲習《嚴氏春秋》。降及東漢，丁恭、樓望、承宫、樊儵、鍾興、張霸等多習《嚴氏春秋》，於是嚴氏盛而顔氏微。

東漢桓帝時《漢嚴訢碑》謂"訢字少通，治《嚴氏春秋》馮君《章句》"，[⑤]《通典》卷四十八載魏高堂隆云"馮君八萬言《章句》"，[⑥]是嚴氏弟子馮某者，有《嚴氏公羊章句》也。嚴彭祖弟子王中，中弟子有公孫文和東門雲，文爲東平太守，"徒衆尤盛"，

---

① (漢) 司馬遷：《史記》卷一百二十一，北京：中華書局，1959年，第3129頁。按，殷仲，裴駰集解引徐廣説，謂"殷"當作"段"，蓋《漢書》作"段"，梁玉繩《史記志疑》卷三十五有辯證，見(清) 梁玉繩：《史記志疑》卷三十五，北京：中華書局，1981年，第1440頁。

② (漢) 班固：《漢書》卷八十八，第3615—3616頁。

③ (漢) 班固：《漢書》卷八十八，第3616頁。

④ (漢) 班固：《漢書》卷八十八，第3617頁。

⑤ (宋) 洪适：《隸續》卷三，北京：中華書局，1985年，第307頁下。

⑥ (唐) 杜佑：《通典》卷四十八，北京：中華書局，1988年，第1347頁。

馮君當爲文及雲後學中之有成就者。因東漢《嚴氏春秋》盛行,故熹平石經即以《嚴氏春秋》爲主,刻於碑陽,而校以顔氏異同,著校記於碑陰。可見眭孟之後下至東漢末年,《公羊春秋》大多爲嚴、顔之學。嚴、顔之學上溯眭孟,源出於"守學不失師法"之嬴公。故嬴公之師承,是東漢公羊學之關鍵。若嬴公爲仲舒弟子,則西漢中期至東漢以還之公羊學是董學;爲胡毋生弟子,則西漢中期至東漢以還公羊學是胡毋學。司馬遷《史記》不載嬴公其人,班固《漢書》所載嬴公後人有歧解。鄭玄《六藝論》云:

> 治《公羊》者,胡毋生、董仲舒。董仲舒弟子嬴公,嬴公弟子眭孟,眭孟弟子莊彭祖及顔安樂,安樂弟子陰豐、劉向、王彦。①

鄭康成認爲嬴公爲董仲舒弟子。而范曄《後漢書·儒林列傳下》據班固《漢書》云:"齊胡母子都傳《公羊春秋》授東平嬴公,嬴公授東海孟卿,孟卿授魯人眭孟,眭孟授東海嚴彭祖、魯人顔安樂。"②范曄和鄭康成所述正相對立。

嬴公之師承,亦即爲董爲胡毋之弟子,近年顧永新首予考察辯證。顧文詳細梳理歷代學者對嬴公師董生師胡毋之兩種説法,陳陳相因。認嬴公爲董仲舒弟子之最有力證據是眭孟説過"先師董仲舒",顧文分析"先師"當如顔師古所説的"前學之師",非自稱嫡系師承關係,證嬴公爲胡毋生弟子。③ 程蘇東又從《史》《漢》傳記"自有傳"的記述方法,來佐證顧説,即《漢書·儒林傳》"董生爲江都相,自有傳"後"弟子遂之者"以下,係承胡毋生而言,所以"嬴公守學不失師法"之師法是指胡毋生師法。所論皆極有理致。④ 程文從史傳記述手法分析,與范曄叙述一致,應是漢魏六朝史家的史學筆法,且范曄記録的師承也得到王應麟的繼承響應。⑤

但若再從年代上論,胡毋生在景帝初年任博士時已年老,似很難活到武帝建元(前140—前135)時代,《漢書·儒林傳》述公羊學弟子,嬴公在褚大後,褚大於"武帝

---

① 鄭玄《六藝論》,見何休《春秋公羊經傳解詁序》"傳《春秋》者非一"下徐彦疏引,(清)陳立:《公羊義疏》卷七十六,第2922頁。

② (南朝宋)范曄:《後漢書》卷七十九下,中華書局,1973年,第2577頁。陳立説"范氏誤以前書弟子遂之者綴於胡毋子都下,誤仞爲胡毋弟子",可能是不明白漢魏六朝史書書寫的體式。見(清)陳立:《公羊義疏》卷七十六,第2923—2924頁。

③ 顧永新:《西漢〈公羊〉學授受源流考》,《中國經學》第26輯,桂林:廣西師範大學出版社,2020年,第71—86頁。

④ 程蘇東:《〈春秋〉公羊學胡毋生師授譜系補證》,《北方論叢》2021年第2期。

⑤ 王應麟《玉海》卷四十二云:"胡毋生治公羊,弟子唯嬴公守學,不失師法。"見武秀成、趙庶洋校證:《玉海藝文校證》卷八,南京:鳳凰出版社,2013年,第355頁。

元狩六年(前117)冬”,“持節巡行天下”,又在元封元年(前110)“與寬(兒寬)議封禪於上前”,應屬可親炙仲舒之學者。褚大傳嬴公,嬴公爲昭帝諫大夫,守師法而傳孟卿和眭孟,師弟子先後活動於武帝、昭帝、宣帝時代,傳授脉絡與時代正相銜接。若然,嬴公似無法上接胡毋生,除非中間有缺傳人,所以鄭玄《六藝論》的記述仍不失爲一種客觀的傳授脉絡。《六藝論》記到劉向、王彦,與《漢書》《經典釋文》等都不同。阮元校勘記説“蓋鄭君所聞不必與班氏合也”。[①] 確實,康成身處今古文融合時代,又研習嚴彭祖《嚴氏春秋》,他對自己傳習的傳授系脉陳述不至於錯亂。鑒此,嬴公所師爲董爲胡毋,未可就此定音。在没有更新材料可證實之前,暫且擱置胡毋之傳承,而著重探討何休本之所祖。下面從文本角度對《公羊傳》作一分析。

二、由熹平《公羊》殘石文字引出胡毋敬本的討論

熹平石經在五經中選擇一家經文刻於碑陽,同時校勘其他幾家異文,寫成校勘記刻於碑陰。石經刻成不久即遭毁壞,旋即搬遷、沉埋上千年。宋代出土一批熹平殘石,中有《公羊傳》三百七十五字,個别殘石兩面有字,故而存有幾條校記,一并被洪适《隸釋》遂録保存。洪适據《公羊傳》殘石校記有“顔氏”字,因推測石經正文用《嚴氏春秋》本。清人循此思路推測何休《解詁》所據本,并各執己見。二十世紀二十年代後,復又出土六百零三字,總計九百七十八字,亦有學者據而推測何休所用文本。以下分述之。

清人究心於何休《公羊解詁》者數十家,於其文本所據者持説有二:

(一) 以何休所據爲《顔氏春秋》文本

惠棟蒐采古義,欲以見漢代經師之師承與古義,他以《隸釋》殘文爲據,推測何休《公羊解詁》文本:

> 《公羊》有嚴、顔二家,蔡邕石經所定者,《嚴氏春秋》也。何邵公所注者,《顔氏春秋》也。何以知之? 以石經知之。石經載《公羊》云“桓公二年,顔氏有‘所見異辭,所聞異辭’”云云,是《嚴氏春秋》已見於隱元年,於此不復發傳也,今何本有之。又云“卅年,顔氏言‘君出則己入’”,此僖三十年傳也;又云“顔氏無‘伐而不言圍者,非取邑之辭也’”,今何氏本亦無,

① (清)阮元主編:《春秋公羊傳注疏校勘記》卷一,北京:北京大學出版社,2015年,第3頁上。

以此知何所注者,蓋《顔氏春秋》也。[①]

惠棟所論,在洪适所見所論基礎上,立足於漢代《公羊傳》文本只有嚴、顔兩家,既然熹平石經用《嚴氏春秋》本,何休與殘石文字不同,則其用《顔氏春秋》無疑。[②] 後阮元主持校勘《公羊傳》,臧庸在《桓公二年》"所見異辭"下云:"然則熹平立石者爲《嚴氏春秋》,於此無'所見異辭'三句,何氏所注者爲《顔氏春秋》,於此有之,漢石經於碑末列其同異。"思路和惠棟一樣。按嘉慶時撰《十三經注疏校勘記》,參考過惠棟《九經古義》,故此當受到惠説影響。唯臧氏又云:"無此三句則'遠也''隱亦遠也'文相承,有則與哀十四年傳復出矣。"[③]以爲有此三句爲贅。

(二) 以何休所據爲胡毋敬系統本

阮元嘗謂"何休爲膠西四傳弟子,本子都《條例》以作注,著《公羊墨守》《公羊文謚例》《公羊傳條例》,尤邃於陰陽五行之學,多以讖緯釋傳",[④]云其爲四傳弟子,不知何據。若以嬴公爲董仲舒弟子,嬴公傳眭孟,孟傳嚴、顔,則嚴彭祖和顔安樂爲膠西四傳弟子,遠未及何休。[⑤]

馮登府精研石經,其於《公羊傳》殘石"始僭諸公放於此乎"下略有考證。馮氏首先從方言上去認識,謂:"《二年傳》'昉'下注'昉,適也。齊人語'。"徐彦解云:"胡母生齊人,故知之。若《鄭譜》云'然則詩之道放于此乎'之類。"是胡毋生作"昉",而

---

① (清) 惠棟:《九經古義》卷十三,(清) 阮元、(清) 王先謙原編,虞萬里類編:《正續清經解類編》(第46册),北京:中國書店,2020年,第488頁上。

② 惠棟在同卷也注意到何休在隱公二年傳"始滅昉於此乎"注"昉,適也,齊人語",而《鄭譜》有"然則詩之道放於此乎"之語,乃云:"案五年傳云:'始僭諸公昉於此乎。'蔡邕石經《公羊》昉作放,鄭康成注《考工記》云旊讀如放於此乎之放,是漢時《公羊》'昉'皆作'放'。"并未將"昉"作爲齊人胡毋生的方言詞借以分别《公羊》文本。後馮登府引而别之。

③ (清) 阮元主編:《春秋公羊傳注疏校勘記》卷二,第29—30頁。

④ (清) 阮元:《十三經注疏校勘記序》,《揅經室集》一集卷十一,北京:中華書局,2006年,第260頁。

⑤ 按,何休受業於羊弼,弼從李育學,育在東漢初,與賈逵同時,曾著文互相攻擊,故其不可能上承董仲舒受業。江藩云育之學本之胡毋敬,謂"本之",乃遠承之意,差近之。周桂鈿文亦嘗排比羊、李與董之年代,以爲不可能,參見前揭文。黄開國揭出阮元之説本之宋代章如愚《群書考索》,章謂董仲舒以《公羊》顯於朝,"又四傳至何休,爲經傳集詁,其書遂傳"(《公羊學發展史》,北京:人民出版社,2013年,第338頁)。并對董、何年代作了詳細分析排比,認爲不可能。唯其計算嚴、顔立博士年代在宣帝時,宣帝即位於公元前73年,何休生於公元129年,謂中間"也有一百五十餘年時間了",則誤,應是202年。又,《群書考索》文字,其實是本之晁公武《郡齋讀書志》之説,見(宋) 晁公武撰,孫猛校證:《郡齋讀書志校證》卷三,上海:上海古籍出版社,1990年,第101頁。

鄭玄作“放”也。今何休本即作“昉”。[①] 因爲鄭玄用字與石經不同，故進而考察鄭、何之異。他列舉鄭玄《詩·采芑箋》引《莊八年》“甲午治兵”、《禮記·曲禮注》引《莊二十年傳》“大灾者何，大瘠也”、《大學注》引《隱五年傳》“登戾之聘”、《聘禮注》引《閔二年傳》“使之將兵”、《周禮·大宰注》引《文十三年傳》“爲周公後”、《大司徒注》引《桓十一年傳》“遷鄭焉而鄙留”、《儀禮·鄉飲酒禮注》引《宣六年傳》“疑然從於趙盾”、《易·坤·文言注》引《文十三年傳》“群公溓”等八證，謂鄭玄所引都與何休不同。馮同鄉馬應潮説鄭玄所研習者爲《嚴氏公羊》，乃下結論云：“愚謂作‘昉’者胡毋生本也。石經作‘放’，是嚴氏本。”[②]

江藩從漢代師承關係上考察，歷數胡毋敬和董仲舒兩系之傳承，謂胡毋敬歸老於齊後，其學不顯，史載其傳公孫弘一人，亦不見後繼者，故西漢傳《公羊》者皆本董氏，而衍生出嚴、顏兩家。至東漢而傳嚴氏者更盛。唯其考何休之學出於李育，而指育傳胡毋敬學云：

> 至於李育，雖習《公羊》，然不知其爲嚴氏之學歟？顏氏之學歟？何休之師，則博士羊弼也。傳稱休與弼追述李育意以難二傳，作《公羊墨守》，則休之學出於李育，無所謂嚴氏、顏氏矣。其爲《解詁》，依胡毋生《條例》，自言多得其正。至於嚴、顏之學，則謂之“時加釀嘲辭”，又曰“甚可閔笑”，然則休之學出於育，育之學本之子都矣。今之《公羊》乃齊之《公羊》，非趙之《公羊》也。[③]

皮錫瑞亦述何休、羊弼追述李育之學以難二傳，然羊弼、李育書不存，何休《墨守》僅存一二條，故不明確何書所從。[④]

石經用嚴彭祖本，殘石可證；鄭玄研習嚴彭祖《公羊》，所用三傳文字皆與何休不同，則何休所用文本與鄭玄不同似乎是一種事實。但與鄭玄傳習《嚴氏春秋》不同者可以是《顏氏春秋》，也可以兼用嚴、顏《公羊春秋》，後即有人持此觀點。

（三）何休兼用嚴彭祖、顏安樂本

二十世紀初，王國維在撰寫《魏石經考》時，關注《隸釋》所存熹平《公羊》殘石文字，

---

① 按，今何休本《公羊傳解詁》“昉”出現三次，一次爲隱公二年，即何休所注“齊人語”者，另一次爲同年“始不親迎昉於此乎”，又一次爲隱公五年文。其流放、放置之“放”仍作“放”。

② （清）馮登府：《石經補考》卷二，虞萬里主編：《石經文獻研究集成》（第1册），天津：天津古籍出版社，2020年，第342—343頁。按，《石經補考》刻本“始僭諸公放於此乎”之“放”誤刻作“昉”，今正。

③ （清）江藩：《隸經文》卷四《公羊先師考》，《江藩集》，上海：上海古籍出版社，2006年，第70頁。

④ （清）皮錫瑞著，張金平校注：《經學通論校注》卷五，第360頁。

亦利用四條殘石校記文字,對何休《公羊傳解詁》所據本作出不同於清人的推論:

> 第一條:"傳桓公二年,顔氏有'所見異辭,所聞異'。"下闕。
>
> 第三條:"卅年。顔氏言'君出則已入'。"

王氏校核何休本,於桓二年和僖卅年皆有此文,謂"是從顔氏也"。

> 第二條:"何以書? 記灾也。"

王國維校其文,當是僖公二十年"西宫灾,何以書? 記異也"之校語,并云:"校語既出'何以書? 記灾也'之異文,則其本文'灾'當作'異'。唐石經《公羊傳》作'灾',與顔氏合。宋十行本作'異',則與嚴氏合。"

> 第四條:"顔氏無'伐而不言圍者,非取邑之辭也'。"

王氏校核何休本有此十二字,遂謂"亦從嚴而不從顔",於是得出結論"然則邵公之本,實兼采嚴、顔二家,與康成注《禮經》《論語》體例略同"。①

王國維先有康成兼容今古文之預設,故有"後漢之季,雖今文學家,亦尚兼綜"的想法,②於是作出上述判斷,以爲何休亦尚兼綜。但省思其第一條,既然顔安樂和嚴彭祖皆有,怎麽可以説是從顔安樂本呢? 第三條校記説"顔氏言'君出則已入'",是"言"不是"有",也不是"無",無論有還是無,都不能説何休從顔氏,何况是"言",其後必有其他文字異同在。王氏的判斷,對二十世紀的公羊學研究很有影響,以致趙伯雄在闡述何休之學時顯得進退失據。他先引述王説,認爲"何休雖然也崇尚'兼綜',却始終堅守今文家的壁壘"。③

對清以來討論何休所據本作一次總結性清理的是段熙仲。段氏在 1948 年作《〈春秋公羊傳解詁〉所據本考》,④從五個方面來論證。

(一) 何君所據本與漢石經不同。此條舉《公羊·昭公二十五年傳》"以人爲菑",何休説"今太學辟雍作'側'字",引厲鶚説以辟雍爲漢石經。按何休卒於 182

---

① 王國維:《書春秋公羊傳解詁後》,《觀堂集林·藝林》卷四,《王國維全集》(第 8 册),杭州:浙江教育出版社、廣州:廣東教育出版社,2009 年,第 101—102 頁。按,整理本於王氏所標"三"下括注"二",於"二"下括注"三",意其一二三四之順序也,以爲王氏筆誤。實在王氏所標,乃據殘石之順序,原非誤標,今仍據原文。

② 王國維:《書春秋公羊傳解詁後》,《觀堂集林·藝林》卷四,《王國維全集》(第 8 册),第 102 頁。

③ 趙伯雄:《春秋學史》,濟南:山東教育出版社,2004 年,第 220 頁。

④ 段熙仲:《春秋公羊學講疏》,南京:南京師範大學出版社,2002 年,第 14—22 頁。下引見此書者,不一一標示。

年,時熹平石經應大體刊成。但此不必定指石經文字,當時立博士的官學是《嚴氏春秋》,辟雍所教當然是《嚴氏春秋》文本。又舉《公羊·宣公六年傳》"靈公有周狗",何休訓爲"比周之狗",而郭璞《爾雅》引《公羊》和張華《博物志》都作"害狗",郭、張用通行本或石經,自與何休本不同。[①]

(二)亦與《嚴氏春秋》異。此條用"所見異辭所聞異辭"的石經異文來證明顔安樂與嚴彭祖不同外,又援引馮登府所舉鄭玄《儀禮·鄉飲酒禮注》引《宣六年傳》"疑然從於趙盾"文,今何本《公羊傳》作"仡然從乎趙盾而入",何休注:"仡然,壯勇貌。"是與《嚴氏春秋》不同之證。

(三)并與《顔氏春秋》異。此條同意王國維第四條、第二條,而謂"據此二條,則知何君本亦異於《顔氏春秋》"。

(四)依據江藩之説,梳理漢代公羊學師承,謂"西漢時公羊先師但有董生、胡母二家,何君本既與嚴、顔俱異,嚴、顔均出於董,則何君當出於胡母生也"。

前四條是對前人成果之總結,以下一條爲段氏之新證,主要辨析董、何文本與説解之不同,以證何所用爲胡毋敬本。

(五)以《春秋繁露》《漢書·五行志》《解詁·自序》、徐彦疏及熹平石經殘石論何休所據本。又細分爲八點:

1. 以《春秋·莊公十六年》"冬十有二月,公會齊侯、宋公、陳侯、衛侯、鄭伯、許男、曹伯、滑伯、滕子同盟于幽"和《十五年》"春,齊侯、宋公、陳侯、衛侯、鄭伯會于鄄"兩條經文,校核《左傳》《穀梁》中"公"與"曹伯"之有無,對照董仲舒《春秋繁露·滅國下》所云,證何本與董本不同。

2. 以《春秋·莊公十八年》"春王三月,日有食之"下《公羊》無傳文,而《漢書·五行志》引却有"《公羊傳》曰食晦。董仲舒以爲宿在東壁,魯象也"之文,可見何休本與董仲舒本不同。

3. 以《春秋·桓公元年》"春王正月,公即位"、二年"春王正月戊申"、三年"春正月"爲例,《公羊》在元年下云"繼弑君不言即位,此其言即位何?如其意也"。何休《解詁》在"公即位"下云:"據莊公不言即位。"又在三年下解釋經有王和無王的原因,[②]可

---

① 按,《尚書·君奭》"割申勸寧王之德",鄭玄《禮記·緇衣》注引作"《緇衣》引《君奭》曰:周田觀文王之德。"割,壞字作"害",害、周古文形似,故誤。此可見西漢古隸傳鈔中仍有形近而誤之字。

② 何休《公羊傳·桓公三年》"春正月"解詁云:"無王者,以見桓公無王而行也。二年有王者,見始也。十年有王者,數之終也。十八年有王者,桓公之終也。明終始有王,桓公無之爾。不就元年見始者,未無王也。"(清)陳立:《公羊義疏》卷十一,第413頁。

見何本的《春秋》元年是書“王”書“即位”的。但《繁露·玉英》篇云“桓之志無王,故不書王,其志欲立,故書即位。書即位者,言其弑君兄也;不書王者,以言其背天子。是故隱不言正,桓不言王者,皆從其志以見其事也。”可見董仲舒所持本無“王”,與何本異。

4. 以《春秋·僖公三十一年》“夏四月,四卜郊,不從,乃免牲,猶三望”下,《公羊傳》有“三卜,禮也;四卜,非禮也”云云。何休《解詁》謂:“禮,天子不卜郊。”又云:“魯郊非禮,故卜爾。”但董仲舒《繁露·郊祀》和《郊事對》兩篇則不以卜郊爲非禮,與何休不同。

5. 以《春秋·僖公二十年》“五月乙巳,西宫灾”下《公羊傳》有解釋何爲西宫及爲什麽要記,而《漢書·五行志上》有“釐公二十年五月己酉西宫灾,董仲舒以爲釐娶于楚而齊媵之”云云,可見董仲舒本是己酉,而何休本是乙巳,記日不同。

6. 以《春秋·宣公十六年》“夏,成周宣謝灾”下《公羊傳》解“外灾不書,此何以書,新周也”。何休《解詁》專就“新周”而云:“孔子以《春秋》當新王,上黜杞,下新周而故宋。”但《漢書·五行志》在“成周宣榭火”下引董仲舒、劉向説,絶不言“新周”事,段氏以爲“新周”是公羊家津津樂道者,《繁露·三代改制》亦言之,董仲舒在“成周宣謝灾”下不涉及“新周”,很可能他所據本没有“此何以書,新周也”文。

7. 以《解詁》自序“至有倍經任意反傳違戾者”下徐彦疏舉成公二年逄丑父代齊侯當左以免其主一事,謂“《春秋》不非而説者非之”。何休云:“丑父死君,不賢之者,於王法,頃公當絶。如賢丑父,是賞人之臣絶其君也。若以丑父故不絶頃公,是開諸侯戰不能死難也。”這是徐彦“《春秋》不非”之意。而《繁露·竹林》篇云:“逄丑父殺其身以生其君,何以不得爲知權?……其免頃公爲辱宗廟於齊,是以雖難,而《春秋》不愛。”此徐彦所謂“説者非之”者。由此可見,董仲舒與何休觀點絶然相反。

8. 羅振玉《漢熹平石經殘字集録》謂“《公羊傳》校今本不同者三字,句法不同者二句”,而其實遠不止此。段氏重校何休本與石經殘字,“凡今本《公羊春秋》經文與熹平石經異者二十三”,乃謂何休今本與《嚴氏春秋》本不同之實證也。此外還有用異體字之不同,可略而不論。最顯要的是句式不同,僖公十年何休《解詁》本“又將圖寡人”,殘石作“又將寡人之圖”;宣公六年何休《解詁》本“國之力士也”,殘石作“力國士也”,等等。

綜上所述,何休所據本雖有三種觀點,但經段熙仲詳細論證,其用胡毋敬系統本而與熹平石經《嚴氏春秋》本不同,似乎依據的事實最爲充分。但是,段氏所證,還僅限於某些文字之不同,以及個别文字不同所引起的經説差異。兩漢師法家法之不同,主要體現在文本的不同和解説的不同,文本的不同首先是文字,文字之不同，小則有用字用詞之異和字體之異，大則有文句、語序和段落差别。由字詞之異和字體之異，引起經師句讀和解説的不同，而文句、語序和段落差别，直接體現文本和解説的對立，是另立博士或自成一家之學的基礎。清以還學者都以師承和熹平石經殘石文字爲基礎，偶爾如段熙仲提及個别句法語序不同，但都很少涉及句子之多寡。隨著張國淦《漢石經碑圖》行世和吕振端對《公羊傳》殘石的重新研究，我們可以從熹平石經《公羊傳》整體碑式中去探尋《嚴氏春秋》和何休所據本之異同。

三、《嚴氏春秋》與何休本字句多寡舉例

漢代建立博士的要素之一是經的不同文本和不同解説，故不同師法家法的文本，一定會有文字的差異和文句、語序甚至段落等的不同，由這些文字和文句、語序、段落差異自然會導致解説的不同，《公羊傳》也莫能例外。嚴、顔文本同出眭孟，但熹平石經所刻《嚴氏春秋》，已與《顔氏春秋》有文字和文句出入。何休所據爲何種傳本？馮登府和段熙仲等認爲是胡毋敬本，但他們的引證，大多局限在文字和字體，僅涉及個别的句式和短語。文字和字體的差異，固可反映出文本不同的來源，但也有可能是傳鈔過程中用字習慣和音譌、形譌等造成，唯文句多寡顛倒等等，纔能真正顯示其來源和師法之不同。兹在馮、段等人基礎上，利用漢石經碑圖的排列文字，以與何休本校核，凡一字二字之出入，姑且忽略不計，專就多字及段落之多寡予以排比考證，以此揭示、落實何休本與《嚴氏春秋》本的差異。下面先將宋代出土、爲洪适《隸釋》所存録的《公羊傳》隱公四年至桓公元年文字復原如下（圖一）。

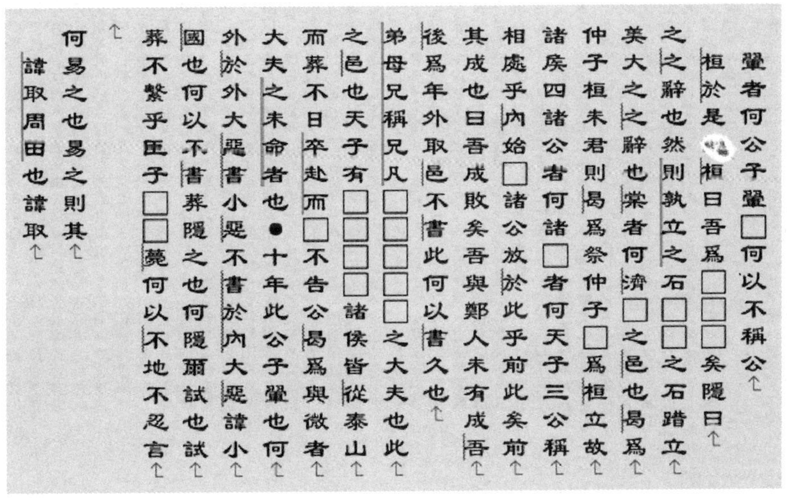
翬者何公子翬□何以不稱公
桓於是[illegible]桓曰吾爲□□□矣隱曰
之之辭也然則孰立之石□□之石踖立
矣大之之辭也衆者何濟□之邑也曷爲
仲子桓未君則曷爲祭仲子□爲桓立故
諸侯四諸公者何諸□者何天子三公稱
相處乎內始□諸公放於此乎前此矣前
其成也曰吾成敗矣吾與鄭人未有成吾
後爲年外取邑不書此何以書久也
弟母兄稱兄凡□□□□□□之大夫也此
之邑也天子有□□□□諸侯皆從泰山
而葬不日卒赴而□不告公曷爲與微者
大夫之未命者也●十年此公子翬也何
外於外大惡書小惡不書於內大惡諱小
國也何以不書葬隱之也何隱爾試也試
葬不繫乎臣子□□薨何以不地不忍言
何易之也易之則其
諱取周田也諱取

圖一　洪适《隸釋》所録《公羊傳》復原圖

由以上的復原,我們尚且看不出嚴氏和何休所據胡毋敬本的差異。如果將嚴氏本文字全部復原,其文句多寡隨即有所顯現。公羊傳碑圖每行七十三字,張國淦和吕振端相同。下面是吕振端復原的《公羊傳》第一碑陽面(圖二)。

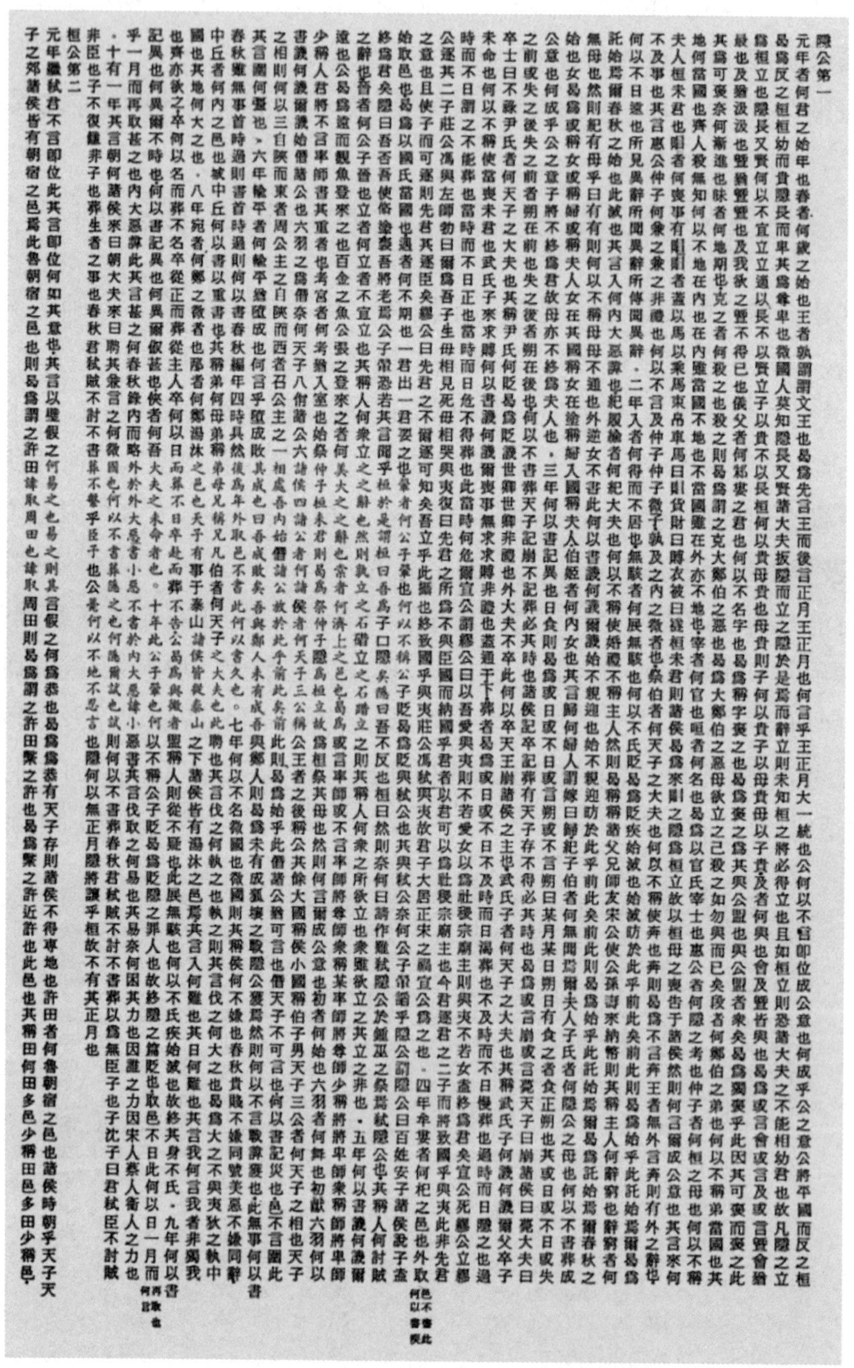

圖二　吕振端《公羊傳·隱公》復原碑圖

由碑圖可以看出，殘石文字始涉於隱公四年。從碑圖排列看，即從隱公元年開始到三年結束，因無殘石出土，文字多少無從證實。從殘石文字"翬者何公子翬"向前推至四年開始，有"四年牟婁者何杞之邑也外取邑不書此何以書疾始取邑也曷爲以國氏當國也遇者何不期也一君出一君要之也"46 字，但是碑圖上僅有 38 字字位，此表明何休所據本要比嚴彭祖本多出八字。一行七十三字中多出八字，絶對不可能是異文或之乎者也的有無，而必是句式的多寡。吕振端將"邑不書此何以書疾"贅於第十九行末，不成句式。① 若必欲在此 46 字中尋找異文異句，似"曷爲以國氏當國也"八字，未必是《嚴氏春秋》所有。何則？因爲"衛州吁弑其君完"，州吁非魯國人，加國名於前是必須的。傅隸樸云："既爲外國之事，若不冠國名於人名上，怎能知其爲何國之事？……無不冠其國名，此不惟爲史例所當然，也是記事最起碼的常識。公羊之義，根本不是義。"②立足此點，可以説何休所據本有此八字而嚴彭祖無之。但仍有可能是前三年中間隔性少八字或單少八字一句，此已無可確證。而下面一句的多寡則可限定在一年之内。

從碑圖的三十二行(倒數第七行)隱公十年文觀察，殘文有"十年此公子翬也何"八字，此至第三十三行(倒數第六行)殘文"外於外大惡書"前，應有"以不稱公子貶曷爲貶隱之罪人也故終隱之篇貶也取邑不日此何以日一月而再取也何言乎一月而再取甚之也内大惡諱此其言甚之何春秋録内而略"62 字，而實際只有 57 字位，多出五字。張國淦將"邑不日此何以日一"八字作雙行排列，③吕振端將"再取也何言"五字贅於行外。反復體味此 62 字，先取"取邑不日此何以日一月而再取也何言乎一月而再取甚之也"一句分析，後一個"一月而再取"五字若省去，成爲"此何以日一月而再取也何言乎甚之也"，字數相合，并不影響文義。但《公羊傳》所有二十個"何言乎"後都帶賓語，似此處亦不當省。反復排比，很可能嚴氏文本無"此公子翬也"五字，而直接設問"何以不稱公子"。如下文經"冬十有一月壬辰，公薨"，《公羊傳》直接問"何以不書葬"，并不提稱公薨必須書葬。全書直接設問，不提稱者頗多。

僖公碑圖因爲有《集存》三四四一塊殘石，兩家文字差異甚大。兹先將殘石拓本和復原圖展示(圖三、圖四)。

---

① 張國淦據《隸釋》排此殘字，未有"邑不書此何以書疾"八字贅於行外，但其隱公和桓公文字上下相差八字，不符合碑石斷裂行狀，故不取張氏排法。

② 傅隸樸：《春秋三傳比義》(上册)，北京：中國友誼出版公司，1984 年，第 47 頁。

③ 張國淦：《漢石經碑圖》，虞萬里主編：《石經研究文獻集成》(第 4 册)，第 65 頁。

圖三 《公羊傳》僖公拓本

僖公十年下，殘石有“累者”兩字殘筆，自“累者乎”之“乎”開始，至次行與“甚欲立”之“立”齊平之前，應該是 73 字，今何本有“乎曰有孔父仇牧皆累也舍孔父仇牧無累者乎曰有有則此何以書賢也何賢乎荀息荀息可謂不食其言矣其不食其言奈何奚齊卓子者驪姬之子也荀息傅焉驪姬者國色也獻公愛之甚欲”76 字，多出三字。詳察此文，“國色也”三字可省，或即嚴本所無，然亦非必如此，故識之待考。

僖公十四年傳文正在殘石第六行第 41 字開始至第八行第 50 字止。以每行 73 字計，石經嚴本僖公四年傳文應是 155 字，而何休本傳文却有 224 字(包括“十有四年”四字)，多石經 69 字。先將何本原文録出如下：

> 十有四年孰城之城杞也曷爲城杞滅也孰滅之蓋徐莒脅之曷爲不言徐莒脅之爲桓公諱也曷爲爲桓公諱上無天子下無方伯天下諸侯有相滅亡者桓公不能救則桓公耻之也然則孰城之桓公城之曷爲不言桓公城之不與諸侯專封也曷爲不與實與而文不與文曷爲不與諸侯之義不得專封也諸侯之義不得專封則其曰實與之何上無天子下無方伯天下諸侯有相滅亡者力能救之則救之可也鄫子曷爲使乎季姬來朝内辭也非使來朝使來請己也沙鹿者何河上之邑也此邑也其言崩何襲邑也沙鹿崩何以書記異也外異不書此何以書爲天下記異也

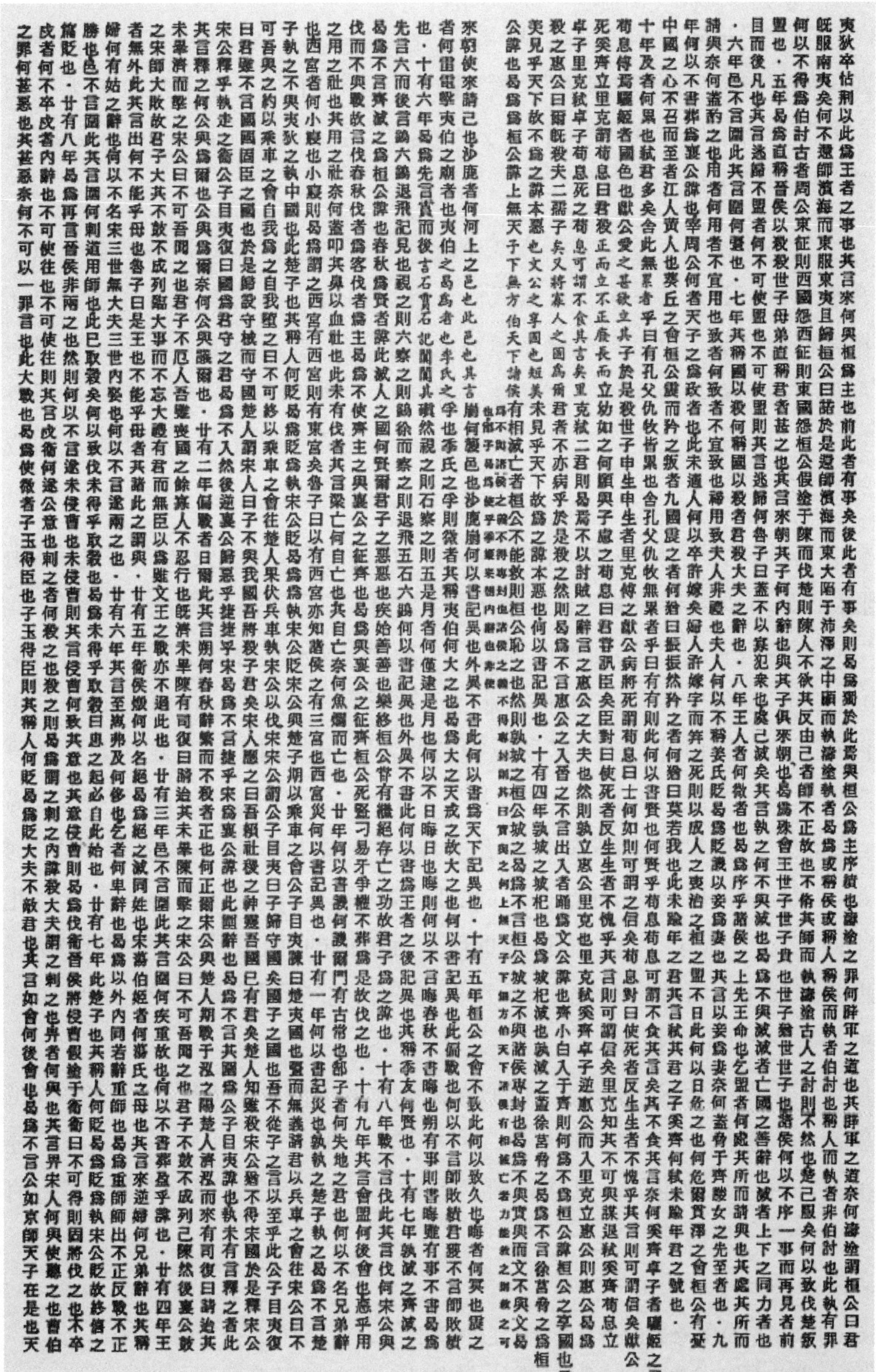

圖四 吕振端《公羊傳·僖公》復原碑圖

以上從殘石文字“天下諸侯”之“侯”以下,至“邑也此邑也其言”之“言”以前,原只一行 73 字字位,去掉年與年之間兩點,爲 71 字,今有 140 字,即何休本多出 69 字。細讀十四年傳文解釋“諸侯城緣陵”一段,至少有兩句“上無天子下無方伯天下諸侯有相滅亡者”,乍看似嫌重複,觀何休注云“輒發傳者,與城衛同義”。[①] “城衛”見僖公二年經“城楚丘”下《公羊傳》,文云:

> 二年孰城城衛也曷爲不言城衛滅也孰滅之蓋狄滅之曷爲不言狄滅之爲桓公諱也曷爲爲桓公諱上無天子下無方伯天下諸侯有相滅亡者桓公不能救則桓公耻之也然則孰城之桓公城之曷爲不言桓公城之不與諸侯專封也曷爲不與實與而文不與文曷爲不與諸侯之義不得專封諸侯之義不得專封則其曰實與之何上無天子下無方伯天下諸侯有相滅亡者力能救之則救之可也

何休於“桓公城之”至“則救之可也”下亦云:“復發傳者,君子樂道人善也。”[②]由此可證,何休所見本兩處皆重複“上無天子下無方伯天下諸侯有相滅亡者”云云之文。對照“所見異辭,所聞異辭,所傳聞異辭”一語,何休《公羊傳》凡三見,分别爲隱公元年、桓公二年、哀公十四年。何休在隱公元年下有一長段解詁,而在桓公二年和哀公十四年下,二處有相同文字注“所以復發傳者”云云八十四字,雖不免重複,[③]但至少可證何休所見本確有三次“所見異辭”。據上文熹平石經殘石校記殘文“傳桓公二年,顏氏有‘所見異辭,所聞異’”十五字,知顏安樂本亦有,反證嚴彭祖本無此“所見異辭,所聞異辭,所傳聞異辭”一語,此亦《嚴氏春秋》與何休本不同處。由此回歸僖公十四年“上無天子”一語,何休本重複是有根據的,而熹平石經《嚴氏春秋》在僖公十四年此段中很可能没有此句,而且不僅没有此句,以字數計之,其他還應有 50 餘字的簡省,今已不可推知。

何休本十四年傳文,確實還有如傅隸樸所指出的矛盾,傳云:“曷爲城杞?滅也。孰滅之?蓋徐、莒脅之。”首先是二年城衛,衛在閔公二年確爲狄滅,而“經於杞并無滅文,何得云‘滅也’”。其次,傳前云“孰滅之”,後答云“徐、莒脅之”。消滅與威脅意義有别。傅隸樸云:

---

① (漢)何休注,(唐)徐彦疏:《春秋公羊傳注疏》卷十一,北京:北京大學出版社,2000 年,第 267 頁下。

② (漢)何休注,(唐)徐彦疏:《春秋公羊傳注疏》卷十一,第 240 頁上。

③ 陳立云:“何氏此注,與哀十四年傳注一字無譌,二者必有一衍。”見(清)陳立:《公羊義疏》卷十一,第 295 頁。

> 因杞之故都在徐、莒之間，常受其威脅，地遠於齊，救援困難，緣陵地近於齊，故城緣陵以遷杞都，便於保護。如果傳文不言"孰滅之"，僅云"徐、莒脅之"，則於經義、史實就兩皆符合了。①

就傳文句式比較，僖十四年和二年多相同，但事實却并非相同，所以這裏一定有錯亂。再次，二年的衛國是被狄滅國，齊桓公城楚丘復衛，牽涉到諸侯能不能"專封"的問題，杞未滅國，只是遷都，談不上"專封"，所以依殘石文字排列"文曷爲不與，諸侯之義不得專封也"一句，熹平石經的《嚴氏春秋》很可能是沒有的。

再來討論僖公二十九年一段傳文，碑圖如下(圖五)。

此圖因有三四七、三四八殘石文字框定，致使僖公卅一年之文有出入。"卅"字前空一格。"卅"字起至下一行"久也"之"也"，正好一行 73 字，今何本有"卅有一年惡乎取之取之曹也曷爲不言取之曹諱取同姓之田也此未有伐曹者則其言取之曹何晋侯執曹伯班其所取侵地于諸侯也晋侯執曹伯班其所取侵地于諸侯則何諱乎取同姓之田久也"79 字，多出六字。其中"晋侯執曹伯班其所取侵地于諸侯"十四字重複，若省却前五字，文意不變，蓋其後文"諱乎取同姓之田久也"所解者，在"班其所取侵地于諸侯"一句，故"晋侯執曹伯"五字可蒙前省。若然，則其他一字之差，虚詞、實字皆允可也。

緊接上文"久也"二字，是解釋經文"公子遂如晋"之傳文"曷爲"云云，由"曷"字至下一行三四七殘石之"諸侯"之"侯"，不足一行，應有 65 字位，而何本今有"曷爲或言三卜或言四卜三卜禮也四卜非禮也三卜何以禮四卜何以非禮求吉之道三禘嘗不卜郊何以卜卜郊非禮也卜郊何以非禮魯郊非禮也魯郊何以非禮天子祭天諸侯"71 字，多 6 字。按三十一年經言"夏四月，四卜郊，不從，乃免牲，猶三望"，并未言"三卜"。傳文"曷爲或言三卜"爲無的放矢。溯其因，或以襄公七年經有"三卜郊，不從，乃免牲"之文，此處牽連設問而解。然襄公在僖公之後，本不當在此先作解。《公羊傳》於襄公經下無傳文，意者，不同經師，或就經而傳，或牽連後文而傳，故有不同。若此處傳文無三卜之解，則可擬傳文爲"曷爲言四卜而不言三卜，四卜非禮也"，下文"三卜何以禮四卜何以非禮"，或作"三卜禮四卜何以非禮"，則字數適相吻合。雖以意逆傳，或相去不遠。

文公傳文殘石頗多，故而參差亦多。先列殘石與碑圖如下(圖六、圖七)。

① 傅隸樸：《春秋三傳比義》(上册)，第 449 頁。

子在是則曷爲不言天子在是不與致天子也狩不書此何以書不與再致天子也魯子曰温近而踐土遠也其日何錄乎內也歸之于者何歸于者何歸之于者罪已定矣歸于者罪未定也罪
未定則何以得爲伯討歸之于者執之于天子之側者也罪定不定已可知矣歸于者非執之于天子之側者也罪定不定未可知也衛侯之罪何殺叔武也何以不書爲叔武諱也春秋爲賢者
諱何賢乎叔武讓國也其讓國奈何文公逐衛侯而立叔武叔武辭立而他人立則恐衛侯之不得反也故於是己立然後爲踐土之會治反衛侯衛侯得反曰叔武篡我元咺爭之曰叔武無
罪終殺叔武元咺走而出此晉侯也其稱人何貶曷爲貶衛之禍文公爲之也文公爲之奈何文公逐衛侯而立叔武使人兄弟相疑放乎殺母弟者文公爲之也自者何有力焉者也此執其
君其言自何爲叔武爭也・廿有九年介葛盧者何夷狄之君也何以不言朝不能乎朝也・卅年衛侯未至其稱國以殺何道殺也此殺其大夫其言歸何歸惡乎元咺也曷爲歸惡乎元咺元
咺之事君也君出則己入君入則己出以爲不臣也大夫無遂事此其言遂何公不得爲政爾・卅有一年惡乎取之取之曹也曷爲不言取之曹諱取同姓之田也此未有伐曹者則其言取之曹何晉侯執
曹伯班其所取侵地于諸侯也晉侯執曹伯班其所取侵地于諸侯則何諱乎取同姓之田久也曷爲或言三卜或言四卜三卜禮也四卜非禮也三卜何以禮四卜何以非禮求吉之道三禘嘗不卜郊何以
卜卜郊非禮也卜郊何以非禮魯郊非禮也魯郊何以非禮天子祭天諸侯祭土天子有方望之事無所不通諸侯山川有不在其封內者則不祭也曷爲或言免牲或言免牛免牲禮也免牛
非禮也免牛何以非禮傷者曰牛三望者何望祭也然則曷祭祭泰山河海曷爲祭泰山河海山川有能潤于百里者天子秩而祭之觸石而出膚寸而合不崇朝而徧雨乎天下者唯泰山爾
河海潤于千里猶者何通可以已也何以書譏不郊而望祭也其言來求婦何兄弟辭也其稱婦何有姑之辭也・卅有三年其謂之秦何夷狄之也曷爲夷狄之秦伯將襲鄭百里子與蹇叔
子諫曰千里而襲人未有不亡者也秦伯怒曰若爾之年者宰上之木拱矣爾曷知師出伯里子與蹇叔子送其子而戒之曰爾即死必於殽之嶔巖是文王之所辟風雨者也吾將尸爾焉子揖師
而行百里子與蹇叔子從其子而哭之秦伯怒曰爾曷爲哭吾師對曰臣非敢哭君師哭臣之子也弦高者鄭商也遇之殽矯以鄭伯之命而犒師焉或曰往矣或曰反矣然而晉人與姜戎要
之殽而擊之匹馬隻輪無反者其言及姜戎何姜戎微也稱人亦微者也何言乎姜戎之微先軫也或曰襄公親之襄公親之則其稱人何貶曷爲貶君在乎殯而用師危不得葬也詐戰不日
此何以日盡也何以書記異也何異爾不時也

圖五　呂振端僖公二十八至三十三年復原碑圖

圖六 《公羊傳》文公殘石拓本

此圖因有三五〇、三五一、三五二與三五三殘石之框定，使得文公二年經"自十有二月不雨"之傳文有差遲。傳文"大旱之日短而云灾故以灾書"一語中，"云灾故"爲三五〇殘石第二行文。由"故"以下到三五一殘石第二行"殷祭躋"之"殷"前，應是 57 字位，今何本有"以灾書此不雨之日長而無灾故以異書也大事者何大祫也大祫者何合祭也其合祭奈何毁廟之主陳於大祖未毁廟之主皆升合食於大祖五年而再"60 字，多三字。今無法决斷其句式之變動。

文公八、九、十年間，有《集存》三五四、三五七、三五八和三五九多塊殘石文字框定，故中間文字有定數。經此互相牽制，文公"九年毛伯者何天子之大夫也何以不稱使當喪未君也逾年矣何"26 字，應該有 30 字字位，此處嚴氏本多於何休本四字。因經文"毛伯來求金"五字，"求金"後文有解，前唯解毛伯，故推測嚴本似是"九年毛伯者何天子之大夫也天子大夫何以不稱使當喪未君也逾年矣何"，多"天子大夫"四字。如果如上文作"天子之大夫"，則其他文字中當少一字。

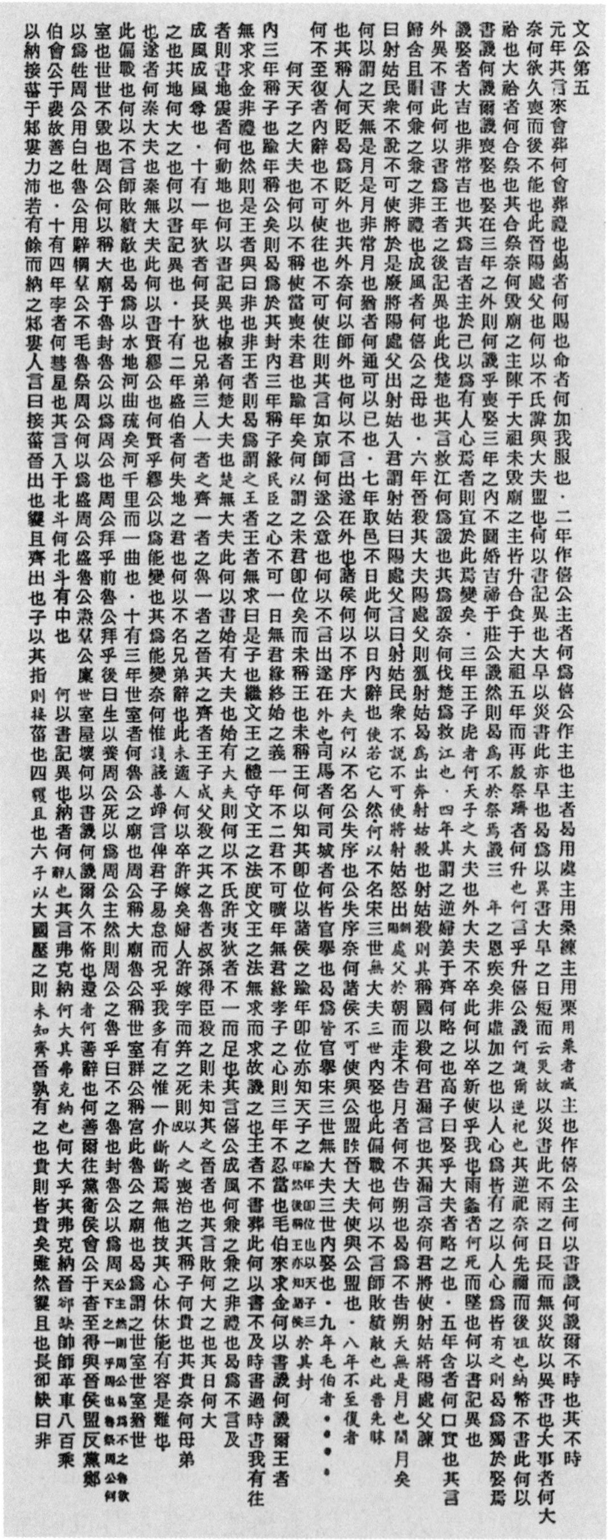

文公第五
元年共言來會葬何會葬禮也錫者何賜也命者何加我服也・二年作僖公主者何爲僖公作主也主者曷用虞主用桑練主用栗用栗者藏主也作僖公主何以書譏何譏爾不時也其不時
奈何欲久喪而後不能也此晉陽處父也何以不氏諱與大夫盟也何以書記異也大旱以災書此亦旱也曷爲以異書大旱之日短而云災故以災書此不雨之日長而無災故以異書也大事者何大
祫也大祫者何合祭也其合祭奈何毁廟之主陳于大祖未毁廟之主皆升合食于大祖五年而再殷祭躋者何升也何言乎升僖公譏何譏爾逆祀也其逆祀奈何先禰而後祖也納幣不書此何以
書譏何譏爾譏喪娶也娶在三年之外則何譏乎喪娶三年之內不圖婚吉禘于莊公譏然則曷爲不於祭焉譏三年之恩疾矣非虛加之也以人心爲皆有之以人心爲皆有之則曷爲獨於娶焉
譏娶者大吉也非常吉也其爲吉者主於己以爲有人心焉者則宜於此焉變矣・三年王子虎者何天子之大夫也外大夫不卒此何以卒新使乎我也雨螽者何死而墜也何以書記異也
外異不書此何以書爲王者之後記異也此伐楚也其言救江何爲諼也其爲諼奈何伐楚爲救江也・四年其謂之逆婦姜于齊何略之也高子曰娶乎大夫者略之也・五年含者何口實也其言
歸含且賵何兼之兼之非禮也成風者何僖公之母也・六年晉殺其大夫陽處父則狐射姑曷爲出奔射姑殺也射姑殺則其稱國以殺何君漏言也其漏言奈何君將使射姑將陽處父諫
曰射姑民衆不說不可使將於是廢將陽處父出射姑入君謂射姑曰陽處父言曰射姑民衆不說不可使將射姑怒出刺陽處父於朝而走不告月者何不告朔也曷爲不告朔天無是月也閏月矣
何以謂之天無是月是月非常月也猶者何通可以已也・七年取邑不日此何以日內辭也使若它人然何以不名宋三世無大夫三世內娶也此偏戰也何以不言師敗績敵也此晉先眜
也其稱人何貶曷爲貶外也其外奈何以師外也何以不言出遂在外也諸侯何以不序大夫何以不名公失序也公失序奈何諸侯不可使與公盟昳晉大夫使與公盟也・八年不至復者
何不至復者內辭也不可使往也不可使往則其言如京師何遂公意也何以不言出遂在外也司馬者何司城者何皆官擧也曷爲皆官擧宋三世無大夫三世內娶也・九年毛伯者●●●
何天子之大夫也何以不稱使當喪未君也踰年矣何以謂之未君即位矣而未稱王也未稱王何以知其即位以諸侯之踰年即位亦知天子之踰年即位也以天子三年然後稱王亦知諸侯於其封
內三年稱子也踰年稱公矣則曷爲於其封內三年稱子緣民臣之心不可一日無君緣終始之義一年不二君不可曠年無君緣孝子之心則三年不忍當也毛伯來求金何以書譏何譏爾王者
無求求金非禮也然則是王者與曰非也非王者則曷爲謂之王者王者無求曰是子也繼文王之體守文王之法度文王之法無求而求故譏之也王者不書葬此何以書不及時書過時書我有往
者則書地震者何動地也何以書記異也椒者何楚大夫也楚無大夫此何以書始有大夫也始有大夫則何以不氏許夷狄者不一而足也其言僖公成風何兼之兼之非禮也曷爲不言及
成風成風尊也・十有一年狄者何長狄也兄弟三人一者之齊一者之魯一者之晉其之齊者王子成父殺之其之魯者叔孫得臣殺之則未知其之晉者也其言敗何大之也其日何大
之也其地何大之也何以書記異也・十有二年盛伯者何失地之君也何以不名兄弟辭也此未適人何以卒許嫁矣婦人許嫁字而笄之死則以成人之喪治之其稱子何貴也其貴奈何母弟
也遂者何秦大夫也秦無大夫此何以書賢繆公也何賢乎繆公以爲能變也其爲能變奈何惟諓諓善竫言俾君子易怠而況乎我多有之惟一介斷斷焉無他技其心休休能有容是難也
此偏戰也何以不言師敗績敵也曷爲以水地河曲疏矣河千里而一曲也・十有三年世室者何魯公之廟也周公稱大廟魯公稱世室群公稱宮此魯公之廟也曷爲謂之世室世室猶世
室也世世不毁也周公何以稱大廟于魯封魯公以爲周公也周公拜乎前魯公拜乎後曰生以養周公死以爲周公主然則周公之魯乎曰不之魯也封魯公以爲周公主然則周公曷爲不之魯欲天下之一乎周也魯祭周公何
以爲牲周公用白牡魯公用騂犅群公不毛魯祭周公何以爲盛周公盛魯公燾群公廩世室屋壞何以書譏何譏爾久不脩也遷者何善辭也何善爾往黨衛侯會公于沓至得與晉侯盟反黨鄭
伯會公于斐故善之也・十有四年孛者何彗星也其言入于北斗何北斗有中也何以書記異也納者何入辭也其言弗克納何大其弗克納也何大乎其弗克納晉郤缺帥師革車八百乘
以納接菑于邾婁力沛若有餘而納之邾婁人言曰接菑晉出也貜且齊出也子以其指則接菑也四貜且也六子以大國壓之則未知齊晉孰有之也貴則皆貴矣雖然貜且也長郤缺曰非

圖七　吕振端文公復原碑圖

後一行自三五九殘石右邊第一字"以"下至三五七殘石左邊"於其對"以上,共有 43 字空位,而現今何休本有"謂之未君即位矣而未稱王也未稱王何以知其即位以諸侯之逾年即位亦知天子之逾年即位也以天子三年然後稱王亦知諸侯"52 字,多出九字。依傳文,主要解釋周襄王已崩未葬,頃王雖即位尚未稱王,故毛伯不能稱"使"。在這種語境中,假如熹平石經没有"以諸侯之逾年即位亦知"十字,成爲"何以知其即位,天子之逾年即位也",文氣更直接通順。一字之差,或另有出入。

因三六一和三六二殘石之框定,使得十二年末和十三年傳文顯示出多少。自十二年傳文"斷斷焉"之"焉"始,至殘石"世室"之"世"上,應有 194 字位。而何本今有"焉無他技其心休休能有容是難也此偏戰也何以不言師敗績敵也曷爲以水地河曲疏矣河千里而一曲也・十有三年世室者何魯公之廟也周公稱太廟魯公稱世室群公稱宫此魯公之廟也曷爲謂之世室世室猶世室也世世不毁也周公何以稱大廟于魯封魯公以爲周公也周公拜乎前魯公拜乎後曰生以養周公死以爲周公主然則周公之魯乎曰不之魯也封魯公以爲周公主然則周公曷爲不之魯欲天下之一乎周也魯祭周公何以爲牲周公用白牡魯公用騂犅群公不毛魯祭周公何以爲盛周公盛魯公燾群公廪"計 209 字,除却一"・"號,多 14 字。按,世室,經和《穀梁》《左傳》皆作"大室",不知《嚴氏春秋》作"大室"抑"世室",若作"大室",則"世室者何魯公之廟也"似可無。若必欲解釋作"大室者何魯公之廟也",則後文仍當有異同。意"曰生以養周公死以爲周公主"12 字可有可無。具體則不可知矣,要以兩本文字必有不同者也。

《集存》三六六與三六七殘石文字之制約,十四年傳文"其言弑其君舍何"一語,"其君舍"係殘存文字,"何"以下文句爲"己立之己殺之成死者而賤生者也宋子哀者何無聞焉爾執者曷爲或稱行人或不稱行人稱行人而執者以其"計 45 字,接下文"事執也"石經殘文。但此處字位僅 36 字,是嚴本少九字。反復研讀文字,前後兩層意思都不可缺少,唯中間經"宋子哀來奔"五字,傳文云"宋子哀者何無聞焉爾"九字,既"無聞焉爾",傳文於經文中"無聞"而不解者多矣,若嚴本無此九字,則字位正好相符。

在宣公碑圖中,也有數處文句差異。碑圖如下(圖八)。

宣公第六碑圖中,因有《集存》三七一、三七二殘石文字之制約,二年傳文"柳者何天子之邑也曷爲不繫乎周不與伐天子也"一語 20 字,"也曷"二字存殘文,以下至"三年其言"之"言",只有 14 字空位,而傳文有 15 字。嚴本很可能少一"爲"字,作"曷不繫乎周不與伐天子也",更加文通字順。

宣公弟六
元年繼弑君不言即位此其言即位何其意也遂何以不稱公子一事而再見者卒名也夫人何以不稱姜氏貶曷爲貶譏喪娶也喪娶者公也則曷爲貶夫人內無貶于公之道也內無
貶于公之道則曷爲貶夫人夫人與公一體也其稱婦何有姑之辭也放之者何猶曰無去是云爾然則何言爾近正也此其爲近正柰何古者大夫已去三年待放君放之非也大夫待放
正也古者臣有大喪則君三年不呼其門已練可以弁冕服金革之事君使之非也臣行之禮也閔子要絰而服事既而曰若此乎古之道不即人心退而致仕孔子蓋善之也外取邑不
書此何以書所以賂齊也曷爲賂齊爲弑子赤之賂也此晉趙盾之師也曷爲不言趙盾之師君不會大夫之辭也柳者何天子之邑也曷爲不繫乎周不與伐天子也・三年其言之何
緩也曷爲不復卜養牲養二卜帝牲不吉則扳稷牲而卜之帝牲在于滌三月於稷者唯具之視郊則曷爲必祭稷王者必以其祖配王者則曷爲必以其祖配自內出者無匹不行自外至
者無主不止・四年此平莒也其言不肯何辭取向也・五年何言乎高固之來言叔姬之來而不言高固之來則不可子公羊子曰其諸爲其雙雙而俱至者與・六年趙盾弑君此其復見
何親弑君者趙穿也親弑君者趙穿則曷爲加之趙盾不討賊也何以謂之不討賊晉史書賊曰晉趙盾弑其君夷獆趙盾曰天乎無辜吾不弑君誰謂吾弑君者乎史曰爾爲仁爲義人
弑爾君而復國不討賊此非弑君如何趙盾之復國奈何靈公爲無道使諸大夫皆內朝然後處乎臺上引彈而彈之已趨而辟丸是樂而已矣趙盾已朝而出與諸大夫立於朝有人何
畚自閨而出者趙盾曰彼何也夫畚曷爲出乎閨呼之不至曰子大夫也欲視之則就而視之則赫然死人也趙盾曰是何也曰膳宰也熊蹯不熟公怒以斗摮而殺之支解將使我棄
之趙盾曰嘻趨而入靈公望見趙盾愬而再拜趙盾逡巡北面再拜稽首趨而出靈公心怍焉欲殺之於是使勇士某者往殺之勇士入大門則無人門焉者入其閨則無人閨焉者
上其堂則無人焉俯而闚其戶方食魚飧勇士曰嘻子誠仁人也吾入子之大門則無人焉入子之閨則無人焉上子之堂則無人焉是子之易也子爲晉國重卿而食魚飧是子之儉也
君將使我殺子吾不忍殺子也雖然吾亦不可復見吾君矣遂刎頸而死靈公聞之怒滋欲殺之甚衆莫可使往者於是伏甲于宮中召趙盾而食之趙盾之車右祁彌明者國之力士也仡然
從乎趙盾而入放乎堂下而立趙盾已食靈公謂盾曰吾聞子之劍蓋利劍也子以示我吾將觀焉趙盾起將進劍祁彌明自下呼之曰盾食飽則出何故拔劍于君所趙盾知之躇階
而走靈公有周狗謂之獒呼獒而屬之獒亦躇階而從之祁彌明逆而踆之絕其頷趙盾顧曰君之獒不若臣之獒也然而宮中甲鼓而起有起于甲中者抱趙盾而乘之趙盾顧曰吾何以得
此于子曰子某時所食活我于暴桑下者也趙盾曰子名爲誰曰吾君孰爲介子之乘矣何問吾名趙盾驅而出衆無留之者趙穿緣民衆不說起弑靈公然後迎趙盾而入與之立于
朝而立成公黑臀・八年其言至黃乃復何有疾也何言乎有疾乃復譏何譏爾大夫以君命出聞喪徐行而不反仲遂者何公子遂也何以不稱公子貶曷爲貶爲弑子赤貶然則曷爲不於
其弑焉貶於文則無罪於子則無年繹者何祭之明日也萬者何干舞也籥者何籥舞也其言萬入去籥何去其有聲者廢其無聲者存其心焉爾存其心焉爾者何知其不可而爲之
也猶者何通可以已也頃熊者何宣公之母也而者何難也乃者何難也曷爲或言而或言乃乃難乎而也・九年根牟者何邾婁之邑也曷爲不繫乎邾婁諱亟也扈者何晉之邑也
諸侯卒其封內不地此何以地卒于會故地也未出其地故不言會也・十年齊已取之矣其言我何言我者未絕于我也曷爲未絕于我齊已言取之矣其實未之齊也崔氏者何齊
大夫也其稱崔氏何貶曷爲貶譏世卿世卿非禮也王季子者何天子之大夫也其稱王季子何貴也其貴柰何母弟也何以書以重書也・十有一年此楚子也其稱人何貶曷爲貶
不與外討也不與外討者因其討乎外而不與也雖內討亦不與也曷爲不與實與而文不與文曷爲不與諸侯之義不得專討也諸侯之義不得專討則其曰實與之何上無天子下無方
伯天下諸侯有爲無道者臣弑君子弑父力能討之則討之可也此皆大夫也其言納何納公黨與也・十有二年討此賊者非臣子也何以書葬君子辭也楚已討之矣臣子雖欲討
之而無所討也大夫不敵君此其稱名氏以敵楚子何不與晉而與楚子爲禮也曷爲不與晉而與楚子爲禮也莊王伐鄭勝乎皇門放乎路衢鄭伯肉袒左執茅旌右執鸞刀以逆
莊王曰寡人無良邊垂之臣以干天禍是以使君王沛焉辱到敝邑君如矜此喪人錫之不毛之地使帥一二耋老而綏焉請唯君王之命莊王曰君之不令臣交易爲言是以使寡人得
見君之玉面而微至乎此莊王親自手旌左右撝軍退舍七里將軍子重諫曰南郢之與鄭相去數千里諸大夫死者數人廝役扈養死者數百人今君勝鄭而不有無乃失民臣之力乎
莊王曰古者杅不穿皮不蠹則不出於四方是以君子篤於禮而薄于利要其人而不要其土告從不赦不詳吾以不祥道民災及吾身何日之有既則晉師之救鄭者至曰請戰莊王
許諾將軍子重諫曰晉大國也王師淹病矣君請勿許也莊王曰弱者吾威之彊者吾辟之是以使寡人無以立乎天下令之還師而逆晉寇莊王鼓之晉師大敗晉衆之走者舟中之
指可掬矣莊王曰嘻吾兩君不相好百姓何罪令之還師而佚晉寇・十有五年外平不書此何以書大其平乎己也何大乎其平乎己莊王圍宋軍有七日之糧爾盡此不勝將去而

圖八　吕振端宣公復原碑圖

因三七三與三七二殘石文字之制約,三年傳文"其言"之"言"下至"自外至"以上,適一行 73 字,且中間又有三七三殘石首行"之視郊"三字横隔,"之視"以上文字無差遲,"之",何休本作"是",是兩家不同文。"郊"以下文字是"則曷爲必祭稷王者必以其祖配王者則曷爲必以其祖配自内出者無匹不行"31 字,而空位只有 29 字。意者,嚴本兩"則"字若無,則傳文與字位適相吻合。

因三七三殘石横跨七行,將每一行字數框定在 73 字。其第四行殘文"後處乎臺上"下至第五行"視之則赫然死"之間是六年傳文"引彈而彈之已趨而辟丸是樂而已矣趙盾已朝而出與諸大夫立於朝有人荷畚自閨而出者趙盾曰彼何也夫畚曷爲出乎閨呼之不至曰子大夫也欲視之則就而視之趙盾就而"共 71 字,其中三七五號第一行"樂而"殘文和三七二號第五行"朝有人何"殘文已將其前文固定無誤,①唯自"畚"以下至"就而"只有 35 字位,而何休文本有 40 字,衍五字。反復閲讀此段前後文:曰子大夫也,欲視之,則就而視之。趙盾就而視之,則赫然死人也。似"則就而視之"爲羡文,去此五字,成爲"曰子大夫也,欲視之。趙盾就而視之,則赫然死人也",文通字順。故推測石經嚴本無此五字。

因三七八和三七九殘石文字之框定,宣公八年傳文在殘石文字"行而不反"下至"仲遂者何公子遂也"之"子",字位適當。自"子"後之"遂"至第二行殘石文字"何去其"之前,有 60 字位,而何休本有"遂也何以不稱公子貶曷爲貶爲弑子赤貶然則曷爲不於其弑焉貶於文則無罪於子則無年繹者何祭之明日也萬者何干舞也籥者何籥舞也其言萬入去籥"63 字,多 3 字。"然則曷爲不於其弑焉貶",若去其"然則"和"其",爲"曷爲不於弑焉貶",文意相同,然不敢必其如此也。

再來看成公碑圖中的文字(圖九)。

成公碑圖中,因有三八四殘石文字排定,使得元年至八年之文字只能占九行 630 字,而何休本自"元年何以書"至"八年來言"共有 681 字,包括元年至八年的五個空格圓點(宣公四年、七年無傳文,故無空格),實際是 676 字,多出 46 字。考慮到二年記述逢丑父代頃公故事,其叙述之文字多寡必有出入。傅隸樸對二年《公羊傳》的解釋,肯定其第一句"君不行使乎大夫"之"使"字義例詮解正確,云:此"雖無關宏旨,也自合理。至於所叙史實,與左氏有異,多屬捕風捉影、不明史實之談……故《公羊》之釋義,尚可時一中之,其言史,幾無一不謬"。② 何休依胡毋生條例詮解《公羊》,重在義例,史實不在所重,故無法確指爲多出哪一段文字。雖然,其不同於嚴氏,甚至顔氏,似乎是不可否認的事實。

① 唯石經殘文"何",何休本作"荷"。

② 傅隸樸:《春秋三傳比義》(中册),第 266 頁。

漢石經公羊傳殘字集證　　九八　第八葉（第五葉之陰）

歸爾於是使司馬子反乘堙而闚宋城宋華元亦乘堙而出見之司馬子反曰子之國何如華元曰憊矣曰何如曰易子而食之析骸而炊之司馬子反曰嘻甚矣憊雖然吾聞之也圍
者柑馬而秣之使肥者應客是何子之情也華元曰吾聞之君子見人之厄則矜之小人見人之厄則幸之吾見子之君子也是以告情于子也司馬子反曰諾勉之矣吾軍亦有七日
之粮爾盡此不勝將去而歸爾揖而去之反于莊王莊王曰何如司馬子反曰憊矣曰何如曰易子而食之析骸而炊之莊王曰嘻甚矣憊雖然吾今取此然後而歸爾司馬子反曰不
可臣已告之矣軍有七日之粮爾莊王怒曰吾使子往視之子曷為告之司馬子反曰以區區之宋猶有不欺人之臣可以楚而無乎是以告之也莊王曰諾舍而止雖然吾猶取此然
後歸爾司馬子反曰然則君請處于此臣請歸爾莊王曰子去我而歸吾孰與處于此吾亦從子而歸爾引師而去之故君子大其平乎已也此皆大夫也其稱人何貶曷為貶平者在
下也爵何以稱子爵子之為善也躬足以亡爾雖然君子不可不記也離于夷狄而未能合于中國晉師伐之中國不救狄人不有是以亡也主札子者何長庶之號也初者何始也稅
畝者何履畝而稅也初稅畝何以書譏何譏爾譏始履畝而稅也何譏乎始履畝而稅古者什一而藉古者曷為什一而藉什一者天下之中正也多乎什一大桀小桀寡乎什一大貉
小貉什一者天下之中正也什一行而頌聲作矣未有言蝝生者此其言蝝生何蝝生不書此何以書幸之也幸之者何猶曰受之云爾受之云爾者何上變古易常應是而有天災其
諸則宜於此焉變矣・十有六年成周者何東周也宣謝者何宣宮之謝也何言乎成周宣謝災樂器藏焉爾成周宣謝災何以書記災也外災不書此何以書新周也・十有八年戕
鄫子于鄫者何殘賊而殺之也何以不書葬吳楚之君不書葬辟其號也還者何善辭也何善爾歸父使於晉還自晉至檉聞君薨家遣墠帷哭君成踊反命乎介自是走之齊

成公第七

元年何以書譏何譏爾譏始丘使也孰敗之蓋晉敗之或曰貿戎敗之然則曷為不言晉敗之王者無敵莫敢當也・二年曹無大夫公子手何以書憂內也君不使乎大夫此其行使
乎大夫何佚獲也其佚獲奈何師還齊侯晉郤克投戟逡巡再拜稽首馬前逢丑父者頃公之車右也面目與頃公相似衣服與頃公相似代頃公當左使頃公取飲頃公操飲而至曰
革取清者頃公用是佚而不反逢丑父曰吾賴社稷之神靈吾君已免矣郤克曰欺三軍者其法奈何曰法斮於是斮逢丑父己酉及齊國佐盟于袁婁曷為不盟于師而盟于袁婁前
此者晉郤克與臧孫許同時而聘于齊蕭同姪子者齊君之母也踊于棓而窺客則客或跛或眇於是使跛者迓跛者使眇者迓眇者二大夫出相與踦閭而語移日然後相去齊人皆
曰患之起必自此始二大夫歸相與率師為鞌之戰齊師大敗齊侯使國佐如師郤克曰與我紀侯之甗反魯衛之侵地使耕者東畝且以蕭同姪子為質則吾舍子矣國佐曰與我紀
侯之甗請諾反魯衛之侵地請諾使耕者東畝是則土齊也蕭同姪子者齊君之母也齊君之母猶晉君之母也不可請戰壹戰不勝請再再戰不勝請三三戰不勝則齊國盡子之有
也何必以蕭同姪子為質揖而去之郤克睋魯衛之使使以其辭而為之請然後許之逮于袁婁而與之盟・汶陽田者何鞌之賂也此楚公子嬰齊也其稱人何得壹貶焉爾・三年新
宮者何宣公之宮也宣宮則曷為謂之新宮不忍言也其言三日哭何廟災三日哭禮也新宮災何以書記災也・鞌者何汶陽之不服邑也其言圍之何不聽也此聘也其言盟何聘而
言盟者尋舊盟也・五年梁山者何河上之山也梁山崩何以書記異也何異爾大也何大爾梁山崩壅河三日不沵外異不書此何以書為天下記異也・六年武宮者何武公之宮也立者何立者不宜立也立武宮非禮也・鄟者何邾婁之邑也曷為不繫于邾婁諱亟也・八年來言何
者何內辭也脅我使我歸之也曷為使我歸之鞌之戰齊師大敗齊侯歸弔死視疾七年不飲酒不食肉晉侯聞之曰嘻奈何使人之君七年不飲酒不食肉請皆反其所取侵地納幣不
書此何以書錄伯姬也其稱天子何元年春王正月也其餘皆通矣媵不書此何以書錄伯姬也・九年杞伯曷為來逆叔姬之喪以歸內辭也脅而歸之也未有致女者言此其言
致女何錄伯姬也媵不書此何以書錄伯姬也・十年其言乃不郊何不免牲故言乃不郊也媵不書此何以書錄伯姬也三國來媵非禮也曷為皆以錄伯姬之辭言之婦人以眾多
為侈也・十有二年周公者何天子之三公也王者無外此其言出何自其私土而出也・十有三年其言自京師何公鑿行也公鑿行奈何不敢過天子也・十有五年仲嬰齊者何
公孫嬰齊也公孫嬰齊則曷為謂之仲嬰齊為兄後也為兄後則曷為謂之仲嬰齊為人後者為之子也為人後者為其子則其稱仲何孫以王父字為氏也然則嬰齊孰後後歸父也歸
父使于晉而未反何以後之叔仲惠伯傅子赤者也文公死子幼公子遂謂叔仲惠伯曰君幼如之何願與子慮之叔仲惠伯曰吾子相之老夫抱之何幼君之有公子遂知其不可與謀
退而殺叔仲惠伯弒子赤而立宣公宣公死成公幼臧宣叔者相也君死不哭聚諸大夫而問焉曰昔者叔仲惠伯之事孰為之諸大夫皆雜然曰仲氏也其然乎於是遣歸父之家然後
哭君歸父使乎晉還自晉至檉聞君薨家遣墠帷哭君成踊反命于介自是走之齊魯人徐傷歸父之無後也於是使嬰齊後之也曷為殊會吳外吳也曷為外也春秋內其國而外諸
夏內諸夏而外夷狄王者欲一乎天下曷為以外內之辭言之言自近者始也・十有六年雨木冰者何雨而木冰也何以書記異也晦者何冥也何以書記異也敗者稱師楚何以不
稱師王痍也王痍者何傷乎矢也然則何以不言師敗績末言爾不見公者何公不見見也公不見見大夫執何以致會不恥也曷為不恥公幼也執而歸者名曹伯何以不名而不言
復歸于曹何易也其易奈何公子喜時在內也公子喜時在內則何以易公子喜時者仁人也內平其國而待之外治諸京師而免之其言自京師何言甚易也舍是無難矣執未有言
舍之者此其言舍之何仁之也曰在招丘悕矣執未有言仁之者此其言仁之何代公執也其代公執奈何前此者晉人來乞師而不與公會晉侯將執公季孫行父曰此臣之罪也於
是執季孫行父成公將會晉厲公會不當期將執公季孫行父曰臣有罪執其君子有罪執其父此聽失之大者也今此臣之罪也舍臣之身而執臣之君吾恐聽失之為宗廟羞也於
是執季孫行父・十有七年用者何用者不宜用也九月非所用郊也然則郊曷用郊用正月上辛或曰用然後郊非此月日也曷為以此月日卒之待君命然後卒大夫曷為待君命
然後卒大夫前此者嬰齊走之晉公會晉侯將執公嬰齊為公請公許之反為大夫歸至于貍軫而卒無君命不敢卒大夫公至曰吾固許之反為大夫然後卒之・十有八年何以書
譏何譏爾有囿矣又為也

襄公第八

圖九　呂振端成公復原碑圖

《公羊傳》總數有 44 748 字，今熹平殘石文字不足一千，爲全書 1/44，其異同已有如上之夥，放眼全書，可以推知兩書之異同數量不在少數。文字異同與多寡足以導致經説之不同，這是區别漢代師法家法之標志，何休本不同於嚴、顔本亦即眭孟本，似乎可以論定。

四、董仲舒《春秋繁露》與何休《公羊傳》比較

由上文證知，何休據以作《解詁》之文本與嚴、顔都有不同。若嚴、顔爲董仲舒之傳人，則何休本自與董氏説有異；若嚴、顔爲胡毋敬之後學，則何休所據本與董仲舒可能異亦可能同。熹平石經未出土和未經董理復原之前，《公羊傳》僅何休《解詁》本傳世，由於不明何休所據本，以致很多學者研究董仲舒《春秋繁露》，發現《繁露》很多學説與何休《公羊傳》不同，仍不去深究兩家不同之所以然。現今明確了何休本與熹平石經之關係，再來分析《解詁》與董仲舒《繁露》之異同，可將我們對漢代經師文本錯綜複雜關係的認識引入到更深一個層面。以下姑舉何、董文本、經説相異之例以證。

（一）僖公三十一年，《春秋》經："夏四月，四卜郊不從，乃免牲，猶三望。"《公羊傳》之解釋極多，可分爲幾層意思：

1. 曷爲或言三卜，或言四卜？三卜，禮也；四卜，非禮也。三卜何以禮，四卜何以非禮？求吉之道三。

以上爲第一層，解釋三卜與四卜之禮與非禮。

2. 禘嘗不卜，郊何以卜？卜郊非禮也。卜郊何以非禮？魯郊非禮也。魯郊何以非禮？天子祭天，諸侯祭土。天子有方望之事，無所不通；諸侯山川有不在其封内者，則不祭也。

以上爲第二層，解釋魯郊不符合禮制，亦即不符合禮制的原因。

3. 何爲或言免牲，或言免牛？免牲，禮也；免牛，非禮也。免牛何以非禮？傷者曰牛。

以上爲第三層，解釋免牲、免牛之禮與非禮，以及免牛爲非禮之原因。

4. 三望者何？望祭也。然則何祭？祭泰山河海。曷爲祭泰山河海？山川有能潤于百里者，天子秩而祭之，觸石而出，膚寸而合，不崇朝而徧雨乎天下者，唯泰山爾。河海潤于千里。

以上爲第四層,解釋三望指泰山、河、海,以及祭泰山、河、海之功效。

5. 猶者何? 通可以已也。

以上爲第五層,解釋“猶”字。

6. 何以書? 譏不郊而望祭也。

以上爲第六層,總説《春秋》經書此條的原因。

《公羊》此傳論天子、諸侯望祭之事。其傳文適有熹平殘石文字出土,前面已排列傳文,何休本多出石經本六字。從何休并未針對第一層“曷爲或言三卜,或言四卜”及禮與非禮作解詁推測,則“三卜”“四卜”云云很可能爲石經《嚴氏春秋》本所無。今校核董仲舒《春秋繁露》,對此事多有評述。首先看第二層,何休説“禮,天子不卜郊”,又説“魯郊非禮,故卜爾”,何休順從傳意,認爲天子祭天不卜,因爲天子是當然可以祭天者,魯國於禮不可祭天,因爲周公功勛的緣故,也可以祭,但必須卜之視吉而祭。而董仲舒《郊祀第六十九》云:“故《春秋》凡譏郊,未嘗譏君德不成於郊也,乃不郊而祭山川,失祭之叙,逆於禮,故必譏之。以此觀之,不祭天者,乃不可祭小神也。郊因先卜,不吉不敢郊;百神之祭不卜,而郊獨卜,郊祭最大也。”①董氏認爲郊祭最大,必須先卜,不以卜郊爲非禮,與何休所解正相反。又《郊事對第七十一》張湯和董仲舒就魯國是否可以郊祭的問答,張湯問:“天子祭天,諸侯祭土,魯何緣以祭郊?”董仲舒答云:“周公傅成王,成王遂及聖,功莫大於此,周公,聖人也,有祭於天道,故成王令魯郊也。”②可見董氏認爲魯郊是符合禮的,并不認爲非禮。

所以段熙仲總結説:“董子所説與何君所據傳異,而張湯之問天子祭天,諸侯祭土,乃與傳文同,其疑魯郊之非禮亦與傳同,則舊説傳在孝景時始著於竹帛者爲胡母生本明矣。”③段氏之意是,張湯所據,何休所解,皆景帝時胡毋生書於竹帛的文本,與董仲舒所解的嚴彭祖文本略有不同。

《春秋》隱公三年經文“八月庚辰,宋公和卒”,《公羊傳》無傳文,《繁露·三代改制質文第二十三》云:“下存禹之後於杞,存湯之後於宋,以方百里,爵號公。皆使服其服,行其禮樂,稱先王客而朝。”董氏所解如此詳細,可見其所持《公羊》文本應有傳文。

《春秋》莊公十六年經: 冬十有二月,會齊侯、宋公、陳侯、衛侯、鄭伯、許男、滑伯、滕子同盟于幽。

---

① (清)蘇輿:《春秋繁露義證》卷十五,北京: 中華書局,1992年,第408頁。

② (清)蘇輿:《春秋繁露義證》卷十五,第417頁。

③ 段熙仲:《春秋公羊學講疏》,第18頁。

《公羊傳》所附之經："冬十有二月，公會齊侯、宋公、陳侯、衛侯、鄭伯、許男、曹伯、滑伯、滕子同盟于幽。"前多一"公"，後多一"曹伯"。立足於《春秋》爲魯史，公即魯莊公。《穀梁傳》《左傳》作"會齊侯、宋公、陳侯……同盟于幽"，亦隱以魯莊公爲主語，與《公羊傳》同。然《繁露・滅國下第八》云："幽之會，齊桓數合諸侯。曹小，未嘗來也。魯大國，幽之會，莊公不往。"[①]曹小國，曹伯不與會，可理解。董仲舒謂"莊公不往"，蓋以莊公未嘗與幽之會也。可見其所持《公羊傳》本無莊公。傅隸樸云："是董仲舒所見經文，本無公字，故《公羊》經文之'公'字似屬衍文。"[②]傅以《公羊傳》文必相同，其實未必然，乃各有所承也。

《春秋》僖公二十八年經：夏，楚殺其大夫得臣。《公羊傳》無傳文。何休就經文之書法注云："楚無大夫，其言大夫者，欲起上楚人。本當言子玉得臣，所以詳録霸事。不氏者，子玉得臣，楚之驕蹇臣，數道其君侵中國，故貶，明當與君俱治也。"[③]董仲舒《繁露・五行相勝第五十九》云："司徒爲賊，内得於君，外驕軍士，專權擅勢，誅殺無罪，侵伐暴虐，攻戰妄取，令不行，禁不止，將率不親，士卒不使，兵弱地削，令君有耻，則司馬誅之。楚殺其司徒得臣是也。得臣數戰破敵，内得於君，驕蹇不恤其下，卒不爲使，當敵而弱，以危楚國，司馬誅之。"[④]楚國不設大夫之職，而以司徒、司空等名。董仲舒如此解釋，似乎所本之《公羊傳》有類似傳文，也與何休本不同。

何休《解詁》與董生《繁露》細節差異當然遠不止此，即就大要而言，也有差異。江藩就説過："《繁露》之言二端、十指(引按，指《繁露》中二端第十五、十指第十二兩篇)，[⑤]亦與《條例》之三科九旨迥異，仲舒推五行灾異之説，《漢書・五行志》備載焉，休之《解詁》不用董子之説，取京房之占。"[⑥]關於灾異，《解詁》與《繁露》更是或同或異，或書或不書，參差不一。[⑦]

當然，從董仲舒和何休都是《公羊傳》研究者，都是公羊學傳人而論，解釋、闡發

① (清) 蘇輿：《春秋繁露義證》卷五，第 135 頁。

② 傅隸樸：《春秋三傳比義》(上册)，第 274 頁。

③ (漢) 何休注，(唐) 徐彦疏：《春秋公羊傳注疏》卷十二，北京：北京大學出版社，2000 年，第 301 頁。

④ (清) 蘇輿：《春秋繁露義證》卷十三，第 370 頁。

⑤ 蘇輿在《春秋繁露義證・十指第十二》篇題下注云："此篇六科十指，何休則用三科九旨，殆胡毋生《條例》別與?"第 144 頁。

⑥ (清) 江藩：《隸經文》卷四《公羊先師考》，《江藩集》，第 70 頁。

⑦ 參見張廣慶：《〈公羊解詁〉天人相與之灾異説》第二節《〈公羊解詁〉灾異説述例——兼論何休、董仲舒、劉向〈春秋〉灾異説之異同》，《何休〈春秋公羊解詁〉研究》第五章，《臺灣師範大學國文研究所集刊》第三十四號，1990 年，第 186—229 頁。

同一本書,其同大於異,自在情理之中。皮錫瑞立足於胡毋與董生皆承學於公羊壽,兩人之學本屬一家,故謂《解詁》與董書義多同。賴炎元以爲"何休於建五始、張三世、存三統、異内外之説,與董仲舒不異,其論灾異多與董氏同(引按,多與董氏同,則當有不同者)",故同意皮錫瑞觀點,乃云"故謂何休之學出於胡毋生可也,謂其本諸董仲舒亦可也"。[①] 同一種文本,闡説可以相同,也可以略異乃至不同,但何休與石經兩種文本差異既然如此之大,其解説之不同是一定的。一家之學有不同的文本,這是儒分爲八歷史的必然,荀悦就説儒家傳到秦漢已是"一源十流,天水違行"。如果著眼於何休本與石經本客觀異同,由荀説逆推,正可證明胡毋與董生所承很可能是公羊一家之學而有差異的文本。經兩人各自的闡發和傳授,使其異説反映在《繁露》和《解詁》中。

五、何休所據《公羊傳》文本推測

熹平石經爲《嚴氏春秋》本,何休本與石經既有如此之不同,表面考察似非同一文本。但漢代由博士衍生出的某家之學,因文本可靠、解説有據而通行學界甚至立爲博士者不乏其例,嚴、顔二家同出於嬴公而皆立爲博士,顔氏之後又有泠、任、筦、冥之學,即其實例。何休《春秋公羊經傳解詁序》雖未説其所據何本,但細讀序文,其時間節點的先後非常清楚,循此可以略窺其旨意。

何休認爲,《春秋》"本據亂而作",所以"其中多非常異義可怪之論",但西漢經師却"説者疑惑,至有倍經、任意、反傳違戾者",即不能理解孔子筆削褒貶所含"非常異義可怪"之深意。因爲不能理解,所以"其勢唯問不得不廣,是以講誦師言至於百萬猶有不解"。因爲不解孔子筆削褒貶真諦,只能"援引他經,失其句讀,以無爲有",又各守師説,致有互相攻訐,所謂"時加釀(讓)嘲辭"。這類情况,在《公羊傳》傳至西漢中期進入章句時代後,可謂"不可勝記",諸如此類,在何邵公看來自然是"甚可閔笑者"。

降及東漢,古學開始盛行,何休見《公羊》經師往來攻訐,頗覺紛亂滑稽,遂徑指爲"俗儒"。俗儒識淺見陋,説多罅漏,以致賈逵可以"緣隙奮筆",即利用各家學説間之矛盾,予以駁詰,"以爲《公羊》可奪,《左傳》可興"。東漢雖然仍以《公羊》爲官學,由嚴、顔二家掌任博士,但實際情况是,"倍經、任意、反傳違戾"之泠、任、筦、冥

① 賴炎元:《董仲舒與何休公羊學之比較》,《南洋大學學報》第三期,見張廣慶《何休〈春秋公羊解詁〉研究》第二章引,《臺灣師範大學國文研究所集刊》第三十四號,第 17 頁。

等"俗儒"之學流行,離書於竹帛時之旨意越來越遠,所以何休是"恨先師觀聽不决,多隨二創"。二創之義,各説不同。徐彦謂是"背經、任意、反傳違戾"和"援引他經,失其句讀"二者,胡玉縉、張廣慶更有疏證以實其例。[①] 何休認爲此皆"守文、持論、敗績、失據之過也",由此暗自悲傷。於是他與博士羊弼追述李育之意,"略依胡毋生條例",重新整飭《公羊》文本及其解説,"多得其正"。這裏需要解釋兩點,一、徐彦説胡毋生嘗自别作《條例》,胡毋究竟有無成書之"條例",各家理解不同,無可徵信。筆者以爲此所謂"條例",即胡毋解説《公羊》之例,是一種從"例"出發的解經原則。何休所"依",即此解説之原則,并非一定有成書。今從何休《公羊解詁》中可以探得"書與不書例"210 條,"日月時例"300 餘條,"稱謂例"約 190 條,"用字例"約 90 條,[②]就是依最初書於竹帛的胡毋生解説原則輻射到整部《公羊傳》中而得出的"例"。將兩漢所傳"背經、任意、反傳違戾"和"援引他經,失其句讀"之《公羊》文本隱括之"使就繩墨",以歸於胡毋生之"正",是何休作《解詁》的初衷也是目的。二、李育,《後漢書》本傳説他"少習《公羊春秋》,沈思專精,博覽書傳,知名太學,深爲同郡班固所重"。[③] 又説他在建初元年(76)先爲議郎,後爲博士,四年(79)參加白虎觀會議,因爲賈逵有難《公羊》義,所以他反以《公羊》義難賈,被認爲"往返皆有理證,最爲通儒"。由此可見,李育雖爲博士,未必是《公羊》博士,却少習《公羊春秋》,或前有所承。能以《公羊》義難賈逵,可見是一個篤守《公羊》家法,深明胡毋條例的學者。羊弼傳其學而授何休,就中學説之脉絡可得而意會。

由何休《解詁序》歷述兩漢公羊家利弊得失及其批評,可以對何休所據本作以下思考:

假如何休所用是《嚴氏春秋》和《顔氏春秋》一系的文本,他又何必去嘲讓他們?

假如何休用嚴、顔文本作《解詁》,就不可能和熹平石經産生那麽大的差異。因爲,即使漢代博士傳至後來,可能産生數家之學,由此其學説可能因個别文字傳抄變異而不同,但動輒數十字、上百字的文本變動可能性很小。

假如嚴、顔《春秋》本之眭孟、嬴公,上承胡毋敬系統,除非嬴公、眭孟直至嚴、顔等經師已背離胡毋"條例"解説《公羊》,否則何休不會特地説要用胡毋生"條例"。

---

① 胡玉縉:《公羊多隨二創説》,《許廎學林》卷四,上海:中華書局上海編輯所,1961 年,第 93—94 頁。張廣慶:《何休〈春秋公羊解詁〉研究》第三章,《臺灣師範大學國文研究所集刊》第三十四號,第 43—46 頁。

② 參見趙友林:《〈春秋〉三傳書法義例研究》,北京:人民出版社,2010 年,第 109—111 頁。

③ (南朝宋)范曄:《後漢書》卷七十九,北京:中華書局,1965 年,第 2582 頁。

假如何休用《嚴氏春秋》文本,即用嬴公、眭孟系統本,與鄭玄研習當屬同一系統文本,他是否還會作《公羊墨守》來攻詰鄭玄?

依筆者以上對何序之詮解,可知徐彦疏謂"倍經、任意、反傳違戾"之"説者"爲"胡毋子都、董仲舒之後莊(嚴)彭祖、顔安樂之徒"之不確。① 何休既然要依胡毋生"條例"解《公羊》,怎會指斥胡毋生爲"倍經、任意、反傳違戾"之人? 前文既疏證何休本與《繁露》説時有不同,②則董仲舒或亦在其所責之列。當然,"倍經、任意、反傳違戾"者,嚴、顔以下《公羊》經師及《漢志》所載之《公羊外傳》《公羊雜記》諸書自在其中。在這種心理驅使下,他作《公羊墨守》,就是要守住最原始、最純粹的公羊學。最原始、最純粹的公羊學,應該就是由口授而初始筆録成文的胡毋敬本。但是,何休上距胡毋生年代有三百年之久,胡毋生"真本"怎能獲得? 所以,只能依胡毋生"條例"——解經原則,覃思不闚門十有七年,希冀恢復《公羊》本意,直抉聖人的微言大義。

熹平石經用《嚴氏春秋》本,何休本既與石經本有異,也與石經校記《顔氏春秋》本有同異,又與董仲舒《繁露》存在差異,可知何休是依據羊弼、李育等所傳,與嚴、顔等經師已經有别之文本,依胡毋生解經原則,師心自用、自我作古地對文本進行了適當的調適,所以,何休本是一個何休心目中最符合胡毋生記録時的文本。由此亦可以認識到,漢代經師所見之文本與所聞之經説,遠非唐宋以後,尤其是清人所能夢見,我們不能也不必株守清人所謂漢代經師恪守師法一字不敢移易這種硬性、單一傳承的成見,而應悉心梳理、仔細觀察漢代經師傳承過程細節和經説文本在流動中的變異,作出看似紛亂委曲而實際更符合客觀的兩漢經學史論。

2024 年 4 月初稿

2024 年 10 月 30 日修訂稿

2024 年 11 月 28 日潤飾

---

① (清) 陳立:《公羊義疏》卷七十六,第 2926 頁。

② 陳澧例舉多處《繁露》和《解詁》之相同處與不同處,但仍云"何注多本於《春秋繁露》,而徐彦不疏明之",見(清) 陳澧:《東塾讀書記》卷十,(清) 阮元、(清) 王先謙原編,虞萬里類編:《正續清經解類編》,北京:中國書店,2020 年,第 407 頁下。

董仲舒的春秋灾異論

——以《漢書·五行志》"董仲舒以爲"爲中心*

鄧　紅

【摘　要】《漢書·五行志》中記録有83條"董仲舒以爲"事例的灾異説。這些灾異説可分爲三個系統。第一個系統爲"天人同類、自然相感的有機械論傾向的陰陽感應説"18條事例,這一系統中的"天"爲自然之天。第二個系統爲"認爲天有喜怒和賞罰,灾異出於天的意志的目的論天譴説"26條事例,這一系統中的"天"爲神靈之天。第三個系統爲從傳統的天譴説系統分出的"關於日食和星變的記事"39條,將之單獨整理爲董仲舒灾異説的第三系統,也即"異説"系統。第三系統中的"天"爲"道德之天"。道德之天的威力以"神靈之天"爲神聖前提,基於儒家的"神道設教"傳統。

【關鍵詞】　董仲舒　《漢書·五行志》　灾異説　日食　道德之天

【作者簡介】　鄧紅,1958年生,日本北九州市立大學文學部教授、博導,山東大學儒家文明省部共建協調發展中心訪問學者,河北省董仲舒與傳統文化研究中心特聘研究員,武漢大學中國傳統文化研究中心特聘研究員。

序　言

"灾"指自然灾害和人禍,"異"指一些神奇怪異事象。董仲舒在《賢良對策》中説:"國家將有失道之敗,而天乃先出灾害以譴告之,不知自省,又出怪異以警懼之,

* 本論文爲國家社會科學基金重大項目《董仲舒傳世文獻考辨與歷代注疏研究》(19ZDA027)和河北省教育廳人文社會科學重大課題攻關項目《董仲舒思想及其現實意義研究》(ZD202125)的階段性成果。

尚不知變,而傷敗乃至。以此見天心之仁愛人君而欲止其亂也。"①所謂灾異説,即指從政治和道德方面追究這些灾和異發生的原因、責任的學説。董仲舒既是灾異説的理論大師,又是講解灾異説的重要操盤手,關於他的灾異説,有諸多先行研究。

馮友蘭認爲,董仲舒的灾異論體系中出現了兩種觀點。一種是認爲天人同類、自然相感的有機械論傾向的説法,一種是認爲天有喜怒和賞罰,灾異出於天的意志的目的論的説法。這兩種説法在先秦就已經存在,董仲舒把這兩種説法都容納了。②

學界大都認同馮友蘭的觀點。末永高康進一步認爲,上述兩種説法不是簡單的并存,董仲舒在《漢書·五行志》中對天譴説和感應説加以了區别使用。也即除開關於日食的記事和幾個特殊事例以外,《春秋》經文明確表示了受灾物體的場合使用天譴説,之外的場合使用感應説。前者之天是人格神式的天,後者之天是物質性的存在。③

朱子説"天"曰:"又僩問經傳中'天'字。曰:要人自看得分曉,也有説蒼蒼者,也有説主宰者,也有單訓理時。"④明確指出,中國傳統天論中,天有三個含義,相輔相成,缺一不可。第一個是"蒼蒼者",指的是自然之天。第二個是"主宰",指的是神靈之天。第三個單訓"理",指的是義理之天或道德之天。上述馮友蘭等人對董仲舒灾異論的解釋,如果説陰陽感應説是以自然之天爲理論基礎的話,天譴説則可謂以神靈之天爲神聖背景,唯獨不見"道德之天"的踪迹。

另一方面,陳侃理認爲,具有道德屬性的人格化的"天",是灾異天譴論的前提。董仲舒的"感應論"和"天譴論"對"天"的設定有根本的區别。前者的天是"自然之天",後者的天則是人格化了的"道德之天"。⑤ 我們認爲,"神靈之天"和"道德之天"的界限本來就很模糊,一句"具有道德屬性的人格化的'天'"一下子囊括了二者。按照朱子的話講,道德之天"單訓理"也即以"理"的抽象形式顯露的"天",人格化的"天"其實就是"主宰"。再者"人格"一詞是個日語外來詞,所謂"和制漢語",爲19世紀末日本學者井上哲次郎將 person(英語)、Person(德語)、persona(拉丁語)翻譯

---

① (漢)班固:《漢書·董仲舒傳》,北京:中華書局,1964年,第2498頁。

② 馮友蘭:《中國哲學史新編》(第3册),北京:人民出版社,1985年,第68—69頁。

③ [日]末永高康:《董仲舒〈春秋〉灾異論中天譴説和感應説的區别使用》,《光明日報》國學版2022年4月9日。

④ (宋)黎靖德編:《朱子語類》卷一,北京:中華書局,1994年,第5頁。

⑤ 陳侃理:《儒學、數術與政治:灾異的政治文化史》,北京:北京大學出版社,2015年。

成日語時的造語，哲學本意爲“法的主體”或“作爲對象的人”，倫理學意義爲“有自律行爲的主體具有自由意志的人”。可見陳著對董仲舒灾異説的解説其實也基本上遵循了馮先生的二分法，他所説的人格化了的“道德之天”實際上指的是神靈之天。

也就是説，馮友蘭開創的董仲舒灾異論二分法，一開始就缺少“道德之天”的成分，違反“天”之三義一體。本文在上述先行研究的基礎上，尋找董仲舒灾異説中“道德之天”的位置。

一、關於陰陽感應説

《漢書・五行志》“董仲舒(、劉向)以爲”部分忠實地傳達了董仲舒之灾異説，明代張溥輯《董膠西集》(《董子文集》)將這一部分收集起來編成《春秋陰陽》，除開“董仲舒指意略同”外共有 70 條事例。據日本學者岩本憲司統計，加上“董仲舒指意略同”部分的話，一共有 83 條。[①] 這 83 條，按照前述馮友蘭、末永高康或岩本憲司的董仲舒灾異論二分法，可分爲“天人同類、自然相感的有機械論傾向”的部分和明顯是天譴論的部分(除開關於日食的記事和幾個特殊事例以外)。

本節首先從 83 條中抽出内容爲“天人同類、自然相感的有機械論傾向”的 18 條事例，列舉如下：

陰陽第一條(6)、[②]襄公三十年“五月甲午，宋灾”。董仲舒以爲伯姬如宋五年，宋恭公卒，伯姬幽居守節三十餘年，又憂傷國家之患禍，積陰生陽，故火生灾也。

陰陽第二條(7)、昭公九年“夏四月，陳火”。董仲舒以爲陳夏徵舒殺君，楚嚴王托欲爲陳討賊，陳國闢門而待之，至因滅陳。陳臣子尤毒恨甚，極陰生陽，故致火灾。

陰陽第三條(8)、昭公十八年“五月壬午，宋、衛、陳、鄭灾”。董仲舒以爲象王室將亂，天下莫救，故灾四國，言亡四方也。又宋、衛、陳、鄭之君皆荒淫於樂，不恤國

① ［日］岩本憲司：《灾異説の構造解析—董仲舒の場合》，《東洋の思想と宗教》13，1996 年 3 月，第 40—58 頁。

② 本文引用的 83 條資料來自上述岩本《灾異説の構造解析—董仲舒の場合》一文，本文對照《漢書》的《五行志》加以校正，并分三部分編輯而成(《漢書・五行志》，北京：中華書局，1964 年)。“陰陽第幾條”爲本文的編號，阿拉伯數字爲岩本憲司原來的編號。以下同。

政,與周室同行。陽失節則火災出,是以同日災也。

陰陽第四條(13)、嚴公二十八年"冬,大水亡麥禾"。董仲舒以爲夫人哀姜淫亂,逆陰氣,故大水也。

陰陽第五條(15)、嚴公七年"秋,大水,亡麥苗"。董仲舒、劉向以爲嚴母文姜與兄齊襄公淫,共殺桓公,嚴釋父讎,復取齊女,未入,先與之淫,一年再出,會於道逆亂,臣下賤之之應也。

陰陽第六條(16)、嚴公十一年"秋,宋大水"。董仲舒以爲時魯、宋比年爲乘丘、鄑之戰,百姓愁怨,陰氣盛,故二國俱水。

陰陽第七條(17)、嚴公二十四年,"大水"。董仲舒以爲夫人哀姜淫亂不婦,陰氣盛也。

陰陽第八條(18)、宣公十年"秋大水,饑"。董仲舒以爲時比伐邾取邑,亦見報復,兵讎連結,百姓愁怨。

陰陽第九條(19)、成公五年"秋,大水"。董仲舒、劉向以爲時成幼弱,政在大夫,前此一年再用師,明年復城鄆以强私家,仲孫蔑、叔孫僑如顓會宋、晋,陰勝陽。

陰陽第十條(20)、襄公二十四年"秋,大水"。董仲舒以爲先是一年齊伐晋,襄使大夫帥師救晋,後又侵齊,國小兵弱,數敵强大,百姓愁怨,陰氣盛。

陰陽第十一條(22)、釐公二十一年"夏,大旱"。董仲舒、劉向以爲齊威既死,諸侯從楚,釐尤得楚心。楚來獻捷,釋宋之執。外倚强楚,炕陽失衆,又作南門,勞民興役。諸雩旱不雨,略皆同説。

陰陽第十二條(24)、桓公十五年"春,亡冰"。董仲舒以爲象夫人不正,陰失節也。

陰陽第十三條(25)、成公元年"二月,無冰"。董仲舒以爲方有宣公之喪,君臣無悲哀之心,而炕陽,作丘甲。

陰陽第十四條(27)、僖公三十三年"十二月,隕霜不殺草"。劉向以爲今十月,周十二月。於《易》,五爲天位,爲君位,九月陰氣至,五通於天位,其卦爲剥,剥落萬物,始大殺矣,明陰從陽命、臣受君令而後殺也。今十月隕霜而不能殺草,此君誅不行,舒緩之應也。是時公子遂顓權,三桓始世官,天戒若曰,自此之後,將皆爲亂矣。文公不寤,其後遂殺子赤,三家逐昭公。董仲舒指略同。

陰陽第十五條(28)、僖公三十三年"十二月,李梅實"。董仲舒以爲李梅實,臣下强也。記曰:"不當華而華,易大夫;不當實而實,易相室。"

陰陽第十六條(29)、昭公二十五年"夏,有鴝鵒來巢"。劉向以爲有蜚有蜮不言來者,氣所生,所謂眚也;鴝鵒言來者,氣所致,所謂祥也。鴝鵒,夷狄穴藏之禽,來至中國，不穴而巢，陰居陽位，象季氏將逐昭公，去宫室而居外野也。鴝鵒白羽，旱之祥也；穴居而好水，黑色，爲主急之應也。天戒若曰，既失衆，不可急暴；急暴，陰將持節陽以逐爾，去宫室而居外野矣。昭不寤，而舉兵圍季氏，爲季氏所敗，出奔於齊，遂死於外野。董仲舒指略同。

陰陽第十七條(30)、桓公八年"十月，雨雪"。周十月，今八月也，未可以雪，劉向以爲時夫人有淫齊之行，而桓有妒媢之心，夫人將殺，其象見也。桓不覺寤，後與夫人俱如齊而殺死。凡雨，陰也，雪又雨之陰也，出非其時，迫近象也。董仲舒以爲象夫人專恣，陰氣盛也。

陰陽第十八條(32)、昭公四年"正月，大雨雪"。劉向以爲昭取於吴而爲同姓，謂之吴孟子。君行於上，臣非於下。又三家已强，皆賤公行，慢侮之心生。董仲舒以爲季孫宿任政，陰氣盛也。

上述各條都是董仲舒運用陰陽感應論來解釋灾異的典型事例，根據其内容所指，又可分爲下面幾個類型。

第一種類型：君主爲陽，引起灾難。如陰陽第三條(8)："昭公十八年五月壬午，宋、衛、陳、鄭灾。董仲舒以爲象王室將亂，天下莫救，故灾四國，言亡四方也。又宋、衛、陳、鄭之君皆荒淫於樂，不恤國政，與周室同行。陽失節則火灾出，是以同日灾也。"講君主們作惡多端，引起陽失節或"亢陽"也即陽氣太重，從而造成各種灾難。類似的還有陰陽第十一條(22)。

第二種類型：女人爲陰，引起水火灾難。如陰陽第一條(6)："襄公三十年五月甲午，宋灾。董仲舒以爲伯姬如宋五年，宋恭公卒，伯姬幽居守節三十餘年，又憂傷國家之患禍，積陰生陽，故火生灾也。"伯姬是女人，爲陰，按照陰陽説的陽尊陰卑原則，男陽女陰則男尊女卑。伯姬寡居三十餘年，又憂傷國家的患禍，這樣陰氣就積蓄得太多，陰極生陽，産生出了大量的陽氣，造成宋國的火灾。類似於這樣的還有陰陽第四條(13)、陰陽第五條(15)、陰陽第七條(17)、陰陽第十七條(30)。

第三種類型：臣子爲陰，引起灾難。如陰陽第十八條(32)："昭公四年正月，大雨雪。……董仲舒以爲季孫宿任政，陰氣盛也。"季孫宿是魯國的貴族、臣子，却掌握了魯國的權力。按照陰陽説的君尊臣卑原則，季孫宿任政，是陰氣壓倒了陽氣，所以釀成了"大雨雪"。大雨雪爲含水量極大的大雪，下多了會阻攔道路，積累在房頂上會使房屋倒塌。類似這樣臣下擅權爲陰大於陽引起各種灾難的，還有陰陽第二條(7)、陰陽第九條(19)、陰陽第十三條(25)、陰陽第十四條(27)、陰陽第十五條(28)、陰陽第十六條(29)。

第四種類型：國之惡政引起百姓怨恨。如陰陽第六條(16)："嚴公十一年秋，宋大水。董仲舒以爲時魯、宋比年爲乘丘、鄑之戰，百姓愁怨，陰氣盛，故二國俱水。"戰争給百姓帶來各種損失和灾難。根據陰陽説，百姓卑賤爲陰，仇怨太甚引起陰氣勝過陽氣，造成水灾。類似這樣的還有陰陽第八條(18)和陰陽第十條(20)。

《春秋繁露・同類相動篇》説："陽陰之氣，因可以類相益損也。天有陰陽，人亦有陰陽。天地之陰氣起，而人之陰氣應之而起，人之陰氣起，而天地之陰氣亦宜應之而起，其道一也。"①天有陰陽之氣，可見這裏的天不是"主宰"之神靈之天，而是能够和人通過陰陽之氣互相感應的自然之天。陰陽之氣的平衡如果被破壞，便會引起灾異。"及至後世，淫佚衰微，不能統理群生，諸侯背畔，殘賊良民以争壤土，廢德教而任刑罰。刑罰不中，則生邪氣；邪氣積於下，怨惡畜於上。上下不和，則陰陽繆盭而妖孽生矣。此灾異所緣而起也。"②(《對策一》)認爲灾異産生的原因是"廢德教而任刑罰"。刑罰不中而生邪氣，邪氣積於下，怨氣蓄於上，上下不和，陰陽之氣失去協調和平衡的話，便會産生妖孽，出現灾異。

二、關於天譴説

按照董仲舒灾異論研究二分法，除開上一節的十八條之外，都算是天譴論的灾異説。但是仔細考察起來，剩下的部分又可分爲兩大部分。其中一部分明顯被説成是"天"以"主宰"的面目出現，以灾害對惡政進行懲罰的天譴説事例，而另一部分則如末永所説是"關於日食的記事和幾個特殊事例"，這些日食記事和特殊事例的性質、發生的時間、人們對灾異的態度明顯和天譴説不同。爲此我們將這一部分剔出，放在下一節討論，這一節只討論"天"以灾害對惡政進行懲罰的天譴説部分，其事例如下：

天譴第一條(1)、桓公十四年"八月壬申，御廩灾"。董仲舒以爲先是四國共伐魯，大破之於龍門。百姓傷者未瘳，怨咎未復，而君臣俱惰，内怠政事，外侮四鄰，非能保守宗廟終其天年者也，故天灾御廩以戒之。

天譴第二條(2)、嚴公二十年"夏，齊大灾"。董仲舒以爲魯夫人淫於齊，齊桓姊妹不嫁者七人。國君，民之父母；夫婦，生化之本。本傷則末夭，故天灾所予也。

---

① (清)蘇輿：《春秋繁露義證》，北京：中華書局，1992年，第360頁。

② (漢)班固：《漢書・董仲舒傳》，第2500頁。

天譴第三條(3)、釐公二十年"五月己酉,西宫灾"。董仲舒以爲釐公娶於楚,而齊媵之,脅公使立以爲夫人。西宫者,小寢,夫人之居也。若曰,妾何爲此宫! 誅去之意也。以天灾之,故大之曰西宫也。

天譴第四條(4)、宣公十六年"夏,成周宣榭火"。榭者,所以臧樂器,宣其名也。董仲舒、劉向以爲十五年王札子殺召伯、毛伯,天子不能誅。天戒若曰,不能行政令,何以禮樂爲而臧之?

天譴第五條(5)、成公三年"二月甲子,新宫灾"。董仲舒以爲成居喪亡哀戚心,數興兵戰伐,故天灾其父廟,示失子道,不能奉宗廟也。

天譴第六條(9)、定公二年"五月,雉門及兩觀灾"。董仲舒、劉向以爲此皆奢僭過度者也。先是,季氏逐昭公,昭公死於外。定公即位,既不能誅季氏,又用其邪説,淫於女樂,而退孔子。天戒若曰,去高顯而奢僭者。

天譴第七條(10)、哀公三年"五月辛卯,桓、釐宫灾"。董仲舒、劉向以爲此二宫不當立,違禮者也。哀公又以季氏之故不用孔子。孔子在陳聞魯灾,曰:"其桓、釐之宫乎!"以爲桓,季氏之所出,釐,使季氏世卿者也。

天譴第八條(11)、哀公四年"六月辛丑,亳社灾"。董仲舒、劉向以爲亡國之社,所以爲戒也。天戒若曰,國將危亡,不用戒矣。春秋火灾,屢於定、哀之間,不用聖人而縱驕臣,將以亡國,不明甚也。

天譴第九條(12)、武帝建元六年六月丁酉,遼東高廟灾。四月壬子,高園便殿火。董仲舒對曰:"《春秋》之道舉往以明來,是故天下有物,視《春秋》所舉與同比者,精微眇以存其意,通倫類以貫其理,天地之變,國家之事,粲然皆見,亡所疑矣。按《春秋》魯定公、哀公時,季氏之惡已孰,而孔子之聖方盛。夫以盛聖而易孰惡,季孫雖重,魯君雖輕,其勢可成也。故定公二年五月兩觀灾。兩觀,僭禮之物,天灾之者,若曰,僭禮之臣可以去。已見罪徵,而後告可去,此天意也。定公不知省。至哀公三年五月,桓宫、釐宫灾。二者同事,所爲一也,若曰燔貴而去不義云爾。哀公未能見,故四年六月亳社灾。兩觀、桓、釐廟、亳社,四者皆不當立,天皆燔其不當立者以示魯,欲其去亂臣而用聖人也。季氏亡道久矣,前是天不見灾者,魯未有賢聖臣,雖欲去季孫,其力不能,昭公是也。至定、哀乃見之,其時可也。不時不見,天之道也。今高廟不當居遼東,高園殿不當居陵旁,於禮亦不當立,與魯所灾同。其不當立久矣,至於陛下時天乃灾之者,殆亦其時可也。昔秦受亡周之敝,而亡以化之;漢受亡秦之敝,又亡以化之。夫繼二敝之後,承其下流,兼受其猥,難治甚矣。又多兄弟親戚骨肉之連,驕揚奢侈恣睢者衆,所謂重難之時者也。陛下正當大敝之後,又遭重難之時,甚可憂也。故天灾若語陛下'當今之世,雖敝而重難,非以太平至公,不能治也。視親戚貴屬在諸侯遠正最甚者,忍而誅之,如吾燔遼高廟乃可;視近臣在國中處旁仄及貴而不正者,忍而誅之,如吾燔高園殿乃可'云爾。在外而不正者,雖貴如高廟,猶灾燔之,况諸侯乎!在内不正者,雖貴如高園殿,猶燔灾之,况大臣乎!此天意也。罪在外者天灾外,罪在内者天灾内,燔甚罪當重,燔簡罪當輕,承天意之道也。"

天譴第十條(14)、桓公元年"秋,大水"。董仲舒、劉向以爲桓弑兄隱公,民臣痛隱而賤桓。後宋督弑其君,諸侯會,將討之,桓受宋賂而歸,又背宋。諸侯由是伐魯,仍交兵結讎,伏尸流血,百姓愈怨,故十三年夏復大水。

天譴第十一條(21)、成公七年"正月,鼷鼠食郊牛角;改卜牛,又食其角"。董仲舒以爲鼷鼠食郊牛,皆養牲不謹也。

天譴第十二條(23)、嚴公十七年"冬,多麋"。劉向以爲麋色青,近青祥也。麋之爲言迷也,蓋牝獸之淫者也。是時,嚴公將取齊之淫女,其象先見,天戒若曰,勿取齊女,淫而迷國。嚴不寤,遂取之。夫人既入,淫於二叔,終皆誅死,幾亡社稷。董仲舒指略同。

天譴第十三條(26)、襄公二十八年"春,無冰"。劉向以爲先是公作三軍,有侵陵用武之意,於是鄰國不和,伐其三鄙,被兵十有餘年,因之以饑饉,百姓怨望,臣下心離,公懼而弛緩,不敢行誅罰,楚有夷狄行,公有從楚心,不明善惡之應。董仲舒指略同。

天譴第十四條(31)、釐公十年"冬,大雨雪"。董仲舒以爲公脅於齊桓公,立妾爲夫人,不敢進群妾,故專壹之象見諸雹,皆爲有所漸脅也,行專壹之政云。

天譴第十五條(33)、定公元年"十月,隕霜殺菽"。董仲舒以爲菽,草之强者,天戒若曰,加誅於强臣。言菽,以微見季氏之罰也。

天譴第十六條(34)、桓公五年"秋,螽"。劉歆以爲貪虐取民則螽,介蟲之孽也,與魚同占。劉向以爲介蟲之孽屬言不從。是歲,公獲二國之聘,取鼎易邑,興役起城。諸螽略皆從董仲舒説云。

天譴第十七條(35)、嚴公二十九年"有蜚"。劉歆以爲負蠜也,性不食穀,食穀爲灾,介蟲之孽。劉向以爲蜚色青,近青眚也,非中國所有。南越盛暑,男女同川澤,淫風所生,爲蟲臭惡。是時嚴公取齊淫女爲夫人,既入,淫於兩叔,故蜚至。天戒若曰,今誅絶之尚及,不將生臭惡,聞於四方。嚴不寤,其後夫人與兩叔作亂,二嗣以殺,卒皆被辜。董仲舒指略同。

天譴第十八條(36)、文公三年"秋,雨螽於宋"。董仲舒以爲宋三世内取,大夫專恣,殺生不中,故螽先死而至。

天譴第十九條(37)、宣公十五年"冬,蝝生"。劉歆以爲蝝,蚍蠹之有翼者,食穀爲灾,黑眚也。董仲舒、劉向以爲蝝,螟始生也。一曰蝗始生。是時民患上力役,解於公田。宣是時初税畝。税畝,就民田畝擇美者税其什一,亂先王制而爲貪利,故應是而蝝生,屬蠃蟲之孽。

天譴第二十條(38)、釐公十五年"九月己卯晦,震夷伯之廟"。董仲舒以爲夷伯,季氏之孚也,陪臣不當有廟。震者雷也,晦暝,雷擊其廟,明當絶去僭差之類也。

天譴第二十一條(39)、隱公五年"秋,螟"。董仲舒、劉向以爲時公觀漁於棠,貪利之應也。

天譴第二十二條(40)、嚴公六年"秋,螟"。董仲舒、劉向以爲先是衛侯朔出奔齊,齊侯會諸侯納朔,許諸侯賂。齊人歸衛寶,魯受之,貪利應也。

天譴第二十三條(41)、宣公三年,"郊牛之口傷,改卜牛,牛死"。劉向以爲近牛禍也。是時宣公與公子遂謀共殺子赤而立,又以喪娶,區霿昏亂。亂成於口,幸有季文子得免於禍,天猶惡之,生則不饗其祀,死則灾燔其廟。董仲舒指略同。

天譴第二十四條(42)、文公九年"九月癸酉,地震"。劉向以爲先是時,齊桓、晋文、魯釐二伯賢君新没,周襄王失道,楚穆王殺父,諸侯皆不肖,權傾於下,天戒若曰,臣下强盛者將動爲害。後宋、魯、晋、莒、鄭、陳、齊皆殺君。諸震,略皆從董仲舒説也。

天譴第二十五條(43)、釐公十四年"秋八月辛卯,沙麓崩"。《穀梁傳》曰:"林屬於山曰麓,沙其名也。"劉向以爲臣下背叛,散落不事上之象也。先是,齊桓行伯道,會諸侯,事周室。管仲既死,桓德日衰,天戒若曰,伯道將廢,諸侯散落,政逮大夫,陪臣執命,臣下不事上矣。桓公不寤,天子蔽晦。及齊桓死,天下散而從楚。王札子殺二大夫,晋敗天子之師,莫能征討,從是陵遲。《公羊》以爲沙麓,河上邑也。董仲舒説略同。

天譴第二十六條(44)、成公五年"夏,梁山崩"。《穀梁傳》曰廱河三日不流,晋君帥群臣而哭之,乃流。劉向以爲山陽,君也,水陰,民也,天戒若曰,君道崩壞,下亂,百姓將失其所矣。哭然後流,喪亡象也。梁山在晋地,自晋始而及天下也。後晋暴殺三卿,厲公以弑。溴梁之會,天下大夫皆執國政,其後孫、甯出衛獻,三家逐魯昭,單、尹亂王室。董仲舒説略同。

在這些事例中,可以看到是惡政惡事在先,然後"天"以"主宰"的面目出現,對施行惡政的君主們加以譴告、警懼和懲罰。具體而言有如下幾種形式:

1. 如天譴第一條(1)"桓公十四年八月壬申,御廪灾。董仲舒以爲……故天灾御廪以戒之”那樣,使用“故天灾……(受灾體)以戒之”的字樣,講“天”有目的有意識地發出灾害懲罰行惡政的君主和臣子。采取同樣形式的還有天譴第二條(2)、天譴第三條(3)、天譴第五條(5)、天譴第九條(12)等。

2. 如天譴第四條(4)“宣公十六年夏,成周宣榭火。榭者,所以臧樂器,宣其名也。董仲舒、劉向以爲十五年王札子殺召伯、毛伯,天子不能誅。天戒若曰,不能行政令,何以禮樂爲而臧之?”那樣,使用“天戒若曰”的字樣,“戒”爲懲戒、訓戒、告戒之意。講天不但發出懲罰,而且似乎喃喃低語加以告戒。采取同樣形式的還有天譴第六條(9)、天譴第八條(11)、天譴第十二條(23)、天譴第十五條(33)等。

3. 如天譴第十條(14)“桓公元年秋,大水。董仲舒、劉向以爲桓弑兄隱公,民臣痛隱而賤桓。後宋督弑其君,諸侯會,將討之,桓受宋賂而歸,又背宋。諸侯由是伐魯,仍交兵結讎,伏尸流血,百姓愈怨,故十三年夏復大水”那樣,使用一個“故”字來表示天意,説“天”是有目的、有意而爲的。采取同樣形式的還有天譴第十四條(31)、天譴第十八條(36)等。

4. 如天譴第二十一條(39)“隱公五年秋,螟。董仲舒、劉向以爲時公觀漁於棠,貪利之應也”那樣,使用“貪利之應也”。這個“應”爲報應之應,爲天罰論中的目的論式的報應論。惡政在先,於是受到來自主宰之天的報應。同樣形式的還有天譴第二十二條(40)、天譴第十九條(37)(“應是而……”)。另外,剩下的幾條大多以“劉向以爲……董仲舒指略同”的肯定口吻來表示這種報應關係。

總之,天譴説中的“天”無疑爲神靈之天。

三、關於日食的記事和幾個特殊事例

董仲舒的灾異説一共83條。本文第一節舉出了認爲天人同類、自然相感的有機械論傾向的,將自然灾害解釋爲天人感應引起陰陽失調造成灾害的部分共18條。第二節舉出了認爲天有喜怒和賞罰,灾異出於天的意志的目的論的天譴説的部分共26條。剩下的爲所謂“關於日食的記事和幾個特殊事例(以彗星爲主)”,共39條:

日星第一條(45)、①隱公三年“二月己巳,日有食之”。《穀梁傳》曰,言日不言朔,食晦。《公羊傳》曰,食二日。董仲舒、劉向以爲其後戎執天子之使,鄭獲魯隱,

① 由於特殊事例以彗星爲主,故本節編號爲“日星第幾條”。阿拉伯數字爲岩本憲司的編號。

滅戴，衛、魯、宋咸殺君。

日星第二條(46)、桓公三年“七月壬辰朔，日有食之，既”。董仲舒、劉向以爲前事已大，後事將至者又大，則既。先是魯、宋弑君，魯又成宋亂，易許田，亡事天子之心；楚僭稱王。後鄭岠王師，射桓王，又二君相篡。

日星第三條(47)、桓公十七年“十月朔，日有食之”。《穀梁傳》曰，言朔不言日，食二日也。董仲舒以爲言朔不言日，惡魯桓且有夫人之禍，將不終日也。

日星第四條(48)、嚴公十八年“三月，日有食之”。《穀梁傳》曰，不言日，不言朔，夜食。史推合朔在夜，明旦日食而出，出而解，是爲夜食。董仲舒以爲宿在東壁，魯象也。後公子慶父、叔牙果通於夫人以劫公。

日星第五條(49)、嚴公二十五年“六月辛未朔，日有食之”。董仲舒以爲宿在畢，主邊兵夷狄象也。後狄滅邢、衛。

日星第六條(50)、嚴公二十六年“十二月癸亥朔，日有食之”。董仲舒以爲宿在心，心爲明堂，文武之道廢，中國不絶若綫之象也。

日星第七條(51)、嚴公三十年“九月庚午朔，日有食之”。董仲舒、劉向以爲後魯二君弑，夫人誅，兩弟死，狄滅邢，徐取舒，晋殺世子，楚滅弦。

日星第八條(52)、僖公五年“九月戊申朔，日有食之”。董仲舒、劉向以爲先是齊桓行伯，江、黄自至，南服强楚。其後不内自正，而外執陳大夫，則陳、楚不附，鄭伯逃盟，諸侯將不從桓政，故天見戒。其後晋滅虢，楚圍許，諸侯伐鄭，晋弑二君，狄滅温，楚伐黄，桓不能救。

日星第九條(53)、僖公十二年“三月庚午朔，日有食之”。董仲舒、劉向以爲是時楚滅黄，狄侵衛、鄭，莒滅杞。

日星第十條(54)、僖公十五年“五月，日有食之”。董仲舒以爲後秦獲晋侯，齊滅項，楚敗徐於婁林。

日星第十一條(55)、文公元年“二月癸亥，日有食之”。董仲舒、劉向以爲先是大夫始執國政，公子遂如京師，後楚世子商臣殺父，齊公子商人弑君，皆自立，宋子哀出奔，晋滅江，楚滅六，大夫公孫敖、叔彭生并專會盟。

日星第十二條(56)、文公十五年“六月辛丑朔，日有食之”。董仲舒、劉向以爲後宋、齊、莒、晋、鄭八年之間五君殺死，楚滅舒蓼。

日星第十三條(57)、宣公八年“七月甲子，日有食之，既”。董仲舒、劉向以爲先是楚商臣弑父而立，至於嚴王遂强。諸夏大國唯有齊、晋，齊、晋新有篡弑之禍，内皆未安，故楚乘弱横行，八年之間六侵伐而一滅國；伐陸渾戎，觀兵周室；後又入鄭，鄭伯肉袒謝罪；北敗晋師於邲，流血色水；圍宋九月，析骸而炊之。

日星第十四條(58)、宣公十年“四月丙辰,日有食之”。董仲舒、劉向以爲後陳夏徵舒弑其君,楚滅蕭,晋滅二國,王札子殺召伯、毛伯。

日星第十五條(59)、宣公十七年“六月癸卯,日有食之”。董仲舒、劉向以爲後邾支解鄫子,晋敗王師於貿戎,敗齊於鞌。

日星第十六條(60)、成公十六年“六月丙寅朔,日有食之”。董仲舒、劉向以爲後晋敗楚、鄭於鄢陵,執魯侯。

日星第十七條(61)、成公十七年“十二月丁巳朔,日有食之”。董仲舒、劉向以爲後楚滅舒庸,晋弑其君,宋魚石因楚奪君邑,莒滅鄫,齊滅萊,鄭伯弑死。

日星第十八條(62)、襄公十四年“二月乙未朔,日有食之”。董仲舒、劉向以爲後衛大夫孫、甯共逐獻公,立孫剽。

日星第十九條(63)、襄公十五年“八月丁巳朔,日有食之”。董仲舒、劉向以爲先是晋爲雞澤之會,諸侯盟,又大夫盟,後爲溴梁之會,諸侯在而大夫獨相與盟,君若綴斿,不得舉手。

日星第二十條(64)、襄公二十年“十月丙辰朔,日有食之”。董仲舒以爲陳慶虎、慶寅蔽君之明,邾庶其有叛心,後庶其以漆、閭丘來奔,陳殺二慶。

日星第二十一條(65)、襄公二十一年“九月庚戌朔,日有食之”。董仲舒以爲晋欒盈將犯君,後入於曲沃。

日星第二十二條(66)、襄公二十一年“十月庚辰朔,日有食之”。董仲舒以爲宿在軫、角,楚大國象也。後楚屈氏譖殺公子追舒,齊慶封脅君亂國。

日星第二十三條(67)、襄公二十三年“二月癸酉朔,日有食之”。董仲舒以爲後衛侯入陳儀,甯喜弑其君剽。

日星第二十四條(68)、襄公二十四年“八月癸巳朔,日有食之”。董仲舒以爲比食又既,象陽將絶,夷狄主上國之象也。後六君弑,楚子果從諸侯伐鄭,滅舒鳩,魯往朝之,卒主中國,伐吴討慶封。

日星第二十五條(69)、襄公二十七年“十二月乙亥朔,日有食之”。董仲舒以爲禮義將大滅絶之象也。時吴子好勇,使刑人守門;蔡侯通於世子之妻;莒不早立嗣。後閽戕吴子,蔡世子般弑其父,莒人亦弑君而庶子争。劉向以爲自二十年至此歲,八年間日食七作,禍亂將重起,故天仍見戒也。後齊崔杼弑君,宋殺世子,北燕伯出奔,鄭大夫自外入而篡位,指略如董仲舒。

日星第二十六條(70)、昭公七年“四月甲辰朔,日有食之”。董仲舒、劉向以爲先是楚靈王弑君而立,會諸侯,執徐子,滅賴,後陳公子招殺世子,楚因而滅之,又滅蔡,後靈王亦弑死。

日星第二十七條(71)、昭公十七年“六月甲戌朔,日有食之”。董仲舒以爲時宿在畢,晋國象也。晋厲公誅四大夫,失衆心,以弑死。後莫敢復責大夫,六卿遂相與比周,專晋國,君還事之。日比再食,其事在春秋後,故不載於經。

日星第二十八條(72)、昭公二十一年“七月壬午朔,日有食之”。董仲舒以爲周景王老,劉子、單子專權,蔡侯朱驕,君臣不説之象也。後蔡侯朱果出奔,劉子、單子立王猛。

日星第二十九條(73)、昭公二十二年“十二月癸酉朔,日有食之”。董仲舒以爲宿在心,天子之象也。後尹氏立王子朝,天王居於狄泉。

日星第三十條(74)、昭公二十四年“五月乙未朔,日有食之”。董仲舒以爲宿在胃,魯象也。後昭公爲季氏所逐。

日星第三十一條(75)、昭公三十一年“十二月辛亥朔,日有食之”。董仲舒以爲宿在心,天子象也。時京師微弱,後諸侯果相率而城周,宋中幾亡尊天子之心,而不衰城。

日星第三十二條(76)、定公五年“三月辛亥朔,日有食之”。董仲舒、劉向以爲後鄭滅許,魯陽虎作亂,竊寶玉大弓,季桓子退仲尼,宋三臣以邑叛。

日星第三十三條(77)、定公十二年“十一月丙寅朔,日有食之”。董仲舒、劉向以爲後晋三大夫以邑叛,薛弑其君,楚滅頓、胡,越敗吴,衛逐世子。

日星第三十四條(78)、定公十五年“八月庚辰朔,日有食之”。董仲舒以爲宿在柳,周室大壞,夷狄主諸夏之象也。明年,中國諸侯果累累從楚而圍蔡,蔡恐,遷於州來。晋人執戎蠻子歸於楚,京師楚也。

日星第三十五條(79)、嚴公七年“四月辛卯夜,恒星不見,夜中星隕如雨”。董仲舒、劉向以爲常星二十八宿者,人君之象也;衆星,萬民之類也。列宿不見,象諸侯微也;衆星隕墜,民失其所也。夜中者,爲中國也。不及地而復,象齊桓起而救存之也。鄉亡桓公,星遂至地,中國其良絶矣。

日星第三十六條(80)、文公十四年“七月,有星孛入於北斗”。董仲舒以爲孛者惡氣之所生也。謂之孛者,言其孛孛有所妨蔽,暗亂不明之貌也。北斗,大國象。後齊、宋、魯、莒、晋皆弑君。

日星第三十七條(81)、昭公十七年“冬,有星孛於大辰”。董仲舒以爲,大辰,心也。心在明堂,天子之象。後王室大亂,三王分争,此其效也。

日星第三十八條(82)、哀公十三年“冬十一月,有星孛於東方”。董仲舒、劉向以爲不言宿名者,不加宿也。以辰乘日而出,亂氣蔽君明也。明年,《春秋》事終。一曰,周之十一月,夏九月,日在氐。出東方者,軫、角、亢也。軫,楚;角、亢,陳、鄭也。或曰角、亢大國象,爲齊、晋也。其後楚滅陳,田氏篡齊,六卿分晋,此其效也。

日星第三十九條(83)、釐公十六年"正月戊申朔,隕石於宋,五,是月六鷁退飛過宋都"。董仲舒、劉向以爲象宋襄公欲行伯道將自敗之戒也。石陰類,五陽數,自上而隕,此陰而陽行,欲高反下也。石與金同類,色以白爲主,近白祥也。鷁水鳥,六陰數,退飛,欲進反退也。其色青,青祥也,屬於貌之不恭。天戒若曰,德薄國小,勿持炕陽,欲長諸侯,與强大争,必受其害。襄公不寤,明年齊威死,伐齊喪,執滕子,圍曹,爲盂之會,與楚爭盟,卒爲所執。後得反國,不悔過自責,復會諸侯伐鄭,與楚戰於泓,軍敗身傷,爲諸侯笑。

關於如上事例,可作如下解釋:

1. 從數量上看,這一部分共有39條,超過第一節的18條和第二節的26條。其中關於日食的34條,關於星孛也即彗星的3條,關於隕石和鷁鳥的1條。數量之多,根本不是末永所説可以除開在外的"關於日食的記事和幾個特殊事例"而加以打發掉的東西,從内容上看也完全自成一個體系。爲了方便起見,我們後面簡稱其爲"日食和星變的事例"。

2. 從内容來看,關於日食的共有34條。《史記・天官書》有"春秋二百四十二年之間,日蝕三十六,彗星三見",這裏記載的三十四次都符合《春秋》經傳中的記載,缺少的兩次爲"襄公二十四年七月"和"昭公十五年六月丁巳朔",只有"劉歆以爲"没有"董仲舒以爲"而没有收入其中。這樣日食的數字就和《史記・天官書》所説"日蝕三十六"完全相符合。

日星第三十六條(80)、日星第三十七條(81)、日星第三十八條(82)記載的"有星孛入於北斗"(文公十四年)、"有星孛於大辰"(昭公十七年)、"有星孛於東方"(哀公十三年)即《史記・天官書》所説"彗星三見"。其中文公十四年七月的"有星孛入於北斗"據稱是最早的哈雷彗星記録。

日星第三十五條(79)"嚴公七年四月辛卯夜,恒星不見,夜中星隕如雨"爲關於流星的記載。《公羊傳》解説爲:"如雨者,非雨也,非雨則曷爲謂之如雨?不修春秋曰:雨星不及地尺而復。君子修之,星隕如雨。"説流星不是雨,《穀梁傳》也説不是雨,對此《左傳》説流星是雨,或説流星降下時正下著雨。

日星第三十九條(83)"釐公十六年正月戊申朔,隕石於宋,五,是月六鷁退飛過宋都"。關於這兩件事,公羊傳完全有不同的解説。《公羊傳・僖公十六年》:"霣石於宋五。是月,六鷁退飛過宋都。曷爲先言霣而後言石?霣石記聞,聞其磌然,視之則石,察之則五……曷爲先言六而後言鷁?六鷁退飛,記見也,視之則六,察之則鷁,徐而察之則退飛。"只是從物理學的常識上進行了解釋。後來到了董仲舒那裏纔被賦予了政治内容。

3. 從時間上看,天譴論的事例是惡政在先,灾害在後。而日食(含星變)大多是日食在先,惡事在後。雖然也有"先是"也即惡事在日食之前的事例,但那也只是爲了陪襯後來發生的更大的惡事,所謂"前事已大,後事將至者又大"(日星第二條)。這就是董仲舒在《對策》中所説:"國家將有失道之敗,而天乃先出灾害以譴告之,不知自省,又出怪異以警懼之,尚不知變,而傷敗乃至。"怪異只是爲了警懼。

4. 既然日食在先,就如日星第六條(50)"嚴公二十六年十二月癸亥朔,日有食之。董仲舒以爲宿在心,心爲明堂,文武之道廢,中國不絶若綫之象也"那樣,日食作爲一種"異",是惡政之"象",有人要幹壞事的前兆。這種"○○之象"有很多種説法,如"邊兵夷狄象"(日星第五條[49]),"楚大國象"(日星第二十二條[66]),"夷狄主上國之象"(日星第二十四條[68]),"禮義將大滅絶之象"(日星第二十五條[69]),"晋國象"(日星第二十七條[71]),"君臣不説之象"(日星第二十八條[72]),"魯象"(日星第三十條[74]),"天子象"(日星第三十一條[75]),"周室大壞,夷狄主諸夏之象"(日星第三十四條[78]),"人君之象"(日星第三十五條[79])等等。

5. 如果説日食之後出現的惡政都是在諸國分别發生的話,三次彗星的記録也即"星孛"則爲一次性牽涉到能看到彗星的諸多國家,堪稱天下大亂、周室大壞、東方諸國紊亂的象徵,總之具有全域意義。

相比陰陽感應説和天譴説,對"日食和星變的事例"的解説缺少理論性和邏輯性。如前所述,陰陽感應説在講解灾害和人事的關聯時,使用了陰陽感應原理,講究"陽失節""炕陽失衆""陰失節""極陰生""陰勝陽""陰氣盛",這樣的聯繫方法符合陰陽説的原理和邏輯,具有一定的説服力,因爲陰陽五行爲當時的共通語言。天譴説以神靈之天爲最高神,天具有神聖性和最終的價值判斷力,其神力和權威使得掌權者有所畏懼,從而具有説服力。

相比之下,關於日食的解釋只是將日食之後各國發生的惡政羅列起來而已,如日星第七條(51):"嚴公三十年九月庚午朔,日有食之。董仲舒、劉向以爲後魯二君弑,夫人誅,兩弟死,狄滅邢,徐取舒,晋殺世子,楚滅弦。"日食和各國的惡政之間没有任何關聯,只用了一個"後"字將二者生搬硬套般地扯在了一起,其間既没有陰陽法則,也没有神聖者的意志,更没有必然性。唯一的作用是將二者扯在了一起,給予掌權者們暗示的啓迪和無形的壓力,期待激發起他們知惡向善的道德心。《春秋繁露·王道第六》言:

> 周衰,天子微弱,諸侯力政,大夫專國,士專邑,不能行度制法文之禮。諸侯背叛,莫修貢聘,奉獻天子。臣弑其君,子弑其父,孽殺其宗,不能統理,更相伐銼以廣地。以强相脅,不能制屬。强奄弱,衆暴寡,富使貧,并兼無已。臣下上僭,不能禁止。日爲之食,星霣如雨,雨螽,沙鹿崩。夏大雨水,冬大雨雪,霣石於宋五,六鷁退飛。霣霜不殺草,李梅實。正月不雨,至於秋七月。地震,梁山崩,壅河,三日不流。晝晦。彗星見於東方,孛於大辰。鸛鵒來巢,《春秋》異之。以此見悖亂之徵。孔子明得失,差貴賤,反王道之本。譏天王以致太平。刺惡譏微,不遺小大,善無細而不舉,惡無細而不去,進善誅惡,絶諸本而已矣。①

認爲《春秋》重視這些異常現象,因爲"天"通過這些異象顯露悖亂的象徵。孔子重視這些異象,希望天子王者通過這些異象看到自己的錯誤,從根本上施行善政而懲罰惡行;通過對異象的反省究明政治的得失,褒貶善惡,以回到王道上來。

從上我們又可以得知,所謂"異"的種類有日食、星雨、雨螽、沙鹿崩、夏大雨水、冬大雨雪、霣石、六鷁退飛、霣霜不殺草、李梅實、正月不雨、地震、梁山崩、壅河三日不流、晝晦、彗星見於東方、孛於大辰、鸛鵒來巢等。其中雨螽(天譴第十六條)、沙鹿崩(天譴第二十五條)、大雨水已經被放入了天譴説系統,李梅實(陰陽第十五條)和大雨雪(陰陽第十四條)被放入了陰陽感應系統,可見已經將它們歸入了"灾"一類。剩下的就是日食、星變和六鷁退飛、鸛鵒來巢之類的神奇怪異現象,構成"異"的核心。這些異象對人類不構成任何實質損害和灾難,不需要人爲地加以消弭和補救,所以從邏輯上不能説是惡政的惡果和報應。也就是説,它們在灾異説中是"前兆"而不是"應徵",是"預言"而不是"後果",其作爲"悖亂之徵"起到"警懼"作用,不構成"傷敗"本身。

也就是説,在董仲舒的灾異説中,"灾"和"異"有著根本區别。"異"説的核心在於,人們面對的"天"可能具有神聖性,但不是"主宰",不直接降下灾難去懲罰行惡政的君主,而是通過各種異象表示"仁愛人君而欲止其亂"之天心。董仲舒認爲,天威不可測,天命不能不敬畏,這就需要君主們以道德仁愛之心去敬畏天命,感受天威。異常天象是天發怒了,應該重視揣摩天的意志,即使不明白其中道理也要加以重視,盡量修德行善,改正過失,以德政去消除那些異常的徵兆。因爲"天心之仁愛人君而欲止其亂也",②人君在警懼、憂惡之餘,更重要的是通過異象領會天意,體察

① (清)蘇輿:《春秋繁露義證》,第107—109頁。

② (漢)班固:《漢書·董仲舒傳》,第2498頁。

天的仁愛之心，推求失德失政之處，改正過失，回歸天意天心所指向的正道。不這樣做的話，最終神靈之天還是會降下第三波灾害來施加懲罰的。這一節中，董仲舒在“異”象發生之後收集各國的惡事惡政羅列在“異”象之後，就是所謂的第三波灾害，以警告掌權者們。這樣，對神靈之天的敬畏轉换成以德解異，以德消異，用德政消除異象帶來的恐懼。“天有和有德，有平有威，有相受之意，有爲政之理。”[①]這種借助神靈之天的權威來加强道德約束的做法，在儒家那裹被稱爲“神道設教”，是爲“道德之天”的本意。

將以日食和星變爲主的“異説”單獨列舉出來强調其重要性，也是有其理論根據的。《史記·天官書》説：“日變修德，月變省刑，星變結和。凡天變，過度乃占。國君强大，有德者昌；弱小，飾詐者亡。大上（太上）修德，其次修政，其次修救，其次修禳，正下無之。”[②]日月星變屬於政治上的頭等大事，爲政者必須注意“修德”“修政”以至“修禳”的主旨，采取諸多補救措施來消弭可能的灾難。

四、結　　論

在上述三節中，我們對董仲舒的灾異體系進行了整理和再分割。在此基礎上將傳統的兩個系統分成了三個系統，也即從天譴説系統分出了“關於日食和星變的記事”，將之歸納爲董仲舒灾異説的第三系統，也即和“灾説”分離的“異説”系統。

第一節將《漢書·五行志》所記録的 83 條董仲舒灾異説中的有關“天人同類、自然相感的有機械論傾向的陰陽感應説”事例 18 條摘出，并進行了簡單的解説。從中可見董仲舒的陰陽感應説可分成四種類型。第一種類型是君主陽盛，引起灾難，董仲舒稱之爲“陽失節”或“炕陽失衆”之類。第二種類型是女人爲陰，引起水灾，陰極生陽，又造成火灾，董仲舒稱之爲“陰失節”或“極陰生”之類。第三種類型是臣子爲陰，引起灾難，董仲舒稱之爲“陰勝陽”之類。第四種類型是國之惡政引起百姓怨恨，董仲舒稱之爲“陰氣盛”之類。在這個灾異系統中，“天”爲自然之天，人是自然之天的同類，能够和天發生感應。“天意難見也，其道難理。是故明陰陽、入出、實虚之處，所以觀天之志。”[③]陰陽又和天地相對接，天出陽氣，地出陰氣，陰陽是天地的自然變化形式和天意的表述系統，陰陽平衡是天地生生、萬物運行的基本保

① （清）蘇輿：《春秋繁露義證》，第 462 頁。

② （漢）司馬遷：《史記·天官書》，北京：中華書局，1963 年，第 1351 頁。

③ （清）蘇輿：《春秋繁露義證》，第 467 頁。

障。“上下不和,則陰陽繆盭而妖孽生矣。此災異所緣而起也。”①陰陽平衡遭到破壞則會造成各種災異。

第二節將83條中認爲天有喜怒和賞罰,災異出於天的意志的目的論天譴説26條摘出,劃分爲“災説”系統,并加以簡單的解説。在這些事例中,“天”以“主宰”的面目出現,對施行了惡政的君主諸侯大臣們加以懲罰、訓戒和告戒,以顯示“天”的威嚴。這個“災説”系統中的“天”無疑是神靈之天,所有的災異都是神靈之天發出的譴告、警懼和懲罰,而且“天”的這些行爲是有意識有目的的,所以稱之爲目的論。

以上兩種災異説是諸多先行研究的固有説法,本文加以整理敷衍而已。

第三節從傳統説法的第二個系統,也即天譴説系統劃分出了“日食和星變的記事”39條,將之歸納爲董仲舒災異説的第三系統,也即和“災説”分離的“異説”系統。董仲舒説:“天地之物,有不常之變者,謂之異。小者謂之災。災常先至,而異乃隨之。災者,天之譴也。異者,天之威也。譴之而不知,乃畏之以威。”(《春秋繁露·必仁且知》)②“災”與“異”的區别在於“災”在事後,是天對惡事惡政所發出的譴告和懲罰;“異”處事先,是天通過異象展示無形的“天威”和警告,這就要求君主們捫心自問,接受道德心的審判。可見“異説”中的天爲“道德之天”,“天”通過各種異象表示仁愛之天心,君主們則以道德仁愛之心去敬畏天命,感受天威,揣摩天的意志,盡量修德行善,改正過失,以德政去消除那些異常的徵兆。在這個系統中,道德之天的威力以“神靈之天”爲神聖前提,這種做法來源於儒家的“神道設教”傳統。

---

① (漢)班固:《漢書·董仲舒傳》,第2500頁。

② (清)蘇輿:《春秋繁露義證》,第259頁。

寬柔與刻削：董仲舒《春秋》決獄的"兩副面孔"*

張靖傑

【摘　要】 作爲法律儒家化的開端，董仲舒的《春秋》决獄是儒家經義試圖介入政治的標志性成果。一方面，由董仲舒所提出的"本其事而原其志"的原則在司法實踐中多偏寬宥，體現出對於秦政刻削的補偏救弊，以收穩定民心與政局之效；另一方面，由"原心定罪"衍生而來的"君親無將"則成了劉漢王朝翦滅諸侯勢力的經義根據，服務於"封建"向"郡縣"的歷史進程。無論是寬宥抑或刻削，《春秋》决獄始終以維護王權統治爲目的。在此一儒術與政治的互動中，儒家思想的倫理化、差異化特質滲透進司法實踐中，并使得儒家經義上升到"法理"的高度，但董仲舒尚寬柔的《春秋》决獄被"異化"爲酷吏舞文之具，却也成爲後世口誅筆伐的對象。

【關鍵詞】 董仲舒　《春秋》决獄　《春秋公羊傳》　原心定罪　君親無將

【作者簡介】 張靖傑，1990 年生，上海大學哲學系副教授。

如果説兩漢儒學——尤其是董仲舒的思想——最爲重要的特質之一是經義與政治的結合乃至以經義緣飾政治的話，那麽在法律層面最能體現這一特點的便是《春秋》决獄。董仲舒對此有首倡之功。《漢書・董仲舒傳》記載："仲舒在家，朝廷如有大議，使使者及廷尉張湯就其家而問之，其對皆有明法。"①《漢書・藝文志》記

---

* 本文爲國家社會科學基金青年項目"漢代儒家'名'的政治思想及其價值研究"（23CZX019）階段性成果。

① （漢）班固撰，（唐）顔師古注：《漢書》卷五十六《董仲舒傳第二十六》，北京：中華書局，2012 年，第 2525 頁。

載《公羊董仲舒治獄》十六篇。[①] 東漢應劭認爲:“故膠西相董仲舒老病致仕,朝廷每有政議,數遣廷尉張湯親至陋巷,問其得失。於是作《春秋决獄》二百三十二事,動以經對,言之詳矣。”[②]無論是十六篇還是二百三十二事,今皆不得見。只有馬國翰《玉函山房輯佚書》所輯録的八則案例,以及《春秋繁露》中的相關討論,構成了研究董仲舒《春秋》决獄的核心文本。[③] 既往的研究或從法律儒家化的視域中考察《春秋》决獄的思想價值,或關注其中經義與法律之關係問題,或深入《春秋》經傳把握其中義理。回到漢初的歷史情境,《春秋》决獄的價值或許更體現於維護漢承秦而立的穩定統治,以及由“封建”而“郡縣”的歷史進程。因此,本文著眼於儒家經義與政治的互動,試圖從《春秋》决獄的“兩副面孔”入手,把握其服務於漢帝國政治的面貌。

一、《春秋》决獄:内涵與方法

《春秋》决獄,又稱經義折獄,是以《春秋》(或其他儒家經典)作爲聽訟斷獄之依據的司法實踐。首先需要追問的是,《春秋》作爲魯史何以能够成爲斷案的依據。《史記·太史公自序》記載董生之語:“周道衰廢,孔子爲魯司寇,諸侯害之,大夫壅之。孔子知言之不用,道之不行也,是非二百四十二年之中,以爲天下儀表,貶天子,退諸侯,討大夫,以達王事而已矣。”[④]《春秋繁露·俞序》篇記載:“孔子曰:‘吾因其行事而加乎王心焉。’以爲見之空言,不如行事博深切明。”[⑤]“達王事”“加王心”,業已超過了孔子作爲“魯司寇”所應有的職權範圍,故公羊家多以孔子爲“素王”,認爲其筆削《春秋》,立一王之法度。與之相應,則《春秋》二百四十二年之事便可被視作孔子行“素王”之權所綴合而成的判例集,《春秋》之中的譏、貶、誅、絶之辭也就成了“素王”對於是是非非的具體判罰。宋儒多以《春秋》

① (漢)班固撰,(唐)顔師古注:《漢書》卷三十《藝文志第十》,第1714頁。

② (南朝宋)范曄撰,(唐)李賢等注:《後漢書》卷四十八《楊李翟應霍爰徐列傳第三十八》,北京:中華書局,1965年,第1612頁。

③ 據沈家本考證,八則案例中“爲姑討父”條未必爲董仲舒之决獄,“武帝外事夷狄而民去本”條見於《食貨志》,只有六則事例相對可靠。參見(清)沈家本:《歷代刑法考》(下),北京:中華書局,2011年,第750—751頁。

④ (漢)司馬遷:《史記》卷一百三十《太史公自序第七十》,北京:中華書局,2014年,第4003頁。

⑤ (漢)董仲舒:《春秋繁露·俞序第十七》,上海:上海古籍出版社,1989年,第35頁。

爲"刑書"。[①] 康有爲更將其比於"憲法"，所謂："《春秋》者，萬身之法，萬國之法也。嘗以泰西公法考之，同者十八九焉。蓋聖人先得公理、先得我心也，推之四海而準也。"[②]無論是將其視爲具體的判例還是一般原則的"憲法"，皆有見於《春秋》所具有的超越於一般政治理論的意義。

《春秋》所具有的"法"的性質亦可從"辭"的角度略加説明。《春秋繁露・盟會要》篇曰"兩言而管天下"，蘇輿《義證》："兩言，謂褒貶管鍵也。"[③]可以説，讀《春秋》就是要經由其文辭來把握其背後的褒貶進退之意，繼而再上升到"王心"或"王法"的高度。一般而論，"辭"即言語、説辭。《論語・泰伯》"出辭氣"，劉寶楠《正義》曰："辭謂言語。"[④]《荀子・正名》："辭也者，兼異實之名以論一意也。"楊倞注曰："辭者，説事之言辭。兼異實之名，謂兼數異實之名，以成言辭。"[⑤]皆以"辭"爲言辭、言語。但從字形考校，"辭"之用多與獄訟相關。《説文解字・辛部》："訟也。從𤔔，𤔔猶理辜也。𤔔，理也。"[⑥]《玉篇・辛部》亦謂："辭，理獄争訟之辭也。"[⑦]"辭"就是争訟對答之言。又《禮記・經解》有言"屬辭比事，《春秋》教也"，鄭玄《注》曰："屬，猶合也。《春秋》多記諸侯朝聘、會同，有相接之辭，罪辯之事。"[⑧]孔穎達《疏》同樣以爲："屬，合也。比，近也。《春秋》聚合、會同之辭，是屬辭，比次褒貶之事，是比事也。"[⑨]鄭、孔之説皆本於《春秋》所記會同之事，"屬辭比事"就是比合《春秋》所記朝聘會盟之事，識其辭令、察其事由，以辨其罪行。并且，聽訟折獄之辭在現實層面的優先性要高於由"辭"而推明孔子之"王心"與"王道"。如《精華》篇所言："折獄而是也，理益明，教益行。折獄而非也，闇理迷衆，與教相妨。"[⑩]在董仲舒"德主刑輔"的理論框架内，"德教"固然是優於"刑罰"的施政舉措，但就政治實踐本身而言，斷案得當以至

---

① 相關討論參見曾亦：《〈春秋〉爲"刑書"——兼論中國古代法律的儒家化問題》，《孔子研究》2022年第5期。

② 康有爲：《日本書目志》，載《康有爲全集》(第2集)，北京：中國人民大學出版社，2007年，第357頁。

③ (清)蘇輿：《春秋繁露義證・盟會要第十》，北京：中華書局，1992年，第138頁。

④ (清)劉寶楠：《論語正義・泰伯第八》，北京：中華書局，1990年，第293頁。

⑤ (清)王先謙：《荀子集解・正名篇第二十二》，北京：中華書局，1988年，第500頁。

⑥ (漢)許慎著，(清)段玉裁注：《説文解字注・辛部》，上海：上海古籍出版社，1981年，第1297頁。

⑦ (南朝梁)顧野王：《宋本玉篇・辛部》，北京：中國書店，1983年，第527頁。

⑧ (漢)鄭玄注，(唐)孔穎達疏：《禮記正義・經解第二十六》，上海：上海古籍出版社，2008年，第1903頁。

⑨ (漢)鄭玄注，(唐)孔穎達疏：《禮記正義・經解第二十六》，第1904頁。

⑩ (漢)董仲舒：《春秋繁露・精華第五》，第23頁。

於刑罰適中却是政治穩固的基石,蘇輿所謂"折獄是非,關於政教"是也。①

基於上述以《春秋》爲"刑書",以譏貶誅絶之"辭"爲聽訟折獄之判罰的視角,則《春秋》之中所記之事也就不再是單純的歷史事件,而具有了判例的意義。寄寓在《春秋》二百四十二年之事中的那些義理或原則也就具有了比一般的法律條令更爲根本性的意義。董仲舒對於何謂《春秋》決獄有非常明確的論述。《春秋繁露·精華》篇曰:"《春秋》之聽獄也,必本其事而原其志。志邪者不待成,首惡者罪特重,本直者其論輕。是故逄丑父當斮,而轅濤塗不宜執,魯季子追慶父,而吴季子釋闔廬。此四者罪同異論,其本殊也。俱欺三軍,或死或不死;俱弑君,或誅或不誅。聽訟折獄,可無審耶!"②所謂"本其事",即對事件或案件之本末委曲有一個深入的瞭解,而"原其志"則是考察犯案者之意志、動機。由此"本其事而原其志"出發,董仲舒繼而提出了對於不同行事的判斷,所謂"志邪者不待成",即只要動機爲惡,即便最終没有犯錯仍要予以懲戒;"首惡者罪特重"指的是區别對待案件中的首惡與從犯,對於首惡應當從重處罰,脅從則可以稍加寬緩;"本直者其論輕"同樣立足犯法者之動機,只要其用心不爲惡,即便犯下錯誤也當從輕發落。寥寥數語幾乎涵蓋了《春秋》决獄的方法與判罰原則。而其核心就是"原心定罪",也就是根據犯罪者的志意來讞定其罪行的大小。

聚焦於以上四則案例或許能進一步明晰《春秋》決獄的實踐與運用。具體而言,四個案例又可以依據"本其事"與"原其志"分爲兩組。其中,"丑父欺晋"事見成公二年《公羊傳》。鞌之戰中,齊國大夫逄丑父與齊頃公互换身份,假命頃公取水,并代君赴死。齊人執袁濤塗見於僖公四年。齊桓公征討楚國而返,陳國大夫袁濤塗因不願齊國軍隊過境陳國,遂建議齊桓公繞道東夷(吴國)。齊桓公聽其言,"還師濱海而東,大陷於沛澤之中"。桓公一怒之下便將其扣押。董仲舒對於逄丑父與袁濤塗的不同判罰采取的是"本其事"的方法,兩者"俱欺三軍"以維護自己的國君或國家,但就結果而言,丑父"措其君於人所甚賤,以生其君",有賤君、絶君之罪,故《公羊傳》記載"於是斮逄丑父",董仲舒在《竹林》篇中更是對比了鄭祭仲與齊丑父,試圖説明爲何丑父的行爲不可謂"中權",并且"當斮"。③ 相反,袁濤塗固然欺騙了齊桓公,但維護了陳國的利益,因此,《公羊傳》認爲經文通過稱"人"而執的書法表明齊桓公執袁濤塗并非出於正義的"伯討"。後兩則案例更能體現出"原其志"的方法。"魯季子追慶父"事見閔公二年,其時季友業已阻止了慶父與叔牙預謀奪取君位的篡逆之事,并鴆殺叔牙,慶父

① (清)蘇輿:《春秋繁露義證·精華第五》,第91頁。

② (漢)董仲舒:《春秋繁露·精華第五》,第23頁。

③ (漢)董仲舒:《春秋繁露·竹林第三》,第17頁。

奔莒，則季子"緩追逸賊"，《公羊傳》以爲體現的是"親親之道"。"吴季子釋闔廬"事見襄公二十九年《公羊傳》。吴國的季札有賢德，其兄皆欲速死而讓賢，不過在季子出使魯國期間，其侄闔廬派人刺殺吴王僚之後，篡位爲君。季札回國之後便陷入兩難："爾殺吾君，吾受爾國，是吾與爾爲篡也。爾殺吾兄，吾又殺爾，是父子兄弟相殺無已也。"故其退居延陵，終身不入吴國。在以上兩則案例中，慶父弑子般而欲篡位，不臣之心昭然，故當誅之。[①] 相反闔廬刺殺僚意在承先君之志而還位於季札，本意不在謀逆。慶父與闔廬固然同爲弑君之賊，董仲舒認爲《春秋》之所以采取"或誅或不誅"的判罰，究其原因在於兩者的動機差之千里。

一般而論，"本其事"與"原其志"兩者理應互爲表裏，只有熟悉案件的始末原委，纔能真正推斷主事者的動機如何。如蘇輿所指出的："事之委曲未悉，則志不可得而見。故《春秋》貴志，必先本事。"[②]對"事"——也就是案件的原委——的考察是第一位的，以之爲前提纔能把握犯罪者的動機。但這一折衷於"事"與"志"的命題在後續的發展中被凝練或概括爲"原心定罪"，又往往在操作上偏向於主觀的一面，而忽視了"事"的基礎性。如《鹽鐵論・刑德》曰："故《春秋》之治獄，論心定罪。志善而違於法者免，志惡而合於法者誅。"[③]後世多有對《春秋》決獄所具有的主觀性或任意性的批評。如章太炎即指出："漢世儒者，往往喜捨法律明文，而援經誅心以爲斷。"[④]劉師培同樣認爲"名曰引經決獄，實則便於酷吏之舞文"，并且儒生"高言經術"，實則"掇類似之詞，曲相附和，高下在心，便於舞文，吏民益巧，法律以歧。故酷吏由之，易於鑄張人罪，以自濟其私"。[⑤] 現代的法學專家——如張晋藩、俞榮根等——對之有深入的反思。[⑥] 誠然，無論是基於"本其事"所具有的對客觀事實的尊

① 僅就《公羊傳》的記述來看，似乎季友"緩追逸賊"，亦有放其生逃，以全"親親之恩"的用意。不過如蘇輿《義證》的解釋，"董即以追爲誅"，或可備一説。參見(清) 蘇輿：《春秋繁露義證・精華第五》，第89頁。

② (清) 蘇輿：《春秋繁露義證・精華第五》，第 89 頁。

③ 王利器校注：《鹽鐵論校注・刑德第五十五》，北京：中華書局，1992 年，第 565 頁。

④ 章太炎：《檢論・原法》，《章太炎全集》(第 3 册)，上海：上海人民出版社，2014 年，第 444 頁。

⑤ 劉師培：《儒學法學分歧論》，《國粹學報》1907 年第 7 期。

⑥ 張晋藩先生指出："原心定罪是西周時期以志之善惡定罪量刑的刑法原則的發展。它兼顧事實與動機是合理的；但片面地追究動機，以'心'作爲定罪的唯一根據，有以儒家道德觀念作爲衡量'心'的尺度，則是完全錯誤的。結果便出現了罪同論異、牽强附會的現象，只是便於官吏們任意斷罪、營私舞弊。"俞榮根先生同樣認爲："'論心定罪'原則絶對化，實爲兩漢末世在司法實踐中將'《春秋》決獄''原心論罪'庸俗化和惡的運用開了方便之門。"張晋藩：《中華法制文明的演進》(修訂版)，北京：法律出版社，2010 年，第 286—287 頁；俞榮根：《儒家法思想通論》(修訂本)，北京：商務印書館，2018 年，第 657 頁。

重,還是回到歷史情境中的"矯枉"而不免於過正,[①]都在一定程度上可以説明"原心定罪"的合理性,但從《春秋》決獄的這一核心命題出發,至少爲斷案者留下了可操作的空間,應當是没有疑問的。由此也引出了《春秋》決獄所具有的"兩副面孔",即總體而言的寬柔與對特定案件的刻削。

二、"原心"而"赦罪"

《春秋》決獄的寬柔面向首先體現於董仲舒對於《春秋》經傳的解讀之中。宣公二年《春秋》經曰:"秋,九月乙丑,晋趙盾弒其君夷獆。"而到六年《春秋》經却又記載:"六年春,晋趙盾、衛孫免侵陳。"弒君之賊天理不容,舉國臣子皆應除之而後快。然而,趙盾不僅未被誅討,還安坐正卿之位。《公羊傳》即有此一問:"趙盾弒君,此其復見何? 親弒君者趙穿也。親弒君者趙穿,則曷爲加之趙盾? 不討賊也。"真正弒晋靈公之賊人并非趙盾,而是其堂弟趙穿。趙盾的罪過在於國君被弒後而未能討賊。在《公羊傳》的叙事中,晋靈公本是一個無道專殺的暴君,只因忌憚趙盾而起殺心。趙盾本無弒君不臣之心,反而在靈公被弒之後能够返回晋國,擁立成公,匡扶了晋國的社稷。董仲舒對此有一番品評,《玉杯》篇曰:"今案盾事而觀其心,愿而不刑,合而信之,非篡弒之鄰也。按盾辭號乎天,苟内不誠,安能如是? 是故訓其終始無弒之志。挂惡謀者,過在不遂去,罪在不討賊而已。"[②]董仲舒經由趙盾的"天呼無辜"推斷其全然無弒君之心,而《春秋》以弒君之惡"苛責"趙盾,是因爲其既不出奔,亦不討賊。

與"趙盾弒君"相近的另一個事件見於昭公十九年《春秋》經,即"許世子弒其君買"。《公羊傳》從"君弒,賊不討,不書葬"的常例出發,由許悼公之書葬推斷其事必有蹊蹺。許國的世子止在照顧病重的父親時未能爲其嘗藥導致其亡故,犯下了不察之罪。《公羊傳》認爲《春秋》之所以稱"許世子止弒其君買",并非許止親弒,而是"加弒"之辭,是孔子對於許止"子道不盡"的審判。而《春秋》經又記載了下葬許悼公"是君子之赦止",即免除許止弒君之罪。在趙盾與許止的事件中,《公羊傳》俱以"加弒"之辭來"審判"二人,但如董仲舒之言,這大抵可以視爲在春秋弒君亡國無數的背景下推明君臣正義的"矯枉世而直之",且"矯者不過其正,

---

① 對於"原心定罪"究竟是主觀主義還是客觀主義,抑或主客觀綜合的討論,參見朱騰:《再論兩漢經義折獄——以儒家經典與律令的關係爲中心》,《清華法學》2011年第5期。

② (漢)董仲舒:《春秋繁露·玉杯第二》,第14頁。

弗能直”的不得已舉措。[①] 兩人的“罪行”之所以得以寬宥，既有“本其事”——即對其所謂“弑君”行爲的本末、委曲的細緻考察——的一面，亦是“原其志”——即推求兩人的本心皆無弑君之惡念——的運用。因此，孔子纔能以趙盾之復見、許悼之書葬來表達寬宥之意。

除却許止之事是“君子之赦止”外，《公羊傳》中三次出現的“君子辭”亦體現出孔子原情赦罪的寬宥之意，即桓公十八年“葬我君桓公”、宣公十二年“葬陳靈公”與襄公三十年“葬蔡景公”。其中，魯桓公者爲齊襄公所殺，但彼時齊强魯弱，雖有討賊之心却無力討；[②]弑陳靈公者爲夏徵舒，弑君之賊業已爲楚莊王所討，一賊不能二討；蔡景公則爲世子娶楚女，又與之私通，世子弑君自立。父亂倫，子弑君，是諸夏之大耻，故需得避諱，使若本無賊可討。[③] 若按隱公十一年《公羊傳》“君弑，賊不討，不書葬”的常例準之，[④]則不難發現，“君子辭”所針對的事例十分明確，即弑君而書葬的特殊情況。在前述事例下，强行要求臣子討賊未免不近人情，故以“君子辭”來表達對臣子不能討賊的寬赦。不過，到了董仲舒那裏，“君子辭”一變而爲孔子“緣人情，赦小過”的寬恕之辭：“上奢侈，刑又急，皆不內恕，求備於人，故次以《春秋》緣人情，赦小過，而《傳》明之曰：‘君子辭也。’”[⑤]除却那些因弑君之賊已無所討而被赦免的臣子之外，董仲舒將“君子辭”的義涵擴展到嚴刑峻法之下對於“小過”的寬赦，其指涉的範圍比之《公羊傳》要寬泛得多。

倘若我們進一步考察《春秋》決獄案例，不難發現董仲舒以經義斷獄大體皆偏

① (漢) 董仲舒：《春秋繁露·玉杯第二》，第14頁。

② 何休《解詁》即指出：“時齊强魯弱，不可立得報，故君子量力，且假使書葬。於可復讎而不復，乃責之，諱與齊狩是也。”參見(漢) 何休解詁，(唐) 徐彦疏：《春秋公羊傳注疏·桓公第五》，上海：上海古籍出版社，2014年，第195頁。

③ 何休《解詁》即指出：“君子爲中國諱，使若加弑。”然而，“爲中國諱”并不是對於這件事情用“君子辭”的唯一的或者優先的理由，究其根本還是在於，蔡靈公既已立爲國君，則君臣之道已立，則作爲臣子自然不可再行弑君討賊之事了。這一點上，董仲舒在《玉英》篇裏講得十分清楚：“既立之，大夫奉之是也。”孔廣森《春秋公羊經傳通義》同樣認爲：“恕蔡人不敢討君之嫡嗣，又臣民之心莫不欲諱其國惡。使若般弑爲疑獄者，故緣情量力不過責也。”孔廣森并未拋棄何休“爲中國諱”的説法，而是認爲蔡國之民爲内諱，且增加了“不敢討君之嫡嗣”的含義，兼合了董、何之意。參見(漢) 何休解詁，(唐) 徐彦疏：《春秋公羊傳注疏·襄公第二十一》，第899頁；(漢) 董仲舒：《春秋繁露·玉英第四》，第21頁；(清) 孔廣森：《春秋公羊經傳通義·襄公第九》，上海：上海古籍出版社，2014年，第623頁。

④ (漢) 何休解詁，(唐) 徐彦疏：《春秋公羊傳注疏·隱公第三》，第112頁。

⑤ (漢) 董仲舒：《春秋繁露·俞序第十七》，第36頁。

向於寬柔。兹舉子誤傷父案爲例：

> 甲父乙與丙争言相鬥,丙以佩刀刺乙,甲即以杖擊丙,誤傷乙,甲當何論? 或曰：毆父也,當梟首。論曰：臣愚以父子至親也,聞其鬥,莫不有怵悵之心,扶杖而救之,非所以欲詬父也。《春秋》之義,許止父病,進藥於其父而卒,君子原心,赦而不誅。甲非律所謂毆父,不當坐。①

張家山漢墓出土的《二年律令·賊律》中對於子殺傷父母有明確規定:"子賊殺傷父母,奴婢賊殺傷主、主父母妻子,皆梟其首市。"②則甲傷乙可以按子傷父論罪,當處以梟首之刑。董仲舒援引《春秋》之中許止進藥而導致君父亡故爲例,明確提出了"君子原心,赦而不誅"的判詞。其他幾則案例中,無論是父親對領養之子的容隱,還是毆打生而不養之父的兒子,抑或誤以爲丈夫已經亡故而改嫁的妻子,又或私自放麑的大夫,盗弩的武庫士卒,董仲舒皆援引《春秋》經義,采取"本其事而原其志"的方法,爲其按照剛性的律令應當予以嚴懲的"罪行"開脱。③

如所周知,漢律對於秦律多有承繼,相應地也把秦律之中刻削的特質一并繼承過來。《史記·秦始皇本紀》對於秦政的特質有所描述,所謂"剛毅戾深,事皆决於法,刻削毋仁恩和義"是也。④ 在《天人三策》中,董仲舒亦認爲秦政是"師申商之法,行韓非之説,憎帝王之道,以貪狼爲俗"。然而,漢承秦後譬如"朽木糞墻",雖欲追求善治却又無可奈何。⑤ 董仲舒主張以儒家的德教作爲補偏起弊之法,即試圖糾正秦政的流毒。具體到法律層面,如《史記·太史公自序》之言:"法家不别親疏,不殊貴賤,一斷於法,則親親尊尊之恩絶矣。"⑥而"親親"與"尊尊"的差等,恰恰是儒家最爲看重的。在此意義上,以《春秋》折獄,即是將儒家差異化的——也就是"禮"的——觀念納入一俟於法的司法實踐。瞿同祖即指出:"所謂法律儒家化表面上爲

① 程樹德:《九朝律考·春秋決獄考》,北京：中華書局,1963年,第164頁。

② 張家山二四七號漢墓竹簡整理小組:《張家山漢墓竹簡(二四七號墓)》(釋文修訂本),北京：文物出版社,2006年,第13頁。

③ 在《春秋决獄》的六則案例中最有争議的可能是"武庫卒盗弩"案,依原文武庫卒當"棄市",但據沈家本考證:"董謂不可謂弩,自是持平之語,似此者自當以減論。"參見(清)沈家本:《歷代刑法考》(下),第403頁。

④ (漢)司馬遷:《史記》卷六《秦始皇本紀第六》,第306頁。

⑤ (漢)班固撰,(唐)顔師古注:《漢書》卷五十六《董仲舒傳第二十六》,第2184頁。

⑥ (漢)司馬遷:《史記》卷一百三十《太史公自序第七十》,第3996頁。

明刑弼教，骨子裏則爲以禮入法，怎樣將禮的精神和内容竄入法家所擬訂的法律裏的問題。换一句話來説，也就是怎樣使同一性的法律成爲有差别性的法律的問題。"①可謂的論。

無論如何，援"儒"入"法"對於漢初的司法實踐乃至穩定統治終究有積極的意義。《後漢書·何敞傳》記載何敞"以寬和爲政"，"及舉冤獄，以《春秋》義斷之，是以郡中無怨聲，百姓化其恩禮"。② 可謂《春秋》决獄的有效實踐。當然，以《春秋》經義折獄絶非只有寬柔的一面，"原心"也并不僅僅在於赦罪，更是要"誅心""定罪"，其核心的命題就是由"原心定罪"所衍生出來的"君親無將"。

三、亂臣賊子"忍而誅之"

"君親無將"在《公羊傳》中凡兩見。莊公三十二年《春秋》經記載："秋，七月癸巳，公子牙卒。"《公羊傳》曰："何以不稱弟？殺也。殺則曷爲不言刺？爲季子諱殺也。"魯莊公病重，知其弟慶父與叔牙試圖以魯國君位"一生一及"——即一代傳子、一代傳弟——爲由要脅魯莊公傳位給慶父，故托國事於季子，希望其能主持國政。彼時，叔牙"弑械成"，即業已準備好在莊公死後篡奪君位的甲兵。③ 季子配好毒酒，許諾叔牙保全其名聲與後嗣於魯國，令其服毒自盡。《公羊傳》自問自答："公子牙今將爾，辭曷爲與親弑者同？君親無將，將而誅焉。"此謂爲人臣子者對於國君與父母絶不能有謀逆篡弑的念頭，有此念頭便當誅之。另一則對於"君親無將"原則的運用見於昭公元年《公羊傳》。《春秋》經曰："叔孫豹會晋趙武、楚公子圍、齊國酌、宋向戌、衛石惡、陳公子招、蔡公孫歸生、鄭軒虎、許人、曹人於漷。"傳文并未就此次諸侯之會展開議論，而是就公子招之爲陳侯之弟却不稱"弟"發問，引出其弑君之罪。綴其要，陳哀公有世子偃師，却偏愛庶子留，故命其兩個弟弟公子招與公子過

① 瞿同祖：《中國法律與中國社會》，北京：中華書局，1981年，第329頁。

② （南朝宋）范曄撰，（唐）李賢等注：《後漢書》卷四十三《朱樂何列傳第三十三》，第1487頁。

③ 關於"械"的解釋，何休《解詁》曰："是時牙實欲自弑君，兵械已成，但事未行爾。"不過亦可作機謀解，如劉尚慈引《淮南子·原道》"故機械之心藏於胸中"以證之。毛奇齡《春秋毛氏傳》謂："此事賴《公羊》解之曰：'君親無將，將而誅焉。'其義遂定。且《公羊》復有'俄爾，牙弑械成'語，則或牙有弑之形，而友始殺之。《左傳》略之也。"依其説，對於叔牙之誅的前提是其反迹已形，絶非僅從動機考量。見（漢）何休解詁，（唐）徐彦疏：《春秋公羊傳注疏·莊公閔公第九》，第342頁；劉尚慈：《春秋公羊傳譯注》，北京：中華書局，2010年，第178頁；（清）毛奇齡：《春秋毛氏傳》，《毛奇齡全集》（第10册），北京：學苑出版社，2015年，第210—211頁。

輔佐公子留。在陳哀公病重之際,二人便發難殺了公子偃師,擁立公子留爲君。《公羊傳》繼而采取與莊公三十一年相似的設問:"今將爾,詞曷爲與親弑者同?君親無將,將而必誅焉。"此處所謂"將"固然是預謀、將要之意,但與叔牙之直接面臨季子之誅討不同,公子招既非親弑之人,①且其真正犯下弑君之罪是在昭公八年,可知此處所謂"將而必誅"主要是孔子以《春秋》之"辭"對公子招所行的誅討。

比之於上述《春秋》經傳的案例,"君親無將"在漢代政治中的呈現要酷烈得多。據《史記·淮南衡山列傳》記載,淮南王劉安"陰結賓客,拊循百姓,爲畔逆事",在被其門客雷被、伍被,庶孫劉建告發後,漢武帝派軍隊與官吏進入淮南國,"捕太子、王后,圍王宫,盡求捕王所與謀反賓客在國中者,索得反具以聞。上下公卿治,所連引與淮南王謀反列侯二千石豪傑數千人,皆以罪輕重受誅"。② 淮南王未待伏誅而自盡,淮南國除而爲九江郡。衡山王劉賜與淮南王一同密謀謀反,受其牽連亦身死國除。膠東王劉康、江都王劉建皆因"聞淮南、衡山陰謀,恐一日發,爲所并,遂作兵器"。③ 然而,這些私造甲兵的行爲在後來也都爲自己引來殺身之禍,皆不外於身死國除的下場。這些諸侯王或有反迹、或爲自保,但斷獄的官吏大抵皆援"君親無將"之義,將其等同於謀反。膠西王劉端在議定淮南王獄時的意見可爲代表:"淮南王安廢法行邪,懷詐僞心,以亂天下,熒惑百姓,倍畔宗廟,妄作妖言。《春秋》曰:'臣無將,將而誅。'安罪重於將,謀反形已定。臣端所見其書節印圖及他逆無道事驗明白,甚大逆無道,當伏其法。"④《公羊傳》中兩見的"君親無將,將而誅焉",在這裏被用作議定淮南王劉安死刑的經典依據。

在上述中央對於諸侯王的翦除中,仍有兩點值得進一步推敲。首先是以《春秋》經義決獄所呈現出的刻削的一面。在膠西王劉端的意見中,對於那些從屬的宗室成員與近臣的態度并非是大肆牽連、誅殺,而是主張"當皆免官削爵爲士伍,毋得宦爲吏",至少在誅殺首犯、維護君臣大義的前提之下對於從犯有罪減一等、稍加寬宥的餘地。然而,據《史記·平準書》記載:"淮南、衡山、江都王謀反迹見,而公卿尋端治之,竟其黨與,而坐死者數萬人,長吏益慘急而法令明察。"⑤在這一涉及君臣大

① 何休《解詁》曰:"明其欲弑君,故令與弑君而立者同文。孔瑗弑君,本謀在招。"(漢)何休解詁,(唐)徐彦疏:《春秋公羊傳注疏·昭公第二十二》,第911頁。

② (漢)司馬遷:《史記》卷一百一十八《淮南衡山列傳第五十八》,第3758頁。

③ (漢)班固撰,(唐)顔師古注:《漢書》卷五十三《景十三王傳第二十三》,第2105頁。

④ (漢)司馬遷:《史記》卷一百一十八《淮南衡山列傳第五十八》,第3759頁。

⑤ (漢)司馬遷:《史記》卷三十《平準書第八》,第1710頁。

義的案例中，以《春秋》經義決獄一掃寬柔氣象，轉而大興牢獄，殺戮無度，成了帝王攫取權力、剪滅異己的工具。如膠西王所指出的，嚴懲淮南王及其黨羽的目的在於"使天下明知臣子之道，毋敢有邪僻背畔之意"，[①]可謂深諳其旨。

其次是這些事件與董仲舒的關係。據《漢書・五行志上》記載："上思仲舒前言，使仲舒弟子吕步舒持斧鉞治淮南獄，以《春秋》誼顓斷於外，不請。既還奏事，上皆是之。"[②]一方面，董仲舒的弟子吕步舒正是主持審理淮南王獄的官員，其以《春秋》經義決獄，很難説没有董仲舒的思想淵源；另一方面，"上思仲舒前言"，即承董仲舒的《廟殿火災對》而爲言，其中所論與武帝剷除諸侯王的舉措可謂遥相呼應。建元六年六月的丁酉日，遼東高廟發生火災，四月壬子，高園便殿又發生火災。據《漢書・董仲舒傳》記載，彼時的董仲舒被廢爲中大夫，在家著述災異之記。主父偃嫉賢妒能，竊取其書奏於武帝。武帝將之示於諸生，吕步舒不知其爲何人所作，竟也以爲"大愚"。董仲舒險些蒙難，自此不復言災異。今本《漢書・五行志上》中即載有董仲舒的《廟殿火災對》。董仲舒以"《春秋》之道，舉往以明來"起筆，試圖以《春秋》之史爲鏡鑒引出武帝施政之失與補救之方。緊接著，董仲舒以定公二年之"兩觀災"、哀公三年之"桓宫、釐宫災"、四年之"亳社災"爲例，認爲四者皆屬"不當立"之宫、廟，屢屢發生的火災顯然是"天皆燔其不當立者以示魯，欲其去亂臣而用聖人也"。[③] 在敘述完定、哀之世的火災及其背後的譴告後，董仲舒筆鋒一轉，談起了遼東高廟災與高園便殿火背後的警示意義："今高廟不當居遼東，高園殿不當居陵旁，於禮亦不當立，與魯所災同。其不當立久矣，至於陛下時天乃災之者，殆亦其時可也。"這一説法顯然是將遼東高廟與高園便殿歸於《公羊傳》所謂"立者不宜立"之列。最後，董仲舒"圖窮匕見"，將"天意"之燔高廟與便殿，視爲告誡武帝應當對"親戚貴屬在諸侯遠正最甚者"與"近臣在國中處旁仄及貴而不正者"皆"忍而誅之"，如此纔能視爲"承天意之道"。如林聰舜所指出，西漢郡國廟之興毀關乎中央與地方權力的微妙關係。高、惠時期，建立郡國廟的意義在於確立劉氏家族作爲統治者的神聖性，其意義遠大於其弊端。而及至武帝時期，"地方同姓諸侯王借分享宗廟祭祀權沾染皇家神聖權力，强化覬覦皇權的正當性，成爲朝廷被迫面對的要務"。[④] 董仲舒以遼東高廟災與高園便殿

---

① （漢）司馬遷：《史記》卷一百一十八《淮南衡山列傳第五十八》，第 3759 頁。

② （漢）班固撰，（唐）顔師古注：《漢書》卷二十七上《五行志第七上》，第 1211 頁。

③ （漢）班固撰，（唐）顔師古注：《漢書》卷二十七上《五行志第七上》，第 1209 頁。

④ 林聰舜：《漢代儒學别裁——帝國意識形態的形成與發展》，臺北：臺灣大學出版社，2013 年，第 191 頁。

火之事爲由所發的一大通“强幹弱枝”的議論,旨在要武帝盡快將國家權力收束到中央乃至天子一人的手中。有學者認爲武帝一朝對於近親諸侯大開殺戒,乃至牽連甚廣,與董仲舒這篇“教漢武帝借天災殺人立威的文章”不無關係。[①] 或可備爲一説。

抽象地看,“原心”本就可以導出“赦罪”與“定罪”兩個結果,動機作爲主觀因素又較難判斷,其固然可以用來“緣人情,赦小過”,但也可以爲酷吏之舞文大開方便之門。落實到漢代的政治實踐,以《春秋》經義决獄更是與武帝一朝試圖收束權力的當務之急“合謀”,成爲其翦除異己、强化王權的工具。

結　　語

《春秋》决獄有寬和與刻削“兩副面孔”,不過其本質上皆以維護中央王權的統治爲目的。[②] 就其寬柔的一面來看,“儒,柔也”,[③]將儒家禮義與人情的觀念納入法律判决有助於緩和秦律嚴酷的一面,以收穩定民心與政局之效;就其刻削的一面來看,在涉及君臣大義的問題上,凡援引《公羊》“原心定罪”“君親無將”之經義的事例皆體現出除“惡”務盡,近乎伸張絶對君權的特質。如《史記·平準書》記載:“自公孫弘以《春秋》之義繩臣下取漢相,張湯用峻文决理爲廷尉,於是見知之法生,而廢格沮誹窮治之獄用矣。”[④]“希世用事”的公孫弘與以酷吏的形象名世的張湯固然與作爲“純儒”的董仲舒并非同類,[⑤]但董仲舒以《春秋》决獄申明的寬柔之意在漢代的政治實踐中走向其反面,却也是不争的事實。劉師培認爲:“蓋自仲舒以來,儒者皆爲蚩尤矣。”[⑥]黄源盛認爲:“自董仲舒之後,《春秋》折獄事例愈演愈烈,循吏斷案,本

---

① 武黎嵩:《始推陰陽、爲儒者宗:董仲舒“春秋决獄”的“忍殺”一面——西漢中期淮南、衡山之獄探微》,《復旦政治哲學評論》(第10輯),2018年。

② 正如黄開國所指出:“《春秋》治獄在漢代的現實運用中,一直貫穿著一個基本精神,就是維護中央王朝與皇帝的絶對權威,這也是漢代《春秋》治獄的政治目的所在。”參見黄開國:《董仲舒的〈春秋〉决獄》,《德州學院學報》2018年第3期。

③ (漢)許慎著,(清)段玉裁注:《説文解字注·人部》,第659頁。

④ (漢)司馬遷:《史記》卷三十《平準書第八》,第1710頁。

⑤ 沈家本在論及《廟殿灾異對》時便極力區分仲舒之治獄與後世决獄之刻削,一方面,“吕步舒治淮南獄,深竟黨與,乃不得其師之意者。若因步舒而歸罪仲舒,此猶李斯以督責治秦而歸罪於孫卿也”;另一方面,“今觀《决獄》之論斷極爲平恕,迥非張湯、趙禹之殘酷可比,使武帝時治獄者皆能若此,《酷吏傳》何必作哉”。參見(清)沈家本:《歷代刑法考》(下),第753頁。

⑥ 章太炎:《檢論·原法》,《章太炎全集》(第3册),第444頁。

君子愷悌之心，尚能體《春秋》聖人之道，一本敦厚之旨，原心以邀寬減，而延續仲舒之風。但酷吏者流，引經決獄，常攀附經義的美名，而造成使一事而進退於‘二律’與‘二經’之間，從而《春秋》折獄變了質，也離了譜；‘引經失義’與‘借名專斷’的‘不正常《春秋》折獄’登場。”①與之相應，在“霸王道雜之”的“漢家制度”中，《春秋》決獄所具有的寬和面向更傾向於淪爲政治的緣飾而已。

不過，《春秋》決獄乃至法律儒家化，對於儒家本身却别有意義。瞿同祖認爲：“除了法典内容已爲禮所摻入，已爲儒家的倫理思想所支配外，審判決獄受儒家思想的影響也是可注意的事實，儒者爲官既有司法的責任，或參加討論司法的機會，於是常於法律條文之外，更取決於儒家的倫理學説。我國古代法律原無律無正文不爲罪的規定，可以比附，伸縮性極大。這樣，儒家思想在法律上一躍而爲最高原則，與法理無異。”②在上文所論以經義折獄的案例中，無論是本於儒家的仁義道德與“情有可原”而予以寬宥，還是由“君親無將”導向深刑大獄，儒家的經義及其中所藴含的倫理道德成了法律判決背後的原理。僅就儒家思想本身的發展來看，對於法律制度的“滲透”可謂自抬身價、讓儒學真正參與到政治實踐中的重要一環。

---

① 黄源盛：《董仲舒春秋折獄案例研究》，《臺大法學論叢》1992 年第 2 期。

② 瞿同祖：《中國法律與中國社會》，第 334 頁。

《公羊》《喪服》“爲人後”辨析

——兼論爲父後、爲祖後、爲大宗後、爲君後之關係[①]

劉　斌

【摘　要】 “爲人後”在經典中主要見於《春秋公羊傳》“爲人後者爲之子”和《儀禮・喪服》“爲人後者”，兩者既有密切聯繫又有細微區别。天子、諸侯與卿大夫、士在君臣倫理和宗法地位上存在差異，故“爲人後”問題也應在這些差異上作考察。《公羊傳》“爲人後者爲之子”既適用於天子、諸侯，也適用於卿大夫、士，當適用於天子、諸侯時可稱“爲君後”，以“臣子一例”爲其機制；當適用於卿大夫、士時可稱“爲大宗後”。《喪服經傳》各條“爲人後者”專就爲大宗後而言，《喪服・記》的“若子”和“降一等”原則體現了（將）爲大宗後的服制設計對親親、尊尊的恰當處理，而且這兩個原則雙向性地適用於兩服喪對象之間，其中就已爲大宗後者而言，五屬之外的所後者之親爲之服齊衰三月，五屬之内的所後者之親爲之則先服齊衰三月然後“月筭如邦人”，本宗爲之則先服齊衰三月然後“月筭如降服”。爲大宗後者爲其父母不適用“若子”原則而適用“降一等”原則，故服《喪服》“爲人後者爲其父母”的不杖期，而不能稱其父母爲世叔父母；爲君後者爲其父母既不適用“若子”原則也不適用“降一等”原則，故不應服不杖期，也不能稱其父母爲世叔父母。爲君後、爲大宗後、爲祖後、爲父後是關於君位和宗法的代際傳承的四種主要方式，容易混淆，需要根據情况仔細辨别。長子爲父後是“父—長子”關係上的爲後，爲君後、爲大宗後、爲祖後、庶子爲父後是對“父—長子”關係的模擬，儒學的政治倫理秩序建立於“父—長子”關係或擬“父—長子”關係的基礎之上。

---

① 本文爲河北省高等學校科學研究項目“《喪服》服術與制服機制研究”（QN2025454）階段性成果。感謝審稿專家惠賜寶貴建議。文責則由作者自負。

【關鍵詞】《公羊傳》《喪服》“爲人後者爲之子” 爲人後 爲君後 爲大宗後

【作者簡介】 劉斌，1985年生，河北大學哲學與社會學學院講師。

儒學特别重視人倫，將其視爲維繫天下秩序的綱紀。《論語》載：“齊景公問政於孔子，孔子對曰：‘君君臣臣，父父子子。’”君臣、父子無疑是儒學最重視的倫理。君臣、父子倫理的代際傳繼在政治和宗法的維繫上尤爲重要，在政治（天子、諸侯）可稱繼世，在宗法（大宗、小宗）可稱傳重，二者可歸於立後問題，由此而有“爲後”及相關經學問題，君臣、父子倫理在爲後問題上集中體現。經、傳、鄭注中多有言及“爲後”之處，其義紛繁複雜，包括爲父後、爲祖後、爲人後、爲殤後、爲君母後、爲慈母後、爲庶母後、爲祖母後、爲祖庶母後、爲舅後等，[①]其中尤以爲父後、爲祖後、爲人後三者糾葛最多，且與君臣、父子倫理關係最爲密切，研究“爲人後”是釐清三者關係的切入點。歷代學者對“爲人後”相關經傳的解讀衆説紛紜，引起歷史上很多立嗣之争。漢代經學昌明，漢儒對“爲人後”問題辨析入微，由此而構建了較爲完整的君臣、父子倫理。

天子、諸侯繼世，大宗不可絶。若天子、諸侯無子孫可立，大宗子無子孫可立，則須爲之立後，而有爲人後。爲人後與爲父後、爲祖後相對。父、祖是正尊，相對於父、祖等正尊，其他人是旁人。若所後者非正尊，則是爲人後，此“人”字指相對於正尊而言的旁人。經傳中“爲人後”的出處主要有二，一是《公羊傳》“爲人後者爲之子”，一是《喪服》“爲人後者”。兩處“爲人後”的内涵和外延有所不同，需要分殊。毛奇齡曰：“爲人後者有三：一天子，一諸侯，一大宗也。”[②]其實爲大宗後是一種，爲天子、諸侯後是一種，後者即本文所説的“爲君後”。本文主要圍繞《公羊傳》和《喪服》以及由此而來的漢儒經説展開研究，進而研究爲父後、爲祖後、爲人後的關係。後世學者之説有可補益佐證漢儒之説者，亦一并采用。辨明爲後的相關問題，不僅有助於深入理解經義，而且有助於董理經學史、禮制史、法制史上一系列重大問題。

---

① 《喪服小記》等有“爲殤後”“爲慈母後”“爲君母後”“爲祖母後”等，曹元弼、張錫恭認爲與“爲人後”不同，參見（清）張錫恭：《喪服鄭氏學》卷二，上海：上海書店出版社，2017年，第164頁；（清）張錫恭：《茹荼軒文集》卷五《釋服十八》，《清代詩文集彙編》（第786册），上海：上海古籍出版社，2010年影印民國十二年華亭封氏簣進齋刻本，第58頁下—59頁下。

② （清）毛奇齡：《辨定嘉靖大禮議》卷一，《四庫全書存目叢書》（第271册），濟南：齊魯書社，1997年影印清康熙刻《西河合集》本，第621頁下。

一、《公羊傳》"爲人後者爲之子"辨析

"爲人後者爲之子"與"臣子一例"相關。《春秋經》僖公元年：

春,王正月。

《公羊傳》：公何以不言即位?(何休解詁：據文公言即位。)繼弒君,子不言即位。此非子也,其稱子何?(解詁：僖公者,閔公庶兄。據閔公繼子般,傳不言子。)臣子一例也。(解詁：僖公繼成君,閔公繼未逾年君。禮,諸侯臣諸父、兄弟,以臣之繼君,猶子之繼父也,其服皆斬衰,故傳稱臣子一例。)①

僖公雖是閔公庶兄,閔公見弒,僖公繼之,傳"繼弒君,子不言即位"以僖公爲閔公之子。然而子般見弒,閔公繼之,閔公元年《公羊傳》云：

繼弒君,不言即位。

傳不云"子",是不以閔公爲子般之子。何休認爲子般是未逾年君,閔公是成君,這是閔公繼子般與僖公繼閔公的本質區别。② 閔公是成君,得臣諸父、昆弟,故僖公是閔公之臣,臣繼君猶子繼父,故傳文以僖公爲閔公之子。而子般是未逾年君,非成君,未逾年君與其諸父、昆弟之間雖有君臣之道,然并非完全意義上的君臣,而其更深層的原因是未逾年君與諸父、昆弟之間未建立如父子一般的關係,故閔公繼子般,傳不云"子"。③ 何休

---

① (漢) 何休解詁,(唐) 徐彦疏：《春秋公羊傳注疏》卷十,北京：中華書局,2009年影印清嘉慶二十年江西南昌府學阮元校刻《十三經注疏》本,第4877頁。

② 《穀梁傳》曰："繼弒君,不言即位,正也。親之,非父也;尊之,非君也。繼之如君父也者,受國焉爾。"是認爲子般雖非君父,而猶君父。段玉裁據此而認爲："雖繼未逾年之君兄,其禮不必行爲後之禮,其情則一如父子之情……不敢爲喪君後者,喪君,子也,非君也,猶殤子不爲之後也。"(清) 段玉裁：《經韵樓集》卷十,上海：上海古籍出版社,2008年,第248頁。是把爲殤後類比於繼未逾年之君。按,此説未安。《喪服小記》"爲殤後者,以其服服之",鄭注："言'爲後'者,據承之也。殤無爲人父之道,以本親之服服之。"(漢) 鄭玄注,(唐) 孔穎達疏：《禮記正義》卷三十三,北京：中華書局,2009年影印清嘉慶二十年江西南昌府學阮元校刻《十三經注疏》本,第3252頁。且閔公繼子般,《公羊傳》不言"子",可知爲殤後不僅與爲人後有本質區别,而且不可與繼未逾年君簡單類比。

③ 宣公繼子赤,也是繼未逾年君,《公羊傳》亦未言"子",理與此同。《春秋》桓公元年,《公羊傳》云："繼弒君,不言即位。"隱公是成君,弟繼兄而未言"子",其原因,疏云："欲見桓無臣子之道,不念其君父故也。"并引"臣子一例"云云。(漢) 何休解詁,(唐) 徐彦疏：《春秋公羊傳注疏》卷四,第4803頁上。可知桓公繼隱公并非例外,《公羊傳》在君位傳承上的"臣子一例"原則是一貫的。

所言"臣之繼君,猶子之繼父",將臣繼君比作子繼父,是以子繼父爲先,臣繼君爲後,暗示臣繼君須先成爲君之子。鄭玄《魯禮禘祫義》曰:"魯閔公二年秋八月,公薨,僖二年除喪。"[①]可知鄭玄亦認爲僖公爲閔公服斬衰三年。既爲之服斬,可知僖公是閔公之臣子。此傳提出的"臣子一例"原則,對於理解"爲人後者爲之子"至爲關鍵,[②]爲君後的核心即是臣子一例和倫理比附,即君臣比擬父子。[③] 不過,《檀弓》:"(夫差)曰:'反爾地,歸爾子,則謂之何?'"鄭玄注:"子,謂所獲民臣。"[④]大夫、士有爵,得爲臣,爲君服斬。民無爵,不得稱臣,爲國君服齊衰三月。雖然民與大夫、士有是否得爲臣的區别,但是一國之内的臣和民皆可視爲君之"子"。不過"臣子一例"并不是就民而言。

"爲人後者爲之子"在仲嬰齊之例中集中呈現。《春秋》宣公八年夏:

> 六月,公子遂如齊,至黄乃復。辛巳,有事于太廟。仲遂卒于垂。
>
> 《公羊傳》:仲遂者何?公子遂也。何以不稱公子?貶。曷爲貶?爲弑子赤貶。
>
> 何休解詁:貶加字者,起嬰齊所氏,明爲歸父後,大宗不得絶也。[⑤]

可知公子遂作爲别子,其子孫繼之則爲大宗,大宗不可絶,故魯人以遂之子嬰齊爲嬰齊之兄歸父之後。由於公子遂有弑君之罪,故貶在字例,同時可顯示嬰齊爲歸父之後和大宗不可絶之義。《春秋》成公十五年春:

> 三月,乙巳,仲嬰齊卒。
>
> 《公羊傳》:仲嬰齊者何?(何休解詁:疑仲遂後,故問之。)公孫嬰齊也。(解詁:未見於經,爲公孫嬰齊;今爲大夫死,見於經,爲仲嬰齊。)公孫嬰齊,則曷爲謂之仲嬰齊?爲兄後也。爲兄後,則曷爲謂之仲嬰齊?(解詁:據本公孫。)爲人後者,爲之子也。(解詁:更爲公孫之子,故不得復氏

---

① (清)皮錫瑞:《魯禮禘祫義疏證》,吴仰湘編:《皮錫瑞全集》(第4册),北京:中華書局,2015年,第536頁。實際上,鄭玄、何休認爲,魯嗣君皆爲先君服喪三年,參見高瑞傑:《鄭玄宗廟禘祫義考辨——以何休禘祫義爲參照》,虞萬里主編:《經學文獻研究集刊》第20輯,上海:上海書店出版社,2018年。

② 段玉裁《明世宗非禮論》再三申明"臣子一例"之義,其説有可取之處。後儒爲批駁段氏"真子"説,而一并否定"臣子一例",則是一失,參見張壽安:《十八世紀禮學考證的思想活力:禮教論争與禮秩重省》,北京:北京大學出版社,2005年,第193—207頁。

③ 吴柳財:《傳重之制與尊尊之義:從宗統與君統看傳統中國政治權力的倫理化》,《社會》2023年第1期,第79—80頁。

④ (漢)鄭玄注,(唐)孔穎達疏:《禮記正義》卷九,第2825頁。

⑤ (漢)何休解詁,(唐)徐彦疏:《春秋公羊傳注疏》卷十五,第4951頁。

公孫。)爲人後者爲其子,則其稱仲何?(解詁:據氏非一。)孫以王父字爲氏也。(解詁:謂諸侯子也。顧興滅繼絶,故紀族明所出。)然則嬰齊孰後?後歸父也。……魯人徐傷歸父之無後也,於是使嬰齊後之也。(解詁:弟無後兄之義,爲亂昭穆之序,失父子之親,故不言"仲孫",明不與子爲父孫。)①

傳文解釋了公子遂(仲遂)之子公孫嬰齊之所以以仲爲氏,是由於仲遂長子公孫歸父死而無子,魯人據大宗不可絶之義,立公孫嬰齊爲公孫歸父之後,公孫嬰齊因而變成仲遂之孫,孫以祖父字爲氏,故嬰齊不再氏"公孫",而是氏"仲",故書"仲嬰齊"。② 在此過程中,傳文提出"爲人後者爲之子""爲人後者爲其子"的重要命題。③ 細繹傳文,可知作傳者以"孫以王父字爲氏"爲前提,據仲嬰齊與仲遂同以仲爲氏,而知仲嬰齊是由仲遂之子變成仲遂之孫,故知公孫嬰齊立爲公孫歸父之後而成仲遂之孫。傳無譏文,運用"爲人後者爲之子"之義,許可將公孫嬰齊立爲公孫歸父之後而成爲其子。④ 而何休據經不書"仲孫嬰齊"而書"仲嬰齊",與魯國大夫氏"仲孫""叔孫""季孫""臧孫"者異,而知孔子不許可將公孫嬰齊立爲公孫歸父之後

① (漢) 何休解詁,(唐) 徐彦疏:《春秋公羊傳注疏》卷十八,第 4986—4987 頁。"失"原訛作"矣"。與"爲人後者爲之子"命題關係密切的"躋僖公"問題,參見拙文《"爲人後"例辨析:漢代經學的文質論與父子君臣倫理構建》,北京大學《儒藏》編纂與研究中心編:《儒家典籍與思想研究》第 14 輯,北京:北京大學出版社,2022 年,第 294—299 頁。聵輒争國屬於爲祖後而非爲人後,拙文將其歸於爲人後,不妥,特此更正。

② 段玉裁論何以書"仲嬰齊":"倘書之曰'公孫嬰齊',則非爲後者之稱;即曰'仲孫嬰齊',則是與歸父之真子不别,其父子之實隱矣。"(清) 段玉裁:《經韵樓集》卷十,第 253 頁。段熙仲引"黑弓以濫來奔"傳,論曰:"比辭屬事,公孫嬰齊之所以不得書'仲孫嬰齊'也,魯人立之,不宜立者也。必有王者起,賢者子孫宜有地者也,然後可以推而通之,列於附庸以世也。"段熙仲:《春秋公羊學講疏》,南京:南京師範大學出版社,2002 年,第 628—629 頁。此皆可與何休解詁互相發明。不過,段玉裁認爲身爲大夫的公孫嬰齊可後其兄,則非。

③ 《公羊傳》"魯一生一及",解詁曰:"父死子繼曰生,兄死弟繼曰及。"(漢) 何休解詁,(唐) 徐彦疏:《春秋公羊傳注疏》卷九,第 4868 頁。可知《公羊》區分父死子繼與兄死弟及兩種方式。然就諸侯而言,兄死弟及實可歸入父死子繼,故《傳》云"爲人後者爲之子"。

④ 《三傳》皆認同嬰齊實爲公孫而"後歸父"之説。所不同者,《公羊》據"孫以王父字爲氏"而知嬰齊由公孫而變爲仲遂之孫,又因弟不得後兄,故經不書"仲孫"而書"仲";《穀梁》據仲遂有罪,罪及子孫,不得氏公孫,而别氏仲;《左傳》則無明確説明。并見(周) 左丘明傳,(晋) 杜預注,(唐) 孔穎達正義:《春秋左傳正義》卷二十七,北京:中華書局,2009 年,影印清嘉慶二十年江西南昌府學阮元校刻《十三經注疏》本,第 4154 頁;(清) 廖平:《穀梁古義疏》卷七,北京:中華書局,2012 年,第 466 頁。

而成爲其子。何休進而指出其原因，是由於歸父、嬰齊是大夫，受宗法所統，本是昆弟，同昭穆，皆是仲遂之子，有父子之親，若以弟後兄，則會致昭穆紊亂，[①]且割裂父子之親，故何休認爲昆弟不應相後。

張錫恭申論何休之意：

> 是則何氏之意，人君得以兄弟爲後，大夫不得以兄弟爲後，與鄭君同誼也。……天子者，天下之共主也；諸侯者，一國之君也，尊無二上。旁親之親輕而君之尊特重，故兄弟皆爲之臣，喪則爲之斬衰。其無後也，雖棄其本親之倫而爲之子焉可也。大夫之尊則貶矣，其所臣者惟家臣耳……示不得同於正君也。其家主之尊不掩其旁親之親，故兄弟不爲之臣。有棄其倫而爲之子者，不得不爲亂昭穆之序也。[②]

段熙仲曰："諸侯世，國君以國爲體，繼體之君，臣子一例。……大夫不世，非猶繼體之君，臣子一例，可以兄弟爲祖禰也。"[③]黄銘和曾亦先生指出，"仲嬰齊卒"條屬於大夫以昆弟相後，而大夫以下以昆弟相後，非禮。[④]《白虎通》："《春秋傳》曰'善善及子孫'，不言及昆弟。昆弟尊同，無相承養之義。昆弟不相繼，至繼體諸侯，無子得及親屬者，以其俱賢者子孫也。重其先祖之功，故得及之。"陳立疏證曰："若大夫不得世，故必取死者之子若昆弟之子以爲後，不得取尊同之昆弟爲後。"[⑤]可知就不世的大夫、士而言，昆弟不得相後，而就繼世的天子、諸侯而言，昆弟得相後。嬰齊是大夫，故不得爲歸父之後。

何休批駁的是大夫不得以兄弟爲後，而并未批駁大夫適用"爲人後者爲之子"

① 劉逢禄曰："躋僖公，亂昭穆也。仲嬰齊不稱仲孫，亦亂昭穆也。"見（清）劉逢禄：《春秋公羊經何氏釋例》卷三，上海：上海古籍出版社，2013年，第76頁。

② （清）張錫恭：《喪服鄭氏學》卷二，第176頁。

③ 段熙仲：《春秋公羊學講疏》，第628頁。

④ 黄銘、曾亦譯注：《春秋公羊傳》，北京：中華書局，2016年，第501頁。朱大韶曰："大夫、士與天子、諸侯異，僖可以後閔，嬰齊不得後歸父。""嬰齊後仲遂，不後歸父，較然明著。"（清）朱大韶：《春秋傳禮徵》卷五，收入（清）凌曙等：《春秋公羊禮疏（外五種）》，上海：上海古籍出版社，2015年，第489、490頁。金榜曰："説者謂兄弟立廟者宜同昭穆。榜案：此大夫、士之禮，不得上通於天子、諸侯。大夫、士以宗法辨親疏長幼之序，故兄弟不相爲後，同昭穆。天子、諸侯盡臣諸父、兄弟，臣子一例，故兄弟及諸父繼統者與子繼父同，分昭穆。"（清）金榜：《禮箋》卷三，《續修四庫全書》（第109册），上海：上海古籍出版社，2002年影印清乾隆五十九年游文齋刻本，第60頁上。此皆主張大夫、士與天子、諸侯在爲人後上不同。

⑤ （清）陳立：《白虎通疏證》卷四，北京：中華書局，1994年，第150頁。

“爲人後者爲其子”。在仲嬰齊的案例中,大夫適用“爲人後者爲之子”,但是應按照昭穆之序來立後,應以兄弟之子爲後而不應以兄弟爲後,故魯人之誤在於以兄弟爲後,而不在於適用“爲人後者爲之子”原則本身。故知“爲人後者爲之子”“爲人後者爲其子”不僅適用於天子、諸侯,也適用於大夫和士的大宗。當適用於天子、諸侯時,本文稱爲“爲君後”,以“臣子一例”爲原理;當適用於大夫、士時,本文稱爲“爲大宗後”。其實漢儒確是把爲君後、爲大宗後皆歸入“爲人後者爲之子”,如《白虎通》:“《禮·服傳》曰‘大宗不可絶,同宗則可以爲後爲人作子’何?明小宗可絶,大宗不可絶。故捨己之後,往爲後於大宗,所以尊祖重、不絶大宗也。《春秋傳》曰:‘爲人後者爲之子。’”[①]即是認爲大宗適用“爲人後者爲之子”。段熙仲曰:“大夫不世,則不可以爲人後者爲之子之義衡之。”[②]是否定大夫適用“爲人後者爲之子”,其説不妥。

《公羊傳》“爲人後者爲之子”適用於大夫、士的大宗時需要按照昭穆立後,但是適用於天子、諸侯時則可以打破昭穆,兄弟可以相後。這是由於大宗的功能是收族,收族的表現是鄭玄所説的“别親疏,序昭穆”,[③]而天子、諸侯并不在宗法内,并無序昭穆之義。魯人昧於此義,將天子、諸侯與大夫、士相混,所以導致公孫嬰齊兄弟相後之誤。可以推知,天子、諸侯之父行以上、子行、孫行以下,也應適用“爲人後者爲之子”,即不論父行以上、己行、子行、孫行以下,凡爲天子、諸侯之後,則必定爲之子。然以己行、父行以上爲後畢竟非禮,只在非常情況下纔可運用,故鄭玄、何休皆以爲兄弟無相後之道。[④] 由此可知,不論爲後者與天子、諸侯的行輩如何,若爲之後,則皆爲之子。這是由天子、諸侯與大夫、士的爵位不同所致。就己行、父行以上而言,大夫、士的爵位之尊不足以斷其己行以上的宗法之尊,故大夫、士不得以昆弟、諸父以上爲後。而天子、諸侯之爵位之尊足以斷其己行以上的宗法之尊,故天子、諸侯得以其昆弟、諸父以上爲後。就子行、孫行以下而言,大夫、士的大宗之尊足以斷支子的宗法之親,故爲大宗後者即若其子;天子、諸侯的爵位之尊足以斷爲後者的宗法之親,故爲君後者即爲之子。在取後範圍上,《春秋》異姓爲後,等同於

---

① (清) 陳立:《白虎通疏證》卷四,第 151 頁。

② 段熙仲:《春秋公羊學講疏》,第 628 頁。

③ (漢) 鄭玄注,(唐) 賈公彦疏:《儀禮注疏》卷三十,北京:中華書局,2009 年影印清嘉慶二十年江西南昌府學阮元校刻《十三經注疏》本,第 2393 頁。

④ 參見拙文《“爲人後”例辨析:漢代經學的文質論與父子君臣倫理構建》,北京大學《儒藏》編纂與研究中心編:《儒家典籍與思想研究》第 14 輯,第 295—298 頁。

滅國，故書“莒人滅鄫”，[①]可知天子、諸侯不能取異姓爲後，那麼大宗更不能取異姓爲後。不論是大夫和士的大宗還是天子、諸侯，若將爲後者先於所後者而卒，則所後者爲之服不杖期。鄭玄所云“凡父於將爲後者，非長子，皆期也”是通上下而言，在此意義上，“爲人後者爲之子”，從下向上言，此“子”相當於長子；而從上向下言，此“子”相當於庶子，而非長子，父爲之服期而非斬。另外，據“臣不殤君”之義，可知不論君是否成人，皆得有後，因既有爲人君之道，則有爲人父之道。爲大宗後則無此義。不過，鄭玄云：“爲大夫無殤服。”[②]大夫即使未滿二十歲，也視同成人，故若大夫是大宗子，雖未滿二十歲，也應爲之立後，屬於爲大宗後的範疇。

二、《喪服》“爲人後者”辨析

（一）《喪服》“爲人後者”諸條解讀

《喪服經》所言“爲人後者”有五處，分别是：

> 斬衰章：爲人後者。
> 齊衰不杖期章：爲人後者爲其父母，報。
> 成人大功章：爲人後者爲其昆弟。
> 殤小功章：爲人後者爲其昆弟、從父昆弟之長殤。[③]
> 成人小功章：爲人後者爲其姊妹適人者。

《喪服·記》所言“爲人後者”有一處：

> 爲人後者於兄弟降一等，報；於所爲後之兄弟之子，若子。

此外，《禮記》中亦有“爲人後者”兩處：

> 《喪服小記》：夫爲人後者，其妻爲舅姑大功。
> 《射義》：賁軍之將，亡國之大夫，與爲人後者，不入，其餘皆入。

首先需要明確這幾處的經文以及傳文、注文所説的“爲人後”是適用於宗法還是也

---

① 黄銘：《推何演董：董仲舒〈春秋〉學研究》，北京：生活·讀書·新知三聯書店，2023年，第256頁。

② （漢）鄭玄注，（唐）賈公彦疏：《儀禮注疏》卷三十二，第2417頁上。

③ 《喪服》殤小功章“爲人後者爲其昆弟、從父昆弟之長殤”其實是“爲人後者爲其昆弟之長殤”“從父昆弟之長殤”。

適用於天子、諸侯。根據"天子、諸侯絶旁期"原則,爲天子、諸侯後者不應爲其本生父母服期(參本節下文),也不應爲其本宗的昆弟、姊妹服喪,更不應爲其本宗的族親服喪;而且《喪服傳》也皆是就爲大宗後而言,故可知《喪服》所言的"爲人後"皆是就爲大宗後而言。同理,《喪服小記》所言的"爲人後"也是就爲大宗後而言。至於《射義》所言的"與爲人後",注云:"與,猶奇也。後人者,一人而已,既有爲者,而往奇之,是貪財也。"[①]這似乎并非就天子、諸侯而言;而且"與爲人後者"列在將、大夫之後,更不可能是爲天子、諸侯之後。故知《儀禮》《禮記》所説的"爲人後"皆是指爲大宗後。《喪服》經傳注所云"爲父後""爲祖後",既可指宗法以内,又可指宗法之外的天子、諸侯,[②]這與"爲人後"不同。故陳立曰:"大宗無子,立小宗支子爲後,斬衰章'爲人後者'是也。"[③]胡培翬、曹元弼進一步認爲《喪服》所謂"爲人後者"皆是爲大宗後。[④]

《喪服》斬衰章:

> 爲人後者。
>
> 傳:何以三年也?受重者,必以尊服服之。何如而可爲之後?同宗則可爲之後。何如而可以爲人後?支子可也。爲所後者之祖父母、妻、妻之父母昆弟昆弟之子,若子。
>
> 鄭玄注:若子者,爲所爲後之親,如親子。[⑤]

此"爲之後""同宗""支子"何指?《喪服》齊衰不杖期章:

> 爲人後者爲其父母,報。
>
> 傳:何以期也?不貳斬也。何以不貳斬也?持重於大宗者,降其小宗也。爲人後者孰後?後大宗也。曷爲後大宗?大宗者,尊之統也……尊者尊統上,卑者尊統下。大宗者,尊之統也。大宗者,收族者也,不可以絶。故族人以支子後大宗也。適子不得後大宗。

---

① (漢)鄭玄注,(唐)孔穎達疏:《禮記正義》卷六十二,第3664頁下。

② 參見拙文《〈喪服〉"爲祖後"析論》,待刊。《服問》"君之母非夫人",注云:"禮,庶子爲後,爲其母緦。"(漢)鄭玄注,(唐)孔穎達疏:《禮記正義》卷五十七,第3599頁下—3600頁上。這對應《喪服》緦麻章"庶子爲父後者爲其母"條,可證爲父後適用於宗法之外的天子、諸侯。

③ (清)陳立:《白虎通疏證》卷四,第152頁。

④ (清)曹元弼:《禮經校釋》卷十六,《續修四庫全書》(第94册),上海:上海古籍出版社,2002年影印清光緒壬辰孟陬刻本,第454頁。

⑤ (漢)鄭玄注,(唐)賈公彦疏:《儀禮注疏》卷二十九,第2382頁。

鄭玄注：上，猶遠也。下，猶近也。收族者，謂别親疏，序昭穆。《大傳》曰：“繼之以姓而弗别，綴之以食而弗殊，雖百世昏姻不通者，周道然也。”①

可知“爲之後”指爲大宗後，“同宗”指大宗所收之族，“支子”指除大宗子之子和小宗子之長子(即傳所云“適子”)之外的族人，可知通常情況下，凡同宗支子皆可爲大宗後。據鄭注可知，爲大宗後者爲所後者之親，皆服如所後者親生之子，然此爲後者不得等同於長子，如鄭玄所云“凡父於將爲後者，非長子，皆期也”，此傳文“若子”和《喪服·記》“於所爲後之兄弟之子，若子”之“若子”皆含有此義。② 由於天子、諸侯絶宗，而大夫、士不專宗，故爲大宗後不適用於天子、諸侯，而適用於大夫、士。且傳文云“爲所後者之祖父母、妻、妻之父母昆弟昆弟之子”，若是天子、諸侯，何得爲所後者之妻之昆弟昆弟之子服？可證此傳文是就大夫和士的大宗而言。

大宗取支子時應注意幾項問題。一是盡量避開小宗子之長子，以不廢小宗。這涉及小宗無支子而只有長子時，小宗是否絶的問題。

劉德問：“以爲人後者，支子可也，長子不以爲後。同宗無支子，唯有長子，長子不後人，則大宗絶，後則違禮，如之何？”田瓊答曰：“以長子後大宗，則成宗子。禮，諸父無後，祭於宗家，後以其庶子還承其父。”③

田瓊是説若同宗無支子，唯有小宗子，則以小宗子爲大宗後而成大宗子，祭諸父於大宗子家，大宗子若日後有庶子，則命庶子還後大宗子本生父。《通典》載《石渠議》戴聖云：“大宗不可以絶。言嫡子不爲後者，不得先庶耳。族無庶子，則當絶父以後大宗。”④張錫恭云：“傳所言者經也，《通典》所言者權也，權所以通經之窮。”⑤可知《喪服傳》所云“適子不得後大宗”是就通常情況而言，若無支子，則當以嫡子後大宗。

二是爲人後者出後前後，其昭穆不能變。《喪服傳》曰“大宗者，收族者也”，注

① (漢) 鄭玄注，(唐) 賈公彦疏：《儀禮注疏》卷三十，第 2393 頁。

② 段玉裁認爲爲人後者“一切若真子”，見(清) 段玉裁：《經韵樓集》卷十，第 247 頁，後儒已駁正。爲大宗後者爲所後者之親之服，參見程瑶田“爲人後者爲所後服表”，見(清) 程瑶田：《儀禮喪服文足徵記》，收入(清) 程瑶田：《程瑶田全集》(第 1 册)，合肥：黄山書社，2008 年，第 237 頁。

③ (清) 皮錫瑞：《鄭志疏證》附《鄭記考證》，吴仰湘編：《皮錫瑞全集》(第 3 册)，北京：中華書局，2015 年，第 437 頁。“後以”之“後”，皮氏從袁氏作“復”，本文未從。

④ (唐) 杜佑：《通典》卷九十六《禮五十六》，北京：中華書局，1988 年，第 2581 頁。

⑤ (清) 張錫恭：《喪服鄭氏學》卷二，第 150 頁。

云“收族者,謂别親疏,序昭穆”,[①]大宗的主要功能之一是維持昭穆之序,故爲大宗後應因仍原本的昭穆之序,不得打破原本的昭穆之序。何休所云“弟無後兄之義,爲亂昭穆之序,失父子之親”是就大宗而言,可知爲大宗後應不變昭穆。張錫恭云:“大宗子於族人非有君臣之誼,長幼之序不可奪,其於昭穆,必有以使之不紊者,而於禮未有所徵也。”[②]

三是注意支子的行輩。鄭玄《駁異義》云“兄弟無相後之道”,何休解詁亦云“弟無後兄之義”,可知通常情況下,與所後者同輩的兄弟行不應立爲後,則較所後者行輩高的父祖輩旁尊旁親更不應立爲後。然則可以推知,通常情況下應以子行爲後,若無子行,則應取孫行及以下的支子。[③] 若以孫行甚至以下的支子爲後,爲維持昭穆不紊,“則寧可‘中闕一世’或者‘虚其世以立之後’”,[④]即所謂間代爲後,這屬於爲人後,而非爲祖後(參第四節)。[⑤]

四是“爲人後”不分生死,即不論所後者是否在世,皆可爲之後,[⑥]爲大宗後、爲君後皆然。不過,曹元弼云:“古者立後,多於死後公議立之,故無親昆弟,後世則容有之。”[⑦]可知通常是所後者死後纔立後,後世變禮則所後者生前也可立後。另外,與(將)爲父後、(將)爲祖後類似,爲人後的所後者在世則是將爲人後,所後者卒以

---

① (漢) 鄭玄注,(唐) 賈公彦疏:《儀禮注疏》卷三十,第 2393 頁上。

② (清) 張錫恭:《喪服鄭氏學》卷二,第 178 頁。周飛舟先生强調昭穆對大宗的重要性,曰:“宗法秩序内最重要的兩個原則,一個是大宗不可絶,另一個是昭穆秩序不可紊。”周飛舟:《爲人後者爲之子》,吴飛主編:《婚與喪——傳統與現代的家庭禮儀》,北京:宗教文化出版社,2012 年,第 97 頁。吴飛先生認爲“只要同宗同昭穆,即可爲人後”(吴飛:《鄭玄“禮者體也”釋義》,《勵耘語言學刊》2020 年第 1 期,第 51 頁),亦認爲爲大宗後需要同昭穆。吴柳財也認爲爲大宗後要確保倫序不紊,取後應當先親後疏,其關鍵在於保證輩分不亂。吴柳財:《傳重之制與尊尊之義:從宗統與君統看傳統中國政治權力的倫理化》,第 76—77 頁。丁凌華從法制史的角度考察秦漢以後的立嗣法,認爲“同姓同宗中只能以昭穆相當者爲嗣”,“嗣子年齡不得大於養父”。丁凌華:《五服制度與傳統法律》,北京:商務印書館,2013 年,第 314 頁。

③ 霍光奏議以劉病已嗣昭帝後,曰:“大宗毋嗣,擇支子孫賢者爲嗣。”(漢) 班固:《漢書》卷八,北京:中華書局,1962 年,第 238 頁。此即是從子孫輩支子中選擇爲後者。此説混淆爲君後與爲大宗後,然符合大宗的立後之法。

④ 周飛舟:《爲人後者爲之子》,吴飛主編:《婚與喪——傳統與現代的家庭禮儀》,第 97 頁。

⑤ 間代爲後詳參曹元弼、張錫恭之説,見(清) 張錫恭:《喪服鄭氏學》卷二,第 177—178 頁。

⑥ 參見華喆:《禮是鄭學——漢唐間經典詮釋變遷史論稿》,北京:生活 · 讀書 · 新知三聯書店,2018 年,第 265、270 頁。

⑦ (清) 曹元弼:《禮經校釋》卷十六,第 440 頁上。

後纔是爲人後,故鄭玄所云"凡父於將爲後者,非長子,皆期也"之"將爲後者"包括將爲人後者。

五是宗子殤死則不爲之立後,而以其兄弟行代之,即所謂"爲殤後",與"爲大宗後"不同。《喪服小記》"爲殤後者,以其服服之",鄭注:"言爲後者,據承之也。殤無爲人父之道,以本親之服服之。"①《曾子問》"宗子爲殤而死,庶子弗爲後也",鄭注:"族人以其倫代之,明不序昭穆、立之廟。其祭之,就其祖而已。代之者主其禮。""小宗爲殤,其祭禮亦如之。"②可知大宗子若未成人而死,則無爲人父之道,故不爲之立後,也不序昭穆,爲殤後者不服斬而服本親之服,《喪服·記》云:"宗子孤爲殤,大功衰,小功衰,皆三月;親,則月筭如邦人。"若小宗子殤死而有兄弟,則以兄弟代之爲新的小宗子,若無兄弟則此小宗絶。

《喪服》斬衰章"爲人後者"條是就爲大宗後而言,經文不書所服對象,其原因大略有三。其一,雷次宗云:"此文當云'爲人後者爲所後之父',闕此五字者,以其所後之父或早卒,今所後其人不定,或後祖父,或後曾、高祖,故闕之,見所後不定故也。"③若爲人後者的所後之父先於所後之祖而卒,則爲後者既後此父,又後此祖。《喪服傳》曰"父卒,然後爲祖後者斬",這雖然是就爲祖後而言,爲祖後與爲大宗後不同,④不過"父卒,然後爲祖後者斬"也適用於爲大宗後,則爲大宗後者先爲所後父服斬,然後爲所後祖父服斬,所後曾祖父、高祖父以此類推。這屬於爲大宗後基礎上的爲祖後(參第四節),由於爲後者可能後父,也可能後祖,甚至後曾祖、高祖,爲所後者皆服斬,導致所後者不定,故經文不書所服對象。其二,若就天子、諸侯而言,則不論爲後者與所後者的行輩如何,依據"臣子一例"和"爲人後者爲之子"原則,所後者與爲後者都是擬父子關係,這時經文可以書"爲人後者爲所後父",但是經文未如此書寫,是由於《喪服》諸"爲人後者"皆是指爲大宗後而非爲君後,這也是《喪服》斬衰章"爲人後者"條不書所服對象的一個原因。其三,本節上文述及若無子行,可取孫行以下爲大宗後,即間代取後,此時所後者是爲後者的祖輩及以上,這也是不確定的,故經文不書所後對象。後世未達此三原因之義,而欲彌補此"經文

① (漢)鄭玄注,(唐)孔穎達疏:《禮記正義》卷三十三,第3252頁。

② (漢)鄭玄注,(唐)孔穎達疏:《禮記正義》卷十九,第3031頁。

③ (漢)鄭玄注,(唐)賈公彦疏:《儀禮注疏》卷二十九,第2382頁。劉寶云:"《喪服》云'爲人後者三年',爲人後者,或爲子,或爲孫,故經但稱爲人後,不列所後者名。"(唐)杜佑:《通典》卷八十八《禮四十八》,第2425頁。劉説混淆爲祖後與爲人後,所云不足取。

④ 參見拙文《〈喪服〉"爲祖後"析論》,待刊。

之闕”,如《大唐開元禮》將“爲人後者”改爲“爲人後者爲所後父(自注:爲所後祖亦如之)”,[①]《通典》亦然,[②]這一方面混淆了爲人後與爲祖後,另一方面混淆了爲大宗後與爲君後,皆不可取。

《喪服經》爲大宗後者爲所後者之親之服,只有“爲人後者爲其父母,報”“爲人後者爲其昆弟”“爲人後者爲其昆弟之長殤”“爲人後者爲其姊妹適人者”四條,而未提及其他本親。《欽定儀禮義疏》認爲這是由於“所後者之親疏不定”。[③] 金榜、曹元弼詳述之,認爲爲大宗後者後於祖宗者降父宗,後於曾祖宗者降祖宗,後於高祖宗者降曾祖宗,後於五屬外者全降高祖宗以下。[④] 曹元弼云:

> 大宗惟一,小宗有四,所謂五宗。人有備五宗者,有不備五宗者。備五宗者而爲人後,則太祖之宗爲大宗,而己之高、曾、祖、父皆爲小宗,當降。不備五宗者而爲人後,則或高祖爲大宗,而曾祖、祖、父皆爲小宗,當降;或曾祖爲大宗,而祖、父皆爲小宗,當降;或祖爲大宗,而惟父爲小宗,當降。[⑤]

《喪服經》之所以只有此四條,“其服多不見,以其人屬彼屬此不定也”,[⑥]“所後之大宗親疏不定,則所降小宗世數多寡蓋不齊矣……爲人後者有不降高、曾、祖,而無不降父已下本親者,故《喪服經》于其降者,著其有定者也”。[⑦] 可知由於支子與大宗子的親屬關係有多種可能性,導致爲人後者出後前後爲本宗和所後者之親的服不能明確是否會改變,而只有本宗中的父母、昆弟、姊妹與爲人後者的關係必定會改變,必定會將他們降一等,故《喪服經》只舉此四條,可見經文之嚴謹。而《喪服》“爲人

① (唐) 張説等:《大唐開元禮　附大唐郊祀録》卷一百三十二《凶禮·五服制度》,北京:民族出版社,2000年影印光緒十二年公善堂校刊本,第620頁上。

② (唐) 杜佑:《通典》卷一百三十四《禮九十四》,第3436頁。

③ (清) 鄂爾泰等:《欽定儀禮義疏》卷二十四,《景印文淵閣四庫全書》(第106册),臺北:臺灣商務印書館,2008年,第839頁下。

④ (清) 金榜:《禮箋》卷二,第40頁上;(清) 曹元弼:《禮經校釋》卷十六,第450頁上—451頁上。

⑤ (清) 曹元弼:《禮經校釋》卷十六,第438頁。吴飛先生詳細論述了曹元弼此説,見吴飛:《若子與降等——論爲人後喪服的兩個方面》,收入氏撰:《禮以義起:傳統禮學的義理探詢》,北京:生活·讀書·新知三聯書店,2023年,第339—344頁。關於高、曾、祖父的降等,曹元弼云:“父母期,則祖大功,曾、高小功可知。”(清) 曹元弼:《禮經校釋》卷十六,第439頁下。

⑥ (清) 曹元弼:《復禮堂文集》卷四,新竹:華文書局股份有限公司,1968年影印民國六年刊本,第508頁。

⑦ (清) 金榜:《禮箋》卷二,第40頁上。

後者爲其姊妹適人者"鄭注云"不言姑者,舉其親者,而恩輕者降可知",據曹元弼的解釋,鄭玄是説若爲人後者的父是小宗子而祖父是大宗子,則降姊妹而不降姑,若爲人後者的祖父是小宗子而曾祖父是大宗子,則降姑如降姊妹,并破馬融"不言姑者,明降一體,不降姑也"之説,①并不影響只有本宗中的父母、昆弟、姊妹與爲人後者的關係必定會改變這一結論。總之,若所取支子在大宗子的五屬之内,會涉及爲所後者之親的若子之服與爲本宗的降等之服交錯的複雜情況,故而《喪服經》僅舉爲人後者的父母、昆弟、姊妹這三者。

(二)"爲人後者"與"降一等""若子"

曹元弼進而歸納"降等""若子"兩條原則,認爲爲大宗後者"尊大宗之道有二:曰爲大宗服若子,曰爲小宗服降等",②"爲本宗親則降等,爲大宗親則若子,抑小宗,重大宗",③并提出凡例:"凡爲人後者,於本宗降一等,報;於所爲後之親,若子。"④曹元弼所謂"本宗",既包括本生父母,也包括本生祖父母、曾祖父母、高祖父母,而汪中認爲爲人後者爲本生祖父母、曾祖父母不降,⑤然本生父母作爲至尊至親尚且降一等,本生祖父母、曾祖父母斷無不降之理,汪説非也。曹元弼所謂"降等",據《喪服・記》,稱"降一等"更爲準確,當然在複雜情況下可能所降不止一等或不降等。

若爲後者本在大宗的五屬之外,則"若子"與"降一等"的親屬範圍不會重叠,"降一等"的親屬範圍是本宗的五屬親屬,"若子"的親屬範圍是大宗的五屬親屬;而若爲後者本在大宗的五屬之内,則大宗所統的親屬範圍與爲後者原本所在的小宗的親屬範圍就會重叠,這個重叠的親屬範圍即爲後者原本所在的最大的那個小宗的親屬範圍。那麽這部分重叠的親屬應該適用"若子"原則還是"降一等"原則?據《喪服傳》所云"持重於大宗者,降其小宗也",應降等的是爲後者本來所在的最大的那個小宗内的親屬,也就是説這個重叠的親屬範圍應降等,而其餘親屬則皆適用"若子"原則,如上所引曹元弼所云。可知不論爲後者原本所在的小宗是在大宗的五屬之外還是五屬之内,"降一等"的適用範圍是爲後者原本所在的最大的那個小宗以内的親屬(即《喪服傳》所謂"其小宗"、曹元弼所謂"本宗"),其餘親屬則適用

① (清)曹元弼:《禮經校釋》卷十六,第444頁上。
② (清)曹元弼:《復禮堂文集》卷四,第504頁。又見(清)曹元弼:《禮經校釋》卷十六,第439頁下。
③ (清)曹元弼:《禮經校釋》卷十六,第449頁下。
④ (清)曹元弼:《禮經學》卷一,北京:北京大學出版社,2012年,第20頁。
⑤ (清)汪中著,李金松校箋:《述學校箋》内篇一,北京:中華書局,2014年,第82頁。

“若子”原則。

據《喪服》“爲人後者爲其父母”,爲大宗後者稱其本生父母仍爲“父母”,可知爲大宗後者對本宗親屬雖有降等,却不改其名稱,如曹元弼所云:“凡爲人後者,降其小宗之服,不改其本親之名。”[①]推之爲君後者也應不改其本宗親屬之名。故本生父母仍有父母之名,不能稱之爲世叔父母。[②] 爲本生父母僅適用“降一等”原則而不適用“若子”原則,因若爲本生父母適用“若子”原則,則相當於將本生父母視爲世叔父母、從祖父母、族父母這些族親,這與本生父母的禮制身份有本質差異。[③] 更進一步説,爲本宗(原本所在的最大的那個小宗)的親屬皆不適用“若子”原則,而僅適用“降一等”原則,故《喪服·記》將本宗的“兄弟”歸入“降一等”,將所後者中的“兄弟”歸入“若子”。

不論“降一等”還是“若子”,所適用的親屬範圍既包括父母乃至祖父母、曾祖父母、高祖父母這些正尊(分爲本生、所後兩類),也包括昆弟、姊妹等族親(分爲本生、所後兩類),後者即《喪服·記》“爲人後者於兄弟降一等,報;於所爲後之兄弟之子,若子”的兩個“兄弟”。這兩個“兄弟”何指,據“大夫、公之昆弟、大夫之子於兄弟降一等”之注“兄弟,猶言族親也”,以及其疏“此‘兄弟’及下文‘爲人後者爲兄弟’,皆非小功已下,猶族親,所容廣也”,[④]曹元弼亦云:“兄弟,謂旁親期、功以下。”[⑤]“泛言族親曰兄弟。”[⑥]可知這兩個“兄弟”泛指除了正尊以外的族親,而非專指小功以下之親,這與“兄弟皆在他邦,加一等;不及知父母,與兄弟居,加一等”所説的“兄弟”不同。由於“爲人後者於兄弟降一等,報”的“兄弟”中已包含昆弟、姊妹而不包含父母,故“爲人後者爲其昆弟”和“爲人後者爲其姊妹適人者”就不復言“報”,而“爲人後者爲其父母,報”則需言“報”,可見經文之嚴謹。

所後者之親爲(將)爲大宗後者之服,受五屬内外的親屬關係影響:若是將爲大

---

① (清) 曹元弼:《禮經學》卷一,第 35 頁。

② 歐陽修、張錫恭也有此論,參見(宋) 歐陽修:《濮議》卷四,《歐陽修全集》卷一百二十三,北京:中華書局,2001 年,第 1867—1868 頁;(清) 張錫恭:《宋濮議論》,收入氏撰:《茹荼軒文集》卷十,第 124 頁下。

③ 參見吴飛:《若子與降等——論爲人後喪服的兩個方面》,收入氏撰:《禮以義起:傳統禮學的義理探詢》,第 345 頁。

④ (漢) 鄭玄注,(唐) 賈公彦疏:《儀禮注疏》卷三十三,第 2427 頁上。

⑤ (清) 曹元弼:《禮經校釋》卷十六,第 440 頁下。曹元弼又云:“兄弟,指經所見三人以外之旁親。”(清) 曹元弼:《禮經校釋》卷十六,第 443 頁下。是認爲“兄弟”中不含昆弟、姊妹,則與前説不符。

⑥ (清) 曹元弼:《禮經學》卷一,第 35 頁。

宗後者，所後者之親爲之服親服；若是爲大宗後者，五屬之外的所後者之親爲之服齊衰三月，五屬之内"親，則月筭如邦人"，注云："親，謂在五屬之内。筭，數也。月數如邦人者，與宗子有期之親者，成人服之齊衰期；有大功之親者，成人服之齊衰三月，卒哭受以大功衰九月；有小功之親者，成人服之齊衰三月，卒哭受以小功衰五月；有緦麻之親者，與絶屬者同。"[①]本宗爲（將）爲大宗後者之服，《喪服・記》云"爲人後者於兄弟降一等，報"，注云："言報者，嫌其爲宗子不降。"[②]張爾岐云："注所謂'宗子'指爲人後者。"[③]張錫恭云："本親第依降服報之者，謂月算如降服耳，當先服齊衰三月。"[④]可知本宗爲爲大宗後者服降一等的報服，也需遵循"親，則月筭如邦人"的原則，但由於此報服需降一等，故張錫恭稱之爲"月算如降服"；本宗爲將爲大宗後者則直接降一等即可，而不"月筭如邦人"。由此可知，既然"若子""降一等"之服是（將）爲大宗後者分别爲所後者之親和本宗之服，那麼所後者之親爲（將）爲大宗後者之服與"若子"之服相對應，本宗爲（將）爲大宗後者之服與"降一等"之服相對應。然則"若子"原則就雙向性地適用於（將）爲大宗後者與所後者之親之間的互相之服，"降一等"原則就雙向性地適用於（將）爲大宗後者與本宗之間的互相之服。

曹元弼所提出的凡例"凡爲人後者，於本宗降一等，報"，[⑤]"本宗"既包含本宗的父母、祖父母、曾祖父母、高祖父母這些正尊正親，也包含本宗的昆弟、姊妹等旁尊旁親，前者是由《喪服》"爲人後者爲其父母，報"推擴而來，後者對應《喪服・記》"爲人後者於兄弟降一等，報"。該凡例基於《喪服》"爲人後者爲其父母，報""爲人後者爲其昆弟""爲人後者爲其昆弟之長殤""爲人後者爲其姊妹適人者"以及《喪服・記》"爲人後者於兄弟降一等，報"，并完全容納這幾條，是對這幾條的總結。曹元弼所提出的凡例"凡爲人後者，於所爲後之親，若子"，[⑥]"所爲後之親"既包括所後的父母、祖父母、曾祖父母、高祖父母這些正尊正親，也包括所後的昆弟、姊妹等旁尊旁親以及外親，前者對應《喪服》"爲人後者"及其傳"爲所後者之祖父母，若子"，後者對應《喪服・記》"爲人後者於所爲後之兄弟之子，若子"、《喪服》"爲人後者"之傳"爲所後者之妻、妻之父母、昆弟、昆弟之子，若子"以及《喪服・記》"親，則月筭如邦

① （漢）鄭玄注，（唐）賈公彦疏：《儀禮注疏》卷三十四，第 2433 頁下。

② （漢）鄭玄注，（唐）賈公彦疏：《儀禮注疏》卷三十三，第 2427 頁上。

③ （清）張爾岐：《儀禮鄭注句讀》卷十一，《景印文淵閣四庫全書》（第 108 册），臺北：臺灣商務印書館，2008 年，第 162 頁下。

④ （清）張錫恭：《喪服鄭氏學》卷十五，第 978 頁。

⑤ （清）曹元弼：《禮經學》卷一，第 20 頁。

⑥ （清）曹元弼：《禮經學》卷一，第 20 頁。

人”,既基於這幾條又容納這幾條,是對這幾條的總結。

總之,曹元弼所提出的凡例“凡爲人後者,於本宗降一等,報;於所爲後之親,若子”,是對《喪服》經傳記“爲人後者”諸條的總結,適用於(將)爲大宗後的情況,而且“降一等”“若子”原則雙向性地適用於兩服喪對象之間。其中就已爲大宗後者而言,五屬之外的所後者之親爲之服齊衰三月,五屬之内的所後者之親爲之則先服齊衰三月然後“月筭如邦人”,本宗爲之則先服齊衰三月然後“月筭如降服”。

三、“爲人後”總論

《喪服》“爲人後”的服制設計中藴含了豐富的禮義。吴飛先生指出:“喪服的基本禮意,不過親親與尊尊兩端。‘若子’之意在於重大宗以尊尊;‘降等’之意在於以大宗抑小宗,首重尊尊,却不可没其親親。諸儒之所以在爲人後問題上争論不清,就在於無法平衡尊尊與親親的關係。”[①](將)爲大宗後的服制設計,通過“若子”和“降一等”兩方面,而兼顧了本宗之親和大宗之尊;不過總體而言,尊尊原則起到主要作用,“親親原則讓位於尊尊原則”。[②]

那麽(將)爲君後的服制設計,該如何體現親親與尊尊的關係?天子、諸侯之尊極重,尊尊足以斷除親親,又由於君之所不服,子亦不敢服,故不論是本宗的旁尊旁親還是所後者的旁尊旁親,皆應爲天子、諸侯(包括爲君後者)服斬衰之服,而天子、諸侯(包括爲君後者)以及將爲君後者却不爲之服,這應是明確的。故《喪服》“爲人後者爲其昆弟”“爲人後者爲其昆弟之長殤”“爲人後者爲其姊妹適人者”以及“爲人後者於兄弟降一等,報”這幾條中的服制,并不適用於天子、諸侯的爲人後。也就是説《喪服·記》所説的“降一等”原則僅適用於爲大宗後,而不適用於爲君後,不過《喪服·記》“於所爲後之兄弟之子,若子”的“若子”原則仍適用於爲君後。

天子、諸侯的爲後者爲其本生父母應如何服喪需要研討。張壽安先生注意到,“清乾嘉間凡考證爲人後爲本宗服制者,莫不主張‘爲人後者爲父母期’,堅持本生服制不可廢。”[③]乾嘉學者未區分爲大宗後和爲君後,若爲大宗後,自然爲本宗服,《喪服》

① 吴飛:《若子與降等——論爲人後喪服的兩個方面》,收入氏撰:《禮以義起:傳統禮學的義理探詢》,第 344 頁。

② 陳贇:《周禮與“家天下”的王制——以〈殷周制度論〉爲中心》,北京:中國人民大學出版社,2019 年,第 362—363 頁。

③ 張壽安:《十八世紀禮學考證的思想活力:禮教論争與禮秩重省》,第 181 頁。

有明文;但若爲君後,則需另當別論,如張錫恭所云:"統有尊卑,則降有等級。天子、諸侯當别論矣。大夫之尊有降而無絶,則大宗之尊亦當有降而無絶。"[①]從親親上來看,因本生父母仍有父母之名,故(將)爲君後者若完全不爲之服,則有害親親之義。第二節述及爲大宗後者爲本生父母不適用"若子"原則,否則就相當於將本生父母視爲世叔父母等旁尊旁親;與之類似,爲君後者爲本生父母也不適用"若子"原則,否則也相當於將本生父母視爲世叔父母等旁尊旁親而完全無服,這有害親親之義。從尊尊上來看,因本生父母是先君之臣,先君之臣即是今君之臣,故(將)爲君後者與本生父母之間(將)有君臣之義,而君不服臣,故(將)爲君後者若仍爲之服"降一等"之服(齊衰不杖期),則有害尊尊之義。王夫之指出:"爲其父母服期,此大夫以降世禄之家,爲人後者得伸於其所生爾。天子絶期,不得於此而復制期服。……出後於天子,則先皇委莫大之任於其躬,可以奪其所自生之恩德,固與世禄之子僅保其三世之祀者殊也。"[②]這就强調了天子、諸侯與卿大夫、士的爲後者能否爲本生父母服期的根本區别。爲君後者爲本生父母既不能服期,又不應完全無服,那麽應當何服,經傳注中未有明文,竊以爲可參照《喪服》緦麻章"庶子爲父後者爲其母"之服,傳曰:"何以緦也?傳曰:'與尊者爲一體,不敢服其私親也。'然則何以服緦也? 有死於宫中者,則爲之三月不舉祭,因是以服緦也。"(將)爲君後者與天子、諸侯爲一體,其本生父母是其私親,與"庶子爲父後者爲其母"的情况較爲相似,故本文權作如此類比。天子、諸侯的爲後者爲本生父母服緦麻,如此則可兼顧親親、尊尊之義。又據《服問》"君之母非夫人,則群臣無服,唯近臣及僕、驂乘從服,唯君所服服也",注云:"妾,先君所不服也。禮,庶子爲後,爲其母緦。"[③]則群臣不應爲天子、諸侯的本生父母服喪,能突出尊尊之義。注云"妾,先君所不服也",而爲君後者的本生父母也是先君所不服,二者具有相似性;又注引《喪服》"庶子爲父後者爲其母"以解釋"君之母非夫人"的情况,可知"庶子爲父後者爲其母"服緦麻適用於天子、諸侯,[④]天子、諸侯在特殊情况下可以服緦麻,可以爲上述類比提供可能性的佐證。不過本文這種對爲君後者爲本生父母之服所作的推斷於禮未見明説,姑存以俟考。

---

① (清)張錫恭:《茹荼軒文集》卷三,第 29 頁上。

② (清)王夫之:《宋論》,北京:中華書局,1964 年,第 112 頁。

③ (漢)鄭玄注,(唐)孔穎達疏:《禮記正義》卷五十七,第 3599 頁下—3600 頁上。

④ 《曾子問》疏云庶子爲後爲其母緦是"周法,天子、諸侯、大夫、士,一也"。(漢)鄭玄注,(唐)孔穎達疏:《禮記正義》卷十八,第 3018 頁下。《曾子問》"古者天子練冠以燕居",注:"天子練冠以燕居,蓋謂庶子王爲其母。"疏云此是"據今而道前代",并非言周禮。(漢)鄭玄注,(唐)孔穎達疏:《禮記正義》卷十八,第 3017 頁下、3018 頁下。

綜合狹義的“爲人後”的諸情況,可把(將)爲人後的異同列表如下:

表一 天子、諸侯、卿大夫、士的(將)爲人後之異同

項目＼所後者	天子、諸侯	卿大夫、士	
		大宗子	小宗子、庶子
是否可立爲人後者	是	是	否
取後範圍①	臣(天下同姓/本國同姓)②	支子(本宗)	——
爲後者行輩	任意行輩	子行及以下③	——
爲後者與所後者之昭穆	可打破昭穆	因循原有昭穆	——
所後者殤	立後	不立後	——
爲後者爲所後者	斬衰	斬衰	——
所後者爲將爲後者	齊衰不杖期	齊衰不杖期	——
(將)爲後者爲所後者之親	絶旁期	如親子④	——
(將)爲後者爲本宗	緦麻(?)/無服⑤	爵同降一等⑥ 爵異降二等或不降⑦	——

① 取後範圍雖極於天下、本國、本宗,但應從親者始。

② “天下同姓”是就天子而言,“本國同姓”是就諸侯而言。鄭玄曰:“同姓者,謂先王、先公子孫,有繼及之道者也。”(漢) 鄭玄注,(唐) 孔穎達疏:《禮記正義》卷五十一,第3513頁。

③ 通常應取子行爲後。但是若大宗所統的整個宗族無子行,則可取孫行爲後,而且要維持原本的昭穆不亂。

④ 參見徐淵“爲人後者爲所後者族服圖(女性親屬適人者)”。徐淵:《〈儀禮·喪服〉服叙變除圖釋》,北京:中華書局,2017年,第61頁。

⑤ (將)爲人後者爲本生父母似應服緦麻(參本節上文),爲本宗其他親屬無服。

⑥ 士之子爲士後或大夫之子爲大夫後,則降本宗一等,參朱熹“爲人後者爲其本宗服圖”。(宋) 朱熹:《儀禮經傳通解續》卷十六,朱傑人、嚴佐之、劉永翔主編:《朱子全書》(修訂本)(第4册),上海:上海古籍出版社,合肥:安徽教育出版社,2010年,第2073—2074頁。爲人後者爲其父母由三年降至不杖期也屬於降本宗一等。張錫恭認爲大夫、士的爲人後者之子爲父的本宗降一等,參(清) 張錫恭:《茹荼軒文集》卷三,第29頁上。

⑦ 士之子爲大夫後,則降本宗二等。大夫之子爲士後,則不降本宗。

四、爲父後、爲祖後、爲大宗後、爲君後之關係

爲後的四種情況（爲父後、爲祖後、爲大宗後、爲君後）之間有複雜的聯繫和區別。[①] 爲後的諸服制涉及諸多原則，黄銘指出其主要原則是尊尊之義，其他原則是次要原則。[②] 與父子君臣倫理相關的尊包括父之尊、祖之尊、大宗之尊、君之尊四種，由於父、祖、大宗、君各有其尊，故有爲父後、爲祖後、爲大宗後、爲君後的不同情況。由於四種爲後涉及複雜的細部原理，因而不可混淆，必須細緻分辨。

就爲大宗後與爲君後的關係而言，爲大宗後的所後者是大宗子，爲君後的所後者是天子、諸侯。天子、諸侯絶宗，天子、諸侯不是大宗子，大宗子也不得統天子、諸侯，故爲大宗後、爲君後二者畛域分明，不可混淆。爲大宗後、爲君後皆取於所後者的子孫之外，但由於大宗之尊與君之尊的性質和程度不同，故爲大宗後者一般取同宗的子行及以下的支子，仍維持原來的昭穆之序，而爲君後者則不限行輩，凡本國同姓之臣皆可取以爲後，可打破原來的昭穆之序，而以擬父子關係重新排定所後者與爲後者的昭穆。

就長子爲父後與爲祖後、爲大宗後、爲君後、庶子爲父後的關係而言，"父—長子"關係無疑是所有爲後情況的基石，爲祖後、爲大宗後、爲君後、庶子爲父後皆是對"父—長子"關係的模擬，即擬"父—長子"關係。雖然爲祖後者爲所後祖父之服受父在父卒的影響，但是此所服之斬與《喪服》"爲人後者"所服之斬相同。而且鄭玄於《喪服》"適孫"注云"凡父於將爲後者，非長子，皆期也"，是將祖與嫡孫的關係類比爲父子關係。[③] 然則爲祖後與庶子爲父後、爲大宗後、爲君後類似，所後者與將爲後者之間皆蘊含"斬衰—齊衰不杖期"的服叙，故所後祖父與爲祖後者之間也是擬"父—長子"關係。此"父—長子"關係構成宗法和爵制的基礎，宗法和爵制的傳繼必須建立在"父—長子"關係或擬"父—長子"關係之上。擬"父—長子"關係中，所後者爲將爲後者服齊衰不杖期，以與長子區别。

就爲父後、爲祖後與爲大宗後、爲君後的關係而言，父、祖是正尊，相對於父、祖，其他人（大宗子、君）則非正尊，稱爲"人"，意即旁人，故爲大宗後、爲君後統稱

---

① 關於"爲祖後"的討論，詳見拙文《〈喪服〉"爲祖後"析論》，待刊。

② 黄銘：《淺論過繼晚之税服問題》，《孔子研究》2014 年第 4 期，第 104—105 頁。

③ 參見拙文《〈喪服〉"爲祖後"析論》，待刊。

“爲人後”。其中爲祖後與爲大宗後、爲君後極易混淆,需要分别。

大宗子、君立嫡孫是爲祖後,這與爲大宗後、爲君後不同,前者是大宗子、君有己之子孫,己之子早卒或有廢疾而不得立,則立己之孫爲嫡孫,乃至嫡曾孫、嫡玄孫等;而後者是大宗子、君無己之子孫,或己之子孫皆早卒,或己之子孫皆有廢疾他故而不得立,則大宗取本宗支子以爲後,君(天子、諸侯)取天下、本國同姓之臣以爲後。也就是説,爲祖後所取的對象是孫(乃至曾孫等),而爲大宗後、爲君後則無子孫可取,其所取的對象超越了大宗子之子孫、君之子孫的範圍。

若大宗子本人有子孫,則取其子孫爲後,取其子爲後就是爲父後而非爲大宗後,取其孫爲後就是爲祖後而非爲大宗後,因而大宗子也可以有爲父後、爲祖後,這并非爲大宗後。但是只要大宗子本人無子孫可立,就要取支子爲後,也就是取他人之子(子行)爲後(按照親疏,從昆弟之子開始取),若取他人之孫(孫行)爲後則是間代爲後(這是爲大宗後,而非爲祖後);而且爲大宗後的所後者是大宗子本人,而非大宗子之父、祖父等正尊。故爲大宗後有兩個關鍵點,一是所後者是大宗子本人,二是爲後者是他人之子孫而非己之子孫。還須區分三種情況,一是大宗的爲祖後,二是爲大宗後基礎上的爲祖後,三是間代爲後。若大宗子之子皆早死或有廢疾他故而不立,而大宗子有孫,則立大宗子的嫡孫爲後,他是爲祖後者,這是大宗的爲祖後,與爲大宗後無涉。若大宗子之子皆早死或有廢疾他故而不立,而大宗子無孫,同宗子行也無支子,則取同宗孫行的支子以爲大宗後,爲後者既後大宗子(即所後祖父,這屬於爲大宗後基礎上的爲祖後),又後大宗子之長子(即所後父);若大宗子先於其父而死,大宗子無子孫可立,則取同宗子行的支子爲大宗後,爲後者所後的是大宗子(即所後父,這是爲大宗後),同時還後大宗子之父(即所後祖父,這是另一種爲大宗後基礎上的爲祖後)。若大宗子無己之子孫,同宗也無子行可立,則立同宗孫行的支子爲後,中缺一代,這是所謂的間代爲後。這三種情況不能混淆。

爲君後與爲大宗後類似,皆與爲祖後有根本不同;爲君後與爲大宗後所不同者,一是爲君後者不限於子孫輩,可以打破原來的昭穆之序,二是爲君後不存在間代爲後,“臣子一例”原則使得所後者與爲後者之間皆是擬父子關係。

雖然爲祖後、爲大宗後、爲君後皆建立了擬“父—長子”關係,但爲祖後只有祖父與(將)爲祖後者之間建立了這種關係,而(將)爲祖後者與其所後祖父母之外的其他親屬仍維持原本的親屬關係。爲大宗後、爲君後皆打破原來的宗法關係,而爲祖後則不打破原來的宗法關係;爲祖後、爲大宗後維持原來的昭穆之序,而爲君後可以打破原來的昭穆之序。

綜上所述,爲父後、爲祖後、爲大宗後、爲君後有本質不同,不可混淆。就爲父後、爲祖後、爲大宗後、爲君後而言，爲父後、爲祖後適用於所後者是天子、諸侯，也適用於所後者是大夫和士的大宗子、小宗子、庶子，是通上下而言；而爲大宗後只適用於所後者是大宗子，爲君後只適用所後者是天子、諸侯。[1] 就天子、諸侯、大宗子、小宗子、庶子而言，所後者是天子、諸侯則適用爲父後、爲祖後、爲君後，所後者是大宗子則適用爲父後、爲祖後、爲大宗後，所後者是小宗子、庶子則只適用爲父後、爲祖後，若小宗子無子孫可立則絶，庶子無子孫則無後。就所後者是庶子、小宗子而言，超過爲父後的範圍就進入爲祖後的範圍，即爲祖父、曾祖父乃至高祖父之後，庶子卒則爲其後者即成爲繼禰小宗子。就所後者是大宗子而言，超過爲父後的範圍（即大宗子無己之子可立）就進入爲祖後的範圍，超過爲祖後的範圍（即大宗子無己之孫可立）就進入爲大宗後的範圍（即大宗子取同宗同輩之子孫以爲己之子孫）。就所後者是天子、諸侯而言，超過爲父後的範圍（即君無己之子可立）就進入爲祖後的範圍（即君無己之孫可立），超過爲祖後的範圍就進入爲君後的範圍（即君取臣以爲己之子）。爲人後（爲大宗後、爲君後）適用於所後者是大宗子和君，而不適用於所後者是小宗子、庶子，是因小宗子、庶子若有後則屬於爲父後、爲祖後的範圍，若無後則可絶，本身并無所謂爲人後。綜上所述，玆將爲父後、爲祖後、爲大宗後、爲君後列表如下：

表二　不同階層的爲父後、爲祖後、爲大宗後、爲君後

<table>
<tr><th colspan="3" rowspan="2">天子、諸侯</th><th colspan="6">卿大夫、士</th></tr>
<tr><th colspan="3">大　　宗</th><th colspan="2">小　　宗</th><th>庶子</th></tr>
<tr><td colspan="3">太祖（感生始祖、[2]始封諸侯）</td><td colspan="3">别子（公子、始來在此國者）</td><td colspan="2">（高祖）</td><td>——</td></tr>
<tr><td colspan="3">……</td><td colspan="3">……</td><td colspan="2">（曾祖）</td><td>——</td></tr>
<tr><td colspan="3">祖</td><td colspan="3">祖</td><td colspan="2">（祖）</td><td>——</td></tr>
<tr><td colspan="2">禰</td><td>君之叔父</td><td colspan="2">禰</td><td>宗子之叔父</td><td colspan="2">禰</td><td>——</td></tr>
<tr><td>君</td><td>君之弟</td><td>君之從父弟</td><td>宗子</td><td>宗子之弟</td><td>宗子之從父弟</td><td>宗子</td><td>宗子之弟</td><td>庶子</td></tr>
</table>

① 雖然有地的卿大夫也可稱"君"，但由於卿大夫君通常不世襲，不世襲則無所謂爲君後，故卿大夫君的爲後屬於爲父後、爲祖後、爲大宗後的範圍，而不屬於爲君後的範圍。

② 感生始祖詳參拙文《鄭玄的感生説與聖人有父説新探》，彭林主編：《中國經學》第32輯，桂林：廣西師範大學出版社，2023年。

續　表

天子、諸侯			卿大夫、士					
			大　宗			小　宗		庶子
子 爲父後	君之弟之子	君之從父弟之子	**子** 爲父後	宗子之弟之子	宗子之從父弟之子	**子** 爲父後	宗子之弟之子	**子** 爲父後
孫 爲祖後	君之弟之孫	君之從父弟之孫	**孫** 爲祖後	宗子之弟之孫	宗子之從父弟之孫	**孫** 爲祖後	宗子之弟之孫	**孫** 爲祖後

(説明：字體加粗者是所後者。"天子、諸侯"列的深色格子是可爲君後者,"大宗"列的深色格子是可爲大宗後者。"小宗"列所示是繼禰小宗的情況,繼祖小宗、繼曾祖小宗、繼高祖小宗以此類推。)

可以看出,天子、諸侯、大宗子、小宗子、庶子皆可以己子爲後(即爲父後),也可以己孫爲後(即爲祖後);天子、諸侯若無己之子孫可爲後,則取同宗之臣爲後,且不限行輩,可打破原本的昭穆之序,但是一般情況下還是應優先取子行乃至孫行爲後;大宗子若無己之子孫可爲後,則取其所統的支子爲後,限於子行及以下,且須因仍原本的昭穆之序;小宗子、庶子若無己之子孫可爲後,則無後。

綜上可知,爲父後分廣義與狹義兩種。狹義的爲父後即長子、長子母弟、妾子爲父後,後兩者統稱庶子爲父後,廣義的爲父後還包括爲祖後、爲大宗後、爲君後,即爲後的四種情況皆屬於廣義上的爲父後。兹將其關係列表如下：

表三　爲父後、爲祖後、爲大宗後、爲君後之關係

爲父後(廣義)						
爲父後(狹義)			爲祖後		爲人後	
					爲大宗後	爲君後
長子	長子母弟	妾子	嫡孫	庶孫	支子	臣

由此可知,爲後以"父—長子"關係爲基礎,爲後的其他情況都是對此關係的擴展。其蘊涵的義理是君臣和宗法的傳繼需建立在"父—長子"關係或擬"父—長子"關係之上,此即王國維强調的立子立嫡之制。王國維將傳子法視爲周禮之根本,而論曰：

> 立子立嫡之制,由是而生宗法及喪服之制,并由是而有封建子弟之制、君天子臣諸侯之制。……由傳子之制而嫡庶之制生焉。……所謂"立

> 子以貴不以長,立適以長不以賢"者,乃傳子法之精髓。……此制實自周公定之,是周人改制之最大者。……爲人後者爲之子,此亦由嫡庶之制生者也。①

王國維試圖用以史證經的方法在現代學術中爲經學奠基,可謂苦心孤詣。王國維的學術方法雖與漢儒不同,此論却頗得立後法精蘊,所異者唯在王國維認爲此制是周公改制所定,而在漢儒則有今古之分。結合漢儒所論,可知立子立嫡之制是周公、孔子所立常經大法,由是而生封建、君臣、宗法、婚姻、喪服、廟制諸制度,儒家的秩序理念即建立在此立子立嫡之制之上。嫡長子繼承制是宗法制度的核心,②也是政治制度的核心。由立子而有父子,由立嫡而有宗法、君臣。立嫡必須建立於立子之上,而立子必須經由立嫡方纔實現。立子主親親,立嫡主尊尊。只立子而不立嫡,則親而不尊;只立嫡而不立子,則尊而不親。皮錫瑞云:"專主情則親而不尊,必將流於褻慢;專主義則尊而不親,必至失於疏闊。"③只有立子立嫡兼顧,方纔尊親兼備、情義兼盡,秩序纔得以實現,而"長子"即是立子立嫡理念的集中體現。就爲後而言,爲父後、爲祖後、爲大宗後、爲君後皆是立子立嫡之制的體現,爲後的基礎即立子立嫡,所後者與爲後者之間必須是"父—長子"或擬"父—長子"關係。這是周禮、《春秋》之所同。

結　　語

通過本文的梳理,可知與父子君臣倫理相關的爲後包括爲父後、爲祖後、爲大宗後、爲君後,它們在所後對象、取後範圍等方面頗有不同。爲父後的所後者與爲後者之間是父子關係,爲祖後、爲大宗後、爲君後的所後者與爲後者之間是擬父子關係,即爲後的諸情況皆建立於父子關係或擬父子關係之上。進一步講,爲後的首要和基礎是長子爲父後,通用於所後者是天子、諸侯、大宗子、小宗子、庶子,由父與長子之間的繼世(就天子、諸侯而言)或傳重(就大宗、小宗而言)來實現君臣關係和宗法關係的傳繼。爲祖後、爲大宗後、爲君後、庶子爲父後皆是對長子爲父後的模擬,以在非常情況下實現君臣、宗法關係的傳繼。這種"父—長子"關係、擬"父—長子"關係是政治倫理秩序代際傳繼的首要原理,不論所後者與爲後者之間原本是何

---

① (清) 王國維:《觀堂集林　附別集》卷十,北京:中華書局,1959 年,第 453、456、457、458、464 頁。

② 曾亦:《儒家倫理與中國社會》,上海:上海三聯書店,2018 年,第 68 頁。

③ (清) 皮錫瑞:《經學通論·三禮》,北京:中華書局,2018 年,第 268 頁。

種關係,他們若要形成“所後者—爲後者”關係,就必須先形成“父—長子”或擬“父—長子”關係,君臣、宗法關係在一代代“父—長子”或擬“父—長子”關係的鏈條上實現傳繼,且“父”自身也必須是長子或擬長子(感生始祖、始封諸侯、別子、庶子除外)。[①] 可知漢儒的秩序理念是在“父—長子”或擬“父—長子”關係之上建立宗法、君臣關係,父子與宗法、父子與君臣合而爲一,不得分離。血緣性的父子關係必定要突破爲政治性的宗法、君臣關係,政治性的宗法、君臣關係必定要建立於血緣性的父子關係之上,而其深層的義理依據則是親親與尊尊的交融涵攝、互相成就,吴飛先生云:“以親親害尊尊,則大統不立;以尊尊没親親,則人情難安。”[②]

段玉裁詳論明朝大禮議,[③]段氏所論繼嗣(傳子、天性之父子)、繼統(爲人後、受重之父子)問題是就爲君後而言,實際上爲祖後、爲大宗後皆在統嗣問題範疇之内。[④] 段氏將爲人後與傳子對舉,其實繼嗣、繼統皆是爲人後的内在要求,二者應是爲人後之下的概念。爲人後是建立在“父—長子”或擬“父—長子”關係之上的繼嗣與繼統的合一,段氏云“繼非有二”,則繼統必須以繼嗣爲基礎,二者合起來構成爲人後。段氏認爲與子之法有經有權,傳子是經,爲後是權。實際上爲後諸情況中復有經權,若長子爲後是經,則庶子、孫、支子、臣爲後就是權;若子爲後是經,則孫、支子、臣爲後就是權。權必合於經,然權又異於經,故“父—長子”與“父—爲後者”之間既有深刻的聯繫又有微妙的區別,二者皆是爲了保證君臣和宗法的倫理能够傳繼不斷。此建立於“父—長子”或擬“父—長子”關係之上的“父子—宗法”“父子—君臣”的倫理原則是經學的重要原則,是周禮、《春秋》之所同,其所異則體現於昭穆制度的文質之變中。[⑤]

① 吴柳財認爲:“‘正尊’與‘重嫡’是生生不息的父子傳承軸上的一種身份性標定。”吴柳財:《論中國社會的垂直代際整合——孝道與代際倫理的社會學研究》,《社會發展研究》2022 年第 2 期,第 58 頁。

② 吴飛:《若子與降等——論爲人後喪服的兩個方面》,收入氏撰:《禮以義起:傳統禮學的義理探詢》,第 346 頁。

③ 參見(清) 段玉裁:《經韵樓集》卷十,第 246、254、261 頁。

④ 明清儒試圖用一些新的概念來疏解爲君後者的父子與君臣二倫的關係,如張璁的繼統、繼嗣,毛奇齡的世次廟次、繼爵繼嗣,王棻的私親、大統,郭嵩燾的君臣倫、父子倫,等等,參見張壽安:《十八世紀禮學考證的思想活力:禮教論争與禮秩重省》,第 144—226 頁。不過,明清儒常不區别爲大宗後和爲君後,且常將其與爲祖後混淆。

⑤ 參見拙文《“爲人後”例辨析:漢代經學的文質論與父子君臣倫理構建》,北京大學《儒藏》編纂與研究中心編:《儒家典籍與思想研究》第 14 輯。

春秋學史

《漢書·五行志》引劉歆學説考論

楊　詣

【摘　要】《漢書·五行志》徵引數十條劉歆之説，其文本來源，學術界尚無定論。有觀點認爲出自劉歆關於《洪範五行傳》的著作，也有學者認爲出自劉歆用五行學説解釋《春秋》災異學的著作。通過分析《漢書·五行志》中徵引的劉歆觀點，發現它們都是基於《春秋》及《左傳》而發。在此基礎上，考辨了書志目録和輯佚書等文獻，并無史料記載劉歆有説解《洪範五行傳》的相關著作，但書志目録記載了劉歆的《春秋》學著作。歆父劉向有説解《洪範五行傳》的專書《洪範五行傳論》，後世將二者混淆。通過考察劉歆《春秋左傳》學的學術源流，以説明《春秋左傳》在兩漢之際的傳承脉絡。

【關鍵詞】《漢書·五行志》　劉歆　《春秋左氏傳》

【作者簡介】 楊詣，1998 年生，復旦大學歷史學系博士研究生。

一、前　　言

《漢書》是漢代經學與史學重要的研究資料，歷代學者對《漢書·五行志》(以下簡稱《五行志》)的體例、内容、思想等相關問題多有探討。關於《五行志》的體例，清儒王鳴盛將其劃分爲四個層次：第一層“經曰”即所引《尚書·洪範》的經文，第二層“傳曰”即所引伏生《洪範五行傳》的傳文，第三層“説曰”引歐陽、大小夏侯博士的經説，第四層引《春秋》及漢事以證諸儒説解。[①] 此觀點影響頗巨。

《五行志》的第四層多引用董仲舒、京房、劉向、劉歆等的觀點。程蘇東認爲，劉

① (清) 王鳴盛：《十七史商榷》卷十三《漢書七·五行志所引》，陳文和主編：《嘉定王鳴盛全集》(第 4 册)，北京：中華書局，2010 年，第 142 頁。

向、劉歆均有説解《洪範五行傳》的專書《洪範五行傳記》。① 劉斌參考程氏之論,亦認爲劉歆撰《洪範五行傳論》。② 徐建委雖然贊同劉歆有《洪範五行傳》之論説,但進一步指出此論説是劉歆以五行相生次序改變了傳統的《洪範五行傳》"五行"部分的文本結構,這種改變是采用《春秋左氏》學説改造傳統《春秋》灾異説的成果之一。可見徐氏已經意識到劉歆使用五行解讀《春秋》灾異之學,但是尚未進一步釐清《洪範五行傳》之論説和《春秋》之論説的關係。徐氏認爲:"《漢書·五行志》録董仲舒、劉向、劉歆、眭孟、夏侯勝、京房、谷永、李尋等人對春秋以來灾異的解釋,雖稱《洪範》五行之學,實亦《春秋》學也。董仲舒所主,自然是《公羊》學,劉向所本乃《穀梁》,劉歆治者爲《左氏》。"③本文贊同徐建委認爲劉歆解五行之説源自《春秋》的説法,然而京房主《易》、夏侯勝主《尚書》,將《五行志》所引各家内容均稱爲"《春秋》學"不妥。陳侃理稱:"劉向、歆學術有差異,但承襲關係也同樣清晰……劉向著《洪範五行傳論》,劉歆亦有以五行説《春秋》灾異之作。"④可見陳氏認爲劉歆有用五行學説解釋《春秋》灾異學的著作,但是陳氏并未明確指出具體的著作名稱。

綜上所述,學術界對於《五行志》徵引劉歆學説内容的具體源頭尚無定論,一説出自《洪範五行傳論》,一説出自《春秋》之學。爲了釐清此二種觀點,本文先對《五行志》的文本進行分析,明確《五行志》徵引劉歆學説時的指向性術語及其與劉歆學説的關係,再進一步考索歷代史志目録對於劉歆此二種學説的記載,確認《五行志》的引用來源。

二、《五行志》對劉歆觀點的徵引

《五行志》徵引諸家觀點,均與灾異之説密切相關,西漢討論灾異的經學根據不

① 程蘇東先生在其專著及多篇論文中均有對劉向、劉歆著《洪範五行傳記》的論斷,詳見《漢代洪範五行學——一種異質性知識的經學化》,北京:北京大學出版社,2023年;《劉歆〈洪範〉五行説考論》,《傳統文化研究》2023年第1期;《〈漢書·五行志〉體例覆核》,《中國史研究》2020年第4期;《〈洪範五行傳〉成篇與作者問題新證》,《國學研究》第三十七卷,北京:北京大學出版社,2016年;《經學的數術化與數術的經學化——以漢代〈洪範〉五行學爲中心》,《北京大學學報(哲學社會科學版)》2022年第59卷第5期;《東漢〈洪範〉五行説考論》,《華中學術》2020年第4期。

② 劉斌:《三五相包:劉向歆父子的三統五德説與帝德譜重建》,《經學文獻研究集刊》第29輯,上海:上海書店出版社,2023年,第70頁。

③ 徐建委:《劉歆援數術人六藝與其新天人關係的創建——以〈漢書·五行志〉所載漢儒灾異説爲中心》,《文學遺産》2014年第6期,第13—16頁。

④ 陳侃理:《劉向、劉歆的灾異論》,《中國史研究》2014年第4期,第91—92頁。

止《尚書》,《春秋》《周易》亦是重要的依據。正如夏長樸所言:"西漢談灾異多根據《春秋》《尚書》,東漢言灾異則多本於讖緯。以《春秋》《尚書》論陰陽灾異和漢人'通經致用'之風有很大的關係。"①可見,"通經致用"是漢代的學術風氣,劉歆以《春秋》爲基點説解五行不無可能。② 因此不能徑以爲《五行志》徵引劉歆之説的來源是其解《洪範五行傳》的著作。

需要注意的是,《五行志》序及正文中多處提及劉歆之説,均與其《春秋》之説密切相關。《五行志》:"景、武之世,董仲舒治《公羊春秋》,始推陰陽,爲儒者宗。宣、元之後,劉向治《穀梁春秋》,數其禍福,傳以《洪範》,與仲舒錯。至向子歆治《左氏傳》,其《春秋》意亦已乖矣,③言《五行傳》,又頗不同。"④《五行志序》中提及董仲舒治《公羊傳》,劉向治《穀梁傳》,亦提及劉歆治《左傳》,所以董仲舒、劉向、劉歆均是從其專精的《春秋》之《傳》入手解釋五行,只是劉向爲《洪範》作了《傳》,并未提及董仲舒、劉歆爲《洪範》作《傳》。

班固在《五行志》中徵引劉歆的觀點時,一般引述方式是"劉歆以爲",其他引述方式還有"《左氏》劉歆以爲""劉歆言《傳》曰……""劉歆以爲《左氏傳》……""劉歆以爲……故《傳》曰……"等,⑤此類與劉歆之説并提的"《傳》"爲《左傳》,即説明劉歆的觀點是針對《春秋》及《左傳》而發。程蘇東認爲"《左氏》説曰"和"《左氏》劉歆以爲"兩類引述方式值得注意,"'説曰'雖托名'左氏',但其所引却非《左傳》之文,應理解爲治《左氏》者的説解……此處治《左氏》者正是劉歆"。⑥ 此説是。然而緊接其後,程氏又稱:"'《左氏》説曰'應出自其《傳論》。"⑦程氏前文已經説明《五行志》所引《左傳》説解出自劉歆,忽而又認爲"《左氏》説曰"應出自其《洪範五行傳論》,從《左氏》之學到《洪範五行傳論》的轉折未免過於突兀。程氏之説出於王葆玹《西漢經學源流》,⑧但王氏觀點却與程氏不同,"文中所舉的八個人名,即是《五行志》所引前代

① 夏長樸:《兩漢儒學研究》,臺灣大學文史叢刊,臺北:天貿有限公司,1967年,第37頁。

② 劉紅在其博論中有專門小節談及"劉歆論灾異所體現的《春秋》學思想",詳見劉紅:《漢代〈春秋〉學研究》,山東大學博士學位論文,2023年,第258頁。

③ 郭院林認爲"乖"是與《公》《穀》背離的不同意見。見郭院林:《論〈左傳〉傳例的發展及劉師培對其的發明》,《中原文化研究》2024年第2期,第104頁。

④ (東漢)班固:《漢書·五行志》,北京:中華書局,1962年,第1317頁。

⑤ (東漢)班固:《漢書·五行志》,第1479、1377、1388、1434頁。

⑥ 程蘇東:《劉歆〈洪範〉五行説考論》,《傳統文化研究》2023年第1期,第76頁。

⑦ 程蘇東:《劉歆〈洪範〉五行説考論》,第76頁。

⑧ 程蘇東:《劉歆〈洪範〉五行説考論》,第76頁。

文獻的主要作者。……僅劉歆治《左氏春秋》,則上述左氏一派的《説》,主要是出自劉歆之手”。[①] 可見王葆玹認爲《五行志》所引《左氏》一派的《説》主要出自劉歆,意指劉歆的《左傳》之學,并未提及劉歆有《洪範五行傳論》。徐建委認爲直接稱呼“《左氏》劉歆”説明《五行志》所引用的是劉歆《左傳》之學。[②] 徐氏之説確是,班固在徵引劉歆觀點時已經意有所指,其所引乃是出自劉歆的《春秋左氏》之學。

《五行志》中共引用七十六條劉歆的觀點,其中有六十五條是先列《春秋》之經文,再引用劉歆的觀點,有十一條雖未先列《春秋》經文而直接引用劉歆的觀點,但也是劉歆針對《春秋》之事而發,由此可以説明班固所引用的劉歆觀點都與《春秋》相關。《五行志》中亦有引用“文帝七年”“惠帝二年”“元鳳四年”“高后元年”等年間發生之事或是引用《史記》并配以董仲舒、劉向等的觀點,[③]但是此類引用均未涉及劉歆的觀點。[④] 由此觀之,《五行志》有針對《史記》與當時政治或時事的討論,没有引用劉歆的觀點當是因爲劉歆并無對於此類問題的解説,這些關於時政類的引用恰好都與《春秋》的内容無關。程蘇東認爲劉歆對秦漢以來灾異不措一辭,似乎有意與現實政治保持距離。[⑤] 本文認爲,與現實政治保持距離之説稍顯迂遠,重要的是《五行志》徵引劉歆的説解本自其《春秋》學,與劉向《洪範五行傳論》定位不同,因而未見時政之論。陳侃理的評價爲:“劉歆還將自己的灾異解説限於《春秋》,上古三代和戰國秦漢的灾異都在解説範圍之外。”但是陳氏推測劉歆的用意:“可能是將灾異論説限定在經學範疇内,因此只有《春秋》灾異纔有經典權威和借鑒意義。”[⑥]陳侃理雖然注意到劉歆的觀點都是針對《春秋》而發,但對其原因的推測則局限在經學範疇内,陳氏尚未觀照劉歆有專門的《春秋》學著作。任蜜林認爲劉歆的《洪範》

① 王葆玹:《西漢經學源流》,成都:四川人民出版社,2021年,第405頁。

② 徐建委:《劉歆援數術入六藝與其新天人關係的創建——以〈漢書·五行志〉所載漢儒灾異説爲中心》,第16頁。

③ 如:“《史記》秦始皇八年,河魚大上。劉向以爲……”(《漢書·五行志》,第1430頁)則是以《史記》内容配以劉向觀點。再如:“惠帝二年,天雨……劉向以爲……”(《漢書·五行志》,第1420頁)則是以惠帝二年之事配以劉向觀點。

④ 有一條先引“成帝建始元年”之事,再引用劉歆的觀點:“成帝建始元年八月戊午,晨漏未盡三刻,有兩月重見……劉歆以爲舒者侯王展意顓事,臣下促急,故月行疾也。肅者王侯縮朒不任事,臣下弛縱,故月行遲也。當春秋時,侯王率多縮朒不任事,故食二日仄慝者十八,食晦日朓者一,此其效也。”(第1506頁)該條仍是劉歆借“春秋”以説時事。

⑤ 程蘇東:《劉歆〈洪範〉五行説考論》,第76頁。

⑥ 陳侃理:《劉向、劉歆的灾異論》,第95頁。

學表現出來《左氏》學的立場，并且認爲劉歆對於分野説解釋的思想依據主要源於《左傳》。[①] 日本學者鎌田正意識到劉歆對於灾異的解釋基本上局限於《左傳》，但是又認爲劉歆的目的是試圖使爲政者對《左傳》抱有好感，藉以表彰《左傳》。[②]

班固《五行志》恰是從劉歆的《春秋》學著作中徵引的觀點，因而《五行志》呈現的面貌即劉歆將自己的灾異解説局限於《春秋》。而劉歆的《春秋》之學主要表現爲對《左傳》的説解，纔會造成劉歆的説解表現出《左氏》學的立場。需要注意的是，現代學者易將劉向的《洪範五行傳論》與劉歆的《春秋》學著作混淆，就是因爲二者都有關於《春秋》之事的解説，劉歆之説雖與五行密切相關，但僅是針對《春秋》而發，而劉向的《洪範五行傳論》所據之事則不局限於《春秋》。

《五行志》有時候涉及《春秋》但是没有徵引劉歆觀點。例如：

> 哀公三年"四月甲午，地震"。劉向以爲："是時諸侯皆信邪臣，莫能用仲尼，盗殺蔡侯，齊陳乞弑君。"[③]

此條引用《春秋》時，提及劉向的觀點但是没有涉及劉歆，蓋是劉歆没有對此條經傳生發言論，抑或班固選擇性摘引而并非處處徵引劉歆之説，也可能因爲劉歆的觀點與前人相同就不再贅述。

《五行志》有時涉及《春秋》，但是引用劉歆觀點較爲簡略。或是因爲劉歆的觀點與前人相同或相反時班固就不再贅述多餘内容，而是僅僅截取相關部分，不引全文。例如：

> 莊[④]公十八年"秋，有蜮"。劉向以爲："蜮生南越。越地多婦人，男女同川，淫女爲主，亂氣所生，故聖人名之曰蜮。蜮猶惑也，在水旁，能射人，射人有處，甚者至死。南方謂之短弧，近射妖，死亡之象也。時莊將取齊之淫女，故蜮至。天戒若曰，勿取齊女，將生淫惑篡弑之禍。莊不寤，遂取之。入後淫於二叔，二叔以死，兩子見弑，夫人亦誅。"劉歆以爲："蜮，盛暑所生，非自越來也。"[⑤]

---

① 任蜜林：《劉歆〈洪範〉五行説新論》，《中國哲學史》2021 年第 5 期，第 45、51 頁。

② ［日］鎌田正：《劉歆の春秋灾異説》，見《左傳の成立と其の展開》，東京：大修館書店，1963 年，第 421 頁。

③ （東漢）班固：《漢書·五行志》，第 1454 頁。

④ 《漢書·五行志》中"莊"寫爲"嚴"，下亦作"嚴將取齊之淫女""嚴不寤"。

⑤ （東漢）班固：《漢書·五行志》，第 1462—1463 頁。

上例班固引用劉向的觀點論述較爲詳細,而引用劉歆的觀點僅僅是對於劉向觀點進行反駁的部分,内容比較簡略。劉歆當先見其父劉向的《洪範五行傳論》,對其父的觀點時有補充和修正也無可厚非。

《五行志》有時針對同樣的經文但是摘録劉歆觀點略有差别,可見班固并非全文照抄而是截取與文意相合的觀點。例如:

> 僖公三十三年"十二月,隕霜不殺草"。劉歆以爲:"草妖也。"①
>
> 僖公三十三年"十二月,李梅實"。……劉歆以爲:"庶徵皆以蟲爲孽,思心臝蟲孽也。李梅實,屬草妖。"②

該條經文的完整内容是:"冬,十月,公如齊。十有二月,公至自齊。乙巳,公薨于小寢。隕霜不殺草,李梅實。"③對於僖公三十三年同一條經文,《五行志》化用在兩處,且兩處摘録劉歆的觀點詳略不同,班固的引用應本自劉歆對此條經文的説解。再如:

> 僖公十六年"正月,六鶂退蜚,過宋都"。④《左氏傳》曰:"風也。"劉歆以爲:"風發於它所,至宋而高,鶂高蜚而逢之,則退。經以見者爲文,故記退蜚;傳以實應著,言風,常風之罰也。象宋襄公區霿自用,不容臣下,逆司馬子魚之諫,而與强楚争盟,後六年爲楚所執,應六鶂之數云。"⑤
>
> 僖公十六年"正月戊申朔,隕石于宋,五,是月六鶂退飛⑥過宋都"。……劉歆以爲:"是歲歲在壽星,其衝降婁。降婁,魯分壄也,故爲魯多大喪。正月,日在星紀,厭在玄枵。玄枵,齊分壄也。石,山物;齊,大嶽後。五石象齊威卒而五公子作亂,故爲明年齊有亂。庶民惟星,隕於宋,象宋襄將得諸侯之衆,而治五公子之亂。星隕而鶂退飛,故爲得諸侯而不終。六鶂象後六年伯業始退,執於盂也。民反德爲亂,亂則妖灾生,言吉

① (東漢)班固:《漢書·五行志》,第1409頁。

② (東漢)班固:《漢書·五行志》,第1412頁。

③ (周)左丘明傳,(晋)杜預注,(唐)孔穎達正義:《春秋左傳正義》,北京:北京大學出版社,2000年,第543頁。

④ 《漢書·五行志》中此條"僖"寫爲"釐",下條亦同。

⑤ (東漢)班固:《漢書·五行志》,第1442—1443頁。

⑥ 《漢書·五行志》此處的"飛"在1442頁寫爲"蜚"。《左傳》中寫爲"飛"。

> 凶繇人，然后陰陽衝厭受其咎。齊、魯之災非君所致，故曰‘吾不敢逆君故也’。”①

該條經文的完整内容是：“春，王正月，戊申，朔，隕石于宋，五。是月，六鷁退飛，過宋都。”②此條乃僖公十六年的内容，班固兩處所引用的經文詳略不同，在引用劉歆觀點時應是截取與兩處文意相合的部分。

有時班固在徵引時没有明確指稱劉歆之説的來源，亦未引用《春秋》《左傳》之原文，致使現代學者混淆其來源。例如：

> 劉歆思心《傳》曰時則有贏蟲之孽，謂螟螣之屬也。庶徵之常風，劉向以爲《春秋》無其應。③

此條没有明確標注來源，只一“傳”字。此處班固在徵引之時，不是直引，而是轉引。此句中“劉向以爲《春秋》無其應”，意在反駁劉歆認爲《春秋》有其應，亦證明了劉歆之説源自其《春秋》之學。

揚雄《法言·淵騫》言：“菑異，董相、夏侯勝、京房。”④據此程蘇東認爲：“三人分别代表了《春秋》災異論、《洪範》五行學和《易》學卦氣説，顯示出漢人對儒家災異論體系的基本認識，而劉向立足於《洪範五行傳》，左右采獲《春秋》災異論和《易》學卦氣説，頗具集大成的意味。”⑤如果説劉向的立足點是《洪範五行傳》的話，那麽劉歆的基點則是其《春秋》學。廖平所撰《穀梁古義疏》將劉向《傳論》中的各種災異説解均輯爲《春秋》穀梁家經説，⑥程蘇東認爲：

> 如果忽視了《漢書·五行志》的《洪範》五行學背景，徑以其所存佚文爲向、歆父子之《春秋》學説解，完全從《春秋》學的立場來加以評騭，則不僅難以真正認識劉向《洪範》五行學的經學史意義，對其《春秋》學的認識也會有失偏頗。⑦

---

① （東漢）班固：《漢書·五行志》，第1518—1519頁。

② （周）左丘明傳，（晋）杜預注，（唐）孔穎達正義：《春秋左傳正義》，第442頁。

③ （東漢）班固：《漢書·五行志》，第1442頁。

④ 汪榮寶：《法言義疏·十七》，北京：中華書局，1987年，第450頁。

⑤ 程蘇東：《劉向〈洪範〉五行學考論》，《“中央”研究院歷史語言研究所集刊》第九十三本第一分，2022年。

⑥ （清）廖平：《穀梁古義疏》卷一，北京：中華書局，2012年，第24頁。

⑦ 程蘇東：《劉向〈洪範〉五行學考論》，《“中央”研究院歷史語言研究所集刊》第九十三本第一分，2022年。

廖平將劉向《傳論》之説均輯爲《春秋》穀梁家經説不當,一則《漢書·藝文志》(以下簡稱《藝文志》)明確記載劉向的《洪範五行傳論》,二則《五行志》徵引劉向之説時亦見向之《易》學理論,廖平混淆了劉向二種學説之關係。但是程氏之説亦有可探討的部分,劉向、劉歆的學術應該從兩個層面去分析,劉歆的《春秋》學有五行的背景,但是不能僅僅從五行學去理解劉歆學説。《左傳正義》:"漢氏先儒説《左氏》者,皆以爲五靈配五方,龍屬木,鳳屬火,麟爲土,白虎屬金,神龜屬水。"[①]這説明漢代先儒已經用五行學説解釋《左傳》。那麽,班固將劉歆之學摘録到《五行志》中的原因,蓋也是劉歆説解《左傳》時兼采五行學。《五行志》將各家涉及的五行學説觀點彙集到一起,相互發明。

不僅《五行志》徵引劉歆的觀點,《漢書·律曆志》(以下簡稱《律曆志》)亦徵引劉歆之説。《律曆志》云"向子歆究其微眇,作《三統曆》及《譜》以説《春秋》",[②]可見劉歆的《三統曆》及《譜》均是爲治《春秋》而作。《五行志》中引用的劉歆觀點,曆學相關的内容一共三十七條,占了很大一部分,其中關於日食的記載均出自《左傳》。劉歆意圖將其理論科學化,使用《三統曆》對日食的記載進行校訂,在日食的日期判斷上,劉歆以爲經傳有誤,三統術不誤。杜預亦認爲劉歆的《三統曆》是爲説解《春秋》而作,其《長曆》曰:"劉子駿造《三統曆》以修《春秋》。"[③]服虔也用三統術解釋經傳,與劉歆不同的是,劉歆在面對經傳與《三統曆》相異時從《三統曆》,而服虔則不改動經傳内容,或使曆術就傳文(如以夏正改周正),或轉移解釋中心(以灾異説代替曆術),盡量使經傳與《三統曆》相圓融。此外,東漢末經學家蔡邕亦以曆解經。[④] 可見,以曆術説《春秋》之法劉歆之後仍在沿用。

三、書志目録中對《洪範五行傳論》的記載

根據上文對《五行志》内容的分析,大致可以確定該志中徵引的劉歆之説源自其《春秋》學,而非其《洪範》著作。爲了進一步考察劉歆的著作,需要對書志目録中的記載進行梳理。書志目録中記有劉向的《洪範五行傳論》,但未記劉歆有《洪範五行傳》相關專著。因此,劉歆是否著有《洪範五行傳論》存疑。

---

① (周)左丘明傳,(晋)杜預注,(唐)孔穎達正義:《春秋左傳正義》,第1735頁。

② (東漢)班固:《漢書·律曆志》,第979頁。

③ (晋)杜預:《春秋釋例》,北京:中國社會科學出版社,2021年,第677頁。

④ 説見郜積意:《兩漢經學的曆術背景》,北京:北京大學出版社,2013年,第123—126頁。

《漢書》多處記載劉向的《洪範五行傳論》。《藝文志》對劉向關於《洪範五行傳》的專書有專門著録,“劉向《五行傳記》十一卷”。[①]《五行志》記載了劉向爲《洪範》作傳:“宣、元之後,劉向治《穀梁春秋》,數其禍福,《傳》以《洪範》。”[②]《漢書·楚元王傳》(以下簡稱《楚元王傳》)對劉向著《洪範五行傳論》的來龍去脉有詳細的記載:

> 成帝即位……詔向領校中五經秘書。向見《尚書洪範》,箕子爲武王陳五行陰陽休咎之應。向乃集合上古以來歷春秋六國至秦漢符瑞災異之記,推迹行事,連傳禍福,著其占驗,比類相從,各有條目,凡十一篇,號曰《洪範五行傳論》,奏之。[③]

《楚元王傳》記載的是劉向作《洪範五行傳論》十一篇,與《藝文志》記載的劉向《五行傳記》十一卷應是同一部書,只是“論”“記”的稱呼相異。《楚元王傳》稱“篇”蓋是當時劉向上書呈成帝之作,與《藝文志》稱“卷”之版本或形制上有所不同。

後世的書志目録中也有對劉向《洪範五行傳論》的記載。《隋書·經籍志》載:“《尚書洪範五行傳論》,十一卷,漢光禄大夫劉向注。”[④]《舊唐書·經籍志》載:“《尚書洪範五行傳》,十一卷,劉向撰。”[⑤]《新唐書·藝文志》載:“劉向《洪範五行傳論》,十一卷。”[⑥]《宋史·藝文志》雖未著録,但《宋史·儒林傳》中引用:“臣等竊以劉向之論《洪範》,王通之作《元經》,非必挺聖人之姿,而居上公之位,有益於教,不爲斐然。”[⑦]雖然書志目録對劉向《洪範五行傳論》名稱的記載略有不同,但是都説明了劉向有專門的《洪範五行傳》著作。然而這些書志目録中并未提及劉歆有《洪範五行傳》相關著作,因此徑稱劉歆《洪範五行傳論》的説法有待商榷。

清代以來,亦有一些學者對《洪範五行傳論》進行輯佚。王謨《漢魏遺書鈔》中輯有《洪範五行傳》一卷,陳壽祺《左海全集》中輯有《洪範五行傳》三卷,黄奭《黄氏逸書考》中輯有《洪範五行傳》一卷,均題爲(漢)劉向撰。王謨從《五行志》輯録劉向説一百四十一節,兼采《藝文類聚》《太平御覽》所引凡三十節附益之。陳壽祺則全

---

① (東漢)班固:《漢書·藝文志》,第1705頁。

② (東漢)班固:《漢書·五行志》,第1317頁。

③ (東漢)班固:《漢書·楚元王傳》,第1949—1950頁。

④ (唐)魏徵:《隋書·經籍志》,北京:中華書局,1973年,第913頁。

⑤ (後晋)劉昫:《舊唐書·經籍志》,北京:中華書局,1975年,第1969頁。

⑥ (宋)歐陽修,(宋)宋祁:《新唐書·藝文志》,北京:中華書局,1975年,第1427頁。

⑦ (元)脱脱:《宋史·儒林傳》,北京:中華書局,1977年,第12796頁。

録《五行志》之文,采史志及唐宋類書等所引附著《志》文劉向説之下,無可附著者則綴於後,所采較王謨更爲完備。黄奭僅采《五行志》所載劉向説,不涉他書。清代之時,劉向的《洪範五行傳論》已經亡佚,輯佚家認同劉向作有解《洪範五行傳》相關著作,并試圖輯佚其學説,雖書名爲《洪範五行傳》,實則當與《洪範五行傳論》爲同一種書。

根據文獻中對《洪範五行傳論》的記載,可以判定劉向有專著《洪範五行傳論》無疑。劉向是漢代著名經學家,劉歆是劉向的少子,歆年少時就從其父向學經,後受詔與劉向一起領校秘書,所以劉歆無疑對劉向的學説有所繼承與發展。不可否認劉歆受到其父的學術影響,但是不能以劉向作有《洪範五行傳論》就直接認爲《五行志》中所引劉歆的觀點亦是出自劉歆關於《洪範五行傳》的專門著作。

四、文獻中對劉歆《春秋》學説的記載

書志目録中并未記載劉歆有《洪範五行》論著,但是對劉歆的《春秋》學著作却多有著録。[①]《隋書·經籍志》著録《春秋左氏傳條例》二十五卷。[②]《舊唐書·經籍志》著録《春秋左氏傳條例》二十卷,列於《春秋》條例之首,題爲劉歆撰。[③]

清代馬國翰對劉歆《春秋》學著作進行輯佚,在《玉函山房輯佚書》中共輯録二十節,名之曰《春秋左氏傳章句》,并在輯本《序》中稱:"《左氏》之有《章句》自歆始也。隋、唐《志》皆不著録,佚已久。從《正義》《釋文》輯二十節,其説多與賈逵、潁容、許淑并引,則三家皆祖述劉氏者也。"[④]馬氏《序》中有三個問題需要注意:第一,《舊唐書·經籍志》實有著録劉歆《春秋左氏傳條例》二十卷,與馬氏所稱《春秋左氏傳章句》可能爲同一部書,馬氏認爲《唐志》未著録不確。姚振宗在其《漢書藝文志拾補》中指出:"按馬氏未考《舊唐志》,故云爾。"[⑤]第二,實際上馬氏的輯録只有十九條,《輯佚書》中的《章句》文本是從《春秋左傳正義》(以下簡稱《左傳正義》)和《經典釋文》中輯録的,《輯佚書》中涉及《章句》的十九條内容在《左傳正義》中均有原文,

① 《漢書·藝文志》未收録劉歆的著作,原因比較複雜,此不是本文的論述重點,暫不詳細説明。

② (唐)魏徵:《隋書·經籍志》,第929頁。

③ (後晋)劉昫:《舊唐書·經籍志》,第1977頁。

④ (清)馬國翰輯:《玉函山房輯佚書》,經編春秋類第四帙卷三十一,長沙琅嬛館補校刊,1883年,第67頁。

⑤ (清)姚振宗:《漢書藝文志拾補》,北京:清華大學出版社,2011年,第227頁。

《經典釋文》中只涉及《春秋》宣公十五年一條，且與《左傳正義》的内容及含義基本相同。第三，劉歆説常與賈逵、潁容、許淑并引，此三家都是傳承劉歆的《左傳》學説，因爲《春秋左氏傳章句》或散佚已久或已形成學派共識，後世難以區分，故并引。

根據書志目録的著録及輯佚書的整理，可以確定劉歆有《左傳》專著無疑，并且從漢代起，就有文獻對劉歆的《左傳》學説進行記録或徵引。

劉歆之前《左傳》已被廣泛傳習，但是劉歆的治學方式與以往不同。《楚元王傳》云："初《左氏傳》多古字古言，學者傳訓詁而已，及歆治《左氏》，引傳文以解經，轉相發明，由是章句義理備焉。"①可見劉歆以前學者對《左傳》主要是進行訓詁的研究，自劉歆開始有了《左傳》的章句、義理研究，這對於《左傳》的發展可謂有劃時代的意義。《漢書·儒林傳》(以下簡稱《儒林傳》)云："由是言《左氏》者本之賈護、劉歆。"②《儒林傳》指出後世以賈護、劉歆《左傳》之學爲本，這點明了劉歆之於《左傳》學的意義。《五行志》記載："隱公三年'二月己巳，日有食之'……《左氏》劉歆以爲正月二日，燕、趙之分野也。"③此處"《左氏》"與"劉歆"連言，指出劉歆有專門的《左傳》注解著作。《律曆志》記載："向子歆究其微眇，作《三統曆》及《譜》以説《春秋》，推法密要，故述焉。"④不僅指出了劉歆對於曆法的貢獻，而且點出了劉歆的《左傳》學説與曆法關係密切。

東漢許慎《説文解字》在解釋"蝝"時引："劉歆説：蝝，蚍蜉子。"⑤《説文解字》此條目襲用劉歆説，且極有可能與《五行志》中引用的"宣公十五年，'冬，蝝生'。劉歆以爲蝝，蝗蠹之有翼者，食穀爲灾，黑眚也"⑥源頭相同。

西晉杜預《春秋釋例》中徵引了十餘條劉歆對《春秋》和《左傳》的觀點，⑦且杜預的《春秋左傳集解序》云"劉子駿創通大義"，⑧這是對劉歆《左傳》治學方式和内容的肯定。

《三國志·蜀志·尹默傳》(以下簡稱《尹默傳》)云：

> 尹默……皆通諸經史，又專精於左氏《春秋》，自劉歆《條例》，鄭衆、賈

① (東漢) 班固：《漢書·楚元王傳》，第 1967 頁。

② (東漢) 班固：《漢書·儒林傳》，第 3620 頁。

③ (東漢) 班固：《漢書·五行志》，第 1479 頁。

④ (東漢) 班固：《漢書·律曆志》，第 979 頁。

⑤ (東漢) 許慎：《説文解字》，北京：中華書局，2015 年，第 280 頁。

⑥ (東漢) 班固：《漢書·五行志》，第 1434 頁。

⑦ 杜預《春秋釋例》徵引的劉歆之説均見於《左傳正義》。

⑧ (周) 左丘明傳，(晉) 杜預注，(唐) 孔穎達正義：《春秋左傳正義》，第 27 頁。

> 逵父子、陳元、服虔《注説》,咸略誦述,不復按本。[①]

《三國志》稱劉歆著有《左傳》的《條例》之學,且尹默對劉歆的《條例》有專門學習。[②]

《晋書·五行志》中有記載"《春秋》,螽。劉歆從介蟲之孽,與魚同占",[③]與《五行志》的記載"劉歆以爲貪虐取民則螽,介蟲之孽也,與魚同占"[④]大致相同,《晋書》的内容顯然襲用了《漢書》之説。

錢大昕《三史拾遺》針對劉歆關於《春秋》的"日食説"發論:"劉歆説《春秋》日食,各占其分野之國,蓋本《左氏》去魯地如衞地之旨而推衍之。"又曰:"《經》書日食卅有六,并哀十四年一食數之,實卅有七。"[⑤]錢大昕認爲劉歆的"日食説"是針對《春秋》而發的,并對經文及劉歆説中涉及的"日食"數量進行統計。現存劉歆的"日食説"觀點集中體現在《五行志》中,《春秋釋例》《春秋經傳集解》《左傳正義》中對劉歆的"日食説"的摘録不完整。錢大昕在統計日食數量的前提下,對劉歆"日食説"進行評論,所依據的主要是《五行志》的内容。

劉文淇欲爲《左傳》作新疏,成長編蓋八十卷,晚年僅輯成疏一卷。《左傳舊注疏證》(以下簡稱《疏證》)最終歷三代而成。現存《疏證》并非劉文淇一人一時完成,《清史稿·儒林傳》云:

> 文淇治《左氏春秋長編》,晚年編輯成疏,甫得一卷,而文淇没。毓崧思卒其業,未果。壽曾乃發憤以繼志述事爲任。[⑥]

現存《疏證》(僅有隱公至襄公五年)是劉氏一族的集體著述。劉文淇之子劉毓崧在《先考行略》中論及劉文淇作《疏證》時稱:"《漢書·五行志》所載劉子駿説,實《左氏》一家之學。"[⑦]可見劉毓崧認爲《五行志》所載劉歆觀點出自劉歆的《左傳》之學。

---

① (西晋)陳壽:《三國志》,北京:中華書局,1959年,第1026頁。原點校版本"條例""注説"未加書名號,筆者認爲,此處"條例"應加上書名號,指稱"《條例》";"注説"應加上書名號,指稱"《注説》"。

② 後世文獻記録劉歆的《左傳》之著有時稱爲《條例》,有時稱爲《章句》,從史載書名的流變來看,《章句》與《條例》很可能是同一部書。

③ (唐)房玄齡等:《晋書·五行志》,北京:中華書局,1974年,第880頁。

④ (東漢)班固:《漢書·五行志》,第1431頁。

⑤ (清)錢大昕:《三史拾遺》卷三,《廿二史考異》,上海:上海古籍出版社,2004年,第1419—1420頁。

⑥ (清)趙爾巽等:《清史稿·儒林傳》,北京:中華書局,1977年,第13276頁。

⑦ (清)劉毓崧:《先考行略》,《通義堂集》卷六,《續修四庫全書》(第1546册),上海:上海古籍出版社,2002年,第418頁。

據考證《疏證》中引用的劉歆説法分别出自《漢書》《春秋釋例》《左傳正義》。其中，出自《漢書》的内容直接引自《五行志》，《漢書》原文中"《左氏》劉歆以爲""劉歆以爲"之類的語詞，《疏證》都直接摘録，這些内容劉文淇認爲均出自劉歆的《左傳》之學；出自《春秋釋例》《左傳正義》的劉歆學説，《疏證》亦引用原文，其中劉歆、賈逵、潁容、許淑并引的内容，劉文淇等没有做區分，仍是保存原貌摘録。劉文淇等認爲劉歆有專門的《左傳》學説，但是已經亡佚，僅在《漢書》及《春秋釋例》《左傳正義》中尚存餘影。

姚振宗在《漢書藝文志拾補》中提及《五行志》涉及劉歆的《左傳》論著，姚氏認爲："按《漢書·五行志》引劉歆《春秋説》六十餘條，其間或明著歆《左氏説》，其所不著者亦皆歆説《左氏》之文也。"[①]姚氏認爲《五行志》中所存劉歆觀點出自劉歆的《春秋》學著作，并對《五行志》中所引用的條目數量進行了大概估計。

由於劉歆的《春秋左氏》之著亡佚較早，現代學者對其關注度不高，但是仍可從文獻的記載中探尋蛛絲馬迹。

五、劉歆《左傳》學的流衍及其餘緒

劉歆爲《左傳》争立學官，於《左傳》而言意義重大，影響了後世的《左傳》傳習。劉歆欲立《左傳》，受到衆博士的非議，撰寫《移讓太常博士書》，掀起了今古文之争。漢平帝與王莽時期《左傳》立於學官，王莽政權傾覆後被廢。雖然《左傳》立學官之路曲折，但是通過劉歆等人的努力，《左傳》研究漸盛。此後的東漢時期《左傳》在光武帝年間短暫立於學官，甫立而旋廢。

戰國諸子文獻對《左傳》略有徵引，錢穆認爲《左傳》在漢代之前已經有流傳。[②] 劉向《别録》、陸德明《經典釋文叙録·注解傳述人》總結漢代之前《左傳》的授受源流，即左丘明授曾申，曾申授吴起，吴起授吴期，吴期授鐸椒，鐸椒授虞卿，虞卿授荀卿，荀卿授張蒼而入漢。《漢書·儒林傳》中記載《左傳》在西漢的授受關係：

> 漢興，北平侯張蒼及梁太傅賈誼、京兆尹張敞、太中大夫劉公子皆修《春秋左氏傳》。誼爲《左氏傳》訓故，授趙人貫公，爲河間獻王博士，子長卿爲蕩陰令，授清河張禹長子。禹與蕭望之同時爲御史，數爲望之言《左氏》，望之善之，上書數以稱説。後望之爲太子太傅，薦禹於宣帝，徵禹待

① （清）姚振宗：《漢書藝文志拾補》，第227頁。

② 錢穆：《中國史學名著》，北京：生活·讀書·新知三聯書店，2000年，第28—29頁。

> 詔,未及問,會疾死。授尹更始,更始傳子咸及翟方進、胡常。常授黎陽賈護季君,哀帝時待詔爲郎,授蒼梧陳欽子佚,以《左氏》授王莽,至將軍。而劉歆從尹咸及翟方進受。由是言《左氏》者本之賈護、劉歆。[①]

《經典釋文》襲用此説,[②]且稱:“劉向好《穀梁》,劉歆善《左氏》。”[③]劉歆與其父劉向俱喜《春秋》,劉歆本從劉向學《穀梁傳》,後轉學《左傳》。劉歆治《左傳》與前人不同,劉歆之前的學者治《左傳》多傳習訓詁,至歆始有《左傳》的章句、義理之學。劉歆《左傳》學建立後,一時跟從劉歆學《左傳》者甚衆。

東漢時期研究《左傳》的儒生多出自鄭興與賈逵流派,時人稱之“鄭賈之學”,而鄭興、賈逵的《左傳》學源頭均爲劉歆。據《後漢書》記載,鄭興從劉歆受《左傳》,“鄭興字少贛,河南開封人也……天鳳中,將門人從劉歆講正大義,歆美興才,使撰《條例》《章句》《傳詁》,及校《三統曆》”,[④]可見鄭興繼承劉歆之學術,劉歆使鄭興撰《條例》《章句》《傳詁》并校《三統曆》。賈逵之父賈徽亦從劉歆受《左傳》,賈逵繼承賈徽學術,“徽,從劉歆受《左氏春秋》……作《左氏條例》二十一篇。逵悉傳父業,弱冠能誦《左氏傳》及《五經》本文”。[⑤] 賈徽跟從劉歆研習《左傳》,并有《左氏條例》二十一篇。賈徽之子賈逵跟從其父學習《左傳》,從這個意義上講,賈逵之《左傳》學源自劉歆。在學術傳承上,鄭興、賈徽均祖述劉歆。孔奮從劉歆學《左傳》并受到劉歆的稱贊,劉歆贊賞孔奮之學已經超過自己,“奮少從劉歆受《春秋左氏傳》,歆稱之,謂門人曰:‘吾已從君魚受道矣。’”[⑥]

劉歆《左傳》學影響甚巨,史書上明確記載的出自劉歆門下的東漢著名《左傳》學者有鄭興、賈徽、孔奮等。黄覺弘指出因爲劉歆“創通大義”又積極培養後進,形成了以劉歆爲宗的《左傳》學派,孔奮、賈徽、賈逵、鄭興、馬融、鄭玄等都祖述劉歆學説,這改變了賈誼學派以訓詁爲主的特色。[⑦] 章太炎稱:“孔子死,名實足以伉者,漢之劉歆。”[⑧]劉歆作爲兩漢古文經學的宗師,其《春秋》學説雖然已經亡佚,但是追隨者甚衆,其學説被後人傳習,很多義理仍被諸家引用,其主要思想也影響著後世的

---

① (東漢) 班固:《漢書·儒林傳》,第 3620 頁。

② (唐) 陸德明:《經典釋文》卷一序録,抱經堂叢書本,第 50 頁。

③ (唐) 陸德明:《經典釋文》卷二十二《春秋穀梁》音義,抱經堂叢書本,第 1278 頁。

④ (南朝宋) 范曄:《後漢書·鄭范陳賈張列傳》,北京:中華書局,1965 年,第 1217 頁。標點未盡從。

⑤ (南朝宋) 范曄:《後漢書·鄭范陳賈張列傳》,第 1234—1235 頁。

⑥ (南朝宋) 范曄:《後漢書·郭杜孔張廉王蘇羊賈陸列傳》,第 1098 頁。

⑦ 黄覺弘:《論賈誼與〈左傳〉之關係》,《船山學刊》2006 年第 1 期,第 67 頁。

⑧ 章太炎:《訄書·訂孔》重訂本,上海:中西書局,2012 年,第 116 頁。

《左傳》研究,并延續至今。由此觀之,劉歆對《左傳》後世的傳承有奠基性的作用,推動了《左傳》的發展。

六、結　　論

綜上所述,從《五行志》序及正文中對劉歆觀點的徵引,可以發現劉歆之論都與《春秋左傳》密切相關。《五行志》引用的劉歆學説正是出自其《春秋》學著作,該著作蘊含劉歆的五行學思想。由於劉歆的《春秋》學著作亡佚較早,《五行志》中徵引劉歆之説爲學者研究劉歆之《春秋》學提供了重要視角。

根據書志目録的記載,劉向有説解《洪範五行傳》的專著《洪範五行傳論》,然而并無史料證明劉歆有説解《洪範五行傳》的著作。雖然劉歆是劉向的少子,於其父之學多有繼承,但不能因劉向作有《洪範五行傳論》就徑以爲《五行志》中徵引的劉歆之説亦是出自劉歆的《洪範五行》論著。

《五行志》中徵引了三十七條劉歆對於日食的説解,劉歆根據《三統曆》對日食的記載進行校訂。《三統曆》與《春秋》記載的日食在時間上有區别,恰好説明了劉歆未改《春秋左傳》,只有相關的解經傳著作,而劉歆著《三統曆》的目的就是爲了説解《春秋》經傳。

劉歆的《春秋左氏》之學源流有自,并且影響了後世的《左氏》傳習。劉歆爲《左傳》立於學官立下汗馬功勞,雖然《左傳》甫立旋廢,但是在劉歆的影響下《左傳》學大興。劉歆亦致力於培養後進,有一大批學者繼承其《左傳》之學。因劉歆的《左傳》學影響頗巨且又與五行學思想密切相關,所以班固在《五行志》中對劉歆之説多有稱引。

胡安國"以理解經"背後的家國倫理安排

——以胡安國《春秋傳》對孫覺《春秋經解》的超越爲視角*

李　潔

【摘　要】 孫覺的《春秋經解》是胡安國《春秋傳》問世之前流傳甚广的作品，但胡安國《春秋傳》誕生之後即取代了孫覺的《春秋經解》。因此，考察二傳異同對於瞭解南北宋之交的思想變化具有一定意義。二傳在家國倫理方面有較大差異，由孫覺的"不責夷狄"轉爲胡安國的積極"攘夷"，由孫覺"不殺士大夫"轉爲胡安國對大臣的"防微杜漸"，這些動向反映了南宋的靖康國變使政治導向對內變得以防範和收縮爲主，對外則變得以激昂復仇爲底色；另一方面，從孫覺的"極端尊王"到胡安國的"理性尊王"，從孫覺的"重父子"到胡安國的"重夫婦"，這些變化則反映了胡安國努力讓"天理"凌駕治統，并嘗試以"感應"説爲框架，以詮釋《春秋》的構思。

【關鍵詞】 胡安國　孫覺　胡氏《春秋傳》《春秋經解》

【作者簡介】 李潔，1977 年生，漢江師範學院文學院講師。

孫覺的《春秋經解》①是胡安國《春秋傳》問世之前非常優秀的作品，其辭令簡約

---

* 本文爲湖北省教育廳哲學社會科學研究項目"經學更新視域下的《春秋》學中的女性觀研究"(24Y013)階段性成果。

① 由於孫覺《春秋經解》四庫全書本(《景印文淵閣四庫全書》第 147 册，共十三卷)隱桓二卷内容雷同於孫復《春秋尊王發微》，本文以叢書集成初編本(上海：商務印書館，1935 年)爲依據，該版本以武英殿聚珍版叢書爲底本，共計十五卷；胡安國《春秋傳》則以湖湘文庫本(長沙：嶽麓書社，2011 年)爲依據。

而雋永,義理闡釋深入淺出,傳播甚廣,評價甚高,以至於有王安石見孫覺《春秋經解》而愧藏其稿之傳説。[①] 但到了南北宋之交,國際關係和政治格局都發生了巨大變化。由於迎合了南宋的政治需要,胡安國《春秋傳》甫一問世,就被作爲"復仇之書",[②]得到宋高宗的賞識,因此從衆多《春秋》著作中脱穎而出,并大行六百餘年,其中,作爲科舉考試的標準參考書,從元代開始,至清乾隆年間被廢除爲止,時間竟近五百年,[③]故胡安國《春秋傳》對南宋及元明清時代國人心靈塑造之作用,實不亞於朱熹的《四書章句集注》。胡安國《春秋傳》的中心思想與程頤分不開,但也不乏對孫覺《春秋經解》的借鑒,[④]如孫覺恢復了漢代《春秋》之"天人感應"説,胡安國皆踵之;然而孫胡二傳在對國家和家庭倫理的安排上有較大差異。這一差異鮮明地反映了時代巨變引發的思想變化,以及胡安國對其《春秋傳》(簡稱《胡傳》)的義理安排。下面首論"尊王"。

一、"尊王"趨向理性化

(一) 孫覺的極端尊王

自孫復以來,宋代《春秋》學者多以"尊王"爲第一要旨,孫覺也秉承了這一新傳統,但和孫復《春秋尊王發微》的簡約樸實相比,孫覺在措辭上把尊王推到一個極端。孫覺以爲,天王和"天"有共同點,是"生成"之本源。如云:"天子者,體天地生

---

① 《四庫提要·春秋經解》:"周麟之跋稱,初,王安石欲釋《春秋》以行於天下,而莘老之傳已出,一見而有惎心,自知不能出其右,遂詆聖經而廢之。邵輯序稱,是書作於晚年,謂安石因此廢《春秋》,似未必盡然,然亦可見當時甚重其書,故有此説也。"魏小虎:《四庫全書總目彙訂》(第 2 册),上海:上海古籍出版社,2012 年,第 796—797 頁。

② 學者戴表元《春秋法度編序》記南宋末年情形,言作爲咸淳時期的"博士弟子",見學官月講必講《春秋》,感到奇怪,問人,人答:"是自渡江來,以爲復仇之書,不敢廢也。"見(宋)戴表元:《剡源集·春秋法度編序》,《景印文淵閣四庫全書》(第 1194 册),臺北:臺灣商務印書館,2008 年,第 87 頁。

③ 胡安國《春秋傳》大致成書於紹興六年(1136),元仁宗皇慶二年(1313)改革考試制度,規定以《胡傳》定經文,《胡傳》因此成爲科舉考試的標準用書,清乾隆四十七年(1782)至五十七年(1792)間《四庫全書》修成之際,紀昀奏廢《胡傳》,《胡傳》纔告别指定科舉教科書的崇高地位。

④ 朱彝尊《經義考》卷一八五引《中興國史志》云:"安國書與孫覺合者十六七。"見(清)朱彝尊著,林慶彰等點校:《經義考新校》,上海:上海古籍出版社,2010 年,第 3390 頁。但在胡安國《春秋傳序》的《叙傳授》等處中未出現孫覺之名。

成之德,則可以生成天下之民物。"[①]天王對萬事萬物的安排,不但對人有關鍵作用,即便對草木魚蟲也是如此。故言:"天王在上,而四海之廣,萬民之衆,下至一草一木,一蟲一魚,得遂其生而不失其所者,天子之賜也。"[②]

天王的功勞大,所以其生死關係也極大:"其生而存也,則天下蒙其利澤而凡生之理皆足也。其没而亡也,則天下失其覆戴而將不得其所焉。故其生則天下歡呼而歌頌之,其死則天下潰裂而慟哭之。"[③]這些描述有較重的偶像崇拜色彩。又如:"天子之尊,舉天下莫之敢敵。"[④]總之,天王的地位不但超越一切人,且超越於萬事萬物之上。

其次,孫覺認爲天子與諸侯之關係應如父子,其言曰:"諸侯之於天子,猶子也。"[⑤]因此,他反對《公羊傳》等提及的"諸侯爲王主婚"(實際上《公羊傳》説的是爲天子迎王后),認爲王不當使諸侯主婚,因爲"天子者,天下之父;王后者,天下之母。……諸侯而主王后之婚,則是卑天子之尊而主天下之母也"。[⑥] 孫覺要在天子和諸侯之間劃一道鮮明的等級鴻溝,且主張這是《春秋》的本意。

他的主張之證據在於雖然做同一件事,《春秋》對天子和諸侯的措辭不同。如"天子出者不曰出,在天下也;諸侯去其國則曰出奔,非其土也"。[⑦] 天子有求曰"求",諸侯有求曰"乞";[⑧]"天子有賜於下,不可與列國同辭",是"《春秋》尊周之法"。[⑨]

"天王"還是"道德之所從出"(莊六年),所以不能對天王的美德加以褒揚,更別提貶斥了:

> 天王者,天下之至尊,而道德之所從出。其善者衆,不可以一善褒。蓋褒者有貶之辭也,天王可褒則亦可貶矣。故《春秋》之義,天王無褒。非

① (宋) 孫覺:《春秋經解·隱元年》(第1册),上海:商務印書館,1935年,第2頁。

② (宋) 孫覺:《春秋經解·隱三年》(第1册),第18頁。

③ (宋) 孫覺:《春秋經解·隱三年》(第1册),第18—19頁。

④ (宋) 孫覺:《春秋經解·桓八年》(第1册),第78頁。

⑤ (宋) 孫覺:《春秋經解·隱三年》(第1册),第22頁。

⑥ (宋) 孫覺:《春秋經解·桓八年》(第1册),第78頁。

⑦ (宋) 孫覺:《春秋經解·桓十五年》(第2册),第94頁。

⑧ "天王者,天下之尊,一物皆其所有……書之曰求,求其所當入也;諸侯……書之曰乞,非所有而乞之也。《春秋》書求者三,皆施之於天王;書乞者六,皆施之於諸侯。"(宋) 孫覺:《春秋經解·僖八年》(第3册),第211頁。

⑨ (宋) 孫覺:《春秋經解·隱元年》(第1册),第6頁。

無善也，其善者一褒不足以該之也；天王無貶，非無惡也，天王之位，非爲惡者居之，雖有惡不加貶焉。①

孫覺提出即便天王行爲有善惡，也不可以“褒貶”對待天王，縱使尊者并非如人所期待的那樣行爲端正、品行高潔，作爲臣民也不應從内心認定君父有過錯，而是應堅持相信“吾之君則甚有道者也，吾之夫人則甚有德者也”。②

在具體政治層面上，孫覺强調諸侯和大夫不可以專行：“執人之君不可以專，必受命於天王。”③雖然《春秋》强調復仇，但爲了“尊王”大義可以放棄復父之仇：“雖仇讎之國，若至於尊王室、强中國，則雖與之盟不爲過爾。”④連被《公羊》《穀梁》高調譏諷的天王之“求車”“求金”，孫覺也把矛頭對準了諸侯，認爲天王來“求”是諸侯的供給没有到位導致的。⑤

在會盟方面，僖五年齊桓公於首止會王世子，孫覺在齊桓、晋文之間設想了一個按時間遞進的“世風日下”的進程，他説：“《春秋》……不與其致世子也。”⑥因爲齊桓“會世子”，晋文就“召王”，所以齊桓正是孔子所謂的“始作俑者”。⑦ 而僖九年葵丘之盟，孫覺又以爲聖人不贊成齊桓“致天子之三公而與之盟”，所以葵丘之盟“不盟周公”也和“首止之會世子”構成對稱。⑧ 他把《春秋》中的前後事件按照“每况愈下”或“互相對照”的綫索進行聯繫，自成一説，⑨這種縱横捭闔的解經方法，令《春秋

① (宋) 孫覺：《春秋經解·莊六年》(第2册)，第126頁。

② (宋) 孫覺：《春秋經解·莊元年》(第2册)，第107頁。

③ (宋) 孫覺：《春秋經解·莊十七年》(第3册)，第155頁。

④ (宋) 孫覺：《春秋經解·莊十六年》(第3册)，第154頁。

⑤ 桓十五年“天王使家父來求車”，雖然孫覺稱“求”爲“兼譏之辭”(《春秋經解》，第93頁)，但同時也稱“王道之行，則天下之有者畢入於京師，有天子無求於下”，并反駁《公羊》《穀梁》對王者的指摘；隱三年“武氏子來求賻”，孫覺曰：“天子之尊，四海之大，尺地一民莫非其有也，而常貢不入，王喪不共，聖人著其事而罪之。”亦反駁《公羊》《穀梁》對王者“求”的指摘：“《春秋》之法責臣子以重，責君父以輕。”(同上書，第21—22頁)文九年“毛伯來求金”，孫覺曰：“魯爲人臣而使君父有求於己焉，魯之罪可知矣。”皆側重責怪臣下(這裏指諸侯)。(同上書，第265頁)

⑥ (宋) 孫覺：《春秋經解·僖五年》(第3册)，第207頁。

⑦ “齊桓之伯始會世子，晋文之伯至於召王。……孔子罪作俑者，至於用人，蓋召世子而至於召王，齊桓之罪不可勝誅矣。”同上。

⑧ “首止之會殊會世子，葵丘之盟不盟周公，皆《春秋》之變例，聖人之新意也。”(宋) 孫覺：《春秋經解·僖九年》(第3册)，第213頁。

⑨ 孫復在僖五年稱“不與威致王世子，使與諸侯齊列也”，僖九年稱“不與齊桓以諸侯致天子之三公”，但没有上下聯繫起來。見(宋) 孫復：《春秋尊王發微》，上海：上海古籍出版社，2019年，第189、192頁。

經解》顯得頗有新意。

孫覺解經由於統合“三傳”又自創新説,難免會有矛盾之處,如雖言對天王“不加褒貶”,又以爲“一言之非,一動之失”,天王就失去了爲“天下王”的資格;[①]儘管儒者有用“天道”批評天王的傳統,但上升到“一言一動”未免苛刻。又比如,一方面説天下的一切都是天子所有,讓天子來“求”主要是諸侯和臣子的過錯;[②]另一方面又云:“賵、含、錫命雖非禮也,孰與求車、出居於鄭之甚乎?”[③]意思是天王“求車”是比“賵含成風”更加嚴重的過錯,對天王“有求”一事構成了態度上的自相矛盾。

(二) 胡安國的理性“尊王”與“王不稱天”

胡安國也秉承北宋初年以來的“尊王”傳統,但其“尊王”的態度和孫覺相比顯得較爲理智,不涉及“生成天下之民物”[④]之類的誇張。他的《春秋傳》對“王”的態度非常明確地分爲兩端,一方面尊王,一方面又對王的具體行爲提出直白的批評。“尊王”方面主要是譴責諸侯在即位、征伐問題上不請命,死後不請謚,對周天子不奔喪會葬、不朝聘等。如對僖二十九年經“夏六月,會王人、晋人、宋人、齊人、陳人、蔡人、秦人盟於翟泉”這一條“三傳”無説,而《胡傳》認爲此次所有的與會人員都被略去爵位、名字,原因在於這次盟會的地點翟泉“近在洛陽王城之内”,諸侯大夫外加王子虎,居然在天子脚下的翟泉擅自會盟,雙方都有“無君之心”,所以被貶稱“人”,這是《春秋》對他們“不尊王”的譴責。[⑤]

在朝聘問題上,胡安國批評魯國“君朝齊而臣朝周”是蔑視天子。宣九年有三條連續的經文“公如齊”“公至自齊”“仲孫蔑如京師”。對這一連串事件,“三傳”都没有就諸侯朝聘安排而討論他們是否“尊王”,《左傳》甚至説仲孫蔑到周訪問,周王以爲“有禮”(《左傳·宣九年》)。而這三條被胡安國貫通起來,批評宣公對天子怠惰失禮。[⑥] 類似的,在喪葬問題上,《胡傳》也指摘魯宣公不爲天王奔喪,而親自爲齊惠公奔喪;自己不會天王之葬,而讓重卿爲齊侯會葬。[⑦]

---

① (宋)孫覺:《春秋經解·僖二十四年》(第3册),第232頁。

② “君雖不君,臣不可以不臣……奈何爲天子之臣,守天子之土而王喪不共,至於來求。”(宋)孫覺:《春秋經解·隱三年》(第1册),第21頁。

③ (宋)孫覺:《春秋經解·成八年》(第4册),第305頁。

④ (宋)孫覺:《春秋經解·隱元年》(第1册),第2頁。

⑤ (宋)胡安國:《春秋傳·僖二十九年》(湖湘文庫本),長沙:嶽麓書社,2011年,第161—162頁。

⑥ (宋)胡安國:《春秋傳·宣九年》(湖湘文庫本),第214頁。

⑦ (宋)胡安國:《春秋傳·宣十年》(湖湘文庫本),第218頁。

不過在對待天子的問題上，尤有特色的是《胡傳》的"王不稱天"。《胡傳·莊元年》載：

> 啖助曰，不稱天王，寵篡弑以瀆三綱也。《春秋》書王必稱天，所履者天位也，所行者天道也，所賞者天命也，所刑者天討也，今桓公弑君篡國，而王不能誅，反追命之，無天甚矣。[①]

"王不稱天"雖然是中唐的啖助、趙匡提出的，但不見於孫復、孫覺的《春秋》著作中，而由程頤首次恢復使用。[②] 在胡安國這裏，"王不稱天"的範圍被擴大了，除了引文這種天王"寵篡弑"的理由，還有的是因爲天王"以妾爲妻""亂華夷"和"不懲忿窒欲"等。文五年經"王使榮叔歸含且賵"，是天王給僖公之母成風（莊公妾）賜予了隨葬品，這件事的本質，胡安國認爲是天王對諸侯之妾表示尊崇，曰：

> 厚禮妾母也。不稱天王者，弗克若天也。《春秋》系王於天，以定其名號者，所履則天位也，所治則天職也……夫婦，人倫之本……今成風以妾僭嫡，王不能正，又使大夫歸含賵焉，而成之爲夫人，則王法廢、人倫亂矣。是謂弗克若天而悖其道，非小失耳，故特不稱天，以謹之也。[③]

胡氏認爲天王的行爲讓"王法廢、人倫亂"，是"弗克若天"，夫婦一倫是"人倫之本"，成風"以妾僭嫡"，天王不但不能糾正，而且還贈送隨葬品，所以《春秋》没有書"天王"，而是稱之爲"王"以貶之。另外，胡安國還認爲，天王不能"懲忿窒欲"，也會被《春秋》削去"天"，桓公五年"蔡人、衛人、陳人從王伐鄭"條，胡氏曰：

> 《春秋》書王必稱天者，所章則天命也，所用則天討也。王奪鄭伯政而怒其不朝，以諸侯伐焉，非天討也，故不稱天。……鄭伯不朝，貶其爵可也，何爲憤怒自將以攻之也？移此師以加宋、魯，誰曰非天討乎？[④]

"王不稱天"還作爲一個用語出現在《胡傳》中：

> 始而來聘，冢宰書名以見貶；終而追錫，王不稱天以示譏，其義備矣。

---

① （宋）胡安國：《春秋傳》（湖湘文庫本），第75—76頁。

② 不過程頤的"王不稱天"出現在"王使榮叔歸含且賵"一條（文五年），而啖、趙的"王不稱天"出現在"王使榮叔來錫桓公命"（莊元年）一條。即程頤的"王不稱天"在於批評王尊重成風，而啖、趙的"王不稱天"批評的是王尊重弑君者魯桓公。另外，在孫覺的解釋中，"王"是正常稱呼，偶爾纔特稱"天王"，原因是"吴楚僭王，則加天以别之"。見（宋）孫覺：《春秋經解·隱三年》（第1册），第21頁。

③ （宋）胡安國：《春秋傳·文五年》（湖湘文庫本），第177—178頁。

④ （宋）胡安國：《春秋傳·桓五年》（湖湘文庫本），第54頁。

夫咺賵仲子、糾聘桓公,其事皆三綱之所系也。①

且在《胡傳》中不止一次出現,②可見胡氏對它的重視。"王不稱天"讓《胡傳》的整個風格都與宋初以"尊王"爲宗旨的其他《春秋》著作拉開了一定距離。但其"王不稱天"本身設若作爲條例,是無法做到貫穿全經而無矛盾的。所以後世雖然不少人對這一條例贊賞有加,③但在清代中晚期,胡安國《春秋傳》開始失勢時,對"王不稱天"的批評也逐漸多了起來。④

單獨看《胡傳》,會以爲胡安國接過北宋"尊王"大旗,并亦步亦趨地虔心"尊王",而和孫覺的《春秋經解》對比來看,會發現他對王的謳歌熱情遠遠不及孫氏,批評"王"的場合却較之大爲增加,或者可以説是他以"王道"批評"王權"這一傾向較之孫覺更加鮮明。

二、"攘夷"的强化

(一) 孫覺的"不責夷狄"

"攘夷"是胡安國《春秋傳》的重大特色,而在對待夷狄方面,孫覺的態度和胡安國不同。前者主要是"外之",如云:"戎也者,無知之族也,王者以外裔畜之,亦不以禮義治之也……猶君子之遇小人,使其畏且懷也,於其不來則置之度外,不以朝貢責也。"⑤

本著"不以禮義治之"的思路,孫覺否認對"夷狄"應有任何積極和消極的態度。因此既否定"夷狄漸進",也否定對"夷狄"的貶斥。

如莊二十三年"荆人來聘",《公羊傳》的解釋是"何以稱人? 始能聘也"。《穀梁

① (宋) 胡安國:《春秋傳·桓四年》(湖湘文庫本),第52頁。

② 另見於隱公元年(同上書,第14頁),桓公八年(同上書,第59頁)。

③ 如學者宋鼎宗謂《胡傳》"王不稱天"的説法,對於董仲舒、司馬遷的"貶天子"之精神,是"紹其一縷未絶之餘緒",保存了"吾國文化之精髓"。宋鼎宗:《春秋宋學發微》,臺北:友寧出版有限公司,1983年,第94頁。

④ 俞汝言即認爲"天王而可削,《春秋》可不作矣"。(清) 俞汝言:《春秋四傳糾正》,《景印文淵閣四庫全書》(第174册),臺北:臺灣商務印書館,2008年,第389頁。

⑤ (宋) 孫覺:《春秋經解·隱二年》(第1册),第9頁。其他卷中的"外裔",四庫本皆作"夷狄","外裔"説法委婉,故此處原文應爲"夷狄"。四庫本《春秋經解》因隱桓二卷同於《春秋尊王發微》隱桓二卷,故此處無法與四庫本對照。

傳》的解釋是“善累而後進之”。即，二傳都認爲夷狄可以隨著時代變遷或文明的學習而有稱呼上的進步。而孫覺却以爲：“按《春秋》之大法，尊君卑臣，内中國外四裔，安得進四裔之事乎？聖人方深責中國，不得不漸見外裔之强。謂之進，非也。”①又，莊十年經“荆敗蔡師於莘，以蔡侯獻舞歸”條，楚被稱爲“荆”，孫覺以爲楚稱“荆”不具有任何意義，只是“未改號”，後來逐漸稱人、稱爵也只是“罪中國”，和“進楚”無關：

> 楚之始稱荆，非斥之也，未改號也；無人無爵，非外楚也，欲中國早爲之防也；稱人稱爵，非進楚也，罪中國皆蠻服也。②

他還把《春秋》“内魯”的書法也推廣到“内中國”上，在《公羊傳》“内魯”的書法中，有魯不言戰、言戰則敗的規則，而它在孫覺這裏變成“中國不言戰，言戰則敗也”。③ 故孫覺對“中國”“夷狄”之分界也較爲留意，只是把“置之不理”而非“攘夷”，作爲王者治下内外差異化的表現，故曰：“王者之治，内中夏、外四裔。不外四裔，不足以内吾中夏。”④在下面一段，他進一步解釋了其理由：

> 《春秋》之義，外裔無褒貶之法，所以待中國也。其善則褒，其惡則貶，褒貶所以動之，則禮義之俗，中國之人也。外裔則人不責之。外裔暴中國而中國責之，外裔何足責哉？故《春秋》之義外裔無貶。非無惡也，外裔之惡，貶不足以動之也。⑤

這裏他説，“褒貶”之所以只用於中國，是因爲用於“外裔”不足以動之，也就是不足教化。所以孫覺反復提及“《春秋》之義外裔無貶”“《春秋》無貶外裔之道”，⑥都是基於這個出發點。

但否認“夷狄漸進”，則會遇到一些無法解釋的矛盾，所以在僖二十二年“宋公及楚人戰於泓，宋師敗績”一條中，針對孫覺自己也承認的“待楚人以中國”，只好提出一個新解釋——“一中國於外裔”——進行彌縫。

---

① （宋）孫覺：《春秋經解·莊二十三年》（第3册），第166頁。據四庫本，“外裔”“四裔”原文皆應爲“夷狄”，後文同。此條見《景印文淵閣四庫全書》（第147册），臺北：臺灣商務印書館，2008年，第23b頁。

② （宋）孫覺：《春秋經解·莊十年》（第2册），第140頁。此部分内容不見於四庫本。

③ （宋）孫覺：《春秋經解·昭十七年》（第5册），第348頁。

④ （宋）孫覺：《春秋經解·隱二年》（第1册），第10頁。

⑤ （宋）孫覺：《春秋經解·僖二十一年》（第3册），第230頁。

⑥ （宋）孫覺：《春秋經解·僖二十七年》（第3册），第237頁。

> 泓之戰……待楚人以中國也。蓋楚入中國之日久……而中國不能攘之,非楚能中國也,而中國皆楚焉。《春秋》於楚之漸盛而不外之者,非進之也,所以一中國於外裔也。[①]

因中國不能攘楚,所以"中國皆楚焉",這句"一中國於外裔"有《公羊傳》"中國亦新夷狄也"的意思,但《公羊傳》如此説乃從道德出發,[②]而孫覺則注重軍事能力。

另一方面,孫覺在他處又稱夷狄可進,如言"陳佗、陳夏徵舒之見殺,孔子稱蔡人、楚人以少進之,所以廣仁義之道而誅篡逆之人"。[③]

由於"夷狄漸進"是《春秋》本來的意思,孫覺雖出新意,以爲夷狄不褒貶,但終究有些説不通的地方,只好强爲之説。反對"進夷狄",可以看出孫覺的立場是以種族論民族關係的,他對夷狄有著道德上的蔑視,但無太多恐懼或仇恨報復心理。

(二)《胡傳》的積極"攘夷"

相對於孫覺對夷狄的主要宗旨是"不責""外之",胡安國在兩宋之際親歷金兵破城、"二聖北狩"的亡國之痛,所以對夷狄進行了强烈的道德譴責,將之比於禽獸,[④]提出一個"人—夷狄—禽獸"的階梯序列。僖二十三年"杞子卒"條,《胡傳》稱:

> 中國之所以爲中國,以禮義也。一失則爲夷狄,再失則爲禽獸,人類滅矣。[⑤]

這一條和《春秋》中杞伯的爵位忽而書"伯",忽而書"子"的話題相關,《胡傳》采信《左傳》"杞用夷禮"(僖二十七年傳)的解釋,言中國的特點就是"禮義",如果没有了禮義,爵位即降同夷狄而稱"子",進一步亦可降爲"禽獸"。故在胡安國的筆下,

---

① (宋) 孫覺:《春秋經解・僖二十二年》(第 3 册),第 231 頁。"外裔"此处四库本爲"夷狄"。《景印文淵閣四庫全書》(第 147 册),第 49b 頁。

② 昭二十三年"吴敗頓、胡、沈、蔡、陳、許之師於雞父"條,《公羊傳》曰:"中國亦新夷狄也。"何休注:"王室亂,莫肯救,君臣上下壞敗,亦新有夷狄之行。"(漢) 何休,(唐) 徐彦:《春秋公羊傳注疏》,上海:上海古籍出版社,2013 年,第 998 頁。

③ (宋) 孫覺:《春秋經解・桓四年》(第 1 册),第 67 頁。

④ 僖二十一年"公會諸侯盟於薄,釋宋公"條,《胡傳》曰:"宋方主會,而蠻夷執而伐之……是夷狄反爲中國主,禽獸將逼人而食之矣。"(宋) 胡安國:《春秋傳・僖二十一年》(湖湘文庫本),第 149 頁。桓二年"取郜大鼎於宋……納於大廟"條,胡安國認爲,魯桓公把從宋國受賂而得來的"郜大鼎"放進太廟,對臣子和後代而言"是教之習爲夷狄禽獸之行也"。(宋) 胡安國:《春秋傳・桓二年》(湖湘文庫本),第 48 頁。

⑤ (宋) 胡安國:《春秋傳・僖二十三年》(湖湘文庫本),第 151 頁。

夷狄是介於“人”和“禽獸”之間的一種存在。

這一“人—夷狄—禽獸”的序列，既是道德的，也是種族的，還是國際地位的安排。符合這個序列是正確的，違反此序列則是悖逆的。這種對“合理”的追求和對“悖逆”的排斥，具體内容包括“中國”理應處於地理的中心、夷狄不可侵占中國之土地、諸夏和夷狄要互相隔離、對“用夷變夏”的行爲要進行抨擊等。

如《胡傳》提出“雒邑”是“天地之中”，不應讓夷狄居住，“與戎雜處而不辨”的結果就是“神州陸沉”，[①]還指出和“夷狄”盟誓本身就是“非義”的。[②] 本著這個原則，《胡傳》强烈譴責衛國爲了和夷狄會盟，“即其廬帳，刑牲歃血”，[③]還批評和夷狄通婚和向夷狄求援軍的行爲。與夷狄通婚在胡安國看來是“配偶非其類”，求援於戎狄、和戎狄結盟的行爲則不但“於義”不可，還曾帶來慘痛的歷史教訓，如“肅宗之於回紇”“德宗之於尚結贊”，都不啻引狼入室。[④]

“背華即夷”是胡傳譴責的又一種行爲，甚至和戎狄締結國際和平協定，也在胡安國批評之列。襄二十七年“宋之盟”，是春秋一度出現的“弭兵”趨勢的表現，“弭兵”讓百姓得到和平，應算是好事，但胡安國認爲這是關係到“人倫之滅”的歷史轉折：

> 聖人至是哀人倫之滅，傷中國之衰，而其事自宋之盟始也。……或者乃以宋之盟，中國不出，夷狄不入，玉帛之使交乎天下，以尊周室，爲晉趙武、楚屈建之力而善此盟也，其説誤矣。[⑤]

“宋之盟”讓晋楚停止爲争奪小國而持續鬥争，作爲交换，所有小國從此向晋楚兩國同時納貢，所以説“諸侯不出，楚人不入，玉帛之使交乎天下”，然而胡安國認爲這是放棄了華夷之别，所以聖人“哀人倫之滅，傷中國之衰”。[⑥]

從這些地方看，胡氏對於華夷不兩立的態度是毫不妥協的，他所抨擊的戎狄問題，如“即其廬帳”歃血爲盟、“天地之中”被戎狄占據、締結和平條約或者背華即夷等，多數可以和現實中的兩宋政治事件相對應，故言之痛切；和孫覺《春秋經解》“不責夷狄”的態度相比，《胡傳》是高調“責夷狄”的。由於《胡傳》的寫作目的爲諫書，

① （宋）胡安國：《春秋傳·文八年》（湖湘文庫本），第181頁。

② （宋）胡安國：《春秋傳·隱二年》（湖湘文庫本），第16頁。

③ （宋）胡安國：《春秋傳·僖三十二年》（湖湘文庫本），第167頁。

④ （宋）胡安國：《春秋傳·隱二年》（湖湘文庫本），第17頁。

⑤ （宋）胡安國：《春秋傳·襄二十七年》（湖湘文庫本），第297頁。

⑥ （宋）胡安國：《春秋傳·襄二十七年》（湖湘文庫本），第297頁。

和時事聯繫過於緊密,故難逃"割經義以從己説",仿佛"時文策答"[1]的指摘。

不過,要指出的是,和孫覺不同,胡安國并不反對"夷狄漸進",[2]且提出不可以滅絶夷狄,[3]這看似和他激烈的"攘夷"主張構成矛盾,然而胡安國在《周易》當中爲這些互相衝突的主張都找到了依據:

> 天無所不覆,地無所不載,天子與天地參者也。《春秋》,天子之事,何獨外戎狄乎?曰:中國之有戎狄,猶君子之有小人,内君子外小人爲泰,内小人外君子爲否,《春秋》聖人傾否之書,内中國而外四夷,使之各安其所也。無不覆載者,王德之體;内中國而外四夷者,王道之用。[4]

孫覺也以"夷狄—中國"比於"小人—君子",[5]但這裏胡安國更進一步,他找到"否""泰"兩卦作爲根據,那麽不滅絶夷狄的理由就是,由於"天子"是"天"的代表,"天無所不覆,地無所不載",天子當然要承認夷狄的生存權;而"外戎狄"甚至"攘夷"的理由則在於對"内外"序列的維護。另一方面,"君子—小人"説追究起來,本身就允許"小人"的進步,因此"夷狄漸進"在胡氏這裏也不是問題。如此,華夷問題與"否""泰"的結合,同時解决了其多個側面的理論問題。不過,總體而言,在《胡傳》各種夷狄相關的説法中,"攘夷"的聲音仍然最爲響亮。

三、從"重大夫"到"防大夫"

(一) 孫覺的重大夫

北宋開國之初,懲於五代的武人亂國而推崇文士,故實行"與士大夫共治天下"

---

① 語出清儒尤侗和朱熹,分别見(清) 朱彝尊著,林慶彰等點校:《經義考新校》,上海:上海古籍出版社,2010 年,第 3395 頁;(宋) 黎靖德編:《朱子語類》卷八十三,北京:中華書局,1986 年,第 2157 頁。

② 文九年"楚子使椒來聘",《胡傳》曰:"《春秋》之始,獨以號舉,乃外之也;中間來聘,改而書'人',漸進之矣。"(宋) 胡安國:《春秋傳》(湖湘文庫本),第 185 頁。

③ "門庭之寇,不可縱而莫禦者也。雖禦之,亦不極其兵力,殄滅之無遺育也。"(宣十五年)"武侯征戎瀘,服其渠帥而止;必欲盡殄滅之無遺種,豈仁人之心、王者之事乎?"(宣十六年)(宋) 胡安國:《春秋傳》(湖湘文庫本),第 229、231 頁。

④ (宋) 胡安國:《春秋傳·隱二年》(湖湘文庫本),第 15 頁。

⑤ 孫覺在隱公二年稱王者待戎狄的態度"猶君子之遇小人也,使其畏且懷也"。(宋) 孫覺:《春秋經解·隱二年》(第 1 册),第 9 頁。

的方針,[①]宋太祖曾在宫中立碑"不得殺士大夫及上書言事人",[②]宋太宗則宣稱:"朕於士大夫無所負矣。"[③]或許是在這種氛圍的影響下,孫覺的《春秋經解》對保持士大夫的地位較爲强調,尤其要求國君尊重賢者:

> 古之賢者……君不至恭盡禮則不得見之,不共政委國則不得臣之。故君雖富貴而不以富貴驕其臣……來朝則改容,當坐則爲起,疾病則臨問,死喪則哭之,君之遇之也重,則其報之也亦重,君之遇之也輕,則其報之也亦輕。……《春秋》之法,内大夫例皆書卒,所以見遇臣之禮也。[④]

尊重賢者的内容包括國君要對賢者"至恭盡禮""共政委國"。孫覺甚至提出"來朝則改容,當坐則爲起,疾病則臨問,死喪則哭之"。這種對君的要求,在明清以後的各《春秋》著作中是較爲稀有的。此外,孫覺還就《春秋》本有的義理——"無專殺大夫"[⑤]進行發揮,幾乎在每一條"殺大夫"經文下都强調殺大夫則君有罪。如莊二十六年"曹殺其大夫",孫覺云:

> 蓋大夫者一國之選,而人君之所尊任者也……蓋大夫有罪而放之,爲之君者已有罪矣,况刑之乎?……求取之不精,任用之不當,則已有罪矣,何至於殺之乎?[⑥]

類似的還有僖七年"鄭殺其大夫申侯",孫覺云:"《春秋》之法,殺大夫稱國者,惡專殺也。不言其爵,不與其專殺也。"[⑦]僖十一年"晉殺其大夫丕鄭父",孫覺云:"大夫有罪,則所以命之者非其人也。不得已則放之可也,何至於殺乎?"[⑧]

更有甚者,孫覺還以爲大夫明哲保身相比於"死君難"爲高。如莊十二年"宋萬弑其君捷及其大夫仇牧",孫覺認爲孔父、仇牧、荀息三位大夫死君難是難得的,然而"非孔子

---

① 文彦博於熙寧四年(1071)向神宗强調了"爲與士大夫治天下,非與百姓治天下也"。見(宋)李燾:《續資治通鑑長編》,北京:中華書局,2004年,第5370頁。

② (唐)陸游:《避暑漫抄》,《陸游全集校注》(第17册),杭州:浙江古籍出版社,2015年,第325頁。

③ (宋)楊仲良:《皇宋通鑑長編紀事本末》,哈爾濱:黑龍江人民出版社,2006年,第177頁。

④ (宋)孫覺:《春秋經解·隱元年》(第1册),第8—9頁。

⑤ "無專殺大夫"爲《春秋公羊傳》義理,但天子可以專殺。分别見《春秋公羊傳注疏》第313頁(莊二十六年徐疏)、第892頁(襄三十年何注)。

⑥ (宋)孫覺:《春秋經解·莊二十六年》(第3册),第174頁。

⑦ (宋)孫覺:《春秋經解·僖七年》(第3册),第210頁。"惡專殺",四庫本爲"罪諸侯"。見《景印文淵閣四庫全書》(第147册),第18a頁。

⑧ (宋)孫覺:《春秋經解·僖十一年》(第3册),第216頁。

之所謂善”。原因是孔子真正贊許的是“以道事君,不可則止”“既明且哲,以保其身”。所以“取之以春秋之時,則三人在可褒之域;格之以聖人之道,則三人猶未備焉”。①

孫覺對士大夫的這種態度,較少見於南宋以後,應基於這樣的理由:

> 獨君不能治其民,獨臣不能行其道。……故爲天子者曰……天必不以天下之大而私吾一人之身也……爲諸侯者亦曰……天子必不以一國之富而私吾一人之身也……不敢以天下一國之富獨私其身,而惟賢之共以治天下之民與天子之民也。古之天子諸侯其求賢如此之切,而頒禄如此之厚也,而古之賢者又自重其身,曰,吾有治天下國家之道,天子諸侯捨我則敗且亡也。②

從這段文字中,能看到孫覺對人君的“公天下”抱有期待,也反映出在他的時代,士大夫在北宋政府的優待下,養成的自我尊重和自我期許還没有受到“君爲臣綱”的明顯禁錮。

(二) 胡安國的“防微杜漸”

胡安國奉旨作《春秋傳》的時間在紹興初年,南宋朝廷内憂外患交加,高宗却不攘外而思安内,産生了强烈的羈縻武將的需求,文臣們因此紛紛獻策。故胡安國《春秋傳》中强化了“防微杜漸”的思想。“防微杜漸”具體表現爲“戒兵權”“防朋黨”“防權臣”“强幹弱枝”等説法。其中,“戒兵權”專門針對武將。

傳文中,胡安國頻繁指出弑君和兵權的掌控有密切關係,故行文中對弑君者公子翚、公子慶父的掌握兵權不斷發出警告,甚至不惜把隱四年經“翚帥師會宋公、陳侯、蔡人、衛人伐鄭”割爲兩句,以“翚帥師”爲獨立的一句,③以突出“孔子”寫下此句的意圖在於“志兵權”。還有魯國以外的弑君,胡安國也都借機强調“兵權”的轉移問題。④

---

① (宋) 孫覺:《春秋經解 · 莊十二年》(第 2 册),第 145—146 頁。

② (宋) 孫覺:《春秋經解 · 隱元年》(第 1 册),第 8 頁。

③ (宋) 胡安國:《春秋傳 · 隐四年》(湖湘文庫本),第 24—25 頁。

④ 如隱四年衛州吁之弑君,胡安國直以爲衛莊公此前讓州吁“主兵權”“預聞國事”,而此説法不見於“三傳”。晋趙穿宣二年弑君之前,宣元年“趙穿侵崇”時,胡安國即言“趙穿……欲得兵權”。文十五年“宋司馬華孫來盟”時,胡安國稱華孫作爲華督(桓二年弑君)之後代“繼掌兵權”。見《春秋傳》(湖湘文庫本),第 23、202、192 頁。胡安國還提出:“兵權在臣下,則悖人理。”(昭八年)瓦之會經書晋師而不書士鞅,《胡傳》云:“於以見人臣不可……專主兵權之意。”(定八年)見《春秋傳》(湖湘文庫本),第 317、360 頁。

胡安國還在傳文中提出了"兵權散主"[①]這一宋代獨特的立國之策，并把它説成是周成王之制。指出兵和將應皆屬於公家而"不相係"，車和兵也都屬於公家，有戰争時"諸卿更帥以出"，戰争結束後則應該"歸於朝"。[②]

"戒兵權"是針對武將，但"防朋黨""强幹弱枝"就延伸到所有臣下身上。胡安國喪失了孫覺《經解》中"重大夫"的精神，例如，其《春秋傳》本對程頤的二卷本《春秋傳》亦步亦趨，但爲了"杜朋黨之原"，[③]他甚至不惜反程頤，從禮的角度提出"人臣義無私交"。[④] 胡安國還提出《春秋》誅亂臣賊子之先必誅其黨羽。因爲如果"誅止其身而黨之者無罪，則人之類不相賊殺，爲禽獸也幾希"。[⑤] 雖然"擒賊先擒王"是一般常識，胡安國却稱《春秋》在戰争的書法中也會以"黨羽"而不是"首惡"作爲主兵者，[⑥]因爲這樣就可以讓"爲惡者孤"。[⑦]

《胡傳》還强調"大夫無遂事"，[⑧]即大夫只可以做國君命令之事，不可以自作主張去做另外一件事。[⑨] 爲此也給出了一處新解釋，即"矯詔"。文九年"毛伯來求金"條，《春秋》不書"天王使毛伯來求金"，《左》《公》各認爲是"未葬"和"當喪未君"，即天子還在喪中，没有成爲真正的君主，所以不能"使毛伯"。而《胡傳》則認爲毛伯是趁天子守喪時"托於王命以號令天下"。[⑩] 元儒汪克寬則沿著胡安國的思路，舉出武三思矯詔殺五王、李輔國矯制以遷上皇這些歷史事件來警示權臣之矯詔。[⑪]

---

① (宋) 胡安國：《春秋傳·莊三十二年》(湖湘文庫本)，第113頁。

② (宋) 胡安國：《春秋傳·襄十一年》(湖湘文庫本)，第279頁。

③ (宋) 胡安國：《春秋傳·隱元年》(湖湘文庫本)，第15頁。

④ 程頤明確反對"王臣無外交"之説云："先儒有王臣無外交之説，甚非也。若天下有道，諸侯順軌，豈有内外之限？其相交好，乃常禮也。"(《二程集》下册，北京：中華書局，1981年，第1088頁)胡氏不但反對大臣"外交"，且改用了"私交"一詞。

⑤ (宋) 胡安國：《春秋傳·桓七年》(湖湘文庫本)，第58頁。

⑥ "宋公、陳侯、蔡人、衛人伐鄭"條，(宋) 胡安國：《春秋傳·隱四年》(湖湘文庫本)，第24頁。

⑦ 宣元年經"齊人取濟西田"條，《胡傳》云："《春秋》討賊尤嚴於利其爲惡而助之者，所以孤其黨……然後人知保義棄利，亂臣賊子孤立無徒，而亂少弭矣。"(宋) 胡安國：《春秋傳》(湖湘文庫本)，第200頁。

⑧ (宋) 胡安國：《春秋傳·襄十二年》(湖湘文庫本)，第281頁。

⑨ 這是《公羊傳》義理，不過《公羊傳》除了"大夫無遂事"，還提出"有可以安國家、利社稷者，專之可也"。《胡傳》承襲漢代，爲"專之可也"(襄十九年)加了一個條件："曰專之而可者謂境外也。"(宣十五年)(宋) 胡安國：《春秋傳》(湖湘文庫本)，第286、228頁。相對於《公羊傳》的標準更爲僵化。

⑩ (宋) 胡安國：《春秋傳》(湖湘文庫本)，第183頁。

⑪ (元) 汪克寬：《春秋胡傳附録纂疏》，《景印文淵閣四庫全書》(第165册)，臺北：臺灣商務印書館，2008年，第385頁。

以上這些防範思路也有一個總體的理論依據,即《周易·坤卦》初六爻辭的“履霜,堅冰至”。這個理論依據偶爾也出現在孫復《春秋尊王發微》[①]和孫覺《春秋經解》[②]裹,然而在胡安國這裏,“履霜,陰始凝也,馴致其道,至堅冰也,臣弑其君,子弑其父,非一朝一夕之故,其所由來者漸矣,由辨之不早辨也。”[③]的意思被不斷重復(僖三十年、宣十四年、成二年),[④]給讀者留下格外深刻的印象。

當然,公平地説,胡安國也有“禮大臣”“重大臣”的言論,[⑤]還嚴厲地批評對大臣“犬馬國人相視”的態度是“後世法家專欲隆君而不得其道”。[⑥] 然而由於《胡傳》中“戒兵權”“防權臣”“防朋黨”的分量過重,外加前述胡安國創新的那幾條注釋足够驚世駭俗,故這些禮大臣的言論在《胡傳》中成了不起眼的配角,和孫覺《春秋經解》相比,給人完全不同的觀感。

四、從重“父子”到重“夫婦”

(一) 孫覺的“父子”

孫覺在《春秋經解·自序》中談及“三傳”時明顯推崇《穀梁傳》,其言曰:“《左氏》多説事迹,而《公羊》亦存梗概,陸淳以謂斷義即皆不如《穀梁》之精。”[⑦]在他之前,已經有陸淳特别表彰過《穀梁傳》,但《穀梁傳》的特點與其説是“斷義精”,不如説在於“重綱常”。清劉熙載言:“左氏尚禮,故文;公羊尚智,故通;穀梁尚義,故正。”鍾文烝言《穀梁》多“特言君臣、父子、兄弟、夫婦與夫貴禮賤兵、内夏外夷之旨,

① (宋) 孫復:《春秋尊王發微·隱四年》,第 123 頁。

② (宋) 孫覺:《春秋經解·隱四年》(第 1 册),第 26 頁“衛州吁弑其君完”。

③ 孫覺按《左傳》側重貴族子弟教育問題,而胡安國藉此言“兵權”問題,矛頭直指大臣和武將。(宋) 胡安國:《春秋傳·隱四年》(湖湘文庫本),第 25 頁。

④ (宋) 胡安國:《春秋傳》(湖湘文庫本),第 164、227、239 頁。

⑤ 如其以爲對待卿大夫應有原則:“以公心選之而不可私也,以誠意委之而不可疑也,以隆禮待之而不可輕也,以直道馭之而不可辱也。”(昭三年)“師傅之官坐而論道”,不應輕易差遣(桓八年)。(宋) 胡安國:《春秋傳》(湖湘文庫本),第 311、59 頁。

⑥ (宋) 胡安國:《春秋傳·宣八年》(湖湘文庫本),第 211—212 頁。

⑦ 叢書集成初編本《春秋經解》中未收録《自序》,《春秋經解·自序》見於《景印文淵閣四庫全書》(第 147 册),第 11a 頁。

明《春秋》爲持世教之書也"。[①] 故孫覺説自己的《春秋經解》的創作是"以《穀梁》爲本",[②]實際上,與孫覺傾向於以"綱常"爲本有關。

不過孫覺的"綱常"有自己的特點,他異常强調"孝悌",然後再從"君猶父也"[③]"臣之事君猶子之事父"[④]這些觀念推出君臣關係的應然狀態。當然這種思路自戰國秦漢就存在,但和胡安國相比,孫覺配給"父子"一倫的分量之重就顯得較具特色。如莊二年"夫人姜氏會齊侯於禚",孫覺以爲雖然夫人行爲不道,但也要責備魯莊公之孝和復仇之誠未能感動夫人:

> 爲莊公者,宜哀痛其父之死不以其理也,毁瘠深墨,哭泣思慕,以仇讎未復爲刺骨之恨,以父之見殺爲窮天之耻,愁憂痛傷,若不容其生於一日也。則其母姜氏,雖頑如瞽瞍,雖惡如商紂,且將感動其心而奔之有所不忍也。故姜氏之會齊侯,蓋莊公之哀戚不至而誠心不篤耳。[⑤]

孫覺的説法從趙匡處得來,趙匡評論此事稱:"姜氏、齊侯之惡著矣,亦所以病(莊)公也。"[⑥]孫覺以爲趙氏此言是"深於《春秋》者之言",柳子厚亦稱其書曰:"讀夫人姜氏會齊侯於禚,見聖人立《孝經》之大端。"[⑦]在孫覺看來,不管是天子還是諸侯都不可以不孝,否則,則失去成爲天子或諸侯的資格。他説:

> 天王者,教化之本,而孝悌之所出也。……不孝之人,何以爲天王乎?……不孝於父者,自絶於諸侯之位……不孝於母者,自絶於天王之位。……曰君曰王,則至尊至貴之名,至順至孝之稱也。襄王得罪於母則書"出",莊公納仇人之子則書"敗",蓋曰不孝之人大之不可以爲天王,小之則不可以爲國君也。於此見聖人之篤於孝也深矣。[⑧]

"天王"是"孝悌之所出",甚至"君""王"這些稱呼,都是"至順至孝之稱"。這種

① (清)劉熙載:《藝概》,上海:上海古籍出版社,1978年,第4頁;(清)鍾文烝:《春秋穀梁傳補注》,北京:中華書局,1996年,第29頁。

② (宋)孫覺:《春秋經解·自序》,《景印文淵閣四庫全書》(第147册),第11a頁。

③ (宋)孫覺:《春秋經解·桓十八年》(第2册),第106頁。

④ (宋)孫覺:《春秋經解·莊三年》(第2册),第116頁。

⑤ (宋)孫覺:《春秋經解·莊三年》(第2册),第116頁。

⑥ (宋)孫覺:《春秋經解·莊三年》(第2册),第116頁。

⑦ (宋)孫覺:《春秋經解·莊三年》(第2册),第116頁。

⑧ (宋)孫覺:《春秋經解·莊九年》(第2册),第136頁。

對"孝悌"的一再重復不見於胡安國《春秋傳》。

僖五年"晋侯殺其世子申生",《春秋》書"晋侯",一般理解爲是對晋侯的指控,而孫覺謂《春秋》舉重,所以書晋侯之罪,但實際上申生也没有做到孝,所以《春秋》對申生"無美辭":

> 晋侯之惡不待貶絶而後見也,然《春秋》之於申生無美辭焉,蓋人子之道至於見殺,則爲不孝大矣。舜之事瞽瞍,瞽瞍亦允若而卒免於禍。申生之於獻公也,獻公聽讒而申生死之。《春秋》舉重者言之,斥言晋侯,而申生未免有罪也。①

在對申生的評價上,孫覺比以"有貶無褒"著稱的孫復還要嚴苛。他認爲父子爲尊卑關係,云:"父坐子立,以明其尊者不可僭,卑者不可逾也。"甚至云:"君父至尊也,臣子至卑也。重責臣子猶恐其不謹於卑,輕責君父猶恐其不安於尊也。"②"爲人子者,父之頑苟不甚於瞽瞍者,皆可以爲孝子也;爲人臣者,君之惡苟不甚於商紂,皆可以爲忠臣也。"③可以説,其"尊父抑子"達到一個讓人吃驚的高度。

孫覺在"尊君父"方面也常把"君父"和"天"聯繫起來:"人非天不覆,非君不立,非父不生。"④并以爲君臣父子之間之尊卑猶如"天地":"人倫之道,大者君臣,其次父子,故天尊而地卑,乾健而坤順,尊而且健,則君道也,父道也;卑而且順,則臣道也,子道也。"⑤

相對於《穀梁傳》主張"不以親親害尊尊",孫覺堅定地支持"親親",曰:"親親者,又尊尊之先乎? 人焉而無父母兄弟之道,則禽獸然也。"(隱元年)還是本著《論語》"孝悌爲仁之本"的精神。因此,孫覺嚴厲批評了《左傳》《穀梁》在個别"弑君"條中指責"君惡"的做法:"《左氏》《穀梁》不達斯理,妄爲之説。曰:'弑君稱君,君無道,稱臣,臣之罪。'又曰:'稱國以弑,君惡甚矣。'君父無道,爲人臣子者,得弑而伐之,則是教人以篡,以開亂臣賊子之途也……以桀之惡而湯有慚德,紂之無道而文王事之小心,奈何無道甚惡則弑之?"⑥因"弑父弑君"是"滅人倫"的,故孫覺不承認

---

① (宋)孫覺:《春秋經解·僖五年》(第3册),第207頁。

② (宋)孫覺:《春秋經解·隱三年秋》(第1册),第22頁。

③ (宋)孫覺:《春秋經解·莊二年》(第2册),第115頁。

④ (宋)孫覺:《春秋經解·隐四年》(第1册),第30頁。

⑤ (宋)孫覺:《春秋經解·隱四年》(第1册),第25頁。

⑥ (宋)孫覺:《春秋經解·隱四年》(第1册),第27頁。

弑君者爲"人類",討伐弑君者可以如"誅異類"。[①] 明言要君父提防臣子,把危險消滅在萌芽階段,[②]甚至提出教育的目的,無非是讓臣子不至於凌僭。[③]

另一方面,孫覺也明白"尊"意味著"承擔更重的責任",如在内外戰争中,《春秋》只要書"戰"就代表"我方戰敗",孫覺推測此書法的意義,言:"以聖人之意,猶曰躬自厚而已。……深責不修其治國之道。"但對比其所謂"《春秋》之法,責臣子以重,責君父以輕",[④]則責任重大意義上的"尊"事實上隱没於"尊君父"的"尊"之中了。

在對待女性方面,孫覺主張婚禮親迎,[⑤]但也同意《左傳》的天子不亲迎。[⑥] 另外,提出閨門之内的原則是"以義割恩":"女子則一適於外,終身不反。男子而去父母則爲不孝,女子而大歸其家則爲至惡,故閨門之内,以義割恩。"[⑦]甚至云:"夫者,天也。"[⑧]這些提法看上去和胡安國的"三綱"原則上無甚差異,[⑨]然而,比起他對"父子"一倫無以復加的强調,"夫婦"相關内容顯得微不足道。

(二) 胡安國的"夫婦"

在家庭倫理問題上,胡安國没有追隨漢儒和孫覺强調"父子兄弟"之間的"孝

---

① "人之爲人者,以其有父子君臣也。臣而弑君,子而弑父,滅人倫也,非人道也。"(宋) 孫覺:《春秋經解·桓六年》(第 1 册),第 73 頁。

② 如前所述,孫覺也主張:"預爲之戒,在坤之初六,陰生,而臣子之始也。其辭曰,履霜堅冰至,象曰,履霜堅冰,陰始凝也。……無使之至於堅冰也。弑父弑君之賊,何由而至乎? 此由爲君父者,積之有素而使至於此也。"(宋) 孫覺:《春秋經解·隱四年》(第 1 册),第 26 頁。

③ "爲人君者,學校以養人之材,廉耻以厲人之行……則凡在位者,皆忠臣也。爲人父者,義方以教其幼少,師傅以範其成人,不示之詐,以起其奸僞之端;不臨之慢,以開其干犯之漸……則凡在家者,皆孝子也。"(宋) 孫覺:《春秋經解·隱四年》(第 1 册),第 26 頁。

④ (宋) 孫覺:《春秋經解·隱三年》(第 1 册),第 22 頁。

⑤ "婚姻之禮,天地之道,人倫之本也。詩始《關雎》,禮先冠、婚,合二姓之好,繼先祖之嗣。男不下女,則夫婦不成,君不求臣,則國家不治,此禮之所以貴親迎也。"(宋) 孫覺:《春秋經解·隱二年》(第 1 册),第 11 頁。

⑥ "天子無親逆之禮,逆后則使三公。"(宋) 孫覺:《春秋經解·襄十五年》(第 5 册),第 326 頁。不過孫覺在隱二年也以文王親迎反駁了《左傳》"卿爲君逆"。

⑦ (宋) 孫覺:《春秋經解·桓三年》(第 1 册),第 63 頁。

⑧ (宋) 孫覺:《春秋經解·桓十八年》(第 2 册),第 104 頁。

⑨ 隱三年"日有食之",孫覺稱,"於時之外裔則嘗入中國而居之矣,於時之臣子則嘗弑君父而奪之位矣,於時之妻則嘗行夫道而或殺其夫矣"。(宋) 孫覺:《春秋經解·隱三年》(第 1 册),第 17 頁。

悌”,而是更爲關注“夫婦”。在討論這一問題前,我們先來看他對女性的態度。

首先,胡安國積極采納了《穀梁傳》的“婦人三從”之説,在《胡傳》中可以看到全部的“三從”主張:

1. 父母應約束女兒:僖十六年“鄫季姬卒”,《胡傳》批評僖公“鍾愛季姬,使自擇配”。還順帶批評了所有那些“厚其女”的父母。①

2. 丈夫應約束妻子:莊二十四年“夫人姜氏入”,《胡傳》以爲“昏義以正始爲先,而……姜氏不從公而入,已失夫婦之正”,②後來閔公被弒、夫人“孫邾”的亂兆已經顯現。

3. 兒子應約束母親:和夫對婦一樣,子如果不能防備其母行爲不軌,也在被《胡傳》批評之列。如莊二十年“夫人姜氏如莒”,《胡傳》稱:“莊公失子之道,不能防閑其母,禁亂之所由生。”③甚至對發生於此時的災異“有蜮”,《胡傳》也以爲是莊公“不能防閑其母”所導致的。④ 對於莊公之晚婚,《胡傳》也認爲乃因莊公爲其母所控制。⑤ 胡安國對“婦人三從”的説教,使得《胡傳》中關於“女性”的部分被突出了出來。

其次,胡安國《春秋傳》還從《穀梁傳》和韓非的政治哲學視角,視女性爲政權的威脅。莊三十二年“公薨於路寢”,《胡傳》云:

> 趙匡曰,君終必於正寢,就公卿也。大位,奸之窺也;危病,邪之伺也。若蔽於隱,是女子小人得行其志矣。⑥

《穀梁傳》有“男子不絶於婦人之手,以齊終也”(莊公三十二年)一句,是《穀梁》對《儀禮》的斷章取義。《儀禮》中的後半句是“婦人不絶於男子之手”(《儀禮·既夕禮》),應本爲表示男女有别的一種臨終之禮而已。《胡傳》結合了《穀梁傳》與《論語》中的“女子小人難養”,言國君臨終時不可讓“女子小人得行其志”,“女子小人”變成了“后妃和太監”,“難養”也變成了政權的威脅。

再次,胡安國又從理學角度視女性爲“欲”。《胡傳》中凡是涉及男女問題的,胡安國就傾向於指爲“禮欲”之辨。如“衛人來媵”(成八年),《胡傳》稱:“夫以禮制欲

---

① “以此防民,猶有嫁殤立廟,舉朝素衣,親臨祖載,如魏明帝之厚其女者。”(宋) 胡安國:《春秋傳·僖十六年》(湖湘文庫本),第142頁。

② (宋) 胡安國:《春秋傳·莊二十四年》(湖湘文庫本),第103頁。

③ (宋) 胡安國:《春秋傳·莊二十年》(湖湘文庫本),第98頁。

④ (宋) 胡安國:《春秋傳·莊十八年》(湖湘文庫本),第96頁。

⑤ (宋) 胡安國:《春秋傳·莊二十三年》(湖湘文庫本),第102頁。

⑥ (宋) 胡安國:《春秋傳·莊三十二年》(湖湘文庫本),第112頁。

則治,以欲敗禮則亂。"[①]文八年"公孫敖如京師不至而復,丙戌奔莒",《胡傳》從《左傳》,認爲公孫敖爲了追逐女性而奔莒,并探討了如何通過"志"控制"氣",以克服"男女,人之大欲"的一些方法。[②]

最後,胡安國是第一個在《春秋》著作中强調"三綱"的人,他時常口言"三綱",實際上瞄準的却是"夫婦"。[③] 在一些只涉及"君臣父子"而與"夫婦"無關的軍政大事上,如"舍中軍"(昭五年)、"大搜於比蒲"(昭十一年)、"大搜於昌間"(昭二十二年),他也捨"君臣父子"一詞而言"三綱"。

對於"三綱"中的"夫婦",一方面他順著《詩經》等先秦文獻强調"夫婦"是"王化之基""人倫之始",但另一方面對於"人倫之始"的解釋,他却捨棄"刑於寡妻"這種道德意義,而從《周易·家人》出發,注重"夫婦"的"秩序維持功能"。[④]

胡安國於"三綱"中轉向"夫婦"的事實和理由被多位學者指出過,認爲與《易傳》中的"有夫婦然後有父子""一陰一陽之謂道"有關,[⑤]但其深層原因并未被揭示出來。胡安國淡化"父子"一倫應該和程頤從理論建構角度反對以"孝悌"爲"仁之本"有關,[⑥]而强化"夫婦"一倫,則不僅是因爲《易傳》,更涉及胡安國的整個詮釋框架。

在胡安國《春秋傳》中的感應包括天人感應、男女感應、動機—外境感應(指内心動機的"理欲""公私"與外界的吉凶)。這些感應論皆古已有之,如漢代《春秋》學説中就有"天人感應"論,也有把"男女"看作"陰陽"的説法,在《左傳》中有"德""禮"這種内在存心或極端微小的行爲能和外在吉凶聯動的觀念,但在這些感應中,"動機—外境感應"——即人主内心動機之公私與外界成敗的聯動——乃是《胡傳》作爲諫書,用以"格君心之非"的關鍵。[⑦] 如此,則面臨一個問題,即,如何讓人確信這

① (宋) 胡安國:《春秋傳·成八年》(湖湘文庫本),第 253 頁。

② (宋) 胡安國:《春秋傳·文八年》(湖湘文庫本),第 182 頁。

③ 分别見《春秋傳》(湖湘文庫本)第 313、319、337 頁。

④ 如:"有夫婦然後有父子,有父子然後有君臣,夫婦,人倫之本也,入《春秋》之始,於子氏書薨不書葬,明示大倫,苟知其義,則夫夫婦婦而家道正矣。"(宋) 胡安國:《春秋傳·隱二年》(湖湘文庫本),第 18 頁。《胡傳·桓十八年》也有類似内容(第 72 頁)。

⑤ 侯外廬《宋明理學史》的胡安國部分(盧鍾鋒撰稿,北京:人民出版社,1984 年,第 233—234 頁)、王立新《開創時期的湖湘學派》(長沙:嶽麓書社,2003 年,第 98—99 頁)、徐建勇《胡安國〈春秋傳〉的理學特徵》(《史學月刊》2011 年第 5 期,第 119 頁)均提到此意。其中,王立新、徐建勇明確談到《周易》對胡安國"三綱"的影響。

⑥ (宋) 程顥,(宋) 程頤:《二程集》下册,第 1173 頁。

⑦ 漢代的"天人感應論"在唐宋以后的《春秋》著作中重現,是從孫覺開始的(隱三年,第 17 頁),孫覺《春秋經解》中也有和咸卦相關的男女感應説,但主要用來解釋亲迎(隱二年,第 12 頁);孫覺也談及咸卦有"心物"感應的側面(莊十二年,第 146 頁),但這些内容在孫覺這裏未成體系。

些感應背後具有必然性?

程頤曾言"感應"是天下唯一的"理",[①]作爲"天理"之書的《周易》,[②]其中正有討論"感應"的咸卦,咸卦的"感"在《周易》詮釋史上多被解釋爲"男女相感",在程頤的《伊川易傳》中,這一點也甚明確,[③]因此,"男女相感"可看成是有"天理"依據的,因而也是具有必然性的。如此一來,"天人"以及"動機—外境"之間的感應中,存在天經地義的必然性就不奇怪了。故《胡傳》的"三綱"中,偶爾涉及"父子",最重"夫婦",應是基於這樣的理論設計。

胡安國的這種側重被後來的宋明理學繼承了下來,也是出於這個原因,後世無論支持"三綱"還是反對"三綱",提起"三綱",往往偏重的都是"夫婦"一倫。在《胡傳》出現之前,甚少文本大範圍地探討"三綱",[④]而在《胡傳》、湖湘學派乃至朱熹之後的南宋,"三綱"已成爲常用語。[⑤] 這或許也是學者們認爲胡安國對理學構建和傳播的功勞"侔於龜山"[⑥]的一個原因。

結　　論

作爲分別代表南、北宋的《春秋》著作,胡安國《春秋傳》和孫覺《春秋經解》有同有異,相同之處在於胡安國和孫覺都再度啓用了數百年來被人漠視的"天人感應"體系,并在一定程度上讓《周易》和《春秋》相結合;而二傳的差異體現在"綱常"方面。首先,孫覺在用詞上"極端尊王",甚至稱王能"生成天下之民物";相比之下,胡

---

① "天地之間只有一個感與應而已,更有甚事?"(宋)程顥,(宋)程頤:《二程集》上册,第152頁。

② "《易》著於乾坤述其理,《春秋》施於桓公見其用。"(宋)胡安國:《春秋傳·桓十八年》(湖湘文庫本),第72頁。

③ 《荀子·大略篇》有不同見解:"《易》之咸,見夫婦。……咸,感也,以高下下,以男下女……""聘士之義,親迎之道,重始也。"以"感"爲"以高下下",以"親迎"比"聘士",其咸卦之"感"乃"感動",而非"感應",解釋與主流意見不同。(清)王先謙:《荀子集解》,北京:中華書局,2016年,第585頁。

④ 《二程文集》《二程外書》偶及"綱紀""紀綱"而無"三綱",《二程遺書》《二程粹言》共計三處言"三綱",皆用於評價唐太宗。《春秋》著作中,除極個别例子(劉敞《春秋意林》"王使榮叔歸含且賵"一條,孫覺《自序》中一處)以外,孫復、孫覺、蘇轍、崔子方、劉敞(《春秋權衡》《劉氏春秋傳》《春秋傳説例》)等學者的著作中都不見"三綱"一詞。

⑤ 《宋元學案·巽齋學案》載文天祥《正氣歌》云"三綱實係命"。見(明)黄宗羲,(清)全祖望:《宋元學案》,北京:中華書局,1986年,第2962頁。

⑥ 《宋元學案·武夷學案序録》:"南渡昌明洛學之功,文定幾侔於龜山,蓋晦翁、南軒、東萊皆其再傳也。"同上,第1170頁。

安國的尊王是冷静而理性的。雖然他也在朝聘、會盟、喪葬之類議題上提出"尊王",但胡安國對"王"進行了較多的批評,還承程頤之意抽象出"王不稱天"的條例。這種批評,對於建立"理"的尊嚴和獨立於王權的"道統"是有意義的。

在對待"夷狄"的問題上,胡安國由於時事所迫,較孫覺的"不責夷狄",對漢胡不兩立的態度更加極端和激烈。在對待大臣的問題上,孫覺承北宋"不殺士大夫"的遺風,强調大臣的地位,給人以雍容的感覺,也没有涉及武將的處置問題;而胡安國則切切於對士大夫"防權臣""去朋黨",對武將則"戒兵權",迎合甚至促進了南宋初期朝廷猜忌臣下的思想導向。"攘夷"和"對内防範"的主張都是《胡傳》一問世就大行其道的原因。儘管在對待大臣和夷狄上,胡安國也并非没有理性公正的發言,但這些都被他的另一種主張所淹没,因此給人留下的是"内防奸賊""外攘夷狄"的總體印象。

在對待女性的問題上,由於挖掘"感應"背後的"理"是胡安國理論的樞紐,而"男女"是"陰陽"在人間的形象化表現,"陰陽"和"感應"又息息相關,因此爲證明"天人相感""動機—外境相感"都具有必然的天理,"男女相感"的理論重要性大幅提升,故其《春秋傳》對夫婦或男女問題之强調遠遠超過孫覺。同時,胡安國又受到韓非"防同床"和《穀梁》"三從"的影響,因此不但其"三綱"的重心偷偷地移動到了"夫婦"上,且以消極的態度爲主。

綜上,胡安國《春秋傳》和孫覺《春秋經解》的差異,一方面展示了時代巨變和思想轉型,一方面也反映了來自"理學確立"的影響,凡是能確立"理"的——如"天人感應",則在胡安國《春秋傳》中被强調,不能確立"理"的——如"孝",則被胡安國置於次要位置。雖然二傳都涉及以《周易》解經,但由於"理"具有"一貫"的特徵,因此,在《周易》和《春秋》相結合的體系化程度上,胡安國比孫覺進了一大步。

接續朱子　統一經義

——元代《春秋》學之時代課題*

張立恩

【摘　要】 從元代南北方《春秋》學的實際情況來看，元代《春秋》學家多有統一經義的問題意識，而且，其統一《春秋》經義的學術工作，又主要是從繼承和發展朱子學的意義上展開的。從《春秋》學演進的内在邏輯及元代科舉等政治實際來看，這一時代課題的出現有其合理性：從中唐興起的新《春秋》學，經過宋儒詮釋，形成了以程頤、胡《傳》爲代表的重視義例褒貶解經路向與以朱子、蘇轍爲代表的重視史事説經路向，但未形成統一的《春秋》經説。由於程朱於《春秋》無完書，因而隨著南宋以後程朱理學學術權威地位的逐步確立，如何延續和發展程朱思路尤其是朱子之説，以形成新的統一的《春秋》經説，成爲新《春秋》學演進的内在要求，加之元代科舉對程朱一系經典注解的推崇，更使這一問題成爲一個亟待解決的時代課題。

【關鍵詞】 元代　《春秋》學　統一經義

【作者簡介】 張立恩，1982 年生，西北師範大學哲學與社會學院教授。

一、引　　言

在中國經學史上，元代《春秋》學理應占有一席，但因受清季學者——尤其是皮錫瑞所謂元代經學積衰説[①]的影響，論者對元代《春秋》學一度評價甚低。但實際上

* 本文爲國家社會科學基金一般項目“程端學‘《春秋》三書’整理與研究”(22BZX056)的階段性成果。

① (清) 皮錫瑞：《經學歷史》，北京：中華書局，2011 年，第 205 頁。

正如陳垣等學者所指出的，元代經學、文化、思想實有其不可輕忽之處。[①] 晚近，隨著經學等相關學科研究的深入，有關元代《春秋》學的研究重新爲論者矚目，并形成了較爲豐富的研究成果，[②]但有關元代《春秋》學統一經義的時代課題則尚有未揭，[③]本文不揣淺陋，擬對此做一分疏，以期對推動元代《春秋》學研究有所助益。文章前兩部分分析元代南北方《春秋》學家的統一經義之意，第三部分則對這一時代課題形成的内在邏輯作出分析，同時指出，這種對《春秋》經義的統一主要是從接續朱子學的意義上展開的。

二、元代南方《春秋》學家的統一經義之意——以江西與浙江爲例

據筆者統計，元代百年（1271—1368）間，可考的《春秋》學著作有 207 種之多。就現存文獻來看，元代南北各地《春秋》學家多表現出統一經義之意。限於篇幅，以

① 陳垣説："若由漢高、唐太論起，而截至漢、唐得國之百年，以及由清世祖論起，而截至乾隆二十年以前，而不計其乾隆二十年以後，則漢、唐、清學術之盛，豈過元時！"（陳垣：《元西域人華化考》，上海：上海古籍出版社，2000 年，第 133 頁）陳高華認爲，元代是繼唐、宋之後我國文化的又一個高潮時期。（陳高華、張帆、劉曉：《元代文化史》，廣州：廣東教育出版社，2009 年，第 4 頁）唐宇元指出，元代立國不及百年，但經傳纂疏著述數目却遠在兩宋之上。元代學者彙集、整理、考辨、取捨、疏釋繁雜的前人經學著述，以成經學彙編，顯示了儒學進入宋代義理化、哲學化以後在經學上的成熟性。（唐宇元：《元代與明代前期理學思想研究》，北京：中國新聞聯合出版社，2011 年，第 3—10 頁）林慶彰等學者對皮錫瑞元代經學"積衰"之説提出批評，涂云清認爲："元儒多有不樂仕進者，而將其畢生心血致力於學術之鑽研者，其用力之勤且深，比之前人，實無所愧也！恐不宜輕忽視之。"（涂云清：《蒙元統治下的士人及其經學發展》，臺北：臺大出版中心，2012 年，第 5 頁、530 頁）

② 檢視近代以來《春秋》學研究著作可知，20 世紀 80 年代初以前，對元代《春秋》學的個别論述僅見於某些經學史論著，如皮錫瑞《經學歷史》、劉師培《經學教科書》等，系統、深入或專題性研究幾近空白。80 年代以後，對其研究漸趨豐富，既有整體概述，也有專題、個案研究和文獻考證，具代表性者如簡福興《元代春秋學研究》（高雄師範大學 1985 年博士學位論文）、陳曦《元代的〈春秋〉學》（北京大學 2005 年碩士學位論文）、劉俊《元代〈春秋〉學研究》（中國人民大學 2016 年博士學位論文）、方翠《元代〈春秋〉學著述考論》（安徽師範大學 2017 年碩士學位論文）、張高評：《黄澤論〈春秋〉書法——〈春秋師説〉初探》（楊晋龍主編：《元代經學國際研討會論文集（下册）》，"中央"研究院中國文哲研究所籌備處，2000 年，第 579—623 頁）、曾亦《史法與書法——論黄澤、趙汸的〈春秋〉學》（《國學學刊》2011 年第 4 期）、周國琴《程端學〈春秋〉三書研究》（南開大學 2007 年博士學位論文）、劉明宗《元代春秋學撰著分類考述》（《書目季刊》1993 年第 1 期）等。

③ 以往筆者在論述元代《春秋》學有關論題時曾對此隨文點出，但未有系統之分疏，本文則擬補此闕。

下僅以在元代《春秋》學較爲發達的江西與浙江爲例,[①]對元代南方《春秋》學家統一經義的問題意識作出分析。

1. 江西

由可考的師承關係來看,元代江西《春秋》學一方面表現出師承多元之特點,另一方面,這些學者大多隸屬於朱子學一脉。在《春秋》學上的代表人物,首推被視爲元朝南方儒學宗師的吴澄(1249—1333,字幼清,晚稱伯清,號草廬)。吴澄爲朱學四傳,[②]撰有《春秋纂言》十二卷、《春秋纂言總例》七卷、《校定春秋》等書。其爲敬鉉(金興定四年登進士第,學者稱大寧先生)《春秋備忘》所作序云:

> 澄也常學是經(引按:《春秋》),初讀《左氏》,見其與經異者,惑焉,繼讀《公》《穀》,見其與《左氏》異者,惑滋甚。及觀范氏《傳序》,喜其是非之公;觀朱子《語録》,識其優劣之平;觀啖、趙《纂例》《辯疑》,服其取捨之當。然亦有未盡也。遍觀宋代諸儒之書,始於孫、劉,終於趙、吕,其間各有所長,然而不能一也。[③]

如所周知,宋儒孫復(992—1057,字明復)、劉敞(1019—1068,字原父)、朱子的《春秋》學説毫無疑問屬於啖助(字叔佐,724—770)、趙匡(字伯循,河東人)、陸淳(字伯冲,? —805)以來的新《春秋》學傳統,而范甯在《春秋》詮釋方法上的基本觀點則構成新《春秋》學之遠源。[④] 從吴澄對三傳及范甯《春秋穀梁傳序》、朱子、啖助、趙匡等人《春秋》學觀點的評價來看,他的《春秋》學顯然也屬於中唐以來的新《春秋》學。其批評三傳經説而稱賞范甯、啖、趙、朱子、孫復、劉敞等人,不過,他認爲從啖、趙至宋儒,雖然解經各有所長,但《春秋》經義却未能一統。此意其於《四經叙録》中亦有所述:

---

① 由於元代行省往往包含現行行政區劃中若干省份的區域,如江浙行省跨及今之江西、浙江、江蘇、福建、安徽等省,江西行省跨及今之江西、廣東等省,如據以分類則不免過於粗糙,故此處江西、浙江是以現行行政區劃爲準。

② 吴澄師承爲:朱子—黄榦—饒魯—程若庸—吴澄。(參《宋元學案》卷九十二《草廬學案》)

③ (元)吴澄:《春秋備忘序》,《吴澄集》卷十八,北京:中國社會科學出版社,2021年,第393頁。

④ 范甯對三傳經説皆有異議,他認爲解經當"棄其所滯,擇善而從"(氏著:《春秋穀梁傳序》,《春秋穀梁傳注疏》卷首,北京:北京大學出版社,2000年,第11頁)。皮錫瑞稱:"范氏兼采三傳,不主一家,開唐啖、趙、陸之先聲,異漢儒專門之學派。"(皮錫瑞:《經學通論》,第387頁)本田成之認爲范甯的這一主張是對漢儒專門之學的一大革命,唐之啖助、趙匡、陸淳,宋之孫復、劉敞、程頤、胡安國等人都是受其感化而興起。(氏著:《中國經學史》,桂林:灕江出版社,2013年,第168頁)相關論説亦見葛焕禮:《尊經重義:唐代中葉至北宋末年的新〈春秋〉學》,濟南:山東大學出版社,2011年,第46—47頁。

> 三家去夫子未久也，文之脱謬，已不能是正，尚望其能有得於聖人之微意哉？漢儒專門，守殘護闕，不合不公，誰復能貫穿異同而有所去取？至唐啖助、趙匡、陸淳三子，始能信經駁傳，以聖人書法，纂而爲例，得其義者十七八。自漢以來，未聞或之先也。觀趙氏所定三傳異同，用意密矣，惜其予奪未能悉當，間嘗再爲審訂，以成其美。其間不繫乎大義者，趙氏於三家從其多，今則如朱子意，專以《左氏》爲主。儻義有不然，則從其是，《左氏》雖有事迹，亦不從也，一斷諸義而已。①

吴澄訾議三傳及漢儒經説，而高度推崇啖、趙經解，認爲“自漢以來，未聞或之先也”，但儘管如此，他認爲自三傳以逮啖、趙，没有形成統一的《春秋》經説。啖、趙雖能貫穿異同而有所去取，但“予奪未能悉當”，因此，對元代《春秋》學家而言，應以《春秋》經義爲準，延續啖、趙信經駁傳的基本觀點，博采諸家，統一經説。

> “屬辭比事，《春秋》教也！”甚欲因啖、趙、陸氏遺説，博之以諸家，參之以管見，使人知聖筆有一定之法，而是經無不通之例，不至隨文生義，以侮聖言。②

吴澄自己就試圖回應這一問題：

> 竊惟《春秋》一經，自三傳以來，諸家異同，殆如聚訟，今於衆言淆亂之中，折衷以歸於一，是誠有補於後學。澄之庸下，有志於斯者，亦得因先生（敬鉉）之所同以自信，又得因先生之所異以自考。③

在他看來，敬鉉《春秋》學“於衆言淆亂之中，折衷以歸於一”，即他認爲敬鉉《春秋》學有統一經義之意。此言雖是其對敬鉉《春秋》學的評價，但實際上完全可以視爲吴澄的夫子自道，所謂“澄之庸下，有志於斯者，亦得因先生之所同以自信，又得因先生之所異以自考”。

事實上，吴澄在《春秋纂言》《春秋纂言總例》中綜合三傳、啖、趙、朱子等人之説，重建《春秋》詮釋體系。④ 對於吴澄統一經説的這一學術貢獻，前賢已有所論，張以寧（1301—1370，字志道，古田人）曰：

---

① （元）吴澄：《吴澄集》卷一，第7頁。

② （元）吴澄：《吴澄集》卷一，第7—8頁。

③ （元）吴澄：《春秋備忘序》，《吴澄集》卷十八，第394頁。（標點有不同）

④ 張立恩：《聖人無容心　直書非常事——吴澄對〈春秋〉詮釋體系的重建》，《哲學評論》2019年第2期。

《春秋》者,聖人之心也。聖人,天地之心也。生殺萬物,天地之心無心也,至仁焉耳矣。賞罰萬世,聖人之心無情也,至公焉耳矣。天地也,聖人也,惟聖人能知之,能言之。游、夏且不能與,而謂後之人若《左氏》,若《公》《穀》氏能盡知且言之乎?後之學焉者弗據經以説經,顧任傳而疑經。噫!其亦惑矣。由唐、宋以來,能不惑乎傳而尊經者,啖、趙、孫、劉、歐陽發其端,河南邵子、徽國朱文公闡其微,至我朝草廬吴文正之《纂言》集而大之。①

張氏認爲草廬《春秋》學尊經勝傳、以經解經,并接續啖、趙、朱子諸儒而集其大成。其言雖有過譽之嫌,但的確標示出草廬《春秋》學接續朱子、統合諸儒,試圖統一經説的特點。

草廬門人後學亦多有《春秋》論著,如虞槃(1274—1327,字仲常,崇仁人)②撰有《非非國語》,劉霖(字云章,安福人)③輯有《新刊類編歷舉三場文選春秋義》八卷,熊釗(1321—1403,字伯几,進賢人)④有《春秋啓鑰》,李衡(字元成,崇仁人)⑤有《春秋集説》《釋例集説》。其中亦不乏表現出統一經義之意,如元儒張萱論李衡《春秋》學稱:"其説宗吴草廬,參以李廉《會通》、汪德輔《纂疏》凡五十餘家。"⑥《會通》《纂疏》即元儒李廉〔字行簡,吉安人,至正(1341—1370)前後人〕《春秋諸傳會通》與汪克寬(1304—1372,字德輔,一字仲裕)《春秋胡傳附録纂疏》。從李氏《春秋》學以草廬爲宗,又參五十餘家以解經的情况來看,恐不能説其無統一經説之意。

草廬學派之外,江西其他《春秋》學家也表現出統一經義之意。如曾震(字樵

① (元) 張以寧:《春秋經説序》,《翠屏集》卷三,第 1 頁左—2 頁右,《景印文淵閣四庫全書》(第 1226 册),第 585 頁下—586 頁上。

② 吴澄門人虞集(字伯生,號道園,學者稱邵庵先生)爲其弟虞槃所撰墓銘中説,其兄弟二人曾"至撫之崇仁,先君有友曰吴公澄幼清氏。先夫人曰:'此大儒,非常人比。'故我兄弟雖學於家庭,而仲常深究力考,已爲吴公所知"。(元) 虞集:《亡弟嘉魚大夫仲常墓志銘》,《道園學古録》卷四十三,四部叢刊本。知虞槃與其兄虞集嘗從吴澄學。

③ 劉霖爲虞集門人,明余之禎《(萬曆)吉安府志》卷二十五稱劉霖"自幼聰敏絶倫,嘗從虞集學。集曰:'君所造,非我所能及也。'"

④ 熊釗爲吴澄再傳,胡儼《熊先生墓志銘》稱熊釗"及登虞文靖公(虞集)之門,得公指喻"。(明) 胡儼:《頤庵文選》卷上《墓志碑銘》,第 94 頁右,《景印文淵閣四庫全書》(第 1237 册),第 599 頁上。

⑤ 李衡師承無考,據元張萱稱李衡解《春秋》"宗吴草廬",知其或爲草廬私淑。

⑥ (清) 朱彝尊:《經義考》卷一百九十九,"李氏衡《春秋集説》"條,見林慶彰主編:《經義考新校》,上海:上海古籍出版社,2010 年,第 3636 頁。

南，廬陵人），撰《春秋五傳》。元李祁（1299—1368，[①]字一初，號希蘧翁、危行翁、望八老人、不二心老人，茶陵人）序其書曰：

> 《春秋》經世之書，其記約，其志詳，其旨意深以遠。《左氏》《公》《穀》各以其所傳聞意見爲傳，不無異同，自是以來，諸儒亦以其說名家。至胡氏《傳》出，而諸説始略有折衷矣。國朝設科，以胡氏與三傳并用，立法之意至爲精詳，然學者困於翻閲，每嘆未有能合爲一書者。廬陵樵南曾君震乃集而加次第焉，始《左氏》，次《公》，次《穀》，次胡氏，而取止齋陳氏之説附於後。……於是使讀者一展卷而諸傳皆得焉，其有便於學者甚大。[②]

李祁認爲，元代科舉將三傳與胡《傳》并立，雖然立法之意至爲精詳，但在《春秋》學上的一個現實狀况却是"未有能合爲一書者"，即未能形成統一的《春秋》經説。在他看來，曾震《春秋五傳》集三傳、胡《傳》及宋儒陳傅良（1137—1203，字君舉，號止齋）《春秋》説於經文之下，有助於實現《春秋》經義的統一。[③] 不過，從常識而言，曾氏此書似乎最多只能是經説之集録，而不能稱之爲經義的統一，但在李氏看來，這種做法正是曾書之優長，在此意義上，其視曾書爲"斯文之大全"：

> 或者謂此書無所取捨，不能成一家書，余謂使曾君以一己之見取諸説而取捨之，其是非可否未必使人人合意，是亦曾氏之書而已，非天下之書也。今備列五傳，使學者自擇焉，豈非斯文之大全與？[④]

實際上在元代《春秋》學中，采取此類集録、集解、纂疏體式的著作多有，如鄭玉（1298—1358，字子美，號師山）《春秋闕疑》、汪克寬《春秋胡傳附録纂疏》、俞皋（字心遠，婺源人）《春秋集傳釋義大成》等。儘管此類著作不能算作嚴格意義上的經義統一之作，但對於《春秋》經義的統一却不能説毫無助益。比如，明代《五經大全》當中的《春秋大全》就主要襲取了汪克寬的《春秋胡傳附録纂疏》，同時對其他元人《春

---

① 余來明：《元代科舉與文學》，武漢：武漢大學出版社，2013 年，第 582 頁。

② （元）李祁：《春秋五傳序》，《云陽集》卷三，第 1 頁，《景印文淵閣四庫全書》（第 1219 册），第 650 頁下。

③ 有論者將《春秋五傳》列爲元代《春秋》學中"爲《春秋》辨解、釋義、會通者"。劉明宗：《元代春秋學撰著分類考述》，《書目季刊》1993 年第 1 期。

④ （元）李祁：《春秋五傳序》，《云陽集》卷三，第 1 頁左—2 頁右，《景印文淵閣四庫全書》（第 1219 册），第 650 頁下—651 頁上。

秋》經説也吸收甚多。[1] 雖然後世對《五經大全》的褒貶不一,但就其編纂動機而言,[2]實現經義的統一是其題之一義,所謂"合衆途於一軌,會萬理於一原"。[3] 就其對元人《春秋》説的吸收來看,元人此類集解、纂疏著作實有助於實現《春秋》經義的統一。

在江西《春秋》學家中還有一些師承無考,但同樣具有綜合諸説以通經之意者,如熊復(字庶可,新建人)、王莊、[4]張君立(豫章人)、李廉等。

熊復撰《春秋會傳》,吴澄序其書曰:

> 世之學《春秋》者,率謂聖人有意於褒貶。三傳去聖未遠,已失經意,而况後之注釋者乎哉?[5] 或[6]棄經而任傳,或臆度而巧説,幾若舞文弄法之吏。然觀者見其不背於理,不傷於教,莫之瑕疵,又孰能紬繹屬辭比事之文,而得聖人至公無我之心哉?漢儒不合不公,無足道,千載之下,超然獨究聖經[7]之旨,唯唐啖、趙二家,宋清江劉氏抑其次也。澄嘗因三氏,[8]研極推廣,以通其所未通,而不敢以示人。今豫章熊復庶可所輯《會傳》,同者已十之七八,諸家注釋未有能精擇審取如此者也。熊君謹厚醇正,篤志務學,其可爲通經之士云。[9]

吴澄認爲三傳、漢儒對《春秋》的解釋不能得《春秋》之本義,所謂"孰能紬繹屬辭比事之文,而得聖人至公無我之心哉"。在他看來,能究《春秋》本旨的只有啖助、趙匡,宋儒劉敞則爲其次。吴澄此説與前引其《春秋備忘序》所述有異,此蓋因二文

---

① 林慶彰:《〈五經大全〉之修纂及其相關問題探究》,《中國文哲研究集刊》1991 年第 1 期。

② 有論者指出,《五經大全》的編纂動機,一是明成祖借修書來宣示其正統地位,二是通過修書澆平士人的不平之氣。(林慶彰:《〈五經大全〉之修纂及其相關問題探究》,《中國文哲研究集刊》1991 年第 1 期)

③ (明) 胡廣:《進書表》,載黄宗羲編:《明文海》卷六十六,第 3 頁左,《景印文淵閣四庫全書》(第 1453 册),第 574 頁下。

④ 王莊生平師承無考,據朱善序稱其"南昌守主侯",知其里貫或爲南昌。

⑤ 《經義考》所引無"哉"字,見《經義考新校》,第 3542 頁。

⑥ 或,《吴澄集》無,據後文所説"或臆度而巧説",恐此處亦有"或"字,《經義考》所引即有此"或"字(《經義考新校》,第 3542 頁),據補。

⑦ 經,《經義考》所引作"人"(見《經義考新校》,第 3542 頁),誤。

⑧ 氏,《經義考》所引作"傳"(見《經義考新校》,第 3542 頁),誤。據吴澄對三傳之批評及其對啖、趙、劉氏之推崇,知此"三氏"即啖、趙、劉。

⑨ (元) 吴澄:《春秋會傳序》,《吴澄集》卷十六,第 357 頁。(標點有改動)

所序對象不同之故。不過，其中表現出的統一經義之意是一致的。他認爲應當延續啖、趙以來的思路，研極推廣、綜合諸説以通經，而他自己就進行了這方面的嘗試。因此，當他見到熊復《春秋會傳》時，"見而懌焉"，認爲其書與他自己的觀點"同者已十之七八"，稱贊其書能精擇審取諸家注釋以統一經義，在此意義上，他褒贊熊復爲通經之士。可見，在吴澄看來，熊復之書同樣貫穿著統一經義之意。

王莊撰《春秋釋疑》，朱善（1340—1413）序其書曰：

> 《春秋》，聖人經世之書也。其辭嚴，其義精，當時高第若游、夏之徒尚不能質一辭，况去聖既遠，《公》《穀》《左氏》互有得失，專門之學，各尊所聞，而不能以相通，甲是乙非，紛如聚訟，學者莫知適從，非夫博雅君子，卓然遠識者，孰能會衆説而一之哉？惟南昌守主侯在當昔未仕之時，潛心是書，聖經賢傳，靡不能貫，乃取諸家之説，反復尋究，參互考訂，設爲問答，以釋群疑、祛衆惑。①

朱善認爲三傳説經互有得失，而漢唐重視家法師法的專門之學，"各尊所聞，而不能以相通"，因此，對於後世《春秋》學而言，一個亟待解决的問題就是將《春秋》經説"會衆説而一之"。在他看來，王莊《春秋釋疑》正屬此類著作。

張君立撰《春秋集議》，元儒許有壬序其書曰：

> 《春秋》由三傳而下，世之存者，可考也。范氏探經而爲集解，啖、趙考三家短長爲統例，伊川以傳考經之事迹、以經别傳之真僞，皆號精當，而世之讀者無幾。及胡氏《傳》出，學者翕然宗之，聖朝設科，遂與三傳并用，諸家之説幾無聞焉。向會試以五經發策，至有不知各家名氏者，况有考其短長而折衷爲書者乎？且聖人之意，當時門人有所不知，世傳《左氏》時代不一，要非親受於聖人者，宜其辭勝而失誣也。《公羊》《穀梁》傳聞逾遠，諸家之説，各尊所聞，其能盡合聖人之意乎？朱子謂："《春秋》大旨誅亂臣、討賊子、内中國、外夷狄、貴王賤霸而已。未必如先儒所言，字字有義也。"如此則傳注之説可泥於一偏乎？豫章張君立擇諸家之論，或全或略，疏於三傳、胡氏之後，名曰"集議"，擷衆長，萃於一，歷歷精至。②

許氏分析了三傳、范甯、啖、趙、胡《傳》之得失，并以朱子之説爲據，認爲解經不可泥於一偏，而應綜合諸家之説，考其短長而折衷爲書。言下之意，當據朱子之説，

① （明）朱善：《春秋釋疑序》，《朱一齋先生文集》卷四，明成化二十二年朱維鑒刻本。

② 《經義考》卷一百九十四引，見《經義考新校》，第3561—3562頁。（標點有不同）

折衷百家,以統一經義。其在此推舉張君立《春秋集議》爲"擷衆長,萃於一",顯然在他看來,張氏此書可承擔此統一經義之任。

李廉撰《春秋諸傳會通》二十四卷,是書初刻於元至正九年(1349),乃集其"讀經三十年"之功而成。關於是書之撰作旨趣,李氏曰:

> 傳《春秋》者三家,《左氏》事詳而義疏,《公》《穀》義精而事略,有不能相通。兩漢專門,各守師説,至唐啖、趙氏始合三家所長,務以通經爲主,陸氏纂集已爲小成。宋河南程夫子始以廣大精微之學,發明奥義,真有以得筆削之心,而深有取於啖、趙,良有以也。高宗紹興初,武夷胡氏進講,篤意此經,於是承詔作《傳》,事案《左氏》,義取《公》《穀》之精,大綱本《孟子》、主程氏,而集大成矣。方今取士用三傳及胡氏,誠不易之法也。然四家之外,如陳氏《後傳》、張氏《集注》皆爲全書,學者所當考,而孫氏之《發微》、劉氏之《意林》《權衡》、吕氏之《集解》與其餘諸家之議論,亦不可以不究,但汗漫紛雜,有非初學所能備閲者。余讀經三十年,竊第南歸,叨録劇司,心勞力耗,舊所記憶大懼荒落,而又竊觀近來書肆所刊此經類傳雖多,或源委之不備,或去取之莫别,不能無憾,於是不揆譾陋,盡取諸傳,會稡成編。①

李廉認爲,三傳以逮漢唐《春秋》學,學者固守專門,不能相通。從啖、趙開始,取三家所長以通經。宋代程頤承續啖、趙并以其廣大精微之學發明經義,而這一思路又爲胡安國接續并集其大成,因此,胡《傳》被定爲科考程式"誠不易之法也"。不過,在他看來,在三傳及胡《傳》之外,宋儒的其他《春秋》學著作理應同樣受到關注,比如陳傅良《春秋後傳》、張洽《春秋集注》、孫復《春秋尊王發微》、劉敞《春秋意林》《春秋權衡》、吕本中《春秋集解》等。由此來看,儘管李氏説科考用胡《傳》是不易之法,但實際上在他看來,元代《春秋》學上并未形成經義一統之作,因此,其《春秋諸傳會通》就是要會通諸家以統一經義,所謂"備采諸儒成説及諸傳記,略加梳剔,於異同、是非、始末之際,每究心焉,謂之《春秋諸傳會通》"。② 從其自述來看,其會通以胡《傳》爲主:"大率多以胡氏爲主,皆依先儒成説,并不敢臆斷。"不過,既然要"盡取諸傳,會稡成編",因而儘管其會通以胡《傳》爲主,但并非對胡《傳》無所鑒别,而

---

① (元)李廉:《春秋會通原序》,《春秋會通》卷首,第1頁,《景印文淵閣四庫全書》(第162册),第164頁下。

② (元)李廉:《春秋會通原序》,《春秋會通》卷首,第2頁右,《景印文淵閣四庫全書》(第162册),第165頁上。

是理性去取，此由其書凡例即可看出："所編諸傳務欲撮其精要，故未免裁翦删削，然所去皆浮詞，至於確實之語，無一字敢棄，其注疏中間有一句一字之精者，亦采録無遺。"①因此，其書對胡《傳》亦多所駁正，《四庫總目》云："是編雖以胡氏爲主，而駁正殊多，又參考諸家，并能掇其長義。"②清彭元瑞《天禄琳琅書目後編》亦稱其書"大抵主胡氏而多所駁正"。③

2. 浙江

元代浙江地區的《春秋》學發展也很繁盛，形成了淳安、金華、四明等研究中心，并表現出統一經義之意。淳安《春秋》學家如張復（字明善）、魯淵（1319—1377，字道源，學者稱岐山先生）、汪汝懋（字以敬）等，皆有《春秋》論著，惜其書皆佚。④ 金華《春秋》學家多爲朱子後學。如所周知，自南宋以來，金華地區理學興盛，吕祖謙於此開創"婺學"，而朱子亦曾於金華著名學府麗澤書院講授理學。由於朱子門人——尤其是黄榦一系的學者——的大力傳播，朱子理學成爲這一地區影響最著之學派。被稱爲北山四先生的何基（1188—1268）、王柏（1197—1274）、金履祥（1232—1303）、許謙（1270—1337）遞相授受於金華地區，共同開創"北山學派"。在《春秋》學上，北山學派基本延續和發展了朱子《春秋》説，⑤同時也表現出統一經義之意。

① （元）李廉：《春秋會通凡例》，第 2 頁右，《景印文淵閣四庫全書》（第 162 册），第 166 頁上。

② 《四庫全書總目》卷二十八，"春秋諸傳會通二十四卷"條，第 357 頁。

③ （清）彭元瑞：《天禄琳琅書目後編》卷八，第 16 頁右，《續修四庫全書》（第 917 册），第 227 頁上。

④ 關於以上諸人之師承可參《宋元學案》卷七十四《慈湖學案》。

⑤ 如王柏著有《左氏正傳》十卷、《讀春秋紀》八卷，皆佚。清人王崇炳稱其"於《春秋》，則謂吾夫子以大公至正之心，立百王之大法，千五百年，爲諸儒刻鏤幾碎。朱子於諸經縷析毫分，獨於《春秋》以渾然得夫子之心"。（清）王崇炳：《金華徵獻略》卷五，第 8 頁右，《續修四庫全書》（第 547 册），第 82 頁下。可見，其《春秋》學亦接續朱子之説。又，金履祥《通鑒前編後序》云："《春秋》一書，固聖人晚年哀痛之意，然孔子周游無位，典册不備，未必盡得周史，因見宗魯一國之策多違舊章，就加筆削以示大法，其餘多因舊史，不盡改也。"（宋）金履祥：《仁山文集》卷三，第 25 頁左，《景印文淵閣四庫全書》（第 1189 册），第 816 頁下。表現出以史視《春秋》之意，而以史視《春秋》正是朱子的觀點。朱説見（宋）黎靖德編：《朱子語類》卷八十三《春秋》，載朱傑人等編：《新訂朱子全書》（第 18 册），上海：上海古籍出版社，2022 年，第 3048 頁。金氏又謂："孔子因魯史之舊而修之（引按：《春秋》），使是非褒貶，昭然可見，因此而鑒戒明，亂臣賊子懼，致治之法可垂萬世，故謂之作。"（明）丘濬：《大學衍義補》卷七十五，第 2 頁右，《景印文淵閣四庫全書》（第 712 册），第 849 頁上。所謂孔子作《春秋》令亂臣賊子懼，"致治之法可垂萬世"，亦出自朱子。朱説見《孟子集注》卷六，《四書章句集注》，北京：中華書局，2011 年，第 253 頁。

由於北山四先生中,何基、王柏、金履祥活動於元初以前,許謙主要活動於元初至元朝中期,因此,這種統一經義的意識主要表現於其門人後學之中。如金履祥一系傳人戴良(1317—1383,字叔能,浦江人)[①]即有此意。戴氏著有《春秋三傳纂玄》,已佚,其自序曰:

> 《春秋》之文,昭揭千古,學士大夫往往童而習之,白首不知其統緒之會歸者,無他,亦惟傳家之言有以混淆其間故耳。嗚呼!《春秋》辭尚簡嚴,游、夏之徒已不能贊以一辭,而吾聖人之微言奥指,果有待於支離繁碎而後見耶?傳《春秋》者有三,曰《左氏》《公羊氏》《穀梁氏》。然《公》《穀》主釋經,《左氏》主載事。能令百代之下,頗見本末,而因以求意者,《左氏》之功爲多,然而義例宗指交出乎巫祝卜夢之間,讜言善訓不多於委巷浮戲之語,鱗雜米聚,混然難證。而《公》《穀》之説又復互相彈射,不可强通。遂令經意分裂,而學者迷宗也。良自蚤歲受讀,即嘗有病於斯,尋繹之次,因取三家之言,稍加裁剪,以掇其玄要,疏之經文之下。[②]

在戴氏看來,《春秋》辭尚簡嚴,但三傳及後代注疏造成的結果却是"學士大夫往往童而習之,白首不知其統緒之會歸"。言下之意,前儒對《春秋》的詮釋未能形成統一之説。因此,其《春秋》學試圖完成這一任務,具體做法就是尋繹三傳之説,"稍加裁剪,以掇其玄要,疏之經文之下"。

又,被視爲許謙學侣的張樞(1292—1348,字子長,金華人),[③]撰《春秋三傳歸一義》三十卷、《春秋三傳朱墨本》。元人黄溍(1277—1357)在《張子長墓表》中指出,張樞《春秋》學具有明顯的統一經義之意圖,其《春秋三傳歸一義》即試圖統一經義之作,所謂"學《春秋》者必始於三傳,而其義例互有不同,乃辨析其是非,會通其歸趣,参以儒先之説,裁以至當之論,爲《三傳歸一義》三十卷"。[④]

四明《春秋》學家也表現出統一經義之意,代表性學者如王惟賢(字思齊,鄞縣

① 《宋元學案》卷八十二《北山四先生學案》將戴良列爲"静儉門人",稱其"學於柳道傳貫"。柳貫(1270—1342,字道傳,浦江人)爲金履祥門人。

② (元)戴良:《春秋三傳纂玄序》("玄",四庫本原文作"元",四部叢刊本《九靈山房集》作"元",該本以明正統十年戴統刻本爲底本,據改),《九靈山房集》卷六,第21頁左—22頁右,《景印文淵閣四庫全書》(第1219册),第322頁。

③ 《宋元學案》卷八十二《北山四先生學案》將張樞列爲"白云學侣"。

④ (元)黄溍:《張子長墓表》,《金華黄先生文集》卷三十,第21頁右,《續修四庫全書》(第1323册),第396頁下。

人）、程端學（1278—1334，字時叔，號積齋）。王惟賢撰有《春秋旨要》十二卷，其自序曰："世之釋《春秋》者不知幾家，集衆説，析諸聖，亦已多矣，然彼此專門，前後異户，卒無至當精一之歸者，未能大明聖人之心，猶爲三傳所惑也。"①他認爲自三傳以迄元代，《春秋》經説"卒無至當精一之歸者"，而他自己則試圖完成這一課題：

> 予習《春秋》，於志學之年出入衆説久之，中更大祲，天誘其衷，蓋知易簡天下之理，得推明夏時，一以貫之，不亦易乎！屏退凡例，行所無事，不亦簡乎！就其如予言者，芟煩證異，務盡指要，歷十年甫獲成書，稍革支離之失，懋彰謹嚴之遺，此天下公言，非一人私言。②

其於《春秋》經説"芟煩證異，務盡指要"，顯然意欲統一經義，是以明鄭真論其書曰："先教授府君嘗稱惟賢王氏經學文藝有過人者，今觀《春秋指要》二序會衆説爲一家，誠可謂博矣。"③依此來看，王氏對三傳的批評并非是要將之束諸高閣，而是主張當綜合三傳解經：

> 誠能"以經别傳之真僞"，不求同俗而求同理，斯獲盡美於《春秋》。然不觀三傳，原始要終，則是非得失，罔知攸指，此"以傳考經之事迹"，當并行不相悖也。④

王氏在此引用程頤"以傳考經之事迹，以經别傳之真僞"之説來表明其對三傳及解經的態度，可知其對《春秋》經義的統一仍然是在中唐以降新《春秋》學的意義上展開的。

程端學在《春秋》學上的代表性著作爲其《春秋》三書（《春秋本義》三十卷、《春秋三傳辨疑》二十卷、《春秋或問》十卷）。其三書相互補充，構成一個較爲完善的詮釋系統。《春秋三傳辨疑》主要是辨正三傳之説，《春秋或問》闡明對前儒經説的去取之由，《春秋本義》則是本程朱之論，稽核諸儒之説，以建立新的系統的《春秋》經説。其《春秋》詮釋中也貫穿著統一經義的問題意識。對此，前賢已有所論，元儒張

---

① （清）錢維喬：《（乾隆）鄞縣志》卷二十一，"王惟賢《春秋旨要》十二卷"條，第 11 頁右，《續修四庫全書》（第 706 册），第 457 頁下。

② （清）錢維喬：《（乾隆）鄞縣志》卷二十一，"王惟賢《春秋旨要》十二卷"條，第 11 頁左，《續修四庫全書》（第 706 册），第 457 頁下。

③ （明）鄭真：《識録王惟賢春秋指要序後》，《滎陽外史集》卷三十八，第 3 頁左，《景印文淵閣四庫全書》（第 1234 册），第 219 頁下。

④ （清）錢維喬：《（乾隆）鄞縣志》卷二十一，"王惟賢《春秋旨要》十二卷"條，第 11 頁左，《續修四庫全書》（第 706 册），第 457 頁下。

天祐序其書曰：

> 四明時叔程先生以《春秋》一經諸儒議論不一，未有能合於聖人作經之初意，於是本程、朱之論，殫平生心力，輯諸説之合經旨者，爲《本義》以發之；訂三傳之不合於經者，爲《辨疑》以正之；又推本所以去取諸家之説者，作《或問》以明之。①

元張萱言其"本程子之學，折衷百家而爲之説"。② 後儒黄虞稷、嵇璜、納蘭性德等亦皆言其慨《春秋》一經未有歸一之説，索前儒經説以發明經旨。③ 可見程氏對於立足程朱之説而辨析三傳、前儒經説以建立統一的《春秋》經説有著充分自覺。

此外，在北山學派之外，浙江其他《春秋》學家亦表現出統一經義之意識。如在師承上隸屬於二程一系的楊維楨(1296—1370，字廉夫，號鐵崖、鐵笛道人)，④其《春秋定是録序》曰：

> 經不待傳而明者十七八，因傳而蔽者十五六，明目者袪其蔽而通其明，則其如日月者杲杲矣。余怪三家既有蔽焉，而諸子又於其蔽者析宗而植黨，争角是非，不異訟牒，使求經者必由傳，而求傳者又必由諸子，是非紛紛，莫適所從，經之杲杲者晦矣。世之君子既晦於求經，復於諸子求異其説，是添訟於紛争之中，悪物蔽目，而又自投以翳者也。維楨自幼習《春秋》，不敢建一新論以立名氏，謹會諸儒之説而輒自去取之，爲《定是録》。説協於經，雖科舉小生之義，在所不遺；其不協者，雖三家大儒之言，亦黜也。吁！予又何人，敢以一人之見與奪千載之是非？何僭自甚？亦從其杲杲者决之焉耳。⑤

楊氏認爲"經不待傳而明者十七八，因傳而蔽者十五六"，這顯然是中唐以來新《春秋》學尊經勝傳之立場。所謂"余怪三家既有蔽焉，而諸子又於其蔽者析宗而植

① (元) 程端學：《春秋本義》卷首，《儒藏》精華編(第 92 册)，北京：北京大學出版社，2014 年，第 168 頁。

② 《經義考》卷一九五，"《春秋或問》十卷"條，載《經義考新校》，第 3566 頁。

③ 黄虞稷、嵇璜、納蘭性德之説見：《經義考》卷一九五，"《春秋或問》十卷"條，載《經義考新校》，第 3566 頁；(清) 嵇璜：《欽定續文獻通考》卷一五三，第 13 頁左，《景印文淵閣四庫全書》(第 630 册)，第 126 頁下；(清) 納蘭性德：《通志堂集》卷十二，上海：華東師範大學出版社，2008 年，第 245 頁。

④ 楊氏師承爲：二程—袁溉—薛季宣—張淳(薛季宣同調)—敖繼公—倪淵—楊維楨。(參《宋元學案》卷五十二《艮齋學案》)

⑤ (元) 楊維楨：《東維子集》卷六，第 13 頁右—14 頁右，《景印文淵閣四庫全書》(第 1221 册)，第 433 頁下—434 頁上。

黨,争角是非”,則是對三傳及漢儒謹守師説的批評。其訾議三傳及漢唐經説之短長,目的是要統一經義,所謂“謹會諸儒之説而輒自去取之,爲《定是録》”。其統一經義之意由“定是”二字尤可見出。

又,隸屬於陳亮一脉之吴萊(1297—1340,字立夫,浦江人)、黄景昌(1261—1336,字清遠,一字明遠,浦江人),亦皆表現出統一經義之意。吴氏提出《春秋》學演進之“四變”説:以孔子没至西漢爲一變,以東漢至魏晋爲二變,以魏晋逮唐爲三變,中唐啖助、趙匡開始則爲四變。① 其提出《春秋》四變説旨在表明《春秋》經義到了可以重新統一的時候。

> 言《春秋》者,至於四變,可以少定矣。予嘗觀漢初傳《公羊》者先顯,自胡母子都而下得二十四人;次傳《穀梁》,自申培公而下得十五人;《左氏》本於國師劉歆,未立博士,故傳之尚少,而東漢爲盛。東漢以降,學者分散,師説離析,非徒捨經而任傳,甚則背傳而從訓詁,嘵嘵讙咋,靡然趨下。夫學本非不同,本非不一,而末異乃若是,此其欲抱十二公之遺經,悲千古之絶學,發明三家之傳而去取之者誰與?然予悉得而譜是者,四變之極也。四變之極,必有能反其初者。唐啖、趙氏蓋嘗有是志矣,繼之者又誰與?古之人不云乎:“東海西海有聖人出焉,此心同,此理同也。南海北海有聖人出焉,此心同,此理同也。”自其此心此理而諗之,古之人有與予同者乎?不同者乎?同者然乎?不同者然乎?此其没世而無聞者多矣。顯焉者,譜於此也。②

在吴氏看來,《春秋》學至“四變之極,必有能反其初者”,就是説《春秋》學在經歷了四變之後在理論上應當回歸《春秋》本義。吴氏爲這一説法提供的理論基礎是陸九淵心學所謂心同理同之説。真正恢復《春秋》本義是否可能,有待討論,但吴氏之言其實是想説《春秋》經義到了可以重新統一的時候,所謂“至於四變,可以少定”。從其所云“唐啖、趙氏蓋嘗有是志矣,繼之者又誰與”來看,顯然吴氏對宋儒經説頗有不滿,而其《春秋傳授譜》將過往《春秋》學家之傳授譜系詳加臚列,以便後繼者承繼是説而統一經義。從明人宋濂所述來看,吴萊似正以此統一經義之後繼者自任。宋濂云:

---

① 説詳(元)吴萊:《春秋傳授譜序》,《淵穎集》卷十一,第13頁左—14頁左,《景印文淵閣四庫全書》(第1209册),第188頁下—189頁上。

② (元)吴萊:《春秋傳授譜序》,《淵穎集》卷十一,第14頁左—15頁左,《景印文淵閣四庫全書》(第1209册),第189頁。

> 先生(吴萊)取《春秋》傳五十餘家,各隨言而逆其意,一以理折衷之,譬如法家奏讞,傅逮爰書,既得其情,而曲直真僞無所隱。至若《繁露》《釋例》《纂例》《辨疑》《微旨》《折衷》《權衡》《意林》《通旨》之類,皆有論著,别如《春秋經説》《胡氏傳考誤》未完。①

可見,吴氏對董仲舒、啖助、趙匡、陸淳、劉敞等漢、唐、宋《春秋》學家的經説皆有鑒取,所謂"各隨言而逆其意,一以理折衷之"即表明其統一經説之意。

黄景昌撰有《春秋公穀舉傳論》和《周正如傳考》二卷。吴萊序其書曰:"黄子讀《春秋》者四十年,老而不倦,嘗著《春秋舉傳論》(引按:即《春秋公穀舉傳論》)一編,屏除專門,搜剔傳疏,使之一歸於是然後止。"②所謂"屏除專門"顯然是指對漢唐三傳注重家法師法專門之學的批評,而"搜剔傳疏,使之一歸於是"則表明黄氏《春秋》試圖鑒取前人傳疏統一經義之意。依此來看,黄氏之學亦屬於中唐以來新《春秋》學的傳統。易言之,其學是在延續中唐以來《春秋》學傳統的基礎上試圖統一經義。事實上,吴萊序已揭明此意:

> 昔者晋劉兆嘗以《春秋》一經而三家殊塗,乃取《周官》調人之義,作《春秋調人》七萬餘言。夫調人之職掌,司萬民之讎而諧和之,爲《春秋》者,亦欲令三家勿讎,將天下之理不協於克一,而後世之議且容其潛藏隱伏於胸中也。何以調人爲哉?故唐啖助、趙匡,近世劉敞於傳有所去取,咸自作書,而今黄子又嗣爲之,可謂聞風而興起者矣。③

三、元代北方《春秋》學家的統一經義之意

元代北方《春秋》學人物、著作較爲稀少,雖然現今可考的《春秋》學家和著述并不能完整準確地反映元代北方《春秋》學的真實狀況,但依然能够由之以觀其學發展的一些基本面貌。北方之學起於趙復(字仁甫,學者稱江漢先生)北上傳學。端平十二年,楊維中與姚樞在燕京建太極書院,延趙復爲主講,自此北方之學興起。

---

① 《經義考》卷一百九十六"春秋世變圖"條引,載《經義考新校》,第3585頁。

② (元)吴萊:《春秋舉傳論序》,《淵穎集》卷十一,第18頁左,《景印文淵閣四庫全書》(第1209册),第191頁上。

③ (元)吴萊:《春秋舉傳論序》,《淵穎集》卷十一,第19頁左—20頁右,《景印文淵閣四庫全書》(第1209册),第191頁下—192頁上。

趙復所傳主要是《小學》與《四書》，但也涉及《春秋》。[①] 其弟子、門生中講授、傳播《春秋》者多有，[②]其中的代表性學者有二：一是郝經（1223—1275，字伯常），《宋元學案·魯齋學案》列之爲“江漢學侣”。[③] 二是安熙（字敬仲，真定藁城人），乃趙復門人劉因之私淑弟子，《宋元學案·静修學案》列爲“静修私淑”。[④] 郝經撰有《春秋外傳》，安熙撰有《春秋左氏綱目》，皆佚，惟郝經書有序存焉。基於趙復一脉《春秋》學論著的這一現狀，我們對其《春秋》學的瞭解只能借助於郝經的《春秋外傳序》。因此，下文將著重對郝氏此序做出分析，藉以彰顯趙復一脉《春秋》學的統一經説之意。

據其序文來看，郝經的《春秋》學也貫穿著統一經義的問題意識。其《春秋外傳序》曰：

> 蓋自三傳之外而爲是，不敢自同於三傳也。以《春秋》正經多不同，乃爲論次，作《章句音義》八卷；求聖人之意者，必探其本以爲綱，乃作《制作本原》三十一篇，十卷；《春秋》一書，義在於事，必比事而觀，其義可見，乃爲《比類條目》一百三十篇，十二卷；三傳之説不同，故聖經之旨不一，乃爲《三傳折衷》，俾經之大義定於一，凡五十卷，卷首又著《三傳序論》《列國序論》一卷。[⑤]

---

① 吴萊曰：“自宋季德安之潰，有趙先生者北至燕。燕、趙之間，學徒從者殆百人，嘗乎出一二經傳及《春秋胡氏傳》，故今胡氏之説特盛行。”（元）吴萊：《春秋通旨後題》，《淵穎集》卷十二，第27頁左，《景印文淵閣四庫全書》（第1209册），第208頁下。

② 比如，其門人劉因（1249—1293，字夢吉，號静修）雖無《春秋》學著述，但在其學術活動中却穿插著《春秋》學的内容，如針對胡《傳》頗爲著名的“夏時冠周月”説，他指出：“文定《春秋》説夫子以夏時冠月，以周正紀事，此亦不敢據。今《周禮》有正月，有正歲，則周實是元改作春正月。”（元）劉因：《四書集義精要》卷二十三，第6頁右，《景印文淵閣四庫全書》（第202册），第284頁上。

③ 郝經亦曾問學元好問，《宋元學案》卷九十《魯齋學案》“文忠郝陵川先生經”條下王梓材曰：“先生志元遺山墓云：‘先生與家君同受業於先大父，經復逮事先生者有年。’又爲渾源劉先生哀辭，謂嘗奉杖履。則先生遞及元、劉之門。又閱其《上紫陽先生論學書》，蓋嘗問學於楊氏。又有《與漢上先生論性書》及《北平王子正先生論道學書》，則復并接江漢之傳矣。”（《宋元學案》，第3006頁）

④ 《元史·安熙傳》曰：“熙既承其家學，及聞保定劉因之學，心向慕焉。熙家與因所居相去數百里，因亦聞熙力於爲己之學，深許與之。熙方將造其門，而因已殁，乃從因門人烏叔備問其緒説。”（《元史》卷一百八十九，第4328頁）《宋元學案·静修學案》“静修私淑”下王梓材案曰：“《儒林宗派》列先生於烏氏之門，然觀其與烏叔備書，僅稱叔備爲尊兄，蓋其自居静修私淑弟子，其於烏氏特學侣爾，不得徑謂烏氏門人也。”（《宋元學案》卷九十一，第3029頁）

⑤ （元）郝經：《陵川集》卷二十八，第17頁左—18頁右，《景印文淵閣四庫全書》（第1192册），第310頁。

《春秋外傳》乃郝經"使宋時拘館真州所作也,爲《章句音義》八卷,《春秋制作本原》十卷,凡三十一篇。《比類條目》十二卷,凡一百三十篇。《三傳折衷》五十卷,《三傳序論》《列國序論》一卷,總名曰《春秋外傳》"。[①] 所謂"不敢自同於三傳"乃郝氏之謙辭,而"俾經之大義定於一"則顯示出其試圖系統重建《春秋》詮釋的義理體系。其《春秋三傳折衷序》亦曰:

> 《春秋》以口授,而寖失其傳,雖大典大法,公道正義,具於書法之中,各有所見,而不没其實,原遠末分,説者不一,而羊亡於多歧,則亦昧夫真是之歸矣。六經自絶於秦,復於漢,《易》《書》《詩》《周禮》《禮記》僅得其本文,獨《春秋》有傳,其傳皆出於聖人而不同,非總萃鈎校,備爲剖決,徵諸大典大法以求夫真是之歸而定於一,則聖人之經終不能明矣。[②]

言下之意,其學就是要"總萃鈎校,備爲剖决,徵諸大典大法以求夫真是之歸而定於一",其統一經説之意甚明。基於此,他對三傳及漢宋學者的《春秋》經説提出反思。首先,在《春秋》觀上,郝經認爲,就具體内容而言:

> 《春秋》以一字爲義,一句爲法,雜於數十國之衆,綿歷數百年之遠,而其所書雖加筆削,不離乎史氏紀事之策,而無他辭説。[③]

即《春秋》爲孔子筆削史書而成,其表意之體例則是"以一字爲義,一句爲法"。就其性質而言,《春秋》爲"聖人始以心法變文制作",[④]郝氏云:

> 夫大匠之作室,必先定規模,量其高卑、廣厚、間架、楝宇,有成室於胸中,而後基構則不愆於素。聖人制作一經,垂訓萬世,又非一室之比,豈無素定之規模乎?夫其經天緯地,彰往察來,始終先後,本末原委,有一定不易之經,然後爲一定不易之法。自隱公至獲麟,年雖遠,國雖衆,事雖多,

---

① (清)吴騫:《四朝經籍志補》,"郝經《春秋外傳》八十一卷"條注,載王承略、劉心明主編:《二十五史藝文經籍志考補萃編》卷二十二,北京:清華大學出版社,2014年,第257頁。

② (元)郝經:《陵川集》卷二十八,第7頁,《景印文淵閣四庫全書》(第1192册),第305頁上。

③ (元)郝經:《春秋制作本原序》,《陵川集》卷二十八,第4頁右,《景印文淵閣四庫全書》(第1192册),第303頁下。

④ (元)郝經:《春秋制作本原序》,《陵川集》卷二十八,第5頁左,《景印文淵閣四庫全書》(第1192册),第304頁上。

則若網在綱,有條不紊,所謂吾道一以貫之者,在夫是也。①

郝氏認爲,孔子作《春秋》有"素定之規模""一定不易之法",也就是《論語·里仁》所云一貫之道。就此而言,其對《春秋》性質的理解同於公羊家及宋儒,即皆以之爲聖人之意的體現。

其次,既然《春秋》有"聖人制作之意",那麽,解經的首要任務就是探明其意,從詮釋學的角度説就是探明"作者意圖"。因而,郝氏對以往的《春秋》學家的解經方法提出批評:

> 學者往往以私意觀聖人,因其所書而爲之説,其説愈肆,其意愈遠,其例愈繁,其法愈亂,卒使大經大典昧没而不明,蓋不求其本源,而徒用力於支流也。……學者乃於條目之外,事迹之下,求聖人之旨,難矣哉!②

所謂"因其所書而爲之説"之具體所指,郝經没有更爲明確的説法,不過結合後文所言"條目""事迹"的説法來看,其意似是對三傳及漢唐以來的文辭褒貶之説以及宋儒朱子等人的據事解經説的批評,因爲這兩者儘管在解經思路上有差異,但都是從經文所書入手,前者是從文辭切入,後者則是從經文之事切入,皆可謂"因其所書而爲之説"。不過,三傳亦可謂"因其所書而爲之説",而郝經却頗爲推崇三傳。

> 在厄處危以來,爲《春秋》作《外傳》,以聖人之微意求聖人之大道,不敢躐等,循序而進,乃自近者始,故先定《章句音義》,次爲《制作本原》《比類條目》等,一本諸經,而不及傳,尊經也。然傳爲經作,經以傳著,雖曰尊經,傳亦不可廢也。③

可見,其主張尊經但不廢傳。是以其對唐宋以來重經輕傳乃至以爲三傳當束高閣而獨抱遺經的主張提出批評:

> 自王通爲"三傳作而《春秋》散"之言,而盧仝輩遂謂三傳當束高閣而獨抱遺經,陸淳、啖助、趙匡等因之,遂創爲之傳,自是《春秋》之學不專於三傳矣。宋興以來,諸儒迭出,各爲作傳,以明聖人之旨,莫不自以爲孟軻

---

① (元)郝經:《春秋制作本原序》,《陵川集》卷二十八,第4頁,《景印文淵閣四庫全書》(第1192册),第303頁下。

② (元)郝經:《春秋三傳折衷序》,《陵川集》卷二十八,第4頁,《景印文淵閣四庫全書》(第1192册),第303頁下。

③ (元)郝經:《春秋三傳折衷序》,《陵川集》卷二十八,第6頁左—7頁右,《景印文淵閣四庫全書》(第1192册),第304頁下—305頁上。

復出,而其義例殆皆不能外乎三傳,而每以三傳爲非。①

在他看來,“傳爲經作,經以傳著”,經傳之間具有緊密的邏輯關係,二者不可偏廢。依此而言,其對“因其所書而爲之説”的批評應當不是對這一方法本身的否定,而是説從解經的邏輯層次上講,這一方法將經之所書——文辭或事實——作爲解經之第一性的要素欠妥。而後者即其所謂“聖人制作之意”“一貫之道”。郝氏認爲,要探明聖人制作之意不能只從經文入手,而要借助於《易》《書》《詩》《禮》以及《四書》,而其尤爲推崇《大學》《中庸》。

> 夫聖人不欺天下後世,作爲六經,確然如《乾》,隤然如《坤》,易簡示人,而天下之理得。故本諸《易》以求其理,本諸《書》以求其辭,本諸《詩》以求其情,本諸《禮》以求其制,本諸《語》《孟》以求其説,本諸《大學》《中庸》以求其心,本諸《左氏》以求其迹。本諸聖人之經以求其斷,則《春秋》不我欺也,不我蔽也。聖人之意可見,而三傳之傳之自之本之差得矣。②

郝氏在此構築了一個“聖人之意”的意義網絡。他認爲可以通過《易》《書》《詩》《禮》及《四書》來彰明聖人之意的不同方面。聖人之意既明,則《春秋》可解,所謂“本諸聖人之經以求其斷,則《春秋》不我欺也,不我蔽也”。值得注意的是,就理、辭、情、制、説、心、迹而言,有不同層次,理、辭、情、制、説、迹相互之間雖有可互通之處,却不能相互涵攝,而心則可涵攝其餘。依此而言,在郝氏看來,對於求“聖人之意”而言,《大學》《中庸》在上述諸書中又居於核心地位。事實上,這與其所主張的《春秋》寓有聖人一貫之道的説法具有邏輯上的一致性。《論語·里仁》載:

> 子曰:“參乎! 吾道一以貫之。”曾子曰:“唯。”子出。門人問曰:“何謂也?”曾子曰:“夫子之道,忠恕而已矣!”

按照《論語》的描述,以忠恕爲一貫之道只是曾子的一種個人理解,但郝氏即將曾子的理解視爲孔子之所授,而謂曾子“獨得一貫之傳”,其稱:

> 蓋口授之際,在夫曾參氏而已,何者? 曾參少孔子四十六歲,於諸弟子年最富,而其賢亞於顔氏,故獨得一貫之傳,而子貢、冉求終不聞性與天

---

① (元) 郝經:《春秋三傳折衷序》,《陵川集》卷二十八,第 14 頁左—15 頁右,《景印文淵閣四庫全書》(第 1192 册),第 308 頁下—309 頁上。

② (元) 郝經:《春秋三傳折衷序》,《陵川集》卷二十八,第 15 頁,《景印文淵閣四庫全書》(第 1192 册),第 309 頁上。

> 道。蓦莫之年，一王之義，必屬之曾子矣。故曾子之學，自顔氏之後獨爲正大，以致知、格物、誠意、正心爲學之本，則"春王正月"之義也；一貫之道，大一統之旨也，推而爲忠恕，則予奪之法，絜矩之道也。[①]

在郝氏看來，從《春秋》學的角度而言，一貫之道就是《春秋》大一統説，由此推擴即爲忠恕，即爲《春秋》予奪之法，也即《大學》所謂"絜矩之道"。而"春王正月"也被其理解爲《大學》的格、致、誠、正之説。平心而論，郝氏之説不免粗疏，究竟在什麽意義上大一統説可被理解爲忠恕？但顯然可見的是，郝氏試圖以四書——尤其是《大學》《中庸》來詮解《春秋》。正是在此意義上，其一方面認爲本諸《大學》《中庸》可求聖人之心，另一方面亦堅持曾子獨得一貫之傳。基於這一理解，其對《春秋》學史上一些關鍵問題提出了新説，如對《公》《穀》學家所謂《春秋》傳授之子夏傳經説及左氏學者所謂左丘明傳經説，[②]郝氏皆予以否定，而提出曾子傳經説，認爲："三傳之傳，皆本之曾子，故其傳正。"[③]"三傳之説雖不同，要之出於聖人之門，而學有所自，終不外聖人之書法。"[④]因而解經就要折衷三傳而爲之，其叙《春秋三傳折衷》體例云：

> 今於聖經下各具三家之説。以《左氏》爲按，故先之，且變其錯經之體各類於本經下，使即經以見傳。以《公》《穀》二氏爲斷，故《公羊氏》次之，而《穀梁氏》又次之。其傳故各附經後，因之而不革。杜、何、范之注，則或

---

① （元）郝經：《春秋三傳折衷序》，《陵川集》卷二十八，第7頁左—8頁右，《景印文淵閣四庫全書》（第1192册），第305頁。

② 關於子夏傳經説，如《公羊解詁》徐彦疏稱："孔子至聖，却觀無窮，知秦無道，將必燔書，故《春秋》之説口授子夏。度秦至漢，乃著竹帛，故《説題辭》云'傳我書者，公羊高也'。"又引戴宏序云："子夏傳與公羊高，高傳與其子平，平傳與其子地，地傳與其子敢，敢傳與其子壽。至漢景帝時，壽乃共弟子齊人胡毋子都著於竹帛，與董仲舒皆見於圖讖。"（《春秋公羊傳注疏》卷一，第4頁）《穀梁集解》楊士勛疏稱："穀梁子名淑，字元始，魯人，一名赤，受經於子夏，爲經作傳，故曰《穀梁傳》。"（《春秋穀梁傳注疏》卷首，第3頁）關於左丘明傳經説，司馬遷《十二諸侯年表序》云："孔子明王道，干七十餘君，莫能用，故西觀周室，論史記舊聞，興於魯而次《春秋》，上記隱，下至哀之獲麟，約其辭文，去其煩重，以制義法，王道備，人事浹。七十子之徒口受其傳指，爲有所刺譏褒諱挹損之文辭不可以書見也。魯君子左丘明懼弟子人人異端，各安其意，失其真，故因孔子史記具論其語，成《左氏春秋》。"

③ （元）郝經：《春秋三傳折衷序》，《陵川集》卷二十八，第13頁右，《景印文淵閣四庫全書》（第1192册），第308頁上。

④ （元）郝經：《春秋三傳折衷序》，《陵川集》卷二十八，第14頁左，《景印文淵閣四庫全書》（第1192册），第308頁下。

去或取,各見於本傳下,從而爲之説。先辨經之不同者,而次及於傳。三家之説,同於真是,則同真是之,皆失其義,則皆是正之。一得而二失,則一得而二失之;二得而一失,則二得而一失之。不純任傳,而一以經爲據,使不相矛盾而吻合於經,庶幾聖人之意因三傳以傳,三傳之學不爲諸儒所亂,而學者知所從,不茫然惑惶以自亂,名曰"春秋三傳折衷"。①

在他看來,如此即可實現對《春秋》經義的統一,所謂"俾三傳爲一傳,折之以義理之至中,歸之於義理之至當。有萬不同,貫而一之,俾萬世之事業不外乎萬六千言之文,學者不復竊三傳以自私名家而復厚誣之也"。②

通過以上對郝經《春秋》學的分析可以推知,趙復一脉《春秋》學亦有統一經義之意。此外,非趙復一脉而研習《春秋》的北方《春秋》學家也存有此問題意識。如上文提及的敬鉉,吴澄稱其《春秋》學是"於衆言淆亂之中,折衷以歸於一",顯然是要統一經義。又如張在(1276—1331,字文在,真定槁城人),撰《四傳歸經》。其書名即顯示出其統一經説之意,所謂"四傳"是指三傳及胡《傳》,"四傳歸經"是説統合四傳之説以統一經義。事實上,蘇天爵(1294—1352,字伯修)爲張在所撰墓銘即於此有揭:"君既明習《春秋》,以貢舉唯許用《左氏》《公羊氏》《穀梁氏》、胡氏之《傳》,然四家言義,互有異同,君比輯其合於經者爲《四傳歸經》,以授學徒。"③從蘇氏所言來看,張在《四傳歸經》有爲科考程式之意。從其所謂"君比輯其合於經者爲《四傳歸經》"來看,顯然張在意欲抽繹四傳之説以統合經義。

四、元代《春秋》學統一經義課題形成的内在邏輯

綜上可知,元代無論南方還是北方,在《春秋》學上都表現出統一經義的問題意識。從《春秋》學演進的内在邏輯及元代科舉等政治實際來看,這一時代課題的出現有其合理性。

① (元)郝經:《春秋三傳折衷序》,《陵川集》卷二十八,第15頁左—16頁右,《景印文淵閣四庫全書》(第1192册),第309頁。

② (元)郝經:《春秋三傳折衷序》,《陵川集》卷二十八,第16頁右,《景印文淵閣四庫全書》(第1192册),第309頁下。

③ (元)蘇天爵:《濮州儒學教授張君墓志銘》,《滋溪文稿》卷十四,第17頁左—18頁右,《景印文淵閣四庫全書》(第1214册),第171頁下—172頁上。

如所周知，自孔子筆削魯史創作《春秋》以來，孔門弟子遞相傳衍《春秋》經義，至漢初形成《左》《公》《穀》《鄒》《夾》五家之傳。“鄒氏無師，夾氏未有書”，[①]故漢代《春秋》學以《左》《公》《穀》三傳爲主。其中又以公羊今文學爲其官方學術之主導，左氏學則基本在民間流傳。到東漢以後，《公》《穀》之學式微，左氏學大盛，成爲晋唐《春秋》學之主流。漢唐經説，崇尚家法師法，又有所謂今古之分，直至隋唐時期三傳之疏的出現，實現《春秋》經説的首次統一。

中唐以後，隨著啖助、趙匡、陸淳師弟引領的新《春秋》學思潮的出現，形成所謂經學變古思潮。啖、趙説經，主張“考核三傳，捨短取長”，對於前賢注釋，“亦以愚意裨補闕漏，商榷得失，研精宣暢，期於浹洽”。[②] 宋人説《春秋》，大多延續啖、趙這一理路，《四庫總目》説：“蓋北宋以來，出新意解《春秋》者，自孫復與敞始。復沿啖、趙之餘波，幾於盡廢三傳。”[③]皮錫瑞（字鹿門，1850—1908）説：“啖、趙、陸不守家法，未嘗無扶微學之功，宋儒治《春秋》者皆此一派。”[④]迄於南宋，宋代《春秋》學上大體形成了以程頤、胡安國爲代表的重視義例褒貶解經路向與以朱子、蘇轍爲代表的重視史事説經路向，但未形成統一的《春秋》經説。由於程朱在《春秋》學上未有完書，因此，隨著南宋以後程朱理學學術權威地位的逐步確立，如何延續和發展程朱思路——尤其是朱子之説，以形成新的統一的《春秋》經説，成爲《春秋》學演進的内在要求，加之元代科舉對程朱一系經典注解的推崇，更使這一問題成爲一個亟待解決的時代課題。

元代自世祖忽必烈至仁宗皇慶前，歷朝皆有復行科舉之議，然皆“未果行”“未及行”而終。仁宗皇慶二年（1313）十一月始下詔復行科舉，并分别於延祐元年（1314）行鄉試，二年（1315）行會試、廷試。其科舉詔規定考試程式，《大學》《論語》《孟子》《中庸》主用朱子《四書章句集注》，《詩經》以朱子《詩集傳》爲主，《尚書》以朱子門人蔡沈《書集傳》爲主，《周易》以程頤、朱子注爲主，“《春秋》許用三傳及胡氏《傳》”，《詩》《書》《易》兼用古注疏。[⑤] 這一規定反映出元代官方試圖以程朱注解作

---

① （漢）班固：《漢書・藝文志》，載王承略、劉心明主編：《二十五史藝文經籍志考補萃編》卷一，北京：清華大學出版社，2014 年，第 11 頁。

② （唐）陸淳：《啖氏〈集傳注義〉第三》，《春秋集傳纂例》卷一，第 7 頁左，《景印文淵閣四庫全書》（第 146 册），第 382 頁上。

③ （清）紀昀等：《欽定四庫全書總目》卷二十六，“春秋傳十五卷”條，北京：中華書局，1997 年，第 337 頁。

④ （清）皮錫瑞：《經學通論》，北京：華夏出版社，2011 年，第 434 頁。

⑤ （明）宋濂等：《元史・選舉一・科目》，北京：中華書局，1976 年，第 2019 頁。

爲經解範式之意,但在《春秋》學上,因程朱皆無完書,故而只能“許用三傳及胡氏《傳》”。易言之,“許用三傳及胡氏《傳》”是一個退而求其次的選擇。對此,元儒已有所見。程端學於其《春秋本義》序曰:

> 科詔:《詩》以朱氏爲主,《書》以蔡氏爲主,《易》以程、朱氏爲主,三經兼用古注疏。“《春秋》許用三傳及胡氏《傳》”,《禮記》用古注疏。欽詳“爲主”之意,則凡程、朱、蔡氏之説一字不可違,必演而伸之可也。若夫“許用”之意,則猶以三傳、胡氏之説未可盡主也。是則合於《春秋》之經者,用之可也,其不合者,直求之經意而辨之可也。謹案,程子曰:以傳考經之事迹,以經别傳之真僞。朱子曰:《春秋》不過直書其事,而以爵、氏、名、字、日、月、土地爲褒貶,若法家之深刻,乃傳者之鑿説。今以程朱之論考正三傳、胡氏,其得失如指諸掌。合於程朱之論,則合於經之旨矣。[①]

程端學認爲,科舉詔規定《春秋》“許用三傳及胡氏《傳》”,表明在元代官方看來,“三傳、胡氏之説未可盡主也”。因此,他認爲在《春秋》詮釋上,對於三傳、胡氏等前賢成説就應以《春秋》本身作爲取捨標準,而以《春秋》爲取捨標準,也就是要合於程朱之論。其以程朱之説統一經義之意躍然紙上。

不惟程端學,此意元代其他學者亦有所見,如熊禾(1253—1312,字去非,一字退齋)説:

> 考亭夫子平生精力在《四書》《詩》《易》,至於《書》,則付之門人。九峰蔡氏猶未大暢厥旨。《三禮》雖有通解,缺而未補者尚多。勉齋黄氏、信齋楊氏粗完《喪》《祭》二書,而授受損益,精意究無能續之者。《春秋》則不過發其大義而已,豈無所俟於來學乎? 當吾世不完,則亦媿負師訓矣。[②]

熊禾認爲,朱子在《春秋》學上只是提出了一些綱領性的看法,所謂“發其大義”,但并未形成系統的注解,因此,對於元代學者而言,理應延續朱子思路形成完整的《春秋》經解。事實上,他自己自覺從繼承朱子學的角度重建《春秋》詮釋體系。其撰有《春秋通解》等書,按照《宋元學案》的説法,其“於六經,只《儀禮》《外傳》未及成,餘皆有集疏,每經取一家之説爲主,裒衆説以證明之”。可見,其《春秋》學的確

---

① (元) 程端學:《春秋本義》卷首,載(清) 納蘭性德輯:《通志堂經解》(第10册),揚州:江蘇廣陵古籍刻印社,1996年,第383頁。

② (明) 黄宗羲著,(清) 全祖望補修:《潛庵學案》,《宋元學案》卷六十四,北京:中華書局,1986年,第2068頁。(標點有改動)

有統合諸説形成統一經説之意。

從師承關係來看，程端學、熊禾都是朱門後學，[①]其所言未免令人有回護師説之疑。事實上，程端學、熊禾所述只是就元代《春秋》學之主流而言，若從更加全面的角度來看，儘管元代《春秋》學家多有統一經義之意，但其對經義的統一未必都是從程端學、熊禾所謂接續程朱——尤其是朱子學的意義上展開的。就仁宗皇慶二年所頒科舉詔而言，除了上述程端學的理解之外，仍然可以有其他的解讀，比如，前引李祁《春秋五傳序》在有關元朝科舉用三傳與胡《傳》的問題上就提出與程端學不同的看法，所謂"國朝設科，以胡氏與三傳并用，立法之意至爲精詳"。實際上這種看法并非李氏獨有，在元代《春秋》學家中的確存在著部分胡《傳》之擁躉，如胡安國之私淑曾震，其《春秋五傳》對胡《傳》就格外著力，"凡胡氏有所引用，皆分注其下，而又别爲《類編》以附於卷，其有助於學者甚博"。[②] 又如吴師道（1283—1344，字正傳，婺州蘭溪人）與汪克寬，兩者都撰有與胡《傳》相關的《春秋》學著作，前者爲《春秋胡氏傳附辨雜説》十二卷，後者爲《春秋胡傳附録纂疏》三十卷，可見二人對胡《傳》之推許。事實上，吴氏書序即稱："談《春秋》而捨胡氏，未有不失焉者也。"[③]汪氏則認爲元代科舉用胡《傳》是"專用"而非"許用"，所謂"國家設科專用三《傳》及胡《傳》"。[④] 儘管其説并不符合元朝科舉實際，却足以表明汪氏對胡《傳》之推崇。

不過，從元代學術主流及元代《春秋》學的實際來看，程端學、熊禾之言亦不爲過。一方面，誠如論者所指出的，"元代理學的内在旋律不是離開朱熹，而是要回到朱熹，更準確地説，是開發朱子學説中那些尚未被完全發掘的可能性"。[⑤] 就元代《春秋》學而言，此説亦有其適用性。從元代《春秋》學師承譜系來看，元代《春秋》學家多爲朱子一脉之學者，且其據以統一經義的基本觀點又多繼承朱子之説。形成這一局面的原因是多方面的，但一個主要的原因應該是：作爲理學集大成者的朱

① 程端學爲朱子四傳，其師承爲：朱子—夑淵—陽岊—史蒙卿—程端學。參（元）歐陽玄：《積齋程君端學墓志銘》，載（明）程敏政撰：《新安文獻志》卷七十一，合肥：黄山書社，2004 年，第 1747 頁；《宋元學案》卷八十七《静清學案》。熊禾爲朱子三傳，其師承爲：朱子—輔廣—劉敬堂—熊禾。（參《宋元學案》卷六十四《潛庵學案》）

② （元）李祁：《春秋五傳序》，《云陽集》卷三，第 1 頁左，《景印文淵閣四庫全書》（第 1219 册），第 650 頁下。

③ （元）吴師道：《春秋胡氏傳附辨雜説序》，《吴禮部文集》卷十四，續金華叢書本。

④ （元）汪克寬：《春秋胡傳附録纂疏》，"凡例"，第 1 頁左，《景印文淵閣四庫全書》（第 165 册），第 7 頁下。

⑤ 陳來、楊立華、楊柱才、方旭東：《中國儒學史（宋元卷）》，北京：北京大學出版社，2011 年，第 649 頁。

子,其理論的完備性顯然勝於作爲理學發端者的二程以及其他學者。由於朱子經注的典範性,加之朱門弟子遞相授受、廣泛傳播所形成的深遠的影響,本朱子之説以重建《春秋》詮釋體系也就成爲元世大多數《春秋》學家之選擇。

如就前舉學者來看,除張君立、王莊師承無考,吴萊爲陳亮一脉之學者,楊維楨爲二程一脉學者,吴澄、程端學、戴良、郝經、熊禾皆屬朱子一脉。從許有壬之序來看,張君立對經義的統一似亦本於朱子學,許氏一方面批評三傳、胡氏,同時又頗爲推舉朱子,并認爲按照朱子之説,傳注之説不可泥於一偏,而張君立之學"擇諸家之論,或全或略,疏於三傳、胡氏之後",由此來看,在許氏看來,張君立"擷衆長,萃於一"的基本立場應當是從朱子而來。楊維楨雖爲二程一系學者,但其《春秋》學對朱子之説亦有吸收。朱子認爲,"《春秋》之書,且據《左氏》"。① 又説:"聖人且據實而書之,其是非得失付諸後世公論",②"聖人據魯史以書其事,使人自觀之,以爲鑒戒爾"。③ 楊維楨《春秋左氏傳類編序》曰:

> 三傳有功於聖經者,首推《左氏》,以其所載先經而始事,後經以終義。聖人之經,斷也;《左氏》之傳,案也。欲觀經之所斷,必求傳之所紀事之本末,而後是非褒貶白也。④

可見,其既繼承程子"以傳考經之事迹,以經别傳之真僞"之説,對朱子推崇《左傳》、據事見義之説也有所繼承,所謂"必求傳之所紀事之本末,而後是非褒貶白也"。從師承來説,《宋元學案·深寧學案》雖然將王惟賢列爲"深寧門人",但王應麟(1223—1296,字伯厚,一字伯齋,號深寧居士)之師承則可追溯至朱子、陸九淵、胡瑗、吕祖謙,因此,王惟賢亦可謂朱子一脉之學者。更爲重要的是,如前所説,他認爲元代《春秋》學的現狀是"卒無至當精一之歸者",從而主張要統一經義,而其據以統一經義的有關《春秋》性質的基本觀點又是來自朱子。朱子曰:"聖人光明正大",⑤"孔子但據直書而善惡自著"。⑥ 王惟賢則説:"聖人志在《春秋》,以尊王承天爲重,公平正大,存心直書其事,善惡自見。"⑦

---

① (宋)黎靖德編:《朱子語類》卷八十三,《新訂朱子全書》(第 18 册),第 3049 頁。

② (宋)黎靖德編:《朱子語類》卷八十三,《新訂朱子全書》(第 18 册),第 3049 頁。

③ (宋)黎靖德編:《朱子語類》卷八十三,《新訂朱子全書》(第 18 册),第 3045 頁。

④ (元)楊維楨:《東維子集》卷六,第 10 頁右,《景印文淵閣四庫全書》(第 1221 册),第 432 頁上。

⑤ (宋)黎靖德編:《朱子語類》卷八十三,《新訂朱子全書》(第 18 册),第 3048 頁。

⑥ (宋)黎靖德編:《朱子語類》卷八十三,《新訂朱子全書》(第 18 册),第 3045 頁。

⑦ (清)錢維喬:《(乾隆)鄞縣志》卷二十一,第 11 頁右,《續修四庫全書》(第 706 册),第 457 頁下。

另一方面，即便像李祁這樣在元朝科舉詔的理解上提出與程端學不同看法的學者，也同樣承認統一經義的必要性，所謂“學者困於翻閱，每嘆未有能合爲一書者”。而曾震《春秋五傳》，如上所述，實有助於經義之統一。吴師道雖然推舉胡《傳》，但從其序文來看，其不僅有統一經義之意，而且其對胡《傳》之推許，一方面是因爲胡《傳》被他看作統一經義之作，另一方面則是因爲胡《傳》受到朱子的肯定：

> 讀《春秋》者必自三傳始。甚矣！三傳之不可盡信也。《公》《穀》傳義不傳事，是以詳於經而義未必盡。《左氏》傳事不傳義，是以詳於史而事未必實。説者謂三子皆口傳受之，學者乃著竹帛而題之以其師之目，本皆不謬，而濫説往往附益其中，其信然與？前儒固守其説，啖、趙氏以來始有所去取折衷，至宋而二孫、二劉、蘇、許、吕氏各稱名家，概不能無異於三傳。至河南程夫子教人讀是書，以傳爲案、經爲斷，推明聖人經世之法，而於大義嘗發其端。中更王氏，以私意廢格，咸所憤嘆。胡文定公當紹興中專進讀是經，大綱本《孟子》，微辭祖程氏，根據正矣。自謂事按《左氏》，義取《公》《穀》之精，傳有乖謬，則棄而信經。又謂《左氏》博通諸史，叙事使人見本末，傳説既久，浸失本真，要在詳考而精擇之，可謂通而不固者也。然自今觀之，信經棄傳者殊少，眩惑於《左氏》者尚多，未免迂經旨以從紀載之誤，不得已而間采諸家，意雖近厚而不自知其失也。若其憤王氏廢經之害，閔衰世而憂弱主，因説讀以寓諫諷，故其爲言或勁而微過，激而小不平，其他義之不足以示勸戒者，多闕勿論。大要以尊君父、討亂賊、闢邪説、正人心、用夏變夷爲主，則不可訾也。故子朱子之論，謂其以義理穿鑿。夫曰穿鑿，則不可謂之義理，蓋義理正而事情未必然，故曰以義理穿鑿耳。且朱子考訂諸經略備，獨《春秋》一字弗之及，嘗恨不見國史，終莫知聖人筆削之旨。又曰：“己與聖人神交心契，然後可斷其書。”吁！國史豈復可見？聖人如天，天豈易知？蓋有測焉而偶合者矣。朱子雖不滿於胡氏，而終許其大義之正，則談《春秋》而捨胡氏，未有不失焉者也。方今設科表章，與三傳并，學者宗之，宜矣！①

吴師道認爲《左氏》與《公》《穀》各有特點，要之“三傳之不可盡信也”。漢唐專門，固守師説，未能形成統一經説，直至中唐“啖、趙氏以來始有所去取折衷”，宋儒延續啖、趙學風，在《春秋》學上各有所見，却“不能無異於三傳”。而程頤與朱子，前

① （元）吴師道：《春秋胡氏傳附辨雜説序》，《吴禮部文集》卷十四，續金華叢書本。

者"於大義嘗發其端",後者則於"《春秋》一字弗之及"。言下之意,從三傳至於啖趙、程朱等人,都未能在《春秋》學上形成統一經説。由此而言,其對胡《傳》的推許,顯然是因爲在他看來,在前儒著作當中,胡《傳》是唯一可以承擔此統一經義之任的著作。

他認爲按照朱子提出的解釋《春秋》兩條的原則,一是要與"聖人神交心契",二是要復見《魯春秋》,但這兩條几乎都做不到,因此,退而求之,只能尋求那些在競争性的意義上更加接近聖人本義的解經之作,所謂"蓋有測焉而偶合者矣"。在此意義上,他認爲"朱子雖不滿於胡氏,而終許其大義之正",也正是在此意義上,他提出"談《春秋》而捨胡氏,未有不失焉者也"。吴氏對朱子所言不免有所曲解,朱子只是部分肯定胡《傳》説經義理正當,而吴氏則將之理解爲對胡《傳》的全面肯定,甚至將之拔高到獨尊的程度。不過,其藉由朱子而肯定胡《傳》的做法則表明,其對胡《傳》的推舉在很大程度上有賴於朱子對胡《傳》的肯定。

吴師道雖然推舉胡《傳》,但他并不認爲其説經完美無瑕,而是認爲其在具體經説上仍然存在瑕疵,因此,其所著《春秋胡氏傳附辨雜説》就是要"以所未安者疏而辨之,其或事義足相發明者附以見焉"。[①] 吴萊《春秋胡傳補説序》亦稱其"乃因傳(胡《傳》)説之未備,從而補之,此仍有益於學者"。[②] 又説:"胡《傳》本乎程氏之學,程氏之學又信乎聖人時中之大法也,然而猶有所未備者焉,今也正傳乃從而補之,誠是也。"[③]其對胡傳之疏釋與補正,則是要在胡《傳》的基礎上進一步實現統一經義之任。

五、結　　語

綜上所述,從元代南北方《春秋》學的實際來看,元代《春秋》學家多有統一經義的問題意識,而且,其統一《春秋》經義的學術工作,又主要是從承繼和發展朱子學的意義上展開的。從《春秋》學演進的内在邏輯及元代科舉等政治實際來看,這一時代課題的出現有其合理性:從中唐興起的新《春秋》學,經由宋儒詮釋,形成了以程頤、胡《傳》爲代表的重視義例褒貶解經路向與以朱子、蘇轍爲代表的重視史事説經路向,但未形成統一的《春秋》經説。由於程朱於《春秋》無完書,因而隨著南宋以

---

① (元)吴師道:《春秋胡氏傳附辨雜説序》,《吴禮部文集》卷十四,續金華叢書本。

② (元)吴萊:《淵穎集》卷十,第 17 頁右,《景印文淵閣四庫全書》(第 1209 册),第 177 頁下。

③ (元)吴萊:《淵穎集》卷十,第 19 頁右,《景印文淵閣四庫全書》(第 1209 册),第 178 頁下。

後程朱理學學術權威地位的逐步確立，如何延續和發展程朱思路——尤其是朱子之説，以形成新的統一的《春秋》經説，成爲新《春秋》學演進的内在要求，加之元代科舉對程朱一系經典注解的推崇，更使這一問題成爲一個亟待解決的時代課題。

從遍疑今古到著治太平

——熊十力的《春秋》學 *

曾海龍

【摘　要】 熊十力的性理之學與經史之論爲其思想體系之一體兩面。就以《春秋》學爲中心的經史之學而言，熊十力繼承了康有爲對儒經的判定方法與三世進化説的基本架構，又有以下兩方面的發展：一是凸顯何休的三世説與董仲舒和《公羊傳》三世説的差異，主張三世進化臻於太平大同是孔子作經之本旨；二是認爲《春秋》之大義在盛張小康，而微言則隱寓大同，二者分别代表周公與孔子的政教主張。孔子早年宗周公之小康，晚年則志在大同，故微言所隱寓之大同纔是"孔子晚年定論"。進而，他將三統化約爲仁的觀念，大同則是進化論意義上的目的論，因而改制不再具有法古的意涵。

【關鍵詞】 三世進化　微言大義　大同　熊十力

【作者簡介】 曾海龍，1981年生，上海大學哲學系副教授。

《新唯識論》(文言本，1932)可謂第一部原創性的中國哲學著作。自此，熊十力登上了學術舞臺。其後，又有《新唯識論》語體本(1944)、《新唯識論》删定本(1953)、《體用論》(1958)、《明心篇》(1959)等哲學著作問世。這些著作深刻影響了現代中國哲學尤其是現代儒學。相比於新唯識論爲後人所稱道之盛况，對熊十力經學的關注與研究則要冷清得多。熊氏在完成作爲哲學體系的新唯识論建構之後，始著力於經學。其《讀經示要》(1945)、《論六經》(1951)、《原儒》(1956)、《乾坤

---

* 本文爲上海市哲學社會科學規劃項目一般課題"十力學派與儒學的現代轉化"(2023BZX006)的階段性成果。

衍》(1961)等經學著作,多以《新唯識論》爲鋪墊。如《春秋》之"元"乃《易》之"元","元即仁"等命題,皆與新唯識論有關。

梁啓超認爲,康有爲是今文學之大成者,"不斷斷於其書法義例之小節,專求其微言大義,即何休所謂非常異義可怪之論者"。[①] 然康有爲以劉歆遍僞群經,則爲章太炎等古文學家所批評。其駭人之論,啓近世疑古之風,影響巨大。作爲變法維新的領導者,康有爲以今文經學的思想資源與方法,將現代性納入儒家的話語體系,進而建構現代中國方案。因此,康有爲一方面被視爲"現代中國的界標",[②]一方面又被批評爲"以夷變夏"。[③]

熊十力治經,大體延續康有爲的疑經之風。他雖對康有爲批評甚烈,然其判經解經之風格,却與康有爲如出一轍。熊氏的經學著思,可約之以三:一是六經乃孔子晚年定論,而現存六經非孔子所作之原本,要窺孔子之道,亦不得不藉助今本六經。二是孔子早年與晚年思想頗不一致。孔子早年承周公小康之道,此乃後儒所謂六經之大義,五十歲以後思想大變,乃以天下爲公與大同爲政教理想,故作《易》與《春秋》,寓之於微言。六經經漢儒竄改以後,袛剩孔子早年所述之大義,而晚年之微言不復可見。三是六經有一貫之旨,歸之於《易》與《春秋》之"元"。

一、《春秋》三傳之辨證

東漢以降,今文學衰微,古文學興盛。至有清一代今文學復興,先有常州學派莊存與、莊述祖、劉逢禄、宋翔鳳,繼而有凌曙、陳立,再有龔自珍、魏源、廖平、康有爲等,皆爲公羊學之大宗。清代今文經學之復興,與今、古文之争有密切關係。清代今文學家通過檢討今、古文之舊案,通過斥古申今,使得今、古學之争,成爲晚清

① 梁啓超:《清代學術概論》二十三,載朱維錚校注:《梁啓超論清學史二種》,上海:復旦大學出版社,1985 年,第 64 頁。

② 參見李澤厚:《康有爲思想研究》,《中國近代思想史論》,北京:生活・讀書・新知三聯書店,2008 年,第 124 頁;干春松:《康有爲與儒學的"新世"》,上海:華東師範大學出版社,2015 年,第 113 頁。

③ 朱一新批評康有爲:"陽尊孔子,陰祖耶穌。"《朱侍御復康長孺第四書》,載《康有爲全集》第一集,北京:中國人民大學出版社,2007 年,第 327 頁。葉德輝説:"康有爲隱以改復原教之路得自命,欲删定六經而先作《僞經考》,欲攪亂朝政而又作《改制考》,其貌則孔也,其心則夷也。"《與劉先端、黄郁文兩生書》,(清) 蘇輿:《翼教從編》卷六,上海:上海書店出版社,2002 年。錢穆曾評價:"康氏之尊孔,并不以孔子之真相,乃自以所震驚於西俗者尊之,特曰西俗之所有,孔子亦有之而已。是長素尊孔特其貌,其裏則亦如彼……"錢穆:《中國近三百年學術史》,北京:商務印書館,1997 年,第 780 頁。

經學的重大課題。

廖平之經學凡有六變。初變大旨在"平分今古"。其説主今學宗《禮記·王制》,而古學宗周公之《周禮》。孔子早年從《周禮》,《王制》爲孔子晚年改制之作。此以禮制分别今古文學,頗得兩漢經師之家法。熊十力論之云:"廖平謂《王制》爲今學之主,《周禮》爲古學之主,此説尤淺陋。"①蓋因若如廖氏所言,經在先秦前早分兩派,則西漢古文學者不宗孔而僅以經爲史學。"故夫以今古學分派,過事張皇者,實無甚意義。漢世今古文之争,大抵因今文家先立學官,而抵拒古文家不得立。"②

廖平經學二變在"尊今抑古",以《周禮》爲劉歆之僞,《周禮》不復爲古學大宗。至其五變,又以東漢古文家源流,百無一真,而以孔子作六經,乃至六書文字,皆出於孔子。康有爲承其緒,認爲孔壁之古文經不過劉歆之假托,"古文經"實爲"僞經"。而宗周與宗孔,亦爲古文經與今文經之異。熊十力继承了廖、康等人的看法,康有爲説:

> 始作僞亂聖制者自劉歆,布行僞經篡孔者成於鄭玄。閲二千年歲月日時之綿曖……咸奉僞經爲聖法,誦讀尊信,奉持施行,違者以非聖無法論,亦無一人敢違者,亦無一人敢疑者。於是奪孔子之經以與周公,而抑孔子爲傳;於是掃孔子改制之聖法,而目爲斷爛朝報。……劉歆之僞不黜,孔子之道不著。③

实际上,熊氏早年對今古文的源流與分疏,并不十分關注。在《讀經示要》中,熊氏認可今文學以事明義之理,六經爲孔子"内聖外王"一體之學,既少論及今古文之争,又視孔子早晚年思想一貫,《論語》及四書亦可與六經相互印證。

熊十力雖於今古文之争無甚興趣,但篤信孔子作六經。孔子作《春秋》之説,首見於《孟子·滕文公》:"世道衰微,邪説暴行有作,臣弑其君者有之,子弑其父者有之,孔子懼,作《春秋》。"又《公羊傳》昭公十二年:"《春秋》之信史也,其序則齊桓、晋文,其會則主會者爲之也,其詞則丘有罪焉耳。"④熊十力認爲:

> 夫曰其義則丘取之,其詞則丘有罪焉爾,可見孔子所修之《春秋》,絶非魯史記之舊,其間所陳甚深宏遠之義,用爲萬世法者。……使如杜預之

---

① 熊十力:《讀經示要》,《熊十力全集》第三卷,武漢:湖北教育出版社,2001年,第880頁。

② 熊十力:《讀經示要》,《熊十力全集》第三卷,第881頁。

③ 康有爲:《新學僞經考》叙,《康有爲全集》第一集,第355頁。

④ (漢)何休解詁,(唐)徐彦疏:《春秋公羊傳注疏》,上海:上海古籍出版社,2014年,第943—944頁。

> 説，衹是鈔録舊史，則孔子何故曰其義則丘竊取，又云知我罪我，皆以《春秋》哉。[①]

熊十力認爲，現存六經皆非孔子親作。换言之，孔子親作之《春秋》，既非後世今文家所倡之《公羊》，亦非《左氏》與《穀梁》。其中，《公羊傳》非直述孔子之《春秋》的理據有三：一是《史記・太史公自序》稱《春秋》"文成數萬，其旨數千"，應聞自董仲舒，此乃指孔子親作之《春秋》，而非指《公羊傳》。司馬遷稱董仲舒言"其旨數千"，亦是指孔子所作之《春秋傳》而言。如就《公羊傳》求之，則無論如何探索，終不可得數千之旨。可見，《公羊傳》絶不是子夏受孔子以傳於公羊高者。二是《公羊傳》本爲漢制法，與《孔子》爲萬世制法之義，相隔天淵。《公羊傳》述孔子之言"其詞則丘有罪焉"，與《孟子・滕文公篇》"知我者其惟《春秋》乎，罪我者其惟《春秋》乎"，語意大不相同。故，《公羊傳》確已改變孔子《春秋》之骨髓與面目。三是《公羊傳》雖有三科九旨，但僅存三世之名目，而絶不究宣其義旨。"三科九旨多屬史家記事與褒貶之法例，通玩其書之大體，可謂史評一類之傑構，殊失聖人經典之内容。"[②]

至於《穀梁傳》，熊氏衹在《讀經示要》中略明其源流後云："《穀梁》於三世義，全無所知。豈得爲善於經乎？"[③]對於《左傳》，熊氏曰："左丘明受經於仲尼，以爲經者，不刊之書也。故傳或先經以始事，或後經以終義。或依經以辯理，或錯經以合異。隨義而發其例之所重，舊史遺文，略不盡舉。"[④]又曰：

> 蓋孔子所修之《春秋》，與其所因之史記原本，絶不相同。……邱明爲史家，必欲保存史實。故懼弟子各安其意，失其真。遂因孔子史記，具論其語，成《左氏春秋》。據此，則邱明之傳，大抵不依弟子所受孔子口義，而衹就孔子所因史記原本，考訂其本事，以存舊史之真。其自稱《左氏春秋》，殆與孔子之《春秋》并行，實非爲孔子《春秋》作傳也。孔子制萬世法，是爲經學。邱明則保存史實，只是史學。[⑤]

此蓋以《左氏》與孔子所作之《春秋》并行，而備以爲史。熊十力説："《藝文志》記載孔子因魯史記而作《春秋》，則謂孔子'以魯，周公之國。禮文備物，史官有法。故與

---

① 熊十力：《讀經示要》，《熊十力全集》第三卷，第 1000 頁。

② 熊十力：《原儒》，《熊十力全集》第六卷，第 421 頁。

③ 熊十力：《原儒》，《熊十力全集》第六卷，第 421 頁。

④ 熊十力：《讀經示要》，《熊十力全集》第三卷，第 998 頁。

⑤ 熊十力：《讀經示要》，《熊十力全集》第三卷，第 1005 頁。

左丘明觀其史記'云云。向、歆父子爲此説,最險惡。一則降孔子爲史家。二則以孔子爲周公之徒。三則以孔子欲取法周公而作《春秋》。"①"向、歆父子同欲卑視孔子之《春秋》。既上推周公,爲孔子所祖述;又援引左丘明,爲孔子所就正。其至妙者,則以孔子經傳爲史評一類之書。"②"向、歆以孔子之《春秋》,爲不成文之史評。又詆孔子爲空言,遂假托左丘明據魯史作傳,以救正孔門空言之失。"③如此,孔子所親作之經不復存矣。此與康有爲言"孔子不修之《春秋》"之説,頗爲同調。

在熊十力看來,《春秋》三傳雖非孔子所親作,但求孔子作《春秋》之旨,又不得不依於三傳尤其是《公羊傳》。他説:

> 釋《春秋》經者,最古厥惟三傳。曰《公羊傳》,曰《穀梁傳》,曰《左氏傳》。三傳當以《公羊》爲主。孔子大義微言,惟《公羊》能傳之。《穀梁》,昔人以爲小書,於大義頗有得,而不足發微言。《左氏》則記事之史耳。漢博士謂其不傳《春秋》,誠然。④

又説:

> 孔子作《春秋》,其説既不便於當時天子諸侯,故不著竹帛,而口授七十子。公羊高親受之子夏。世傳口義。至玄孫壽乃與弟子胡毋生,著於竹帛。同時董仲舒,著《春秋繁露》。廣大精微,盛弘《公羊》。其後何休作《解詁》。雖云依胡毋生條例,而義據大同《繁露》。故治《春秋》者,當本之董、何。《左氏》本不傳《春秋》,《穀梁》實出《公羊》後。⑤

二、微言與孔子晚年定論

熊十力早年與康有爲一樣認爲三世説是《春秋》的核心義理,并以據亂(衰亂)、升平、太平爲三世進化之階梯。1949 年以後,熊氏則汲汲於康有爲晚年所警惕乃至拒斥的大同,并將之視爲"孔子晚年定論"。其中,對微言與大義的截然二分,進而以微言發明大同,是熊氏晚年的核心關切。

---

① 熊十力:《乾坤衍》,《熊十力全集》第七卷,第 368—369 頁。

② 熊十力:《乾坤衍》,《熊十力全集》第七卷,第 370 頁。

③ 熊十力:《乾坤衍》,《熊十力全集》第七卷,第 372 頁。

④ 熊十力:《讀經示要》,《熊十力全集》第三卷,第 1002—1003 頁。

⑤ 熊十力:《讀經示要》,《熊十力全集》第三卷,第 1011 頁。

微言與大義，本出於古文家言。據劉歆之説，唯孔子及身乃有微言，其没而微言遂絶，若七十子，唯能傳孔子大義而已。至七十子後，則大義微言亦相乖離矣。據此，微言高於大義明矣。而微言與大義之分，至晚清皮錫瑞方得明確界説。皮氏云："《春秋》有大義，有微言。所謂大義者，誅討亂賊以戒後世是也；所謂微言者，改立法制以致太平是也。"[①]又云："惟《公羊》兼傳大義、微言，《穀梁》不傳微言，但傳大義，《左氏》并不傳義，特以記事詳贍，有可以證《春秋》之義者。"[②]故以公羊家視之，《公羊》優於《穀梁》《左氏》，而爲《春秋》之傳者，正在此。

一般認爲，《春秋》之微言與大義，實出於孔子"王心"所加。"罪我者，以孔子無位，而托二百四十二年南面之權，行天子褒貶進退之事，此所謂微言也；知我者，《春秋》誅討亂臣賊子，大義凛然，人所共見，此所謂大義也。"[③]此外，孔廣森謂，微言者，即《傳》所謂"微詞"也。"孔氏蓋以《春秋》之義爲一，即正名分、誅亂賊也。然恩有隆殺，尊有遠近，三世自當異辭。故此義得申於所傳聞世，無所忌諱，斯爲大義；而屈於所見之世，'不敢明其篡'，'不忍斥其惡'，斯爲微言。《春秋》當一王之法，雖常抑於所見世，然猶得伸於所傳聞世也。"[④]此種大義與微言之分，即是從《春秋》三傳之别與《公羊》之書法而論。蓋因孔子有諸種考量，而有不同書法。

熊十力對大義與微言的闡發，早晚年有所不同。《讀經示要》云：

> 《春秋》有大義，有微言。大義者，如於當時行事，一裁之以禮義，家鉉翁謂之因事垂法也。……微言者，即夫子所以制萬世法，而不便於時主者也，如《公羊》之三科九旨。[⑤]

據此，《春秋》微言與大義共存。而到晚年，熊氏則將大義與微言嚴格區分開

---

① (清) 皮錫瑞：《經學通論》，北京：中華書局，2018 年，第 365 頁。

② (清) 皮錫瑞：《經學通論》，第 392 頁。

③ 曾亦、郭曉東著《春秋公羊學史》云：蓋大義者，天不變，道亦不變，君臣父子之紀綱，數千年以來，莫能之易，此即大義也。故孔子持之以褒貶進退當時大人，直陳其事，張大其義而已。唯以諱尊隆恩、避害容身之故，又不得不爲此"微似之語"。此爲微言一也。《春秋》據魯而叙齊桓、晋文之事，然"隱公人臣而虚稱以王，周天子見在上而黜公侯"，此"王魯"之説，乃書法之尤可怪者。此爲微言二也。孔子當晚周之衰敝，欲撥亂反正，遂損周文而用殷質，然以無位之故，不得不托《春秋》以明制作之本意，且垂法於後世也。是則"素王改制"者，爲微言三也。何休"三科九旨"之説，獨《公羊》能發之，而《穀梁》《左氏》唯明大義，不達斯旨，故"三科九旨"者，亦微言之四也。曾亦，郭曉東：《春秋公羊學史》，上海：華東師範大學出版社，2018 年，第 123—124 頁。

④ 曾亦，郭曉東：《春秋公羊學史》，第 124 頁。

⑤ 熊十力：《讀經示要》，《熊十力全集》第七卷，第 1011—1012 頁。

來。《原儒》云:

> 孔子之學,有早年、晚年二期不同。早年習古帝王之禮……有曰:“周監於二代,郁郁乎文哉,吾從周。”又曰:“述而不作,信而好古。”此蓋其少年時研古學之興趣甚濃厚,古有嚮往三代之深情也。……大概四十歲以後,其思想日在變化之中。五十學《易》……則其新思想已成熟。……五十以至七十,孔子殆以著作六經與教育三千之徒,度其歲月。……早年好古,有“述而不作”之意。三千弟子中諸年長者承其風而樂之,執古之禮而莫知變。其流,遂爲小康學派。晚年創明大道,有“裁成天地,輔相萬物”之猛志,始作六經,啓導下民革命。三千中諸狂簡高才,承其風而興起。雖其道難行,而不易其志。其流,遂爲大道學派。①

據此,孔子晚年思想大變,而與其早年完全不同,具體有三個方面:一是大義乃宗周公,微言乃孔子之旨。二是大義是孔子早年思想,微言是孔子晚年主張。三是大義是小康之旨,微言是孔子晚年所期的大同之道。

到1961年完稿的《乾坤衍》,熊十力對孔子早年與晚年的思想有更爲明確的區分,遂有“孔子晚年定論”之説。

> 上考孔子之學,其大變,蓋有早晚二期。而六經作於晚年,是其定論。早年思想,修明古聖王遺教而光大之,所謂小康禮教是也。晚年思想,則自五十歲讀伏羲氏之《易》,神解焕發,其思想界起根本變化。於是首作《周易》《春秋》二經,立内聖外王之弘規。②

孔子早晚年思想的差異,亦是周孔政教之異。孔子早年修明古聖王遺教,大體依周公之垂教,“述而不作”,“祖述堯舜,憲章文武”,即所謂小康禮教,此乃《公羊春秋》所言之大義也。晚年則神解焕發,創内聖外王之宏規。按此,孔子早年與晚年思想絶不相同,乃至晚年有對早年思想的反叛。其早年從周而張大義,以小康派思想爲主。晚年乖大義而述微言,以大道派思想爲主。

所謂小康派,即主張孔子之大義者,《論語》《孝經》約是孔子早年思想,子貢、子路、曾子等人皆是小康派。所謂大道派,即承孔子晚年所作六經者。子夏、子游等人皆是。

《乾坤衍》云:

---

① 熊十力:《乾坤衍》,《熊十力全集》第七卷,第445—446頁。

② 熊十力:《乾坤衍》,《熊十力全集》第七卷,第335—336頁。

> 孔門三千之後學,全盤承受孔子晚年大道之學者,是爲大取。同時,必完全捨棄孔子早年所服膺於古帝王小康之道,是爲大捨。……反之,三千中頑固派之後學,篤守孔子早年傳習古帝王之禮教,是爲大取。同時,亦必完全反對孔子晚年思想,是爲大捨。孔子三千門徒,總分爲大道、小康兩派。①

由是,大義與微言分别爲孔子早年與晚年之旨,也是周孔政教之别。孔子之所以爲儒宗,乃因其以微言創明大道(大同)而爲制作之主。熊十力視微言與大同政教纔是"孔子晚年定論",可謂遍疑群經與歷代今古文學。這與康有爲作《孔子改制考》《新學僞經考》爲維新變法張目的做法,頗爲同調。

三、三 世 進 化

康有爲以三世説爲"《春秋》第一大義"。熊十力亦將三世説視爲《春秋》的核心要義,并以之爲孔子外王學之宏綱。

(一)三世異辭

三世異辭,《公羊傳》有明文。隱元年,公子益師卒。《傳》云:"何以不日,遠也。所見異辭,所聞異辭,所傳聞異辭。"②董仲舒依時之遠近,始以十二公配三世。《春秋》記三世之事,因遠近而文辭又有異焉。《繁露・楚莊王》云:"於所見微其辭,於所聞痛其禍,於傳聞殺其恩,與情俱也。"③《繁露・奉本》云:"今《春秋》緣魯以言王義,殺隱、恒以爲遠祖,宗定、哀以爲考妣。"④此亦以遠近親爲三世異辭之由。董仲舒三世異辭,實有二義:"遠者殺其恩,其志得申,質言其惡,大義凛然,此文辭所以異一也;而近者畏其禍,蓋君子有三畏,爲尊者諱,爲賢者諱,此亦理也,故書法有所屈,此文辭所以異二也。"⑤至何休則以三世説當"一科三旨"之内涵。其所謂三世異辭者,出於兩種緣由:其一,諱君隆恩也;其二,《春秋》當新王,治世有遠近詳略之不同也。又,《公羊傳》定元年:"定、哀多微辭,主人習其讀而聞其傳,則未知己之有罪

① 熊十力:《乾坤衍》,《熊十力全集》第七卷,第391—392頁。

② (漢)何休解詁,(唐)徐彦疏:《春秋公羊傳注疏》,第38頁。

③ (清)蘇輿:《春秋繁露義證》,北京:中華書局,1992年,第10頁。

④ (清)蘇輿:《春秋繁露義證》,第279—280頁。

⑤ 曾亦,郭曉東:《春秋公羊學史》,第348頁。

焉爾。"何休《解詁》釋云:"上以諱尊隆恩,下以避害容身,慎之至也。"①此與董仲舒謂"義不訕上,智不危身",同旨。

依公羊家舊説,"諱尊隆恩,避禍容身"是董、何三世異辭的主要原因。質言其惡,隆大其恩,乃大義所在;諱言其惡,避禍容身,不得已而微言。大義與微言實出於同一標準,乃因遠近親疏,親恩之輕重厚薄,而各用之。爲尊者諱,爲親者諱,爲賢者諱之類,皆屬微言。如此,大義與微言作爲公羊家之辭法,二者所遵循的標準實無根本差異。而董、何三世説之不同,主要在於何休以世之治亂不同分衰亂、升平、太平三世,分别與所傳聞、所聞、所見三世相配,此亦其三世異辭之由,而爲董仲舒所無。②

孔子改制之説,也由三世異辭所引發。《公羊傳》:定六年,季孫斯、仲孫忌帥師圍鄆。何休《解詁》云:"《春秋》定、哀之間,文致太平,欲見王者治定,無所復爲譏,唯有二名,故譏之,此《春秋》之制也。"徐彦疏:"云'《春秋》定、哀之間文致太平'者,實不太平,但作太平文而已,故曰'文致太平'也。"③蓋定、哀乃所見之世,其時陪臣執國命,禮樂崩壞至乎其極,實不太平。然《春秋》之辭,無遠近内外之别,大惡不書,小惡亦不書,唯有二名可譏,此所以"文致太平",非真實之歷史。故劉逢禄於此言"魯愈微,而《春秋》之化益廣","世愈亂,而《春秋》之文益治"。④ 據此,"文致太平"即有改制之義。

《春秋》托魯而王魯,孔子據魯史加以"王心"而已。按舊公羊家,王者改制不過改正朔、易服色等,并不涉及實質性制度變革。則所謂"王心"不過據周公之禮義,至多稍加改變而已。"文致太平"亦不過是遠近大小"從周"之意。這不僅與定、哀之際禮崩樂壞的史實相悖,且完全可以《春秋》之大義釋之。如此,所謂孔子之微言則將完全落於"諱尊隆恩,避禍容身"的窠臼之中。依理言之,"文致太平"而實不能太平,太平也絶非改正朔、易服色所能達成。

至清末康有爲認爲,如果衹以"諱尊隆恩,避禍容身"爲《春秋》"文致太平"之由,則孔子與一般鄉愿之徒,無根本差别,《春秋》之所以爲經也無從説起。衹有從孔子制作的角度來理解"文致太平",纔可能真正闡明《春秋》之大旨。而《春秋》之

① (漢)何休解詁,(唐)徐彦疏:《春秋公羊傳注疏》,第1049—1050頁。

② 曾亦認爲,董仲舒雖未明言據治亂之不同區分衰亂、升平、太平三世,"然《春秋》之義,在於撥亂世而反諸正,則由亂而漸進於治,誠三世説應有之義也"。曾亦,郭曉東:《春秋公羊學史》,第351頁。

③ (漢)何休解詁,(唐)徐彦疏:《春秋公羊學注疏》,第1088頁。

④ (清)劉逢禄:《春秋公羊經何氏釋例》,北京:北京大學出版社,2012年,第8、9頁。

爲經，其根本原因也在此。因此，"文致太平"雖有"諱尊隆恩，避禍容身"之考量，然其本非主要原因。康有爲對三世説重新闡釋後，何休的三世説就成了普遍的歷史哲學，孔子改制也獲得了新的理解。

公羊學三科九旨中，康有爲獨重三世説，認爲此乃"《春秋》第一大義"。① 康氏由《易》之陰陽之辨、《春秋》三世之義，窺孔子之道，其後又結合《禮運》大同、小康之道，將文質損益的三世更化演繹爲三世進化。他以《春秋》爲憲法，且通於據亂、升平、太平三世。

熊十力亦視三世説爲《春秋》的核心要義。他認爲："三科九旨，本孔子微言所存，當以三世義爲宏綱。……其餘諸義隨世分疏之，則聖人制萬世法之密意，可得而窺矣。"②《公羊傳》雖有三科九旨，然三世義祇存《孔傳》名目。何休注《公羊傳》，纔略存孔子爲萬世開太平之三世義。"《公羊傳》僅存三世名目，而絶不究宣其義旨。……幸有何休《解詁》略明三世本義。學者由此，可以窺見天縱之聖……"③

熊十力認爲，就君臣情義而言三世異辭，是公羊壽與胡毋生合作之《公羊傳》本旨。何休解詁則比較複雜，除保留公羊壽等人以"諱君隆恩"解三世異辭外，還有"見治起於衰亂""見治升平""著治太平"之語，并與所傳聞、所聞、所見一一對應。由此，三世異辭乃有所謂"世愈亂而文愈治"，進而衍化出衰亂（據亂）、升平、太平三世説。熊十力曰：

> 後段别標據亂、升平、太平三世義，確與前段盛彰君臣情義者異旨。夫君主制度，起自民群幼稚，歷久而未革之亂制。世進升平，則已撥亂而反諸正，必不容有君主……④

而《公羊傳》之三世，祇曰所見、所聞、所傳聞，其張三世，專就君臣恩義論。董仲舒《繁露》三世全遵《公羊傳》。而何休《解詁》依《公羊傳》作注，其解三世義，開首略存公羊壽與胡毋生之本旨，而後乃彰衰亂、升平、太平諸大義，與《公羊傳》本旨不相容。"兩説對照，公羊壽胡毋師弟説三世，明明倡君臣恩義之論，爲統治階級作護符，此與何休所述三世義本如甘辛不同味。而漢以來二千數百年，竟無一人能辨之者，豈不奇哉？"⑤

---

① 康有爲：《春秋董氏學》卷五，《康有爲全集》第二集，第 324 頁。

② 熊十力：《讀經示要》，《熊十力全集》第三卷，第 1023 頁。

③ 熊十力：《原儒》，《熊十力全集》第六卷，第 414 頁。

④ 熊十力：《原儒》，《熊十力全集》第六卷，第 484 頁。

⑤ 熊十力：《原儒》，《熊十力全集》第六卷，第 486 頁。

在熊十力看來,《公羊傳》衹是爲漢制法,其三世義諱君隆恩,提倡君臣恩義,故以所見世爲先。何休所述三世,與《公羊傳》三世毫不相干,却存孔子作經之旨。其以所傳聞世爲先。傳聞之世,衰亂已久,當舉革命,撥亂起治,故先。治道已興,歷升平而至太平,則革命之功緒已就矣。以三世漸進無停滯故,則三世本爲一事。一事者,撥亂世反之正也。撥亂世者,革命之事也。反之於正者,明天下爲公之道,創天下一家之規,爲全人類開萬世太平之治。而以所見之世爲太平世,可見孔子期於在據亂世舉革命之事,而及身親見太平盛治之成就。

據此,董仲舒《春秋繁露》之旨亦與孔子所親作之《春秋傳》不合。"孔子《春秋》之旨在消滅階級,不許有君主、貴族統治天下庶民……董仲舒受學公羊氏,深知此爲根本大義,而其所撰《春秋繁露》一書,正與此義極端相反。"①《春秋繁露·楚莊王》亦有所見、所聞、所傳聞三世之分,書法皆有不同,以明遠近親疏、貴賤輕重。依司馬遷所聞董仲舒"《春秋》貶天子,退諸侯,討大夫"云云,又可見董氏實知《孔傳》而不敢公之於世,故而變其説。何休《解詁序》雖首引《孝經》以尊君父之義,然其能明示三世義,則猶存《孔傳》几分真意,能救《公羊傳》爲漢制法之失。而"《繁露》之説三世純是統治階級之史法,其與何休三世義,相去豈止天淵?"②何休注《公羊》却絕口不道董氏,乃因此也。

熊十力比較何休所述三世義與公羊壽及胡毋生所作《公羊傳》之三世義如下:

何休《解詁》		公羊壽及胡毋生所作《公羊傳》	
所傳聞世	見治起於衰亂之中,是爲據亂世	所見世	臣當懷君深恩
所聞世	見治升平,是爲升平世	所聞世	以義繩臣道
所見世	著治太平,是爲太平世	所傳聞世	世遠不以恩義論

他進而批評:"近人康有爲治《春秋》,專以《公羊傳》及董生《春秋繁露》爲宗主。"③這實際上是説,康有爲雖發明大同,却以君臣恩義爲三世説之主旨,雖主張變法,却依然維護帝制,對孔子、何休之三世義旨全不通曉,故口説大同,而又夢想復辟,實無易道之實。

① 熊十力:《原儒》,《熊十力全集》第六卷,第423—424頁。

② 熊十力:《原儒》,《熊十力全集》第六卷,第425頁。

③ 熊十力:《乾坤衍》,《熊十力全集》第七卷,第339頁。

(二) 三世進化

三世進化,本是康有爲以進化論改造三世説的創構。至熊十力,則將三世進化學説與《周易》的宇宙論融合爲説,進而確立《易》與《春秋》在儒家經典中的主幹地位。熊十力認爲,三世説即主張革故鼎新,與《易》同旨。他以《易》之《鼎》《革》二卦證三世説:"《春秋》立三世義,與《易》之《鼎》《革》二卦,互相發明。革,去故也。鼎,取新也。……三世義者,明治道貴隨時去故取新……三世者,通萬世無窮之變,而酌其大齊。假説三世,實不可泥執三世之言,而謂萬古祇此三變也。"[①]在熊十力看來,革故鼎新的改制或革命纔是三世説的核心意涵。他説:

> 三世義自是《孔傳》之要領,其在《周易》,先天而天弗違、後天而奉天時之大用,實寓諸三世義。裁成天地、輔相萬物之無量功能與制度,亦寓諸三世義。《革卦》曰"革去故也",《鼎卦》曰"鼎取新也",無不寓諸三世義。《同人》《大有》,亦寓諸三世義。《春秋》之旨與《大易》通,其大無所不包。[②]

他進而對三世分别進行具體闡釋:

> 爲列國林立,互相競争之世,故各國之民皆不免於狹隘之國家思想。其時社會種種不平,統治階級獨擅其利,而大多數勞苦之民常安窮困,無由自覺自拔,此誠衰亂之世也。[③]
>
> 於所聞之世,見治升平者。文、宣、成、襄四公時事,是孔子所聞之世,此時實非升平,而《春秋》寄意於此時革命,以著見升平之治,故説此時爲升平世。[④]
>
> 至所見之世,著治太平者。昭、定、哀三公時事,爲孔子與其父所見之世而説爲太平。所見之世,實非太平,今謂之太平者,孔子蓋假托以明其理想,其意以謂,於據亂之世撥亂而起治,(《春秋》言撥亂,即革命之謂。)本欲爲全人類開太平,而太平不可以一蹴遂至,故必經過一升平之漸次,

---

① 熊十力:《讀經示要》,《熊十力全集》第三卷,第 1041 頁。

② 熊十力:《原儒》,《熊十力全集》第六卷,第 421 頁。

③ 熊十力:《原儒》,《熊十力全集》第六卷,第 486 頁。

④ 熊十力:《原儒》,《熊十力全集》第六卷,第 488 頁。

諸夏勇於改造,既進升平,决無停滯,太平之治,當及吾身而親見之矣。[①]

在《乾坤衍》中,熊氏又將革命與平等視爲孔子《春秋》與何休三世説所要表達的核心主張。他説:

> 何休注三世:一、據亂世者。萬國庶民在久受壓迫與侵削之中,奮起革命,消滅統治,撥亂世而反之正。二、升平世者。革命初成,亂制已革,(亂制者,古《春秋》説少數人統治大多數人,即是造亂的制度。)更須領導新建設。國家將改正舊日之國界惡習,而變爲文化團體。但在萬國未能遽行統一以前,國家仍保持獨立的規模與軍事之設備。……三、太平世者。國界、種界一切化除,天下一家。人各自主而皆平等互助,無彼我分别,《易》云"群龍無首"是也。何休所述三世,確是孔子《春秋》之三世義。[②]

熊十力視《易》與《春秋》爲孔子内聖外王之典,他説:"余嘗以《易》《春秋》二經,皆宣聖親作,二經相爲表裏。言《春秋》者不徵之《易》,必難通其微旨。"[③]如此,《易》爲内聖學之大旨,而《春秋》爲外王學之宏綱。"《春秋》制萬世法,而始於元,所謂本立而道生也。"[④]二經一貫,互爲表裏,《春秋》之元實即《易》之乾元。"《易》明萬化之宗,而建乾元。……《春秋》之元,即《易》之乾元,其義一也。"[⑤]又説:

> 《春秋》與《大易》相表裏。《易》首建乾元,明萬化之原也。而《春秋》以元統天,與《易》同旨。(《春秋》托始隱公,而於其即位之始年,首書元年春。春者,天時也。先言元而後言春,明乾元始萬物而統天之義,與《易·乾卦·彖辭》合也。)[⑥]

以《易》與《春秋》之微言統贯群經,發於清季宋翔鳳。宋氏認爲,《易》與《春秋》并爲孔子所述"性與天道"之"微言"所在。"《易》明天道以通人事,故本隱以之顯;《春秋》紀人事以成天道,故推見至隱。天人之際,通之以性,故曰性與天道。"[⑦]又

---

① 熊十力:《原儒》,《熊十力全集》第六卷,第 489—490 頁。

② 熊十力:《乾坤衍》,《熊十力全集》第七卷,第 339—340 頁。

③ 熊十力:《讀經示要》,《熊十力全集》第三卷,第 1046—1047 頁。

④ 熊十力:《讀經示要》,《熊十力全集》第三卷,第 1072 頁。

⑤ 熊十力:《讀經示要》,《熊十力全集》第三卷,第 625 頁。

⑥ 熊十力:《讀經示要》,《熊十力全集》第三卷,第 1019 頁。

⑦ (清)宋翔鳳:《論語説義》,《儒藏》精華編(第 105 册),北京:北京大學出版社,2008 年,第 555 頁。

説:“性與天道之故在《易》《春秋》。”[①]熊十力引《史記》“《易》本隱以之顯,《春秋》推見至隱”之語,以三世之説通於《易》,以《春秋》與《易》互爲表裏,與宋氏隱顯之論同旨。他説:

> 孔子之道,内聖外王。其説具在《易》《春秋》二經。餘經(《詩經》《書經》《禮經》《樂經》[即《樂記》])皆此二經之羽翼。《易經》備明内聖之道,而外王賅焉。《春秋》備明外王之道,而内聖賅焉。[②]

又説:

> 《論語》《大易》《大戴禮》《中庸》之言道,互相證明。而《春秋》之元,亦同此旨。夫道,生生也。(《易經》曰:生生之謂易。)[③]

以《春秋》之元爲《易》之乾元,則《春秋》之治道乃根據《周易》的宇宙論。他説:

> 《春秋》言治道,依據《大易》變動不居之宇宙論。(參考《繫辭傳》。)明群變萬端而酌其大齊以張三世,曰據亂世、升平世、太平世,其義亦本於《易》。《易緯·乾鑿度》明萬物之變皆有始、壯、究三期,物初生爲始,長大曰壯,歸終名究,此三期也,物變之大齊也。[④]
>
> 治化之大原,厥在天下之人人,能自節其欲,以復其固有之仁體。而後人人有天地萬物一體之樂,而後知互相尊親,互相比輔,以謀相生相養之均安。此《春秋》所爲始於元,以建王道之皇極也。[⑤]

熊十力在《讀經示要》中歸納群經言治九義,其中第九義即是治道終之於群龍無首。《易·乾》“用九”:群龍無首。熊十力解之云:

> 群龍所以象衆陽也。陽之所象又極多,其於人也,則爲君子之象。《春秋》太平世,人人有士君子之行,是爲衆陽,是爲群龍。……《春秋》懸太平世以爲的,《易》言群龍無首,則與太平義相發明也。[⑥]

---

① (清)宋翔鳳:《論語説義》,《儒藏》精華編(第105册),第625頁。
② 熊十力:《讀經示要》,《熊十力全集》第三卷,第1015頁。
③ 熊十力:《讀經示要》,《熊十力全集》第三卷,第576頁。
④ 熊十力:《論六經》,《熊十力全集》第五卷,第733頁。
⑤ 熊十力:《讀經示要》,《熊十力全集》第三卷,第1031頁。
⑥ 熊十力:《讀經示要》,《熊十力全集》第三卷,第618—619頁。

(三) 天子一爵

熊十力認爲,《左》《穀》據史實而言,皆不以天子爲爵稱,而《公羊》則以天子爲爵稱,乃承孔子制作之義。《孟子·萬章》亦有言:"天子一位,公一位,侯一位,伯一位,子男一位,凡五等也。"此乃視天子爲一爵。《繁露·順命》亦云:"故德侔天地者,皇天佑而子之,號稱天子。其次有五等之爵以尊之。"[①]熊十力認爲,孟子貴民,民貴,故天子有爵,與百官之有爵無異,不過其爵居第一位,爲百官之長而已。熊氏又引《易·乾鑿度》"天子者爵稱"之語與《公羊》互證,認爲天子一爵乃孔子之旨。

> 《易》孟氏京氏俱説《易》有君人五號。帝,天稱,一也。王,美稱,二也。天子,爵號,三也。大君,興盛行異,四也。大人者,聖人德備,五也。此與《易·乾鑿度》同。故以《易》説與《春秋》公羊家言互證,可知天子爲爵號,實孔子之創説也。[②]

熊十力將天子視爲官階中之一級,無疑有限制君權,主張立現代民主政治的意圖。他説:"近世康有爲亦張今文余焰,而專己自封,擁護帝制,徒爲大盗袁氏張目,猶漢儒之遺風也。"[③]而三世進化之標志,就在於君權之衰落與民權之漸盛。

> 據亂世,治起衰亂之中,人民之智、德、力未進也。其時,天下不可無君主。及民品漸高,將進至升平世。則君主制度,雖猶不廢,然已改定其職位,僅爲百官之長,而失去其至尊無上之意義。其權力即受限制,而不得恣意横行於上。至升平之治愈進,則國之主權,全操於民衆。而君主但擁虚位,雖尊寵之至極,而祇如偶像,爲群衆所具瞻而已。及進太平,則君位殆全廢,而任公共事業者,一由乎選舉,此君權蜕變之大略也。[④]
>
> 據亂世有君,以其爲民衆之領導,不可不尊也。升平世,民品已大進。而未至天下之人人有士君子之行。則猶未可廢君也。然民質既優,則民衆皆有自主自治之權,不當使君主專制於上,故君之號雖如故,而其職位,視前已截然迥異。[⑤]

---

① (清) 蘇輿:《春秋繁露義證》,第 410—411 頁。

② 熊十力:《讀經示要》,《熊十力全集》第三卷,第 1047 頁。

③ 熊十力:《讀經示要》,《熊十力全集》第三卷,第 765 頁。

④ 熊十力:《讀經示要》,《熊十力全集》第三卷,第 1044 頁。

⑤ 熊十力:《讀經示要》,《熊十力全集》第三卷,第 765 頁。

升平日進，人民自主自治之權能日高。君主但擁虛號而已。今稱英國爲虛君共和之制，蓋《春秋》之理想，實現於彼矣。①

世近太平，虛君將廢，而猶有存三統之説，使民群信仰有所繫也。② 世進太平，天下之人人，有士君子之行。③

由此，三世説完全演變成爲主張現代民主政治的政教主張。孔子的最高政教理想，也在消滅階級特别是君主專權以進於太平大同之世。

（四）夷夏内外

以文明禮義論夷夏與内外，是《春秋》之大義。皮錫瑞曾説："論異外内之義與三世相通，當競争之時，尤當講明《春秋》之旨。"④又説："是進退甚速，可見《春秋》立義之精，皆以今之所謂文明、野蠻爲褒貶予奪之義。後人不明此旨，徒嚴種族之辨，於是同異競争之禍烈矣。蓋托於《春秋》義，而實與《春秋》義不甚合也。"⑤可見，《春秋》不以種族論夷夏與内外。清末民初，康有爲拒斥章太炎等人的種族論述，致力於建構國族論述，并以孔教爲國教，實彰禮義教化之義，實取《春秋》夷夏内外之旨。

熊十力以文明禮義論夷夏與内外，同樣基於《春秋》的夷夏之辨，進而主張了一種不同於現代民族國家理論的文明論。他説：

今人誤解《春秋》，以諸夏爲五帝三王貴胄，即所謂漢族之目。以夷狄爲諸異種之名。此其説，明與《春秋》相反。夫吴人仲雍之後也，越人夏少康之後也，楚人則文王師鬻熊之後也，姜戎是四岳裔胄，白狄鮮虞是姬姓，此皆非與諸夏爲異種者。而《春秋》皆斥爲夷狄何耶？須知，《春秋》言民族，本無狹隘之種界觀念，而實以文野分别之。⑥

《春秋》於升平世内諸夏而外夷狄，所謂諸夏者，即是文明之國家。"夏之爲言大也。大其能去己私而敦禮義也。凡有禮義之民族，即皆是文明民族，而皆謂之諸夏。若其無禮義者，雖知能甚高，而政治與文化各方面之創造力甚大，如楚人者但因其習横暴，好侵略，《春秋》猶以夷狄斥絶之，况其遠下於楚人者乎？"總之，《春秋》

---

① 熊十力：《讀經示要》，《熊十力全集》第三卷，第1048頁。

② 熊十力：《讀經示要》，《熊十力全集》第三卷，第1049頁。

③ 熊十力：《讀經示要》，《熊十力全集》第三卷，第1051頁。

④ （清）皮錫瑞：《經學通論》，第375頁。

⑤ （清）皮錫瑞：《經學通論》，第378頁。

⑥ 熊十力：《讀經示要》，《熊十力全集》第三卷，第1068—1069頁。

於升平世,分别民族,衹依其文野,判爲諸夏夷狄二類。熊氏此時以當時世界爲升平世,視德、日等國爲夷,而許中、美、蘇、英、法爲諸夏。

熊十力認爲,升平之世,夷狄之國,逞其知識與創造之能,而專趨凶狡,常侵略他國,諸夏之弱國,常有不支之勢。“故《春秋》治升平,有大法四:一、獎諸夏能持霸權以制夷狄;二、誅戰禍罪魁;三、獎夷狄能慕禮義者,同之諸夏;四、罪弱小不自立者。”①在熊十力看來,《春秋》假齊桓、晋文之事,以伸霸權,明升平世,賴諸夏存霸統也。夫霸之爲霸者有六:一、修内治以勤遠略;二、依禮讓以固盟好,霸者之志,在攘斥夷狄凶狡之行;三、重民意而整武備,如管仲治齊;四、矯迂緩而佐法治;五、保弱小以禦侵略;六、崇仁義以别鳥獸。②

三世進化,乃由霸道漸進於王道。據亂、升平之世,不得已而行霸道。熊氏認爲,孟子、董仲舒等人雖善《春秋》,然皆於霸抑之太甚。又借其父熊其相之口曰:“《孟子》言霸,與《論語》説齊桓、管仲之意,殊不合。”③自漢以來,霸道亡,霸統絶,“吾民族蹂躪於獸蹄鳥迹之下者,蓋二千餘歲矣”。④ 蓋因霸統既滅,文明無以進化,而未能臻於王道。“吾昔之暴秦,今之德國希特勒輩皆夷狄也。由現代而推之將來,夷狄之風,猶未知所底。然則全世界崇禮義之民族,自當互相結合,正名諸夏,共同奮起,掌握天下霸權,以統馭夷狄,而使之漸化於禮義,馴至太平。是則《春秋》所以制萬世法之密意也。”⑤可見霸道乃臻於王道必由之途。由霸道臻於王道,即由種族之争進於禮義教化。

四、三統即仁統

依舊公羊家,孔子訂立《春秋》,遂得兼取之也,此之謂“通三統”。具體來説,就是新王當兼取“二王後”之舊典,師法先聖舊制。新王受命於天,必當改制。而改制之内容,不過徙住處、更稱號、改正朔、易服色、制禮樂之類。其意在昭示受天之命。“天不變道亦不變”,故王者有改制之名,而無變道之實。此乃舊公羊家所遵之共法。據此可以引申出政權更替與新王改制之路徑。王朝更替,其意在昭示天命在己而已,而非

---

① 熊十力:《讀經示要》,《熊十力全集》第三卷,第1075頁。

② 熊十力:《讀經示要》,《熊十力全集》第三卷,第1077—1078頁。

③ 熊十力:《讀經示要》,《熊十力全集》第三卷,第1079頁。

④ 熊十力:《讀經示要》,《熊十力全集》第三卷,第1079頁。

⑤ 熊十力:《讀經示要》,《熊十力全集》第三卷,第1080頁。

以暴易暴。新王改制，祇在改正朔、易服色等方面，而不涉及根本性的制度變革。

至康有爲，遂改三統之舊説，將三世與三統糅合起來。其曰：

> 孔子創義，皆有三數以待變通。醫者製方，猶能預製數方以待病之變，聖人是大醫王，而不能乎？三統、三世皆孔子絶大之義，每一世中皆有三統。[①]
>
> 神明聖王孔子早慮之憂之，故立三統、三世之法，據亂之後，易以升平、太平，小康之後，進以大同。[②]

熊十力亦以三世進化的視角來解釋"通三統"，故而特别主張其中的改制之義。《公羊傳》：莊二十七年，杞伯來朝。何休《解詁》云："杞，夏後，不稱公者，《春秋》黜杞，新周而故宋，以《春秋》當新王。"[③]熊氏解云：

> 案統之爲言，宗也，一世。言其統一天下衆志，而爲天下之所共宗也。統以三，《春秋》當新王，一也。仲尼祖述堯、舜，憲章文、武，周之道爲《春秋》所直接，故親周，二也。宋者商後，商湯承堯舜禹之道，而傳至於周。以逮春秋，故親周而不得不上及商。是以故宋，三也。……三統原是一統，一者仁也。《春秋》始於元，元即仁。雖隨時改制，而皆本仁以爲治。……《春秋》當新王，即以仁道統天下也。由《春秋》而上溯周之文、武，亦以仁道統天下也。又上推宋之先王成湯，亦以仁道統天下也。故《春秋》以仁垂統，而又推其統之所承，於是而親周，而故宋。明《春秋》之統，紹於周先王，周之統又紹於宋先王，依次相承，假説三統。[④]

熊十力改公羊學家以三代改制之義説正統，將三統歸之於仁。故三統之説純成抽象的義理，既無改制的具體内容，亦不能體現損文益質的具體内涵。熊氏不僅將三統一之爲仁，又以三世皆本之於仁。故而，三世與三統，皆成爲純粹義理。由此，三世之説，一在以仁義爲本，二在改故創新。

> 三世之治，皆以仁爲本。據亂世，所以内治其國者，仁道而已。升平世，所以合諸夏而成治，抑夷狄之侵略者，亦仁道而已。太平世則仁道益普，夷狄慕義，進於諸夏，治化至此而極盛，仁體於是顯現焉。[⑤]

---

① 康有爲：《春秋董氏學》卷五，《康有爲全集》第二集，第 370 頁。

② 康有爲：《大同書》卷一，《康有爲全集》第七集，第 6 頁。

③ （漢）何休解詁，（唐）徐彦疏：《春秋公羊傳注疏》，第 320 頁。

④ 熊十力：《讀經示要》，《熊十力全集》第三卷，第 1049 頁。

⑤ 熊十力：《讀經示要》，《熊十力全集》第三卷，第 1031 頁。

熊氏將可傳聞世、可聞世與可見世視爲進化之序,以見聖人制作之旨。進而,以三世進化通《大易》之變,而明世道之變化無窮而又本於仁。

> 但談變者,有二義宜知。一曰,仁義以立本。仁義,真常也。《春秋》之元也。(《易》以乾元爲仁……)萬變皆真常之發現,故變而莫不有則。每一段改革,即是一段創造。……二曰,變者,改故創新。宜治時,而不貴因時。後儒言治,大抵以因時爲貴。①

不同於舊公羊學家以奉天法古爲"通三統"的主要意涵,熊氏認爲"通三統"之旨在於通萬世之變,以臻於大同。"三統"乃是"仁統"的觀點,大大擴展了"通三統"的内涵。《讀經示要》云:

> 三統原是一統,一者仁也。《春秋》始於元,元即仁。雖隨時改制,而皆本仁以爲治。……《春秋》當新王,即以仁道統天下也。由《春秋》而上溯周之文、武,亦以仁道統天下也。又上推宋之先王成湯,亦以仁道統天下也。故《春秋》以仁垂統,而又推其統之所承,於是而親周,而故宋。明《春秋》之統,紹於周先王,周之統又紹於宋先王,依次相承,假説三統。其實,一以仁爲統而已。仁道,真常也,不可易也。所以通三世之萬變,而皆不失其正者,仁之爲本故也。故曰三統實是一統,一者,仁也。②

以三統爲仁統,則三統亦可謂五統、十統乃至千萬統。蓋仁道自古至今,未嘗一日絶於天下也。其所重者,仁道而已。

《春秋》之"新周"與"親周",都有黜周而當新王之義。既已黜周而當新王,則無有尊時王之内涵。"通三統""存二王後"不過備先王之法以爲新王取法而已,因此舊公羊學家"通三統"重在"法古"。而熊氏的"通三統"顯然則著重在"改故"革命。他提出"三統"乃是"仁統"的觀點,超越了傳統公羊家文質損益的視角,"通三統"由此具有了普遍歷史哲學的意味。

五、從遍疑今古到著治太平

熊十力據《禮記·禮運》篇大同與小康之分,認爲孔子主張大道(大同)。大道

① 熊十力:《讀經示要》,《熊十力全集》第三卷,第1041—1042頁。

② 熊十力:《讀經示要》,《熊十力全集》第三卷,第1049頁。

即天下爲公或天下一家。

> 《禮記》一書，是漢人輯録六國以來小康派之説，後人尊爲一經。其中有《禮運篇》，即削改孔子之《禮運經》而别爲此篇也。篇中有天下一家之語，本孔子《禮運經》原文。……汝試將篇首“大道之行也，天下爲公”一段及小康一段，細心體會，當知天下一家是孔子《春秋》主張太平世，全世界人類建立共同生活制度。小康之治，階級鞏固。私有制不可摇動，有治人與治於人之分。社會一切大不公、大不平，如何可説天下一家？①

熊十力對傳統儒家與公羊學的評價，前後有所不同。在《讀經示要》中，熊氏認爲，“《論語》與《春秋》通”，②孔子早年與晚年思想一貫，未有大道與小康之區分。此時，除對康有爲多有批評之外，於孟子，荀子，董仲舒、何休等漢公羊學家還有頗多稱許。他説：“孟子後孔子僅百餘年，又自稱願學孔子，其言必不妄。”“孟子本深於《春秋》者。”“孟子之後，董仲舒爲醇儒。”“《繁露》演公羊義，以《春秋》爲孔子作。與孟子之言，適相符應。”“其後何休作《解詁》。雖云依胡毋生條例，而義據亦大同《繁露》。故治《春秋》者，當本之董、何。”“西漢今文學稱盛，儒者立朝，皆能本經術以見之政事。”③

在1956年寫成的《原儒》，對諸儒的評判較《讀經示要》發生了顯著的變化。其云：“孟子蓋嘗聞《春秋》，然終守小康禮教，不欲消滅階級。孟子迂陋，非聖人之徒也。荀卿亦然……”又分别《公羊傳》三世義與何休三世義，而獨尊何休之説。“《公羊傳》三世，與何休述三世，其世次及義旨根本無一毫相通處……”“何休注《公羊傳》略存三世義，聖人爲萬世制太平之意猶可窺也。漢以來言三世者，皆以爲何休所言，亦承董生《繁露》。”“三世義旨自兩漢迄近人治《春秋》者，皆以何休説與公羊壽、胡、董均無異趣。……余以爲何休之學當承自公羊氏流傳之口説，是爲孔子之本義。”“康有爲、皮錫瑞之徒，名爲張三世，而實於三世義全不通曉。一方受公羊壽、胡毋、董生之騙，一方茫然不通何注，妄計何氏亦是僞《公羊傳》之學。”④

1961年完成的《乾坤衍》，可謂熊十力的晚年定論。其中，大同（大道）與小康之壁壘森嚴。除何休外，他將董仲舒和舊公羊學家一概斥之爲小康之學。“孟子、荀卿同是堅守小康之壁壘，與大道學説之主旨根本無可相容。孟子最頑固，宗法思

① 熊十力：《乾坤衍》，《熊十力全集》第七卷，第341—342頁。

② 熊十力：《讀經示要》，《熊十力全集》第三卷，第1094頁。

③ 熊十力：《讀經示要》，《熊十力全集》第三卷，第999、1047、1000、1011、764頁。

④ 熊十力：《原儒》，《熊十力全集》第六卷，第479、481、482、501頁。

想,狹礙一團。……荀子於大道之學棄其根本……""孟軻極錮蔽,蓋小康學派之正宗。""公羊壽師弟爲漢制法之三世義,本是反對孔子《春秋》之三世義,不可并爲一談。""公羊壽、胡毋師弟對於孔子《春秋》,直是完全反叛。"又認爲,何休《解詁·自序》謂孔子"志在《春秋》,行在《孝經》"之語乃是僞造,"其用意在保固封建思想,與孔子《春秋經》的思想絶不相容"。①

熊十力晚年嚴守大同與小康的分界,認爲孔子晚年汲汲於大同,孔子所删定之六經祇有微言,而無大義。現存《禮記·禮運篇》乃後儒對孔子《禮運經》改造而成,雖經改造而猶存原經本旨。《禮運篇》大同小康兩段文字,即是孔子所作《禮運經》之原文。孔子早年曾以"小康"爲社會理想,而晚年不滿於小康之辭,則改弦歸本於"大同"。熊十力説:"小康一段,其首句曰'今大道既隱'云云。明明是孔子不滿於小康之辭。孔子創明大道,則必條舉小康之制度、教義,而繩其短。方信大道不可隱晦,終當見諸實行。""實則孔子之學,早年誦法古帝王小康之業,誠有是事。但自五十學《易》後,其思想根本改變,創明内聖外王之大道,始作六經。"②"孔子早年之學,確是'祖述堯、舜,憲章文、武'。易言之,即崇尚小康禮教,維護統治……孔子晚年,其思想確突變,始作六經,發明'首出庶物','貶天子,退諸侯,討大夫',乃至'天下之人人有士君子之行','群龍無首',天下一家,是謂'大道之行天下爲公'。"③又説:

> 今觀《禮運篇》,稱孔子曰"大道之行也,與三代之英,丘未之逮也,而有志焉"云云。按"大道之行也,天下爲公,選賢與能"。而天子不得有天下,諸侯不得有國。統治層傾覆,私有制亦隨之俱廢。此與三代之英所行小康禮教,完全相反。孔子何至以大道之行與小康之六君子俱爲其志之所存乎?志存乎大道,决不效法三代之英;志存乎小康,又何能實行天下爲公之大道?④

在熊十力看來,"小康"乃基於"據亂世"的社會理想,對應於"升平世"。"大同"乃基於"升平世"的社會理想,對應於"太平世"。孔子思想以五十歲左右爲界,五十歲以前主"三代之英",以"小康"思想爲主;五十歲以後始研《易》,作《春秋》以"貶天子,退諸侯,討大夫",期進於太平大同。《春秋》《周官》是孔子晚年的政教主張,爲

① 熊十力:《乾坤衍》,《熊十力全集》第七卷,第394—395、343、376、344頁。

② 熊十力:《乾坤衍》,《熊十力全集》第七卷,第348、348—349頁。

③ 熊十力:《原儒》,《熊十力全集》第六卷,第783頁。

④ 熊十力:《乾坤衍》,《熊十力全集》第七卷,第349頁。

萬世開太平之經典。

> 小康禮教是，則天下爲公之大道非；天下爲公之大道是，則小康禮教非。孔子何至不辨是非而兩俱慕之乎？余昔疑篇首“與三代之英”五字當是後倉、小戴輩妄增者，（三代之英，即後文談小康處所稱禹、湯、文、武、成王、周公也。）蓋以三代之英用維持私有制之禮教，僅致一時小康。孔子已不滿之，乃發明天下爲公之大道，其所志既在此，决不又志於小康禮教也。①
>
> 小儒以迷亂之談，假托聖人，（聖人，謂孔子。）千古莫有辨正。康有爲受其欺，遂以孔子本有大同、小康兩種思想。（大同一詞，不足以稱孔子之學，應正其名曰大道。）故口談大同，身行復辟。（康氏陰謀清室恢復帝位，是謂復辟。）其愚不可瘳也。②

熊十力以爲“小康”與“大同”不可相融，以太平大同爲孔子晚年定論，故其對舊公羊家三世之説，又頗有異見，可謂遍疑今古、著治太平。

---

① 熊十力：《原儒》，《熊十力全集》第六卷，第447頁。

② 熊十力：《乾坤衍》，《熊十力全集》第七卷，第349—350頁。

經學文獻與義理

西周金文祭祀禮類變化與“殷周之變”

徐　淵

【摘　要】 甲骨文記述的商代祭祀禮典在西周早中期青銅器銘文中還時有出現，它們作爲商代禮典的遺存頑强地呈現在西周金文中，其中的大多數在西周早中期逐漸走向了消亡。西周金文中還有一類在傳世禮書中非常活躍的祭祀禮典，這些禮典是西周逐步固化成熟起來的周代禮典。兩類禮典的消長，正好體現了殷周之際禮制變化的特點。殷禮雖然在周初仍有大量遺存，但逐漸經歷了被周禮淘汰和轉换的過程。從這個意義上理解殷周制度的變革，更爲符合當時的實況。

【關鍵詞】 金文　禮典　西周　殷周之變

【作者簡介】 徐淵，1981 年生，復旦大學哲學學院副教授。

在劉雨《金文論集》“西周禮制”部分、[①]張秀華《西周金文六種禮制研究》[②]以及其他研究者所指出的青銅器銘文祭祀禮典中，只有十八種禮典是可以被認定的。它們是“禦”“彡”“饗”“𥛱”“禦”“燎”“牢”“肆”“柴”“祠”“禴”“嘗”“烝”“禘”“禱”“告

---

① 劉雨：《金文中的祭祖禮》，參見氏著：《金文論集》，北京：紫禁城出版社，2008 年，第 27—53 頁。劉源提出的“祭祀動詞”分類承自劉雨的分類，本文不再單獨分析。劉源將祭禮分爲“西周早、中期金文反映的周人祭祖禮對商文化的繼承”和“周人祭祖禮在吸收商文化基礎上的發展”兩個階段加以論述，具有卓見。本文在此基礎上，通過祭禮禮類分析深化了對“兩階段説”的認識。參見劉源《商周祭祖禮研究》，北京：商務印書館，2004 年，第 152—154 頁。

② 張秀華：《西周金文六種禮制研究》，吉林大學 2010 年博士學位論文（指導教師：吴振武教授），第 13—44 頁。

(祰)”“祼”“禋”。[①] 這十八類禮典可以分爲兩個大類,一類是在傳統禮書中明確爲禮典類型的禮典,另一類是在殷商甲骨文中能找到與之對應者的祭祀禮類。下文將分析兩大金文所載禮典類型的時代分布以及流變關係。

一、傳統禮書所載的祭祀禮類

第一類爲傳世禮書中常見的禮典,包括下述六種類型:

(一) 祠、禴、嘗、烝

《詩經·小雅·天保》:“禴祠烝嘗,于公先王。”《禮記·王制》:“天子、諸侯宗廟之祭:春曰礿,夏曰禘,秋曰嘗,冬曰烝。”鄭玄注:“此蓋夏、殷之祭名。周則改之,春曰祠,夏曰礿。以禘爲殷祭。”《周禮·春官·大宗伯》:“以祠春享先王,以禴夏享先王,以嘗秋享先王,以烝冬享先王。”《公羊傳·桓八年》:“烝者何?冬祭也。春曰祠,夏曰礿,秋曰嘗,冬曰烝。”《爾雅·釋天》:“春祭曰祠,夏祭曰礿,秋祭曰嘗,冬祭曰烝。”郭璞注:“祠之言食。(礿)新菜可汋;(嘗)嘗新穀;(烝)進品物也。”以上“礿”同“禴”。

周原甲骨中有“祠”字,并且當作祭名解釋。

祠自蒿于豐。 周原甲骨 H11:117
祠自蒿于周。 周原甲骨 H11:20

雖然文例比較簡單,但是這裏的“祠”大概只能釋爲“祠祭”之義,這是西周有“祠”祭的重要證據。含“祠”祭的銘辭包括趙孟庎壺(《銘圖》12365,春秋晚期)、好蚉壺(《銘圖》12454,戰國中期),二器的時代都比較晚,與西周甲骨的時代間隔較遠。

含“禴”祭銘辭的有士上卣(《銘圖》13333、13334,西周早期)、士上盉(《銘圖》14792,西周早期)、士上尊(《銘圖》11798,西周早期)、我鼎(《銘圖》02399,西周早期)、史喜鼎(《銘圖》01962,西周早期)等器。

史喜鼎銘文:“史喜乍(作)朕(朕)文考翟祭,氒(厥)日隹(唯)乙。”其中的“翟祭”,張秀華認爲楊樹達、唐蘭的說法[②]較爲可信,并做分析:

① 除了“報”祭尚存疑待考外,之前被認定的其他金文祭祀禮類均是由於銘文文字誤釋、涉“禮”與涉“事”混淆或者涉禮標準擴大化造成的。相關分析見徐淵《談談以青銅器銘文研究兩周禮典的幾個誤區》,《中國經學》第三十四期,桂林:廣西師範大學出版社,2024年,第83—108頁。

② 楊樹達:《積微居金文說(增訂本)》,北京:中華書局,1959年,第191頁。

翟古爲定母藥部，禴爲余母藥部，二字古音極近。并且古翟聲與龠聲字可以通用，如馬王堆帛書《六十四卦·登(升)》九二：“復(孚)乃利用濯。”通行本《易》之“濯”亦作“瀹”。又帛書《六十四卦·卒(萃)》六二：“復(孚)乃利用濯。”通行本《易》濯亦作禴。又帛書《六十四卦·既濟》九五：“東鄰殺牛以祭，不若西鄰之濯祭，實受其福。”“濯”通行本《易》作“禴”。《孟子·離婁上》：“逝不以濯。”《音義》濯，丁作瀹。從上引材料看，將銘文中的“翟”讀作“禴”是完全可以的。[①]

以上分析“翟”即“禴”，將“翟祭”歸入金文“禴祭”的禮類非常正確，避免了單獨加“翟祭”爲一个小的禮類。

含“嘗”祭銘辭的有姬鼎(《銘圖》02303，西周晚期)、六年琱生簋(《銘圖》05341，西周晚期)、蔡侯𬲁尊(《銘圖》11815，春秋晚期)、蔡侯𬲁盤(《銘圖》14535，春秋晚期)、與兵壺(《銘圖》12445，春秋晚期)、十四年陳侯午敦(《銘圖》06077，戰國中期)、楚王酓延鼎(《銘圖》02165，戰國晚期)、楚王酓忎盤(《銘圖》14508，戰國晚期)、楚王酓延盤(《銘圖》11425，戰國晚期)、楚王酓延鉇鼎(《銘圖》01980，戰國晚期)、郪陵君鑒(《銘圖》15065，戰國晚期)、以供器(《銘圖》19502，戰國晚期)等器。

嘗祭祭名不見於商代甲骨、金文，亦不見於西周早中期的銅器銘文。

“烝”甲骨文中常常作兩手持豆之形(如“”)，或作持豆米之形(如“”)，又有從示之形(如“”)。[②] 要之，這些形體代表了進獻粢盛的情狀。金文繼承了這種形體，應該表示的是冬季糧食豐收之後向祖先獻祭的場景。

含“烝”(“登”)祭銘辭的有吕壺蓋(《銘圖》12373，西周早期)、高卣蓋(《銘圖》13345，西周早期)、大盂鼎(《銘圖》01803，西周早期)、伯獄簋甲(《銘圖》05275，西周中期)、段簋(《銘圖》05234，西周中期)、大師虘豆(《銘圖》06158，西周中期)、姬鼎(《銘圖》02303，西周晚期)、十四年陳侯午敦(《銘圖》06077，戰國中期)、陳侯因資敦(《銘圖》06080，戰國中期)等器。

大盂鼎有兩個“烝”字，第一個“烝”表示的可能就是四時之祭。第二個“烝”辭例如下：

……𡖊(夙)夕䚋(召—詔)我一人登(烝)亖(四)方……

---

① 張秀華：《西周金文六種禮制研究》，第37頁。

② 從兩止之形(如“”)及從兩手兩止之形(如“”)的“登”，是爲“進登”的“登”所造之字。

由於"烝"與四方連言,因此不可能是對祖先的四時之祭。王國維、于省吾以來的學者一般都以《爾雅》《毛傳》爲據,將它釋爲"君"。劉雨認爲"烝祭不專用於祭祖,也可以用來祭四方神",[①]這種說法并没有其他金文辭例可以佐證,因此不取此說。

(二) 禘

"禘"祭在文獻中有幾種内涵,一是四時之祭的一種。《禮記·王制》:"天子、諸侯宗廟之祭,春曰礿,夏曰禘,秋曰嘗,冬曰烝,"鄭玄注:"此蓋夏、殷之祭名,周則改之,春曰祠,夏曰礿。以禘祭爲殷祭。《詩·小雅》曰'礿、祠、烝、嘗于公先王',此周四時祭宗廟之名。"鄭玄認爲"禘"祭在商代爲四時之常祭,到了周代就改爲大型祭祀,而夏季的常祭祭名則改爲"礿",即前文所列的"禴"祭。甲骨文中以"帝"來代表"禘",用例頗多。是否真如鄭玄所說,"禘"爲四時常祭,無法確認。

"禘"祭爲殷祭(盛大祭祀)的内涵在文獻中還包括兩種含義。第一層含義是祀天地於郊,以其始祖配之,謂之禘。《禮記·大傳》:"禮,不王不禘。王者禘其祖之所自出,以其祖配之。諸侯及其大祖,大夫、士有大事,省於其君,干祫及其高祖。"鄭玄注:"凡大祭曰禘。自,由也。大祭其先祖所由生,謂郊祀天也。……皆用正歲之正月郊祭之,蓋特尊焉。《孝經》曰'郊祀,后稷以配天',配靈威仰也。"鄭玄引《孝經》所述僅僅是"郊祀",并没有談到"禘祭"的問題,而鄭玄所述之"禘",帶有濃厚的讖緯色彩,恐不符《大傳》的原意。《大傳》所述之"禘"祭,很可能僅僅是王對其祖先的祭祀。

"禘"作爲殷祭的第二層含義是四時之祭外,祭於群廟爲禘。《禮記·王制》:"天子犆礿、祫禘、祫嘗、祫烝。"鄭玄注:"魯禮:三年喪畢而祫於大祖,明年春,禘於群廟。自爾以後,率五年而再殷祭,一祫一禘。"《禮記·王制》孔穎達疏:"此祫謂祭於始祖之廟。毁廟之主及未毁廟之主皆在始祖廟中。始祖之主於西方東面;始祖之子爲昭,北方南面;始祖之孫爲穆,南方北面;自此以下皆然,從西爲上。禘則太王、王季以上遷主祭於后稷之廟,其坐位乃與祫相似。其文、武以下遷祖,若穆之遷主,祭於文王之廟,文王東面,穆主皆北面,無昭主。若昭之遷主,祭於武王之廟,武王東面,其昭主皆南面,無穆主。又祭親廟四。"

含"禘"祭銘辭的有小盂鼎(《銘圖》02516,西周早期,禘周[文]王、武王、成王)、鮮簋(西周中期,《銘圖》05188,禘周昭王)、剌鼎(《銘圖》02428,西周中期,禘昭王)、

① 劉雨:《西周金文中的祭祖禮》,《考古學報》1989年第4期,第512、515頁。

大簋(《銘圖》05170,西周中期,禘考)、繁卣(《銘圖》13343,西周中期,禘辛公)、蔡侯𬪬尊(《銘圖》11815,春秋晚期)等器。根據以上器物的銘辭,劉雨對金文所反映的“禘”禮的特徵做了比較完備的總結,可以參看。[①]

(三)禱

關於“禱”祭,傳世文獻中的説法比較多,主要的内容是以言辭來向神禱告求福去灾。《周禮·春官·小宗伯》:“大烖,及執事禱祠於上下神示。”鄭玄注:“求福曰禱,得求曰祠。”《周禮·春官·大祝》:“作六辭以通上下親疏遠近:一曰祠,二曰命,三曰誥,四曰會,五曰禱,六曰誄。”鄭玄注:“鄭司農云:‘禱於天地社稷宗廟,主爲其辭也。……’玄謂禱,賀慶言福祚之辭。”《禮記·檀弓下》:“君子謂之善頌善禱。”鄭玄注:“禱,求也。”《論語·述而》:“子疾病,子路請禱。”鄭玄注:“禱,謂謝過於鬼神乎。”(敦煌殘卷唐寫本《論語》鄭注)又《詩經·小雅·吉日》一章:“吉日維戊,既伯既禱。”《毛傳》:“將用馬力,必先爲之禱其祖。”陳奐《傳疏》:“禱者,祭馬祖而禱也。”按《説文·示部》:“禂,禱牲,馬祭也。《詩》曰:‘既禡既禂。’”朱駿聲《説文通訓定聲·孚部》“禱”下云:“禂、禱實一字。”將“伯”與“禡”祭相聯繫,將“禱”與“禂”祭相聯繫,似乎不是“禱”的本意,不需作爲通例。

在金文銘辭中的“禱”基本都用爲向神“禱告”之義,銘文中的“禱”多用“”表示,冀小軍在《説甲骨金文中表祈求義的𠦪字》中將此字釋爲“禱”。[②] 陳劍師在《據郭店簡釋讀西周金文一例》中對字形“𠦪”的字形做了分析,“根據西周春秋金文中邾國‘曹’姓的本字寫作從‘𠦪’得聲的‘𡠦’,結合𠦪字字形的演變情況,可以斷定‘𠦪’的篆形中‘夲’纔是聲符”。并進一步認爲:“‘夲’與‘禱’讀音相近,故‘𠦪’在甲骨金文中可以表示‘禱’這個詞。”[③]

具體來説,“禱”在金文中的使用還可以分爲兩類。一類是不栺鼎[④](《銘圖》02361、02362,西周早期)、獻侯鼎(《銘圖》02181、02182,西周早期)、叔夨鼎(《銘圖》

---

① 劉雨:《西周金文中的祭祖禮》,《考古學報》1989年第4期,第495—498頁。

② 冀小軍:《説甲骨金文中表祈求義的𠦪字》,《湖北大學學報(哲學社會科學版)》1991年第1期,第35—44頁。

③ 陳劍:《據郭店簡釋讀西周金文一例》,《北京大學中國古文獻研究中心集刊》第二輯,北京:北京燕山出版社,2001年,第390頁。

④ 張秀華《西周金文六種禮制研究》未將不栺鼎納入“禱”祭禮類,是因爲其將不栺鼎銘辭“王才(在)上医(侯)应,𠦪鄺(祼)”中的“𠦪”釋爲了“華”,見《西周金文六種禮制研究》第一章“西周金文祭禮研究”“一〇、祼”條。從而將此例中的“祼”理解爲了祼祭用品,導致了對“禱”和“祼”内涵理解的雙重錯誤。

02419,西周早期)、伯唐父鼎(《銘圖》02449,西周早期)、圉甗(《銘圖》03331,西周早期)、圉簋(《銘圖》04692,西周早期)、叔簋(《銘圖》05113、05114,西周早期)、盂爵(《銘圖》08585,西周早期)、季盗尊(《銘圖》11715,西周早期)、矢令尊(《銘圖》11821,西周早期)、圉壺(《銘圖》12299,西周早期)、矢令彝(《銘圖》13548,西周早期)諸器。在以上器物的銘文中,"禱"多用爲"大禱在某地""某禱于某地"等。"禱"顯然被用爲一種特指的祭祀禮典,或可稱爲"禱祭",含有這一類的"禱"的銘辭應當作爲禮典類文獻加以考慮。

在銘辭中還有一類"禱",如衛鼎(《銘圖》02346,西周中期)"用桒(禱)旜(壽)"、伯梡簋(《銘圖》05078,西周中期)"唯用旛(祈)桒(禱)徧(萬)年"、瘐鐘(《銘圖》15592—15605,西周中期)"用禄(禱)旜(壽)"、㝬簋(《銘圖》05372,西周晚期)"用桒(禱)旜(壽)"、杜伯盨(《銘圖》05644,西周晚期)"用桒(禱)旜(壽)"。這些器的"禱"是作一般的"祈求"義使用,辭例與上一類的"禱"也完全不同,所禱的對象也主要是"壽""萬年"等比較抽象的内容。含有這一類"禱"的器物的斷代一般都要比含有用爲"禱祭"義的"禱"的器物要晚,通過比較以上兩類器物可以發現,"禱"在銘辭中用爲"禱祭"義的,無一例外都是西周早期的器,而用爲一般性"祈禱"義的都是西周中期以後的器物了。

這裹順便需要説明的是,在西周銘文中不將含有"祈"和"匄"的銘文納入祭祀禮類,就是由於"祈"和"匄"在金文文獻中一般所"祈求"的對象都是與第二類"禱"比較類似的、抽象的内容,這一類"祈"和"匄"并不具有禮典内涵,只是作器人對器物用途的美好願望罷了。將第二類"禱"與"祈""匄"對比,很容易發現它們的用法和辭例的相似性。"禱"從西周早期具體的"禱祭",逐步在西周中晚期蜕化爲抽象的"祈禱"内涵,不再具有實際的禮制意義,這可能就是與"禱禮"禮典在西周的蜕化同步的。原來實指性質的"禱"逐漸抽象化,最終與從來没有負擔過具體禮典内涵的"祈""匄"合流,成爲一個抽象的動詞。根據以上分析,"禱"在銘辭中所擔負的不同作用可以作爲金文及其器物斷代的標準。

(四) 告(祰)

"告"作爲"告祭"使用,在傳世文獻中較爲多見,也用爲"祰"。《左傳·桓公二年》:"冬,公至自唐,告于廟也。凡公行,告于宗廟;反行,飲至、舍爵、策勛焉,禮也。特相會,往來稱地,讓事也。自參以上,則往稱地,來稱會,成事也。"又《左傳·莊公元年》:"圍布几筵,告於莊、共之廟而來。"《禮記·曾子問》:"曾子問曰:'如已葬而世子生,則如之何?'孔子曰:'大宰、大宗從大祝而告于禰。三月,乃名于禰,以名遍告及社稷宗廟山川。'"又《禮記·曾子問》:"孔子曰:'諸侯適天子,必告于祖,奠于禰。冕而出視朝,命祝史告於社稷、宗廟、山川。乃命國家五官而後行,道而出。告者,五日而遍,過是,非禮也。凡告,用牲幣。反,亦如之。諸侯相見,必告于禰,朝服而出視朝。命祝史告于五廟所過山川。亦命國家五官,道而出。反,必親告于祖禰。乃命祝史告至于前所告者,而後聽朝而入。'"《逸周書·世俘》:"辛亥,薦俘殷王鼎,武王乃翼矢珪矢憲,告天宗上帝。"又:"越五日,乙卯,武王乃以庶國祀馘于周廟,翼予冲子,斷牛六,斷羊二,庶國乃竟告于周廟,曰:'古朕聞文考修商人典以斬紂,身告于天子稷,用小牲羊犬豕于百神,水土于誓社。'"李學勤在《〈世俘〉篇研究》中認爲"《逸周書》中的《世俘》一篇,記述武王伐紂的經過,是研究商周之際史實的重要依據之一",[①]并在《〈逸周書源流考辨〉序》中指出"《世俘》記武王伐紂,不少學者信爲實録"。[②] 可見,《世俘》的時代早於《左傳》所記録的時代,"告祭"在西周初期已經較爲成熟,并被用於武王克商後的重大典禮之中。《逸周書·世俘》對"告"祭的記載,與金文銘辭中"告"作爲祭祀類禮典出現在西周早期的文獻中是相吻合的。

含"告"祭銘辭的有何尊(《銘圖》02266,西周早期)、沈子它簋蓋(《銘圖》05384,西周早期)、作册夨令簋(《銘圖》05352、05353,西周早期)、叏簋(《銘圖》05112,西周早期)、静鼎(《銘圖》02461,西周早期)、麥尊(《銘圖》11820,西周早期)、班簋(《銘圖》05401,西周早期)諸器。

班簋銘文:"否臭(畀)屯(純)陟,公告𠂤(厥)事于上。"馬承源認爲"上"指"周王"。[③] 張秀華指出"不確,此處的上指上天",并舉"《尚書·文侯之命》'昭升于上,敷聞于下'馬融注'上謂天'"來證明"上"指的是天神。[④] 張秀華的分析是正確的,班簋"告厥事于上"與何尊"廷告于天"的内涵是比較接近的。

比較特殊的是乖伯簋(《銘圖》05385,西周早期)。乖伯簋銘文記録的是一類特殊的"告"禮,與軍事征伐及獻俘有密切的關係。乖伯簋銘文:"隹(唯)九年九月甲寅,王命益公征眉敖,益公至,告。"此處的"告"與"告"祭似無直接聯繫。張秀華《禮制研究》中引僞《尚書·武成》"厎商之罪,告于皇天后土"來説明乖伯簋"益公至,告"的内涵。[⑤] 李學勤在《從柞伯鼎銘談〈世俘〉文例》中,舉《世俘》中一系列的戰争

① 李學勤:《〈世俘〉篇研究》,《史學月刊》1988 年第 2 期,第 1 頁。

② 李學勤:《〈逸周書源流考辨〉序》,《西北大學學報(哲學社會科學版)》1992 年第 3 期,第 129 頁。

③ 馬承源:《商周青銅器銘文選(三)》,北京:文物出版社,1988 年,第 109 頁。

④ 張秀華:《西周金文六種禮制研究》,第 19 頁。

⑤ 張秀華:《西周金文六種禮制研究》,第 19 頁。

叙述:

壬申,荒新至,告以馘俘。侯來命伐靡集于陳。

辛巳,至,告以馘俘。

甲申,百弇以虎賁誓命伐衛,告以馘俘。

乙巳,陳本、新荒蜀磨至,告禽霍侯、艾侯,俘佚侯小臣四十有六,禽禦八百有三十兩,告以馘俘。

百韋至,告以禽宣方,禽禦三十兩,告以馘俘。

百韋命伐厲,告以馘俘。①

以上六例,與此前舉兩例《世俘》作爲“告”祭上天、祖先的“告祭”明顯不同。這裏均是周王派遣的將領獲勝後,有所擒獲,回到周師進行獻俘的禮儀。乖伯簋銘文的“至,告”所告的内容,依上舉《世俘》當然是指“告以馘俘”,而不是一般的對上天、祖先的告祭。獻俘在周初很可能也是在宗廟進行的,所以不能輕易否定乖伯簋“告”的禮典性質,但是與其他“告”祭加以區分仍然是必要的。從《世俘》的文本來看,金文和《世俘》中的“告”都可以區分爲這兩種類型。

(五) 祼

傳世文獻及禮書中主要有兩種“祼”禮。其一是在祭祀中,在神主前鋪上白茅,祭主以鬯酒獻尸,尸把酒澆在茅上,象神飲酒。②《詩經·大雅·文王》五章:“殷士膚敏,祼將于京。”《毛傳》:“祼,灌鬯也。”《禮記·郊特牲》:“周人尚臭,灌用鬯臭,鬱合鬯,臭陰達於淵泉,灌以圭璋,用玉氣也。”《禮記·祭統》:“君執圭瓚祼尸。大宰執璋瓚亞祼。”孔穎達疏:“天子諸侯之祭禮,先有祼尸之事,乃後迎牲。”《周禮·春官·大宗伯》:“以肆、獻、祼享先王。”鄭玄注:“祼之言灌,灌以鬱鬯,謂始獻尸求神時也。”賈公彦疏:“凡宗廟之祭,迎尸入户,坐於主北。先灌,謂王以圭瓚酌鬱鬯以獻尸,尸得之,瀝地祭訖,啐之,奠之,不飲。尸爲神象灌地,所以求神,故云始獻尸求神時也。”

學界關於“祼”“瓚”釋讀的討論非常熱烈,根據學界已有的釋讀成果,③本文主要集中於“祼”在金文中的用途進行討論。祭祀義的“祼”直接作“祼祭”動詞使用的

---

① 李學勤:《從柞伯鼎銘談〈世俘〉文例》,《江海學刊》2007 年第 5 期,第 14 頁。

② 錢玄、錢興奇編:《三禮辭典》“祼”條,南京:江蘇古籍出版社,1998 年,第 844 頁。

③ 關於“祼”的字形分類,本文采用周忠兵《釋甲骨文中的“阩”》一文中對“祼”“瓚”形體學術討論的總結來作爲本文金文“祼”字界定的標準。參見周忠兵:《釋甲骨文中的“阩”——兼論“升”“祼”之别》,《中國書法》2015 年第 24 期。

有何尊(《銘圖》11819,西周早期)、德鼎(《銘圖》02266,西周早期)、小盂鼎(《銘圖》02516,西周早期)、不栺鼎(《銘圖》02361、02362,西周早期)、𡧊簋(《銘圖》05204,西周早期)、伯祼簋(《銘圖》05091,西周早期,本文認爲當定名爲“伯簋”,詳下)、𤼷卣(《銘圖》13305,西周早期)、邾公𣄰父鎛(《銘圖》15815—15818)諸器。

“祼”在金文除了表示“祼”祭動詞以外,還可以作爲“祭品”修飾詞或直接指代祭品。作“祭品”修飾詞或直接指代祭品的有我鼎(《銘圖》02399,西周早期)、榮簋(《銘圖》05099,西周早期)、史獸鼎(《銘圖》02433,西周早期)、内史亳同(《銘圖》09855,西周早期)、鮮簋(《銘圖》05188,西周中期)、王爵(《銘圖》08274,西周晚期)、毛公鼎(《銘圖》02518,西周晚期)、邾公𣄰父鎛(《銘圖》15815,春秋晚期)[①]諸器。

張秀華《禮制研究》指出,榮簋、鮮簋中“祼”用以修飾“祼祭”中所用的祭品。在對“禱”祭討論時我們已經指出,張秀華將不栺鼎“禱祼”的“禱”誤釋爲“華”(《銘圖》已經給出正確釋文),[②]不栺鼎中“禱祼”是作爲一個祭祀短語存在的,“禱”和“祼”均用爲祭祀動詞。

我鼎銘辭“征(延)礿𥜿二母,咸。㽙遣𥙪(祼)二,𣎵貝五朋”(此據《銘圖》引),應該斷句并釋讀爲“征(延)礿𥜿二母,咸與。遣𥙪(祼)二𣎵,貝五朋”。由於銘文前面已經提到“妣乙”“妣癸”兩位女性先人,後稱“二母,咸與”,即“二母”都來享祭。“遣”與“賜”的内涵相近,“遣祼二𣎵”意爲“賜祼玉二‘𣎵’”,“𣎵”既可以指玉的單位(内涵與“品”相近),也可以就作爲一種特指的玉類。[③] 因此我鼎“祼”的辭例與榮簋、鮮簋是完全一致的,也用以修飾“祼祭”中所用的祭品。另外,毛公鼎“祼”的用法與我鼎相似,作爲祼品的修飾語;史獸鼎的“祼”,也作“祼祭所用的玉、貝”使用。

内史亳同的銘辭爲:“成王易(錫)内史亳豊(醴)𥙪(祼),弗㪟(敢)虒(弛),乍

---

① 邾公鎛出現了兩次“祼祀”,前一次是用作“祼祭”,後一次用作祭品的修飾詞。榮仲鼎甲、乙(《銘圖》02412、02413,西周早期)銘文中舊釋“玑”的字,高田忠周、李朝遠、李學勤認爲是“揚”字,董珊認爲該字從“戈”從“玑”,作“𢦏”字,用爲“祼”字。此處“玑”讀爲《説文·玉部》之“瑒”,“瑒,圭。尺二寸,有瓚。以祠宗廟者也”。其後面一個字何景成認爲當讀爲“瓚”,可從。則銘文當讀爲“子加㚇(榮)中(仲)玑(瑒)鬲(瓚)一”。

② 張秀華:《西周金文六種禮制研究》,第 24 頁。

③ 陳劍師在《釋西周金文的“竷(贛)”字》中指出“‘𣎵’字不識,但它經常在殷墟甲骨文提及‘𠬝’的人祭卜辭中出現,可以肯定爲一種祭品。”其説甚確,但引文將“遣𥙪(祼)”與“二𣎵”間點斷,從其他金文辭例來看,似當作一句來理解。《釋西周金文的“竷(贛)”字》,《北京大學中國古文獻研究中心集刊》第一輯,北京:北京燕山出版社,1999 年。

(作)禩(祼)銅(同)。”其中前一個“祼”作“祼賓客”使用,屬於第一種用法,後一個“祼”可以理解爲“同”的修飾詞,屬於第二種用法。

西周早期的伯祼簋的銘辭爲“隹(唯)王七月初吉辛亥,白(伯)鄅(祼)于下宫”,一般學者均定名爲“伯祼簋”,細審辭例,這裹的“祼”作“祼祭”動詞使用更爲合適,其辭例與何尊“祼自天”、㚇卣“祼于我多高”是一樣的。因此,上引句應該解釋爲“七月初吉辛亥的那一天,伯在下宫行祼禮”,此器的定名也當作“伯簋”。

郘公鞁父鎛中有“歟”字,從“果”從“吹”,董珊《郘公鞁父二器簡釋》指出“‘歟’從吹、果聲,讀爲祼祭之祼。‘吹’是歌部字,也可能是加注聲旁”。[①] 其説可從。從辭例看“歟祀”讀爲“祼祀”“祼瓚”文從字順。郘公鞁父鎛中第一個“祼”字爲“祼祭”的意思,第二個“祼”字則作爲後一個“瓚”字的修飾詞使用。這兩個“祼”字對應了上舉兩種“祼”的用法。

“祼”的另一種用法是指“祼賓”之禮,在王的大賓客之禮過程中進行。《周禮·春官·典瑞》:“祼圭有瓚,以肆先王,以祼賓客。”鄭玄注:“爵行曰祼。”賈公彦疏:“此《周禮》祼,皆據祭而言,至於生人飲酒,亦曰祼。故《投壺》禮云‘奉觴賜灌’,是生人飲酒爵行,亦曰灌也。”《周禮·秋官·大行人》:“上公之禮……王禮再祼而酢。……諸侯之禮……王禮壹祼而酢。……諸伯……王禮壹祼不酢。”鄭玄注引鄭司農云:“祼,讀爲灌。再灌,再飲公也。而酢,報飲王也。”《周禮·春官·大宗伯》:“大賓客,則攝而載果。”鄭玄注;“載,爲也。果,讀爲祼。代王祼賓客以鬯。君無酌臣之禮,言爲者,攝酌獻耳,拜送則王也。”以上“果”字皆借爲“祼”用。錢玄認爲,此種“祼”禮,因用圭瓚酌鬱鬯以獻賓客,故亦得稱“祼”。[②]

金文中將“祼”用作“祼賓”義的有麥鼎(《銘圖》02323,西周早期)、麥尊(《銘圖》11820,西周早期)、麥盉(《銘圖》14785,西周早期)、守宫盤(《銘圖》14529,西周早期)、萬杯(《銘圖》10865,西周早期)、鄂侯馭方鼎(《銘圖》02464,西周晚期)等器。

麥鼎、麥尊中的有從“口”從“鬲”的“□”字,賈連敏在《古文字中的“祼”和“瓚”及相關問題》中,已經將其釋讀爲“祼”。他指出“此字即《説文》的‘䰞’字”,“《説文》作‘䰞’,當此形之訛”,“□是‘祼’字的一類異體,而不是一個假借字”。[③] 麥盉中的“□”字拓片較爲模糊,但是根據辭例,應該與麥鼎、麥尊相同,故麥盉中此字也是

① 董珊《郘公鞁父二器簡釋》,復旦大學出土文獻與古文字研究中心網站,鏈接:http://www.gwz.fudan.edu.cn/old/SrcShow.asp?Src_ID=282,2012 年 4 月 10 日。

② 錢玄、錢興奇編:《三禮辭典》“祼”條,第 844 頁。

③ 賈連敏:《古文字中的“祼”和“瓚”及相關問題》,《華夏考古》1998 年第 3 期,第 109—110 頁。

"祼",與麥鼎、麥尊用法相同。麥鼎、麥尊及麥盉中的"祼"的賓語都是"麥",麥在這些銘辭中顯然都是作人名使用,故這幾個器中的"祼"都是"祼賓"的意思。

(六) 禋

"禋"祭是指以煙氣祭祀祖先的方式。《詩經·大雅·生民》:"克禋克祀,以弗無子。"孔穎達《正義》:"《釋詁》云:'禋,祭也。'……袁準曰:禋者,煙氣煙熅也。天之體遠,不可得就,聖人思盡其心,而不知所由,故因煙氣之上以致其誠。故《外傳》曰:'精意以享,禋。'此之謂也。"《周頌·維清》:"肇禋,迄用有成,維周之禎。"《毛傳》:"肇,始。禋,祀也。"《説文·示部》:"禋,潔祀也。一曰精意以享爲禋。"馬瑞辰《通釋》:"是禋乃祭祀通稱。"《周禮·春官·大宗伯》:"以禋祀祀昊天上帝。"鄭玄注:"禋之言煙。"《尚書·舜典》:"禋於六宗。"鄭玄注:"禋,烟也。"(《通德堂經解》)《尚書·堯典》:"禋於六宗。"鄭玄注:"禋,煙也。"(《鄭氏佚書》)《尚書古文·洛誥》:"曰明禋。"鄭玄注:"禋,芬芳之祭。"(《通德堂經解》)

"禋"祭或"禋祀"在金文中也多有反映,包括"禋"祭銘辭的有史墻盤(《銘圖》14541,西周中期)、宋君夫人鼎(《銘圖》02222,春秋晚期)、哀成叔鼎(《銘圖》02435,春秋晚期)、蔡侯龖尊(《銘圖》11815,春秋晚期)、蔡侯龖盤(《銘圖》14535,春秋晚期)、陳喜壺(《銘圖》12400,春秋晚期)、鰫史屖壺(《銘圖》12433,春秋晚期)、與兵壺(《銘圖》12445,春秋晚期)、中山王嚳壺(《銘圖》12455,戰國中期)諸器。以上銘辭中,"禋"皆用作"禋祭"義用,時代較《詩》《書》文獻時代要晚,西周時期只有史墻盤可以作爲例證,不知"禋祭"在西周至東周之間,是否有内涵上的變化。

以上六類在傳世文獻中常見的祭祀禮類,在金文文獻中也較爲多見,這是金文記録兩周禮類能與傳世文獻對應的重要内容。

二、與殷商甲骨文所記祭祀相對應的禮類

在金文中,還有一些祭祀禮類,這類祭祀詞彙在金文中相對稀見,在傳世禮書中也記載不多。它們的共同特徵是都能在甲骨文中找到對應的字詞,在此對這類祭祀禮類進行梳理。

(一) 禦

傳世文獻中,"禦"祭這一禮類幾乎完全消失,只有《説文·示部》"禦,祀也"存有此義。然而《説文》中的"禦"從"示",它是與甲骨、金文中的"御""禦"直接相關的

詞,還是一個後起字表示較晚的一種祭祀,尚不能確知。《逸周書・世俘》有"戊辰,王遂禦"。前文已經説到《世俘》所反映的是西周初期的歷史情況,對西周的語言保存較爲忠實,因此這裏的"禦"應該就是甲骨、金文中表示"御祭"的那個詞。楊樹達在《積微居甲文説・釋禦》中認爲甲骨文中的"御"一般都用爲祭祀名詞,金文中的"禦"是對甲骨文的繼承,内涵與甲骨文相一致。①

金文中含有"禦"作"禦祭"用的銘辭的有耳𠬝觶(《銘圖》10606,西周晚期)、我鼎(《銘圖》02399,西周早期)、叀尊(《銘圖》11728,西周中期)、作册嗌卣(《銘圖》13340,西周中期)、㝬簋(《銘圖》05372,西周晚期)諸器。

甲骨文中用爲"禦祭"的"禦"多作"卬"。金文中的"禦"一般可以隸定爲"𥙷"或者"䘖",比甲骨文"卬"多一"示"旁。金文多集中在西周時期,故金文中"禦"的内涵,一般學者認爲與甲骨文"禦"的内涵接近,二者有承續關係。

(二) 彡

"彡"在甲骨文中非常普遍,金文中"彡"作爲祭祀詞彙,與甲骨文中的使用方式相近。關於"彡"的内涵,學界還没有統一的認識,李學勤在《談叔夨方鼎及其他》中認爲"彡"作爲與祭祀有關的動詞可以單獨使用,也可以與各種祀典相連使用,"是意義寬泛的動詞,并非特種的祀典或祀典中特定的儀節",②朱鳳瀚在《論彡祭》中認爲,"彡字讀酉音,以酉與彡會意……應該是指一種傾酒的祭儀",彡繼承殷代的祭祀方法,周代也是與其他祭名共見,組合爲一個祭祀過程。③ 劉源在《商周祭祖禮研究》中認爲"彡"是祭祀過程中的一項重要活動。④ 劉釗在《叔夨方鼎銘文管見》中認爲:"彡雖然與祭祀有關,但其本身却不一定就是祭祀,而很可能是祭祀前需要做的一件事情。"⑤張秀華在《禮制研究》中認爲:"繁卣、麥方尊'彡祀'連言,'祀'泛指祭祀,彡可以看作一種特定的祭祀方式。"⑥從以上分析來看,李學勤的分析是比較全面的,"彡祀"連言的情況下"彡"還是看作一種單獨的祭祀比較妥當,其他情況下,"彡"可能是一個大的祭祀過程中的一個環節,這種情況與"奠""禱"的情況是較爲

① 楊樹達:《積微居甲文説・卜辭瑣記》,北京:科學出版社,1954年,第17頁。

② 李學勤:《談叔夨方鼎及其他》,《文物》2001年第10期,第67—69頁。

③ 朱鳳瀚:《論彡祭》,《古文字研究》第二十四輯,北京:中華書局,2002年,第87—88頁。

④ 劉源:《商周祭祖禮研究》,北京:商務印書館,2004年,第110—116頁。

⑤ 劉釗:《叔夨方鼎銘文管見》,《黄盛璋先生八秩華誕紀年文集》,北京:中國教育文化出版社,2005年,第159頁。

⑥ 張秀華:《西周金文六種禮制研究》,第26頁。

類似的,是禮典中的普遍情況。

金文中含有“肜”銘辭的有叔夨鼎(《銘圖》02419,西周早期)、麥尊(《銘圖》11820,西周早期)、繁卣(《銘圖》13343,西周中期)諸器。可以看到,含有“肜”的銘辭主要集中在西周早中期。有理由相信,“肜”祭是商代祭祀的一種遺存,在周代已經逐步減少。由於“肜”不見於傳世文獻,故甲骨、金文中“肜”的用例也比較少,具體内涵還有待其他文獻的佐證和充實。

“肜”祭與“彡(彤)”祭不是同一種祭祀,西周金文中的“彡”主要作爲人名使用(仲彤盨,《銘圖》05555、05556,西周晚期)。工簋(《銘圖續》0420,商代晚期)中有“彡”作爲祭祀名,當與“肜”祭無關。

(三) 饉

西周早期的鳴士卿尊(《銘圖》11779)銘文爲:

> 丁子(巳),王才(在)新邑,初(饉),王易(錫)敫(鳴)士卿貝朋,用乍(作)父戊隮(尊)彝,子。

銘文中的“”字如何釋讀,目前還存在比較大的争議。李學勤在《論美澳收藏的幾件商周文物》一文中摹寫的藏於哈佛大學福格藝術館收藏的觩玉戈(《銘圖》19763,商代晚期),銘文爲:“曰饉王大乙,才(在)林田,觩(俞)矧。”其中有“”字(摹本),又舉《合集》36525 中“”字(此字從“酉”),指出這兩個字與鳴士卿尊中的“”爲同一個字。[①] 陳劍師在《殷墟卜辭的分期分類對甲骨文字考釋的重要性》(以下簡稱《重要性》)中又舉出《合集》35982 中“”也與上述字爲同一個字。[②] 故唐蘭將“”釋爲“饉工”二字,[③]不確。李學勤根據鳴士卿尊“初饉”、觩玉戈“饉王大乙”,認爲“饉”作爲一種祭祀名,應該無疑。

陳劍師認爲“按照古文字構造的通例”,“饉”字是在甲骨文中的“”、“”上加注聲符“𡉚”字構成的,因此“”“”只能是表音符號。早期多數學者認爲以上字形即《説文》“鬻”,其或體爲“餗”,并依此立説。陳劍師在《重要性》中指出:“在對它(‘’)的考釋意見中,以釋‘鬻(餗)’影響最大,信從的人最多。釋‘鬻(餗)’之説,

① 李學勤:《論美澳收藏的幾件商周文物》,《文物》1979 年第 12 期,第 74—75 頁。

② 陳劍:《殷墟卜辭的分期分類對甲骨文字考釋的重要性》,《甲骨金文考釋論集》,北京:綫裝書局,2007 年,第 401 頁。

③ 唐蘭:《西周青銅器銘文分代史徵》,北京:中華書局,1986 年,第 46 頁。

認爲‘’即‘束’字,除此并無其他堅實根據。從聲符‘㞷’得聲的‘狂’是牙音(群母)陽部字,‘餗’是舌音(書母)屋部字,兩字聲音遠隔,故將‘’與‘餗’字相聯繫,音理上顯然没有什麽根據。”

目前尚不能排除鳴士卿尊中的“”不從“㞷”得聲的可能性,即使其不從“㞷”字得聲,而是從“”得聲,“饋”與“餗”相通的可能性也不大。施謝捷在《釋“索”》一文中指出,以上“”可釋爲從“糸”從“収”的字,象“手工作繩之形”。[①] 郭永秉、鄔可晶在《説“索”“剢”》一文中認爲該字應該從“索”從“収”,隸定爲“𡦜”。郭永秉、鄔可晶在文中已經指出“從古文字看,作動詞的搓繩之‘𡦜’與作名詞的繩索之‘索’本非一字”,“至秦漢文字中似已絶迹,大概已爲‘索’字所吞并”。[②] 根據以上意見,從甲骨文辭例看,“”與“”爲同一字異體,即從“食”從“𡦜”。陳劍師已經指出“古文字中可以肯定的‘束’實際上找不到有寫作‘’的”,同時,我們也找不到“束”寫作“𡦜”的。因此從“𡦜”聲的字與從“束”聲的字在形體上并不相混。

根據郭永秉、鄔可晶的釋讀意見,“𡦜”字後爲“索”字所吞并。故“𡦜”的讀音應與“索”不遠,與“酢”“䪡”“瘥”等相近,爲齒音鐸部字,“餗”的上古音爲舌音(書紐)屋部字,二者很少有相通的例子。并且,出土文獻中也没有從“索”與從“束”相通的例子,傳世文獻中從“索”與從“束”相通僅有一例,《爾雅·釋木》:“梀,赤楝,白者楝。”《釋文》:“楝又作榡。”[③]

綜上所述,“”“”作爲一種祭名并無疑問,但是將“”“”與“餗”聯繫不可取。西周金文中的“饋”祭很可能是甲骨文中較常見的“”祭的遺存。

(四) 𣝊

我鼎“”隸定爲“𣝊”,在金文中僅一見,我鼎(《銘圖》02399,西周早期)銘文爲:

> 我乍(作)衵(禦)祟且(祖)乙、匕(妣)乙、且(祖)己、匕(妣)癸,征(延)礿𣝊二母,咸與。

這裏的“𣝊”是祭名的一種。甲骨文中“𣝊”字多見,多爲從“木”、從“示”、從“又”之字,也有少量將從“木”改爲從“束”形之字。馬承源在《商周青銅器銘文選

---

① 施謝捷:《釋“索”》,《古文字研究》第二十輯,北京:中華書局,2000年,第202頁。

② 郭永秉、鄔可晶:《説“索”“剢”》,《出土文獻》第三輯,上海:中西書局,2012年,第99—109頁。

③ 轉引自高明、董治安編:《古字通假會典》,濟南:齊魯書社,1989年,第359頁。

(三)》中已經指出“古文從祟之字或從柰,如隸字”,[①]林澐對二字的異體關係做了較爲詳細的論述,[②]“祟”是“柰”的訛形現在已經形成共識。“叙”字在甲骨文中多作爲祭名出現,金文中的“㮛”當爲其遺存。

另,師䚄鼎(《銘圖》02495,西周中期)銘辭有:“白(伯)亦克[古文字](叙)由(迪)先且(祖)蠱孫子。”其中的“[古文字]”是否也作祭名使用,尚不清楚,存疑待考。

(五)䨏

西周早期的𡉚鼎(《銘圖》02364)銘文(相關部分)爲:

> 隹(唯)周公征玗(于)伐東尸(夷),豐白(伯)、尃(薄)古(姑)咸𢦏(翦),公歸(歸),䨏玗(于)周廟。

其中,“䨏”字從雙手捧“隹”置於“示”前。有釋爲“釁”“禡”“禚”[③]等祭祀專詞或“薦雞之祭”“獻俘祭祀”的,并與傳世文獻相對應。由於缺乏堅實證據,這些解釋皆不可信。

可以確定的是“䨏”作爲祭名在甲骨文中用例并不少,[④]有從“隹”從雙手的“[古文字]”形,有從“隹”從單手的“[古文字]”形,也有僅從“隹”的“[古文字]”形,主要都用爲祭名。由此可知,“䨏”是殷商祭祀的遺存,其内涵待考。

(六)燎

保員簋(《銘圖》05202,西周早期)、章伯䢅簋(《銘圖》05203,西周早期)皆有作“燎祭”的“尞”字。保員簋作“[古文字]”形,章伯䢅簋作“[古文字]”形,皆爲火燎柴堆之形。又小盂鼎舊釋有銘辭“入尞(燎)周廟”,由於現在公布的拓本漫漶不清,姑且從舊釋認爲其含有用作“燎祭”的“尞”。

傳世文獻中“燎”用爲祭祀名稱,僅見於《逸周書·世俘》“庚戌,武王朝至燎于周”,又“武王在祀,大師負商王紂縣首白旂,妻二首赤旂,乃以先馘,入燎于周廟”。

---

① 馬承源:《商周青銅器銘文選(三)》,第86頁。

② 林澐:《讀包山楚簡札記七則·七》,《林澐學術文集》,北京:中國大百科全書出版社,1998年,第21頁。

③ 釋爲“釁”,譚戒甫:《西周𡉚鼎銘研究》,《考古》1963年第12期,第68頁;釋爲“禡”,詹鄞鑫:《神靈與祭祀——中國傳統宗教綜論》,南京:江蘇古籍出版社,1992年,第436—438頁;釋爲“禚”,孫作雲:《説鄺在西周時代爲北方軍事重鎮——兼論軍監》,《河南師範大學學報》1983年第1期,第32頁。

④ 劉釗主編:《新甲骨文編(增訂本)》,福州:福建人民出版社,2014年,第16—17頁。

《世俘》的性質前文已經提及,保留了比較早的西周文獻的面貌,故其"燎"的用法與金文銘辭中的用法一致。

甲骨文中"尞"用爲"燎祭"非常普遍,其字形有象木柴燃燒的"[illegible]"形,有象柴堆的"[illegible]"形,還有與金文一樣象的"[illegible]"形。由於金文中"燎祭"的辭例不多,且基本集中在西周早期,有理由相信,"尞(燎)"也是商代祭祀遺存的一種。

(七) 牢

"牢"祭在西周金文中二見,見於貉子卣(《銘圖》13319,西周早期)和吕伯簋(《銘圖》04902,西周早期)。西周早期的貉子卣的銘辭有:

唯正月丁丑,王各(格)于吕𢼸,王牢于庂(陆),咸宜(宜)。

其中的"牢"作祭祀動詞使用,"牢"在甲骨文中多用爲祭祀專詞,這裏的"牢"可視爲甲骨文中"牢祭"的遺存。"宜"此處仍當釋爲"宜肉"之義。《説文·𨸏部》:"陆,依山谷爲牛馬圈也。""牢"與"陆"可能有一定的關聯。又,西周早期的吕伯簋的銘辭有:

吕白(伯)乍(作)氒(厥)宫室寶隮(尊)彝𣪘(簋),大牢甘(其)萬年祀氒(厥)𠭯(祖)考。

吕伯簋銘文中的"大牢"也可以理解爲"大牢祭",用法與貉子卣相似。

在金文中還有一些賜物有大牢的例子。如榮仲鼎(《銘圖》02412,西周早期)"子加燓(榮)中(仲)玐(瑒)鬲(瓚)一、牲大牢"。任鼎(《銘圖》02442,西周中期)"易(錫)脡牲、大牢,又𩰫束、大奔(對)、梦(鬱)荓(荃、貫)"。以上兩例中,大牢是作爲賜物出現的。

(八) 𩱧與鼒(肆)

陳劍師在《甲骨金文舊釋"𩱧"之字及相關諸字新釋》一文中,考釋得出"𩱧"與"鼒"皆當讀爲"肆",用法和甲骨文中的"𩱧"與"鼒"相同,義爲"肆"祭,一種肆解牲體的祭祀方法。西周早期的盂鼎(《銘圖》01797、01798)銘文爲:

𥁰(盂)𩱧(肆)文帝母日辛隮(尊)。

西周早期的中鼎(《銘圖》02382)銘文(相關部分)爲:

……中對王休命,𩱧(肆)父乙尊。……

西周中期的曶鼎(《銘圖》02515)銘文(相關部分)爲:

……曶用絲(兹)金乍(作)朕(朕)文孝(考)穽白(伯)鬻(肆)牛鼎……

以上三器中的“鬻(鬻)”均應理解爲“肆祭”之義。

西周中期的段簋(《銘圖》05234)銘文(相關部分)爲:

唯王十又亖(四)祀十又一月丁卯,王鼒(肆)畢,蒸(烝),戊辰,曾(贈)。王穠(蔑)段曆,念畢中(仲)孫子,令龏㚤遣(饋)大劚(則)于……

西周中期的寓鼎(《銘圖》02394)銘文(相關部分)爲:

隹(唯)二月既生霸丁丑,王才(在)莽京鼒(肆)□。戊寅,王蔑寓曆(曆)……

關於以上兩例中的“鼒”,陳劍師認爲:

金文“鼒”字僅見於上引兩例,正好又皆非習見的所謂“鬻彝”或單稱“鬻”的銅器自名;再加上金文確定的所謂“鬻”字的寫法如“𦉢”“鬻”“鬻”又都從“刀”而不從“匕”,確實容易使人對“鼒”是否與“鬻”等形爲一字心存疑慮。我們反復考慮,覺得還是係一字的可能性大。①

傳世禮書中有《周禮·春官·典瑞》:“四圭有邸,以祀天、旅上帝。兩圭有邸,以祀地、旅四望。祼圭有瓚,以肆先王,以祼賓客。圭璧,以祀日月星辰。”鄭玄注:“鄭司農云:‘……以肆先王,灌先王以祭也。’玄謂肆解牲體以祭,因以爲名。”《周禮·春官·大宗伯》:“大宗伯之職……以肆獻祼享先王,以饋食享先王,以祠春享先王,以禴夏享先王,以嘗秋享先王,以烝冬享先王。”鄭玄注:“肆者,進所解牲體,謂薦孰時也。”陸德明《釋文》:“肆,他歷反,解骨體。”《周禮·春官·大祝》:“大祝掌六祝之辭,以事鬼神示……凡大禋祀、肆享、祭示,則執明水火而號祝。”《詩經·周頌·雝》有:“天子穆穆,於薦廣牡,相予肆祀。”《尚書·牧誓》:“今商王受惟婦言是用,昏棄厥肆祀弗答。”由此可知,“鬻”與“鼒”讀爲“肆”,用爲“肆祭”之義,金文祭祀禮類當增此一類。

(九) 柴(附)

“柴”在傳世文獻中作爲祭名,指的是燔柴祭天。柴上加犧牲及玉帛燔之,煙氣

① 陳劍:《甲骨金文舊釋“鬻”之字及相關諸字新釋(中)》,復旦大學出土文獻與古文字研究中心網站,鏈接:http://www.gwz.fudan.edu.cn/old/srcshow.asp?src_id=281,2007年12月29日。

上升，使神歆享。《書・舜典》："至于岱宗，柴。"《經典釋文》引馬融云："祭時積柴加牲其上而燔之。"又《禮記・郊特牲》："天子適四方，先柴。"鄭玄注："所到必先燔柴，有事於上帝也。"《周禮・春官・大宗伯》："以禋祀祀昊天上帝，以實柴祀日月星辰，以槱燎祀司中、司命、風師、雨師。"鄭玄注："禋之言煙，周人尚臭。煙，氣之臭聞者。槱，積也。《詩》曰：'芃芃棫樸，薪之槱之。'三祀皆積柴實牲體焉，或有玉帛。"《説文・示部》中有"祡"，"祡，燒柴焚燎以祭天神"，"祡"即"柴"的後起本字。

西周早期的大盂鼎(《銘圖》02181)銘文(相關部分)爲：

> ……叡酉(酒)無敢(敢)䤈。有(髭—祡)蒸(烝)祀。無敢(敢)醻。……

將""釋爲"髭"，是根據裘錫圭《讀〈安陽新出土的牛胛骨及其刻辭〉》一文中，將甲骨文""字釋爲"髭"。裘文指出甲骨文中"髭"作爲人名使用，"金文之圖形文字者大概屬於一族"，"盂鼎(即大盂鼎)的''字，當是在''字上加注'此'聲而成"。①

裘錫圭釋出"髭"字之前，陳夢家在《西周銅器斷代》中已經將此字讀爲"柴"，訓爲"柴祭"。裘錫圭釋出"髭"字之後，馬承源在《商周青銅器銘文選》、劉翔等在《商周古文字讀本》中都將"髭"字訓爲"柴"，即用爲"祡祭"之"祡"。根據辭例，大盂鼎此處訓爲"祡"於文義是比較通暢的，雖然金文中關於"祡"祭僅此一例，但考慮到傳世文獻述及"祡"祭比較明確，大盂鼎的年代又屬於西周早期，故可暫從此説。

由於"髭"與"祡"是通假關係，金文文獻中關於"祡"僅此一例，我們不能否認"祡祭"在金文文獻劃分禮類時獨立確立爲一類確實是有比較大的風險的。這還有待於未來出土材料的驗證，故將"祡"這個禮類附在傳世文獻與金文相佐證的禮類的最末。

三、青銅器銘文所載禮類的時代分布

本文以張秀華《禮制研究》、劉雨《西周金文中的祭祖禮》所提到的祭禮禮類爲基礎，對西周金文所涉及的祭祀禮典的禮類做了全面的清理。劉雨《西周金文中的祭祖禮》區分了二十類祭祀類型，除了已經説明錯誤的分類以外，已經全部包含在張秀華所提出的祭祀類型之中了。另外，"曾(贈)"祭(段簋，《銘圖》05234)，還有

---

① 裘錫圭：《讀〈安陽新出土的牛胛骨及其刻辭〉》，《考古》1972年第5期，第45頁。

“𥙗”祭(叔夨鼎,《銘圖》02419)由於銘文例子很少(多爲孤例),釋讀尚莫衷一是,根據禮典禮類確定從嚴的原則,就不再對其進行一一分析了。

根據前述的相關結論,可以將西周金文所涉及的祭祀類型做重新的整理,見下表一:

表一 西周金文所涉及的祭祀類型表

祭禮禮類	甲骨文	金 文	禮書
禦	●	耳𠬝觶(《銘圖》10606,西周晚期)、我鼎(《銘圖》02399,西周早期)、叀尊(《銘圖》11728,西周中期)、作册嗌卣(《銘圖》13340,西周中期)、㝬簋(《銘圖》05372,西周晚期)	
彡	●	叔夨鼎(《銘圖》02419,西周早期)、麥尊(《銘圖》11820,西周早期)、繁卣(《銘圖》13343,西周中期)	
饎	●	鳴士卿尊(《銘圖》11779,西周早期)	
𥛱	●	我鼎(《銘圖》02399,西周早期)	
𥜽	●	𡒄鼎(《銘圖》02364,西周早期)	
燎	●	保員簋(《銘圖》05202,西周早期)、𩁹伯㲖簋(《銘圖》05203,西周早期)	
牢	●	貉子卣(《銘圖》13319,西周早期)、吕伯簋(《銘圖》04902,西周早期)	
肆	●	盂鼎(《銘圖》01797、01798,西周早期)、中鼎(《銘圖》02382,西周早期)、曶鼎(《銘圖》02515,西周中期)、段簋(《銘圖》05234,西周中期)、寓鼎(《銘圖》02394,西周中期)	
柴*		大盂鼎(《銘圖》02181,西周早期)	
祠		西周甲骨 H11:117、H11:20 趙孟庎壺(《銘圖》12365,春秋晚期)、好盗壺(《銘圖》12454,戰國中期)	●
禴(翟)	●	士上卣(《銘圖》13333、13334,西周早期)、士上盉(《銘圖》14792,西周早期)、士上尊(《銘圖》11798,西周早期)、我鼎(《銘圖》02399,西周早期)、史喜鼎(《銘圖》01962,西周早期)	●

續　表

祭禮禮類	甲骨文	金　　文	禮書
嘗		姬鼎(《銘圖》02303,西周晚期)、六年琱生簋(《銘圖》05341,西周晚期)、蔡侯𩰫尊(《銘圖》11815,春秋晚期)、蔡侯𩰫盤(《銘圖》14535,春秋晚期)、與兵壺(《銘圖》12445,春秋晚期)、十四年陳侯午敦(《銘圖》06077,戰國中期)、楚王酓延鼎(《銘圖》02165,戰國晚期)、楚王酓忎盤(《銘圖》14508,戰國晚期)、楚王酓延盤(《銘圖》11425,戰國晚期)、楚王酓延鉈鼎(《銘圖》01980,戰國晚期)、郪陵君鑒(《銘圖》15065,戰國晚期)、以供器(《銘圖》19502,戰國晚期)	●
烝	●	吕壺蓋(《銘圖》12373,西周早期)、高卣蓋(《銘圖》13345,西周早期)、大盂鼎(《銘圖》02514,西周早期)、伯獄簋甲(《銘圖》05275,西周中期)、段簋(《銘圖》05234,西周中期)、大師虘豆(《銘圖》06158,西周中期)、姬鼎(《銘圖》02303,西周晚期)、十四年陳侯午敦(《銘圖》06077,戰國中期)、陳侯因資敦(《銘圖》06080,戰國中期)	●
禘	●	小盂鼎(《銘圖》02516,西周早期)、鮮簋(西周中期,《銘圖》05188)、剌鼎(《銘圖》02428,西周中期)、大簋(《銘圖》05170,西周中期)、繁卣(《銘圖》13343,西周中期)、蔡侯𩰫尊(《銘圖》11815,春秋晚期)	●
禱	●	不指鼎(《銘圖》02361、02362,西周早期)、獻侯鼎(《銘圖》02181、02182,西周早期)、叔夨鼎(《銘圖》02419,西周早期)、伯唐父鼎(《銘圖》02449,西周早期)、圉甗(《銘圖》03331,西周早期)、圉簋(《銘圖》04692,西周早期)、叔簋(《銘圖》05113、05114,西周早期)、盂爵(《銘圖》08585,西周早期)、季盄尊(《銘圖》11715,西周早期)、夨令尊(《銘圖》11821,西周早期)、圉壺(《銘圖》12299,西周早期)、夨令彝(《銘圖》13548,西周早期)	●
告(祰)	●	何尊(《銘圖》11819,西周早期)、沈子也簋蓋(《銘圖》05384,西周早期)、作册夨令簋(《銘圖》05352、05353,西周早期)、殳簋(《銘圖》05112,西周早期)、静鼎(《銘圖》02461,西周早期)、麥尊(《銘圖》11820,西周早期)、班簋(《銘圖》05401,西周早期)、乖伯簋(《銘圖》05385,西周早期)	●

續 表

祭禮禮類	甲骨文	金　文	禮書
祼	●	【“祼祭”義，用爲祭祀動詞】何尊（《銘圖》11819，西周早期）、德鼎（《銘圖》02266，西周早期）、小盂鼎（《銘圖》02516，西周早期）、不栺鼎（《銘圖》02361、02362，西周早期）、𢓊簋（《銘圖》05204，西周早期）、伯祼簋（《銘圖》05091，西周早期，當定名爲“伯簋”）、𤼷卣（《銘圖》13305，西周早期）、邻公𣪘父鎛（《銘圖》15815—15818，春秋晚期）； 【“祼祭”義，用爲修飾詞】我鼎（《銘圖》02399，西周早期）、榮簋（《銘圖》05099，西周早期）、史獸鼎（《銘圖》02433，西周早期）、鮮簋（《銘圖》05188，西周中期）、王爵（《銘圖》08274，西周晚期）、毛公鼎（《銘圖》02518，西周晚期）、榮仲鼎甲、乙（《銘圖》02412、02413，西周早期）、内史亳同（《銘圖》09855，西周早期）、邻公𣪘父鎛（《銘圖》15815，春秋晚期） 【“祼賓”義】麥鼎（《銘圖》02323，西周早期）、麥尊（《銘圖》11820，西周早期）、麥盉（《銘圖》14785，西周早期）、守宫盤（《銘圖》14529，西周早期）、萬杯（《銘圖》10865，西周早期）、鄂侯馭方鼎（《銘圖》02464，西周晚期）	●
禋		史墻盤（《銘圖》14541，西周中期）、宋君夫人鼎（《銘圖》02222，春秋晚期）、哀成叔鼎（《銘圖》02435，春秋晚期）、蔡侯𪒠尊（《銘圖》11815，春秋晚期）、蔡侯𪒠盤（《銘圖》14535，春秋晚期）、陳喜壺（《銘圖》12400，春秋晚期）、𨡩史㞙壺（《銘圖》12433，春秋晚期）、與兵壺（《銘圖》12445，春秋晚期）、中山王𠳋壺（《銘圖》12455，戰國中期）	●

根據上表可以發現，凡是有傳世禮書對應禮典的金文銘文（在禮書一欄中畫●），其銅器的數量相對較多；凡是没有傳世禮書對應禮典的，而有甲骨文對應禮典詞彙的金文銘文，其銅器的數量相對較少（在甲骨文一欄中畫●）。要解釋這一現象，可以從禮典在商周之際的變化來説明。對此，劉源《商周祭祖禮研究》中有過概括：

殷周之際，周人祭祖儀式内容多有與商人相似之處，但亦保持自身之

> 特點,這很可能是殷代以降商周文化交流的結果。西周早期,周人祭祖儀式從形式上吸收并繼承了許多殷人文化的東西,但仍保持自身文化特色,不斷發展,至西周中期以後,逐步建立了周人祭祖禮的體系。①

從祭祀禮類來説,甲骨文記述的商代禮典類型到了周代早中期還有比較多的遺存,以上列舉的"禦""𥛱""酌""𩞁""禦""燎""牢""肆""柴"屬於這一類型的禮典,它們作爲商代禮典的遺存頑强地呈現在西周金文中,其中的大多數在西周早期逐漸走向了消亡,而有一部分最晚到了西周晚期還有所表現,如"禦"祭。

還有一類禮典,包括"祠""禴""嘗""烝""禘""禋""祼""禱""告(祰)",這些禮典在傳世禮書中非常活躍,在西周金文中數量也很多。這些禮典顯然就是西周逐步固化成熟起來的周代禮典。它們存續的時代不盡相同,有一部分直到春秋戰國時期,仍有青銅器銘文記録這些禮典的存在。如"嘗"祭不見於殷商甲骨、金文,也不見於西周早期和中期的銅器銘文。這可能正是由於"嘗祭"是周人在西周晚期新設的祭祀禮典,此禮典在春秋戰國之後纔成爲時祭之一。西周金文裏保留了不少甲骨文獻中常見但是後世禮書中却非常少見的祭祀詞彙,這正是由於西周時代殷禮遺存逐漸減少,周禮逐步取代殷禮走向典範化造成的。

兩類禮典禮類的消長,正好説明了殷周之際禮制變化的特點。殷禮雖然在周初仍有大量遺存,但逐漸經歷了被周禮淘汰(放棄不用)和轉换(祭名不變,内涵變化)的過程,整個過程貫穿了西周的早中期。所謂殷周制度的變革,或許從這個意義上進行理解,纔更符合實際情況。

① 劉源:《商周祭祖禮研究》,第155頁。

黄道周變卦解《易》思想

由美子

【摘　要】 變卦解《易》思想，是晚明大儒黄道周的易學核心理論。黄道周依從《左傳》以動爻論變卦的古筮例，發揮用九、用六之義。他將爻變作爲卦變的根據，認爲諸卦由乾坤兩卦交動而來，六十四卦皆有反復卦和對化卦，由此創造性地發展出八體卦、六十四體卦、七十二用卦説。黄道周援引變卦注解本卦，合觀兩象闡釋動爻，彰明了動爻觀變之理，反映了卦變法與變卦法的緊密聯繫，從而開拓出變卦解《易》的新視野。

【關鍵詞】 黄道周　變卦　卦變　動爻

【作者簡介】 由美子，1992 年生，同濟大學人文學院博士生。

明末大儒黄道周重視經史之學，倡導研習《周易》象數以應對當時的空疏學風、心學流弊，其易學在當時"擬之程、邵兩家"。清初大儒黄宗羲亦認可之爲"開物成務之學也"。[①] 黄道周曾在晚年定論《易象正》開卷"凡例"中自述，該書專以動爻明"觀變玩占"之理。[②] 是以《四庫全書總目》認爲《易象正》與宋儒沈該《易小傳》、都絜《易變體義》體例相似，皆爲發明變卦。[③] 目前學界的相關研究多承襲四庫館臣的觀點，就《易象正》"凡例"的釋《易》之例探討黄道周的變卦思想，并將該書歸至變卦解《易》學派。[④] 但如果通貫《易象正》全書則會發現局限於"凡例"的討論，很容易忽視

① （清）全祖望：《梨洲先生神道碑文》，《全祖望集彙校集注》，上海：上海古籍出版社，2000 年，第 215 頁。

② （明）黄道周：《易象正》凡例，北京：中華書局，2011 年，第 11 頁。

③ （清）紀昀、永瑢等編：《四庫全書總目》卷五，《景印文淵閣四庫全書》（第 1 册），臺北：臺灣商務印書館，1986 年，第 124 頁。

④ 翟奎鳳：《以易測天——黄道周易學思想研究》，北京：中國社會科學出版社，2012 年，第 195—197 頁。

黄道周雖與變卦解《易》學派其他學者解《易》的表現形式一脉相承,内在理路却頗爲不同。因此,對變卦思想的考察還需要放在易學史以及黄道周易學的整體脉絡中理解。黄道周運用變卦的闡釋方法與他構建的卦變體系密切相關。以卦變爲切入點,有助於系統性地呈現黄道周易學思想的特色,以及更深入、完整地理解動爻論變卦這一象數體例。

一、乾坤交動爲肇始的卦變體系

《繫辭》"大衍之數"章叙述了揲蓍成卦的方法,"是故四營而成易,十有八變而成卦,八卦而小成"。經過"四營"演算,過揲之數只能是"七""八""九""六"之一,計爲一爻之數,六爻生成即爲一卦。其中,九、六爲陰陽之可變,七、八爲陰陽之不變,七、八、九、六又稱爲少陽、少陰、老陽、老陰,爻變後産生所謂"之卦",亦即"變卦",原來的卦就稱爲"本卦"。黄道周闡述《易象正》意旨時説:"凡《易》自春秋《左》《國》,暨兩漢名儒,皆就動爻以論之卦。至虞、王而下,始就本卦正應以觀攻取,只論陰陽剛柔,不分七八九六。"①他批判虞翻、王弼以降之易家不明七、八、九、六之義,而試圖重現《左傳》《國語》"就動爻以論之卦"的古易法。

虞翻爻位説,互體、伏象等易象説,卦氣、卦變説等諸多漢易象數體例。王弼解《易》强調隨事解義,以卦彖爲一卦之主體,主爻位説和卦主説。這些易例廣泛地被後世易家繼承,成爲解《易》的常用體例。其中,爻位説、互體象等方法固然專論本卦的卦、爻象,及爻與爻間關係,但卦變法未必如此。特别是深入地考察可發現,黄道周的變卦思想離不開其構建的卦變體系。由此涉及一個關鍵問題,即黄道周的卦變法與《左傳》所示變卦之法究竟有何關係,而這又引出了卦變與變卦兩體例是否具有聯繫的問題。

凡論卦變者,多追溯至《泰》《否》卦辭大小往來説和《彖》辭上下往來、内外進退説。東漢荀爽即有運用,至虞翻此法轉精,黄宗羲《易學象數論》總結卦變法時遂稱後世言卦變者首推虞翻,"後人不過踵事增華耳"。② 因此,對這一問題的分析可從黄道周卦變與虞翻等人卦變的本質區别入手。也就是説,除了强調變卦方面外,需要探討的是,"七八九六"對黄道周和虞翻等人是否具有相同的含義,黄道周在何種

---

① (明)黄道周:《易象正》凡例,第11頁。

② (清)黄宗羲:《易學象數論(外二种)》卷二,北京:中華書局,2010年,第69頁。

語境下責難虞翻等人。

虞翻注重《彖》辭剛柔、往來、上下義，然其卦變法實發展於卦氣説背景下，一氣生乾坤，乾坤開闔生成十二消息卦，其餘諸卦從十二消息卦派生而來。虞翻注《繫辭》"剛柔相推，變在其中矣"爲"九六相變，剛柔相推，而生變化"，以九六變化爲陰陽消息；而"用九""用六"又僅見於乾坤兩卦，表"陰變陽"與"陽變陰"，剛柔相推即爲用九、用六之義，貫穿於六十四卦的爻變過程。[①] 故虞翻之卦變以爻變爲理論基礎，乾坤以外的六十二卦每個新生卦皆由原卦一爻的剛柔升降而得，解《彖》多結合消息卦所示爻變往來而論本卦。

黄道周也認同乾卦用九、坤卦用六表現了陰陽的變化之道，指出：

> 乾以用九而之坤，坤以用六而之乾，乾坤成列而易立其中，無乾坤則無復易也。故乾之必易而坤，坤之必易而乾，乾坤之始義也。乾之不遽易而坤，坤之不遽易而乾，乾坤之立體也。[②]

乾卦"用九"之坤，坤卦"用六"之乾，兩卦六爻全變，非指乾陽或坤陰走向了此狀態的極致，只能向相反方向轉換。相反，陰陽始終處於相反相成、相即不離的狀態，陰變中含陽，陽變中含陰，陰陽在變化過程中始終交互消息。"用九""用六"便都涵括了乾坤兩卦之義，指《乾》之《坤》與《坤》之《乾》，而非所有陰陽爻的相易。這在一定程度上道明了黄道周、虞翻都承認用九、用六體現陰陽變化，黄道周却指責虞翻不通九六七八之義的原因。黄道周認爲：

> 凡易以乾坤九六爲例，乾用九而交於坤，坤用六而交於乾。凡六十四卦之用九者，皆交於坤；其用六者，皆交於乾。故六十二卦之皆乾坤也。易有交動，遂生變化，非謂九能變八，六能變七也。六十二卦皆歸乾坤，故十八變中，小象得乾坤者，是爲交動。父母動而六子不動，如六子交動，則皆爲父母矣。易以乾坤兩用該六十二卦之用，不復爲各用繫於各卦之終，所以明一卦之通得六十四卦，而乾坤兩用實爲綱紀。[③]

六十四卦由乾坤兩卦生成，雖然諸卦皆有九、六之用，但以乾坤兩卦專言用九用六，正是爲了指明其餘六十二卦的九、六之用，來自乾坤兩卦的交動。這一説法

---

① (清)李鼎祚：《周易集解纂疏》卷九，北京：中華書局，1992年，第615頁。

② (明)黄道周：《易象正》卷之一，第110頁。

③ (明)黄道周：《易象正》凡例，第8頁。

亦以《説卦》"乾坤生六子"爲根據,卦變只能源於父母,六子卦不能産生新卦。如果往回追溯,可發現程頤曾持與黄道周類似的觀點,認爲諸卦本於乾坤爻變,批評虞翻將消息卦作爲乾坤和其餘諸卦的中介。换言之,在黄道周之前,程頤也發現了虞翻卦變雖然看到了六十四卦由陰陽兩爻往來變動而産生,却并未把陰陽爻變動的原動力放置於乾坤交索。既然同樣對卦變理解頗深的程頤,與黄道周批評虞翻卦變的立場一致,不妨通過程頤的説法來反觀黄道周的意思。程頤解《賁·彖》時,重點發揮了他的卦變思想:

> 卦之變,皆自乾、坤,先儒不達,故謂賁本是泰卦,豈有乾坤重而爲泰,又由泰而變之理?下離,本乾中爻變而成離;上艮,本坤上爻變而成艮。離在内,故云柔來,艮在上,故云剛上,非自下體而上也。乾坤變而爲六子,八卦重而爲六十四,皆由乾坤之變也。①

六十四卦的乾坤之變,由八經卦的乾坤與六子卦在相重過程中寓於其中。如賁卦下體離卦,本乾卦中爻以剛變柔,上體艮卦,本坤卦上爻以柔變剛。這一看法促使程頤將卦變局限於一卦的上下二體,從而導致卦變不過是本卦六爻間的剛柔變動。如此一來,六子卦從乾坤父母之體"索"來的爻動,其本質不過是剛變柔、柔變剛,即黄道周批評的九變八、六變七而已。

而黄道周所謂"父母動而六子不動",却是將六子卦的"索"理解爲乾坤兩卦的"交動"。"交動"指陰陽往來的流行表現爲乾陽交於坤卦,坤陰交於乾卦。乾之子以乾陽爲用,與坤卦相交而成一陽兩陰,坤之女以坤陰爲用,與乾卦相交而成一陰兩陽。之後,黄道周將"乾坤生六子"由八經卦推向了六畫别卦,六十二卦由乾坤兩個六畫純卦交動而得。如乾之二陽(初、五)交於坤卦而成屯,坤之二陰(初、五)交於乾卦而成鼎,包括消息卦在内的其餘諸卦亦如此例。

黄道周未明確解釋六十四卦爲何不以八卦相重而得,不過早在他中年所著的《三易洞璣》中就暗示了原因。他認爲《易》有先天、中天、後天"三易",②在先天易學部分,黄道周大抵依循了邵子、朱子的思想,認爲六十四卦在伏羲畫卦時已一時俱出,歸屬於後天易範圍内的卦變法所揭示的卦與卦之間的生成關係和緣起於揲蓍的七八九六説,皆是卦成以後的事。以此爲前提,六十二卦的陰陽爻直接本自乾坤

① (宋)程頤:《周易程氏傳》卷第二,(宋)程顥、(宋)程頤:《二程集》,北京:中華書局,1981年,第809頁。

② (明)黄道周:《易象正》卷之一,第110頁。

兩純卦。“七八所值，六子之象；九六所值，父母之象也”，[①]在六十四卦系統中，九六又爲乾坤兩卦，七八爲其餘六十二卦，以乾坤爲父母之體，無疑避免了一卦分上下二體可能帶來的弊端。

不難發現，黄道周卦變法最獨特之處在於强調乾坤兩卦的“交動”。卦變法闡發了陰陽二爻屈伸往來變化而引起卦象也發生改變，這是易學家的普遍共識。但於黄道周，陰陽變易的實質并非“平面式”的剛柔升降互换，而是“立體式”的交易。卦變以爻變作爲基礎，本於用九、用六之義，但爻變不同於虞翻等人理解的本卦六爻變動而生他卦，而是指乾坤兩卦陰陽交動。卦變即言此卦由乾坤兩卦九六陰陽交動而成新的象。换言之，在卦變領域内，所謂“不明七八九六”實則指向了不知六十四卦卦變的總根源，即未明易變。

在此基礎上，黄道周發明了對化與反復互相爲用的學説，進一步揭明六十四卦的卦變。對化和反復分别相當於孔穎達“非覆爲變”的變與覆。反復卦有二十八對，如屯與蒙，六爻上下顛倒；對化卦有三十二對，如屯與鼎，六爻陰陽相反；乾坤、坎離、頤大過、中孚小過八個卦只有對化而無反復，因此，按《周易》卦序看，反復卦以屯蒙兩卦爲始。然而，在黄道周六十二卦由乾坤交動生成的視野下，當乾坤九六未用時，不能先舉屯蒙七八之體，“如使乾坤之卦有對化而無反復，則五十六卦之反復亦無所從出矣”。[②] 他提出乾坤、坎離、頤大過、中孚小過八個卦也有反復卦，且爲各自的同體卦，并將此八個反復同一的卦合稱爲“八體卦”。

其餘二十八對卦一體分兩象，反復而異名，與八體卦共同組成了三十六對反復卦，實爲七十二卦：“是以《易》舉用九用六，以明乾坤之有對化。諸卦九六兼用則爲對化，七八互體則爲反復，其總於三十六而分於七十二，動静顯藏，其究一也。”[③]反復爲體，對化爲用，六十四卦以乾坤爲首，用顯體藏，是“未舉其反復之體，先顯其對化之用”。[④]《易象正》初卷所繪《七十二用卦上下衡交圖》（見圖一）鮮明地展現了乾坤對化生六十二卦的具體方式：

① 黄道周認爲，先天伏羲易的思想本於邵子所傳《先天圖》，中天文王易本於《周易》上下經卦次，後天孔子易本於《説卦傳》八卦方位。詳见氏著：《三易洞璣》，北京：中華書局，2014 年。

② （明）黄道周：《易象正》卷之一，第 123 頁。

③ （明）黄道周：《易象正》卷之一，第 123 頁。

④ （明）黄道周：《易象正》卷之一，第 110 頁。

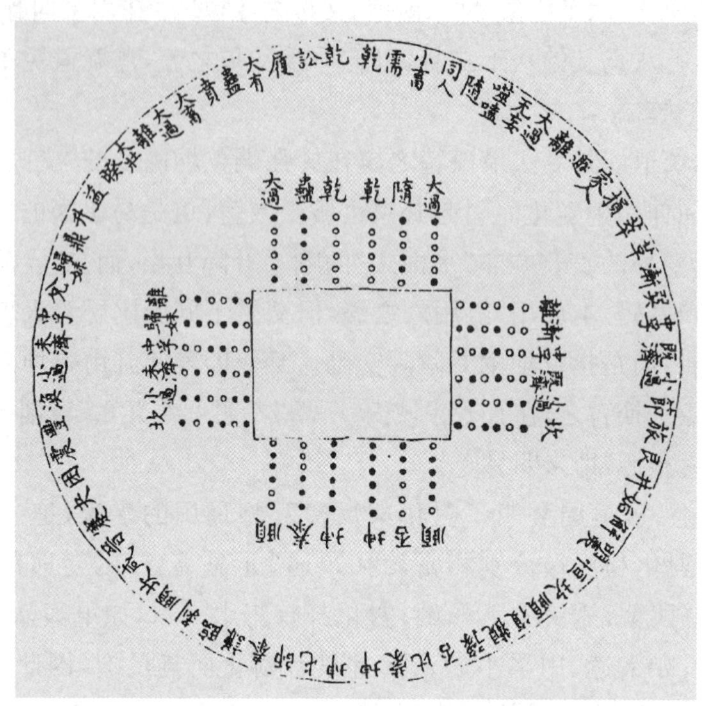

圖一　七十二用卦上下衡交圖

乾坤兩卦以本體爲反復,上下中分乾乾和坤坤,左側乾卦爲正乾,坤卦爲反坤,右側乾卦爲反乾,坤卦爲正坤,正乾與反坤對化交易,反乾與正坤對化交易。其餘諸卦按照《周易》卦序依次排布,除三陽三陰卦外,陽爻多者從乾卦,陰爻多者從坤卦。如屯蒙兩卦爲四陰二陽卦,屯卦二陽爻取於正乾,自下而上交於坤卦,蒙卦二陽爻取於反乾,自上而下交於坤卦;需訟兩卦爲四陽二陰卦,需卦二陰爻取於正坤,自下而上交於乾卦,訟卦二陰爻取於反坤,自上而下交於乾卦。

乾坤兩對化卦後,提舉屯蒙反復卦以接續卦序,呈現卦的本然狀態。又因六十二卦由乾坤對化所得,本身包藏了對化義,反復卦由此涵括了相覆的對化卦義蘊。體顯用藏,六十四卦的反復卦即以屯蒙爲首,不現乾、坤等八體卦的反復卦。這便是"乾坤舉對化以用爲體,屯蒙舉反復以體爲用",對化與反復互相爲用。[①] 因此,黄道周常用"六十四體卦"代稱六十四卦本身,而以"七十二用卦"强調六十四卦的對化義。

① (明)黄道周:《易象正》凡例,第8頁。

二、合觀本卦、變卦兩象的解《易》方法

以乾坤九六交動爲肇始,黄道周的卦變法揭示了六十四卦的生成問題以及卦與卦之間的關係,展現了易變的根源。但在象數外,卦變法依然要落實於解經。黄道周依循《左傳》《國語》“某卦之某卦”的古筮例,采用合觀本卦、變卦兩卦之象的方法,闡釋動爻。這一解《易》方法與其卦變建構密切相關。在他看來,諸卦的陽爻皆爲乾陽,陰爻皆爲坤陰,新成的卦含有乾坤母體特性,那麽動爻作爲本卦與變卦的連接,就自然而然地兼具本卦與變卦卦象的特性,可從兩卦卦辭、卦象分析動爻爻辭。

乾坤兩卦“用九”“用六”六爻全變,彰顯了九六交動,一卦能通六十四卦,其餘陰陽相雜的六十二卦也可仿此而形成對化卦。一爻變與六爻全變間,亦有數爻同時變化的象。按此,可將黄道周合觀兩象的解《易》思想分爲三類:一是八體卦,以本卦卦辭爲變卦卦辭,以反復之理究明象義;二是六十四體卦,合觀兩卦卦辭,闡釋動爻;三是七十二用卦,會通兩卦卦辭,以明對化之用。

(一) 八體卦

黄道周在注中説明八個反復一體同象卦的本卦卦辭即變卦卦辭,後列卦辭、大象辭,并加以注解。以《乾》之《乾》爲例,他説:“乾乾者,君子所自予也。禮樂之本於性情,君子所自治也。君子不以多難而輟其志,不以久近而改其事……乾乾自强,萬物始終,是無智名,亦無勇功。其究也,以厚德載物。”[①]這是説君子自强不息、不畏艱難的精神源於本性,是看到天道往復、萬物終始後反身自修,故而不居功,不强名,亦體現了坤卦厚德載物的德性。乾卦與坤卦對化,六爻陰陽相反,兩卦大象辭也有陰陽相互協調的意味。反復卦或爲一體同象,或爲一體兩象,因此每卦的反復卦與其一體對化卦合四卦的大象辭皆具相通之義。

乾坤兩卦亦爲八體卦以變卦解《易》的根據。坎離、頤大過、中孚小過六卦皆含乾坤之體,以頤卦、離卦、中孚卦爲例:

> 頤者,坤之内體也,反而復之,則猶頤也。不反不復,其象不究。頤反復二陽,亦猶之屯蒙也,舉其似乾坤者。[②]

---

① (明)黄道周:《易象正》卷之一,第112頁。

② (明)黄道周:《易象正》卷之五,第247頁。

離者,乾之正交也。乾之二五交於坤,坤之二五亦交於乾,反復皆離也……體有再見,辭不更設,故亦捨彖而存象。[①]

中孚之變六十四,其體盡變則爲小過,不變而反易則猶之中孚也。故中孚不别爲用,用其似頤大過者,以爲離火之變體,取於巽兑,合兩而一寓,是地德之終,亦天道之所畏也。[②]

頤卦二爻至四爻雜坤與大過卦二爻至四爻雜乾,爲兩卦之"内體"。坎離兩卦分别爲坤、乾之正交。中孚卦以上巽下兑爲大離卦,一卦包含了三女卦,盡得坤德,小過卦乾陽交坤卦於中爻,合震艮兩卦爲大坎卦,以三男卦體乾德。因此,此六卦可法乾坤兩卦的體例,六爻不動時,以本卦的卦辭、卦象作爲變卦的卦辭、卦象釋義。其中,"不反不復,其象不究"一句,點明了八體卦以自身爲反復卦有利於究明卦象之義。如果説屯蒙等反復卦的"反復"之義呈現的是往復變化,是以不同角度觀測同一事物,那麽八體卦這種變卦卦辭對自身卦辭的再次貞定,揭示的無疑是在往復中存在的那個不變的象義,如上引《乾》之《乾》,進一步强調乾卦的自强不息。

邵子曾將乾坤坎離四卦視爲不易之卦,重卦後六十四卦包含八個不易之卦,并得出離卦體乾,坎卦體坤,中孚卦體乾,頤卦體離,小過卦體坤,大過卦體坎的結論。他以體八用六説推擴出體六十四,用三十六。[③] 張行成又將之解釋爲"乾坤各用三十六,共七十二卦"。[④] 黄道周的八體卦體例雖然吸收了他們的思想,沿用不易之卦、體卦、用卦之説,却具有不同的内核結構,而造成這種差異的根源便是"乾坤九六交動"這一卦變肇端的發明。

(二) 六十四體卦

六十四卦的變占皆合本卦、變卦兩卦卦象、卦辭闡釋動爻,具體則以本卦爲重,援引變卦配合本卦闡釋動爻。如《乾》之《履》與《履》之《乾》,本卦與變卦相反,兩動爻皆有致戒之象。黄道周解《乾》之《履》曰:"君子自强,如天與日相環復也。龍雖體陽而有動息,陰陽合德則無動息。無動息則無日夕惕若之厲,君子所致其健也。

---

① (明) 黄道周:《易象正》卷之五,第 272 頁。

② (明) 黄道周:《易象正》卷之十一,第 418 頁。

③ "體者八變,用者六變,是以八卦之象不易者四,反易者二,以六卦變而成八也。重卦之象不易者八,反易者二十八,以三十六變而成六十四也。"(宋) 邵雍:《皇極經世》卷第十二《觀物外篇上》,《邵雍全集》(第 3 册),上海:上海古籍出版社,2016 年,第 1177 頁。

④ (宋) 張行成:《易通變》卷五,(清) 紀昀、永瑢等編:《景印文淵閣四庫全書》(第 804 册),第 264 頁。

故君子乘龍者,乘龍之與履虎,異致而同戒。”[①]乾卦六爻皆龍,九三君子終日乾乾,不斷調整自己以合天地之道。履卦兑在乾下,順乎天道而履藉之。乘龍履虎,剛健小心,如履薄冰,須臾不敢脱離時空變化。這是合乾卦卦象、大象與履卦卦辭共同解釋乾卦九三爻爻辭。解《履》之《乾》,黄道周則曰:

> 甚矣,事人者之難也!鼎鑊滿堂,桂薪無光,静則自臧,動則以爲不祥。眇視跛履,自存而已,不可以御天子。《詩》曰:“聽言則對,譖言則退。”言明健之無當也……《梓材》曰:“予罔厲殺人,亦厥君先敬勞,肆徂厥敬勞。”武人之爲君,奚貴於元亨者乎?《詩》曰:“矢其文德,洽此四國。”豈敢言健?則亦云救也。[②]

本卦履卦上體乾,盛陽在前,爲君,下體兑,以陰柔隨順,爲臣。兑爲口,言語悦之則媚,不悦則咥,此事人者之難。履卦互卦爲上巽下離,巽爲股,當行,離爲目,故眇視跛履,葆光自臧,尚可自保。三爻不中不正,故不當,若犯口舌不知進退,則有咥人之凶。相通於《詩》《書》文句,又有巽爲躁卦,離爲兵戈,伏坎爲勞,兑變乾,有乾卦君主之象,又失去互卦象,故“罔厲殺人,厥君先敬勞”。就此而言,履卦的君主是武人爲君,不如乾卦“元亨”敷施文德之君高貴,爻辭亦不可有“健”義。這是以變卦卦辭、卦象輔助本卦卦辭、卦象解釋爻辭,此間也運用了經卦卦象、爻變象、互體象、伏體象等變象。

可見,黄道周并非拘泥於兩卦卦象解釋爻辭,更强調的是不能忽略變卦與本卦動爻不可分割的關聯。動爻爻辭與本卦、變卦爻辭出現吉凶不一致的情況時,著重依據本卦與變卦卦象之間的變化解釋,體現了兩象合觀的解《易》方法與九六交動産生的卦變系統相應。而這一原則更根本的原因是,在黄道周看來,“觀變玩占”的“變”在卦象系統内部指的是“爻也者言乎變也”,即體現爲爻變,以變爲占。因此,本卦的動爻是理解變卦的一個方向,可體會所占得的變卦的吉凶,與此相應,在一爻變有辭繫爻的情況下,也可借助變卦來反觀動爻爻辭。

由於乾坤兩卦同體同位,包含正反乾卦、正反坤卦,黄道周提出多爻變時,五爻變與一爻變可同類,二爻變與四爻變可同類,即探陽則視陰、探陰則視陽。以五爻變爲例,宋人程迥《周易古占法》系統性地探討了變占法,認爲五爻變以本卦中不變

---

① (明)黄道周:《易象正》卷之一,第105頁。

② (明)黄道周:《易象正》卷之二,第163頁。

的爻占。[1] 這種方法存在一個問題,即若以不變的爻爲動,既已不變,又何謂之動?因此朱子提出本卦五爻變時,當以變卦中不變的爻占。[2] 這樣就考慮到了變卦與動爻之間的聯繫,後世遂多沿用此法。但此法亦有缺陷,因爲爻辭是爲九六之變所設,而非爲不變的七八設,既然《周易》用九六而不用七八,又豈有以未變之爻的爻辭冒用變爻的爻辭的呢?由此也招致了豐坊、黄宗羲等人的批評。[3]

黄道周也注意到這一問題,提出五爻變不用爻辭,當合本卦與變卦兩卦卦辭占。同時,他回應了此法可能會有將不變的爻視爲動爻的嫌疑:"用者動也,動者之也,一爻不變,又何之焉?夫亦用其動者,指其所之而已。"[4]按此,正乾用其一變,反乾用其五變,正乾卦爻變有姤、同人、履、小畜、大有、夬,反乾卦爻變有復、師、謙、豫、比、剥。以《乾》之《復》爲例,注曰:"九二、九三、九四、九五、上九、初七,五爻皆動,以乾彖合復彖爲義。"解曰:"乾之復,健而自反者也。君子之於道德,爲主則不爲客,於學問猶譏察而不徵也,早往早復,克其非禮,反於元始,是不可謂智者乎?"[5]此處黄道周合觀乾卦與復卦兩卦卦辭、卦義,闡明《乾》之《復》的主旨是剛健自反。小注提示了爻變中發生的象數變化:初七、九二、九三、九四、九五、上九→初九、八二、八三、八四、八五、上八。需要注意的是,通常易學家理解的九八七六之間變化,或是老陽變少陰(九變八),老陰變少陽(六變七),或是自爻變之正言老陽變少陽(九變七),老陰變少陰(六變八),而此處初七却指反乾卦與坤卦交動,五爻有動,所不變者爲七。黄道周以初七不變者記載爻變,并將之提舉而列在説明體例的小注末尾,即是强調《周易》雖以用九、用六提挈重視變化的綱領,但正以不變者知其變。

這一觀點,在黄道周解釋《左傳》《國語》古筮時已露端倪,主要體現在穆姜往東宫遇《艮》之八的筮例中。他否定了歷代學者或以《周易》占九六、《歸藏》占七八,或以"艮之八"謂艮卦六二不動的説法,認爲此卦存在争議源於"艮之八"實爲"艮之二八"的誤寫。艮之二八,即艮卦五爻動,獨二爻不動,將之以不變者八記載,故爲"艮之隨"。其間象數變化當爲:初六、八二、九三、六四、六五、上九→初七、六二、八三、

① (宋)程迥:《周易古占法》,(清)紀昀、永瑢等編:《景印文淵閣四庫全書》(第12册),第603頁。

② (宋)朱熹:《易學啓蒙》卷之四,朱傑人、嚴佐之、劉永翔主編:《朱子全書(修訂本)》(第1册),上海:上海古籍出版社,合肥:安徽教育出版社,2010年,第258頁。

③ (清)黄宗羲:《易學象數論(外二种)》卷二,第114頁。

④ (明)黄道周:《易象正》卷之一,第112頁。

⑤ (明)黄道周:《易象正》卷之一,第112頁。

七四、七五、上八。而説“艮之八”,他以古人常以八來代稱坤卦,將其定爲“艮之坤”。按此,《國語》中“泰之八”“貞屯悔豫皆八”兩個有争議的筮例,“八”也該解釋爲坤卦,分别爲“泰之坤”和“屯、豫之坤”。這種解釋在一定程度上解決了學者對古筮中“八”的疑問。

(三) 七十二用卦

《易象正》卷十二列舉了七十二組對化卦,可分爲兩類:其一,八體卦各有一組同體反復卦和一組對化卦,印證了上文所言八體卦的反復卦也有對化之理。其中,乾坤兩卦有“用九”“用六”兩辭較爲特殊,兩組對化卦不舉卦辭,單舉用辭。其二,其餘五十六卦變卦爲本卦的對化卦。如“賁困第二十四”,解爲:“山下有火,澤中無水,夜行不迷,雖困不瘁,艱貞允塞,反得其位,故去文而反質,鉥言而敦行,君子之所貴也。”[①]本卦離火上照,艮山有光明之象,雖逢無水之澤,處困頓之境,亦未凋瘁。離變坎,“去文而反質”,艮變兑,“鉥言而敦行”,在艱難中自治其身,反得其位。再如“井噬嗑第五十四”,解爲:“水得火而以明,巽得震而以起。累累之瓶,見震而疑。引繩就灶,乃知其資。德法相扶,小人以催。要於致養,不失吾素。”[②]可知六爻全變時,援引變卦注解本卦,合觀兩卦卦象、卦辭、卦義,兼用經卦卦象、卦義。换言之,對化只存在於本卦與變卦,以及兩卦内的上體卦間或下體卦間,而不能離解上下兩體。

三、卦變與變卦的關係

黄道周以卦變法作爲合本卦、變卦兩象解爻辭的建構基礎,似乎意味著變卦解《易》建立於卦變體系下,以卦變法爲基礎。但如果變卦以卦變作爲前提,即卦變爲源,變卦爲流,又如何解釋他自述《易象正》宗旨時,完全不提卦變法,只説重彰漸漸晦暗的《左傳》古法呢?以往學界討論黄道周易學時,根據《易象正》“凡例”明言的“論之卦”這一綫索而專論“變卦”部分,將黄道周歸屬到變卦解《易》學派。翟奎鳳曾詳細地梳理了這一學派的源流和發展,認爲該書解釋每卦爻辭都注明“某卦之某卦”并列舉相應卦辭,徹底貫徹了變卦解《易》的思想,已臻至該學派的高峰。[③] 然而

① (明)黄道周:《易象正》卷之十二,第455頁。

② (明)黄道周:《易象正》卷之十二,第455頁。

③ 翟奎鳳:《變卦解〈易〉思想源流考論》,《中國哲學史》2008年第4期,第31—37頁。

梳理變卦解《易》學派的發展進程却不得不産生困惑：如果黄道周單純就《左傳》變卦古法來指責虞、王以下學者只論陰陽剛柔,不分七八九六,那麽以黄道周的識見和學養,爲什麽絲毫不提其他以變卦解《易》的學者呢？這種視而不見的態度不正喻示著這些學者也在他的批評範圍内麽？

事實上,黄道周解釋《左傳》筮例時,指出了變卦由爻動生變而得,卦爻發生變動而産生變象,方有可占,而《周易》卦爻辭皆爲方便卜筮而繫:"世儒但見聖人言意真質,不滯所之,遂迸棄典要,以左氏爲穿鑿,不知聖人觀象立辭,因動觀象,不動則象無可占,不占則辭無由立。"[①]兩者的筮法之理皆爲爻變得變象,爻變的本質是九六之動,即數的變化。《周易》卦爻辭爲一爻變而設,用九、用六兩辭體現了其作者完備變卦之理而加强卦爻辭之間的聯繫的用意,故可借助本卦、變卦的卦辭來解釋動爻。

在易學史上,以一爻變之法解《易》濫觴於南宋沈該《易小傳》和都絜《易變體義》。沈氏解六十四卦三百八十四爻及《小象》,并於卦名注以宫世,都氏則只解六十四卦三百八十四爻,兩者實本於《左傳》所載蔡墨之説,以變體擬議變動之意。然而,一爻變僅爲觀象的一種方法,《繫辭》所載大衍筮占的象數變化綱領則爲一卦變六十四卦,非一爻變之一卦變六卦所能盡。潘雨廷先生曾指出,《左傳》雖記載了一卦變六十四卦之法,但真正將此法排列清楚的是《焦氏易林》(以下簡稱《易林》),而將《易林》象數整理出來的是《易學啓蒙》(以下簡稱《啓蒙》),但朱子雜糅了《易林》所用筮占之法和《周易》卦爻辭的卜筮方法,直接以卦爻辭解四千九十六種象。[②] 黄道周有悟於此,所以不采用朱子的變占法,除一爻變的情况外,不用爻辭。

另一方面,《易象正》卷終叠加三個先天圖表達的"三成之法",以六變八卦大成,十八變後形成十八畫卦,將《易林》十二畫卦、四千九十六象,推到了二十六萬二千一百四十有四象,[③]是《左傳》《易林》之後,唯一發展一卦變六十四卦的做法。[④]《易林》所用爲《序卦》次序,《啓蒙》的《變占圖》則以《先天圖》爲次,黄道周的"三成之法"亦法《先天圖》之次。今之學者多注意到朱子《卦變圖》與《變占圖》不

① (明)黄道周:《易象正》凡例,第20頁。

② 參潘雨廷:《易學史入門》,氏著:《易學史入門·論吾國文化中包含的自然科學理論》,上海:上海古籍出版社,2017年,第80—84頁。

③ "有此三成,成十八變,而得二十六萬二千一百四十四,其三六爻數,陰陽老少,各有次第,纖忽不亂。約而歸之,只得六爻,三男爲七,三女爲八,父爲老陽,母爲老陰,父母交動,男女不變。"(明)黄道周:《易象正》卷之終上,第476—477頁。

④ 潘雨廷:《易學史入門》,氏著:《易學史入門·論吾國文化中包含的自然科學理論》,第84頁。

同,却忽視了《變占圖》也存在卦變的情況。胡方平《易學啓蒙通釋》曾指出,朱子《變占圖》以乾、坤兩卦爲主,“每圖前三十二卦一畫陽必對後三十二卦一畫陰,前三十二卦一畫陰必對後三十二卦一畫陽,各各相對,又具兩邊博易而成之義”。[①] 可見朱子對《左傳》《易林》以用九、用六爲“動爻觀變”的核心是有意識的,但他未從中拓展出卦變思想,反而沿襲李之才的卦變法,亦即虞翻一脉就本卦陰陽剛柔變化探討卦變的理路。胡方平注意到《變占圖》展現了“博易”這一陰陽交易原則,而從黄道周乾坤交動的卦變法和“三成之法”的排卦次序來看,很難説他未受朱子的影響。或許因爲朱子的“博易”并非領悟於《左傳》所示爻變,而是源於受《太極圖》影響改造的先天易學思想,黄道周探討動爻論變卦方面亦未提及《變占圖》。

《左傳》重視一爻變之法,却未明言筮占中象數的具體變化,後人遂多以九變八、六變七來理解卦變和變卦。卦變上文已述,而就變卦來看,首先明確將變卦解《易》作爲易學中的一派的是吴澄和丁易東。吴澄的《易纂言外翼》專門討論變卦的部分今已失傳,但其用變卦、卦變之名乃從趙汝楳之説;趙氏的變卦圖大約與《啓蒙》圖大義相同。[②] 丁易東《易象義》不僅將變卦與卦變兩體例結合,作以分辨,還指出了漢易家所言的“動爻”和變卦體例的區别。他認爲虞翻等漢易家所言的“動爻”或“爻變”,偏重老陰變少陽、老陽變少陰的陰陽變化之義,是以爻動取象,爲變卦提供爻變的理由,故往往結合升降、之正、旁通等體例,就爻與爻的應和關係解爻辭之義。卦變與變卦,則前者爲源、後者爲流。卦變本身與筮占的關係不大,指十二消息卦變爲六十四卦,即在六十四卦系統内討論卦之本體所自來的問題。而變卦指六十四卦變爲四千九十六卦,分爲變卦取象、變爻取象兩種。[③]

黄道周所言“動爻論之卦”,顯然是就爻動而得變象這一整體而言,“動爻”指向的是乾坤交易發生的爻動,非九變八、六變七。在他看來,卦變與變卦皆以此爻動爲本,“雖八卦之體以相錯而成,而兩元之用以揲蓍乃著。故於兩元六爻之外别系兩象,使人悟九六二用,即謂之卦”。[④] 以彰顯九、六二用來看,變卦爲顯,卦變爲隱。這是黄道周與丁易東對動爻、卦變、變卦三例之理解之細微差異。實際上,正是丁

① (宋) 胡方平:《易學啓蒙通釋·易學啓蒙》卷下《考變占第四》,(宋) 胡方平、(元) 胡一桂:《易學啓蒙通釋 周易本義啓蒙翼傳》,北京:中華書局,2019 年,第 191 頁。

② 參潘雨廷:《吴澄〈易纂言外翼〉提要》,氏著:《讀易提要》,上海:上海古籍出版社,2006 年,第 285—286 頁。

③ 參(宋) 丁易東:《易象義·後序》,(清) 紀昀、永瑢等編:《景印文淵閣四庫全書》(第 21 册),第 787 頁。

④ (明) 黄道周:《易象正》卷之一,第 110 頁。

易東直接以變象來歸納、總結變卦這一體例,纔會在界定變卦體例爲"六十四卦變而成四千九十六卦是也"的同時,又將只談一爻變之法的沈該、都絜列爲變卦解《易》派系的代表人物。而從丁易東對變占的論述來看:"至文王始以六十四卦取大衍之數,所得七八九六爲陰陽老少之分,而一卦又可變六十三卦,并其不變之一爲六十四,而四千九十六卦於此具矣……至漢儒作《易林》又以一卦之變六十四者,各立爻辭,遂有四千九十六爻,是又因周公爻辭推廣之也。"①他雖有識於《易林》本於大衍筮占,但理解的變卦理論本於《啓蒙》。這也意味著丁易東梳理的變卦解《易》思想源流,建立於《啓蒙》雜糅大衍筮占象數與《周易》爻辭爲一爻變所設的基礎上。而四庫館臣以降梳理的沈該、都絜開啓的變卦解《易》學派,則指采用變卦輔助本卦解《易》的形式。從這一角度來看,重視"九之用""六之用"而在變卦法中融入卦變的丁易東、黄道周等人,無疑可視爲该學派的發展者。

綜上所述,黄道周和其他變卦解《易》學者的共同點是,依據《左傳》古筮例,合本卦與變卦兩卦卦象、卦辭闡釋動爻。但其中却存在頗多差異:丁易東等人的變卦思想和與之相關聯的卦變思想,皆以九變八、六變七爲象數根據,且卦變多據卦辭、《彖》辭中的剛柔往來之義。黄道周將變卦思想追溯到《左傳》,源於蔡墨説龍的筮例體現了"用九"本義,因此將之命名爲"乾之坤"。但在黄道周的語境中,乾坤兩卦彰顯的"用九""用六"和諸卦皆存在的"九之用""六之用"意義不同,前者唯就乾坤兩卦言,後者方是其他學者卦變法所論的"用九""用六"。如果三百八十四爻的陰陽爻皆來自乾坤體現的九六之用,尚可理解爲九變八、六變七,那麽表示"之坤""之乾"的"用九""用六",則指明了卦變應當始自乾坤兩卦的交易。諸卦由乾坤交動而成,既非本卦六爻之間的陰陽交换,亦非體乾、體坤的陰陽變易。正是體會到《左傳》以動爻論變卦的這種象數核心,促使黄道周以九六交動爲始,構造獨特的卦變法,再以卦變法作爲合觀兩象以闡動爻的象數依據。

四、結　語

宋代以來不乏追溯《左傳》古筮法而運用變卦解《易》的學者,丁易東等人已意識到卦變與變卦兩體例存在關聯。黄道周發現了《左傳》《國語》古筮中存在"數"的交動,并將之視爲爻變的本質和卦變法的象數起點、核心。在此基礎上,結合卦變法發展自己合本卦、變卦兩象解《易》的闡釋方法,進一步發展了變卦思想。可以

① (宋)丁易東:《易象義》卷一,(清)紀昀、永瑢等編:《景印文淵閣四庫全書》(第21册),第488頁。

説，黄道周巧妙地融合了卦變法、變占法，并用以解釋卦爻辭，對卦與卦之間的生成關係，卦象與卦爻辭的對應關係，以及由此而來的卦爻辭的占筮問題，作了一以貫之的解答。較之前人，他的變卦思想的建構更能彰顯《周易》觀象玩辭、觀變玩占的特色。而且黄道周對虞翻、王弼以來解《易》專論本卦的指摘和對其他變卦解《易》學者的忽視，還關乎動爻論變卦這一象數體例的演變，亦能爲理解變卦與卦變兩體例的關係提供一個新視角，值得深入研究。

此外，生逢晚明瀕臨傾頹的危機時刻，黄道周始終關懷世情，强調儒學經世致用的本質。他以卦變法爲基礎繪制了諸多《易》圖，意圖説明乾坤交動提絜諸卦的卦序體現了氣的消息變化，而天地氣運消息與人間政治氣運興衰相應，可借助《周易》卦序推步世運。這也是黄道周易學的特色之一，在明清之際頗受矚目，曾獲得黄宗羲所謂“二千一百二十五年之治亂燎若觀火”的贊譽。[①] 且黄道周運用變卦思想解《易》，闡發的皆是修齊治平的大義。他認爲如同切脉可把捉人體陰陽氣機，君子體味世運所值卦爻的卦爻辭和值爻所在變卦卦辭，也可知曉困頓時局的處世方式，從而摸索救世的契機和現實的進路。就此而言，卦變法與變卦法承擔了黄道周易學體系的基底，體現了他力圖由象數上達義理、推天道以明人事的治《易》宗旨。

① （清）黄宗羲：《朱康流先生墓志銘》，吴光編：《黄宗羲全集》（第10册），杭州：浙江古籍出版社，1987年，第356頁。

近代《箴膏肓》研究評析

——以劉逢禄、章太炎、皮錫瑞爲中心*

吴仰湘

【摘　要】 漢末何休、鄭玄有關《春秋》三傳的争議，在晚清、民國引起一場曠日持久的回響。其中劉逢禄首作《箴膏肓評》，與《左氏春秋考證》等一起，通過申何、難鄭、闢劉、排《左》，直接引發晚清激烈的今、古文之争。執守古文的章太炎針鋒相對，在《駁箴膏肓評》中對劉逢禄誣毀《左氏》力加批駁，常發偏宕過激之論，陷入門户意氣之争。皮錫瑞雖主今文，却未在《箴膏肓疏證》中爲何休、劉逢禄强作辯護，而是根據傳意以及先儒之説對争論各方進行評判，較爲公允。透過劉、章、皮三家對待何、鄭之争的不同反響，可以略窺近代今、古文學者的經學立場與治經風氣，呈現清中期以後重新興起的經學今、古文之争的複雜面相，藉以深化中國經學史研究。

【關鍵詞】《箴膏肓》　劉逢禄　章太炎　皮錫瑞　今古文之争

【作者簡介】 吴仰湘，1970年生，浙江大學馬一浮書院教授。

皮錫瑞《春秋通論》曾總結説："漢今、古文家相攻擊，始於《左氏》《公羊》，而今、古文家相攻若仇，亦惟《左氏》《公羊》爲甚。"[①]此論也可移以概述晚清以來的今、古文之争。更有趣的是，清代中葉由劉逢禄重啓的今、古文之争，正是漢末何休、鄭玄《春秋》三傳之争的延續與回響。對此，學界較多關注劉逢禄的《左氏春秋考證》，不太留意其踵繼成書、用力更深的《箴膏肓評》。其實在晚清今、古文陣營中，各有一

* 本文爲國家社科基金重大項目"皮錫瑞《經學通論》注釋與研究"階段性成果。

① （清）皮錫瑞：《經學通論》，北京：中華書局，2018年，第434頁。

位代表性學者對《箴膏肓評》特別關注：皮錫瑞《箴膏肓疏證》對劉氏評語詳加評析，論其得失；章太炎《駁箴膏肓評》則對劉氏諸説作針鋒相對的批駁。劉逢禄通過申何休、難鄭玄、闢劉歆來分別今、古的努力及其成效，在皮錫瑞、章太炎的評判中實有最爲鮮明而集中的展現。進一步比較皮、章對何、鄭之争的評析，對劉逢禄申何、難鄭、闢劉、排《左》得失功過的裁決，也可管窺近代今、古文學者的經學立場與治經風氣。

一、何休、鄭玄之争的近代回響

自西漢晚期劉歆扶持古文諸經，與今文經學争立博士，《左氏》之學漸次興起。東漢以來，《左氏》大師輩出，其學大盛，至東漢晚期，已對《公羊》學形成壓倒之勢，《公羊》學者起而反擊。《後漢書·鄭玄傳》載："任城何休好《公羊》學，遂著《公羊墨守》《左氏膏肓》《穀梁廢疾》。玄乃發《墨守》，箴《膏肓》，起《廢疾》，休見而嘆曰：'康成入吾室，操吾矛，以伐我乎！'"何、鄭之争堪稱東漢末年經學發展的重大事件，在中國經學史上也引人矚目。《舊唐書·經籍志》收録何休《公羊墨守》二卷、《左氏膏肓》十卷、《穀梁廢疾》三卷，其下并注"鄭玄發""鄭玄箴""鄭玄釋"，可見唐代以來何、鄭之書已合而爲一。但宋代以來，這些著作逐漸散佚。清代漢學復興，鄭學日盛，鄭玄各種亡佚的經學著述均被輯出，其中王復、武億、袁鈞、孔廣林、黄奭等相繼輯成《箴膏肓》《發墨守》《起廢疾》各一卷，使何、鄭之争得以略存梗概。

乾嘉以來，東漢之學如日中天，初復大觀的西漢學又想後來居上，很快就以常州《公羊》學者劉逢禄向《左氏》發難爲導火綫，使漸臻盛境的漢學出現公開的分化。劉逢禄爲張大《春秋》公羊一派的學術威力，重建孔子—公羊—董子—何休一脉學術的正統地位，以《春秋公羊何氏釋例》《公羊何氏解詁箋》《論語述何》等著作，對何休之學大作發掘和引申發揮，構建起常州公羊學的理論體系。其弟子魏源、龔自珍，以及承襲常州公羊學的廖平、康有爲、崔適等，相繼力張西漢今文經學，對東漢古文經學作持續的辨僞與攻擊，從而形成空前劇烈的今、古文之争，從晚清延續到民國。劉逢禄還特意選擇何、鄭之争，相繼撰寫《穀梁廢疾申何》《發墨守評》《左氏春秋考證》《箴膏肓評》等書，對入何氏之室、操戈相向的鄭玄大加撻伐，直接引發出晚清的今、古文之争。

在劉逢禄之後，專門撰書重論何、鄭之争，并對劉逢禄相關三書作出回應的情况不少，重要者如下：

其一，桂文燦在《經學博采録》中，自稱"乙巳之憂，著《春秋箴膏肓評》《起廢疾評》《發墨守評》各一卷”,[①]書名與劉逢禄之書相同。俞樾《春在堂隨筆》、葉昌熾《緣督廬日記抄》均提及桂氏回應何、鄭之争的三種著述,但後來未見傳本。

其二,皮錫瑞以鄭學爲中心,對東漢後期各種經學争論頗爲用力,自述説:“錫瑞既治鄭學,欲取各家之説與鄭相出入者,參稽互證,以輔鄭義。許在鄭前,有《駁五經異義》,爲之作疏證矣。王在鄭後,有《聖證論》,爲之作補評矣。而鄭、何同時,其書尤可考見宗旨,雖多抵牾,不宜無述,乃删訂袁本,撰作疏證。三傳之義有可通者,爲之溝通;其不能溝通者,各依本傳解釋。冀以正《春秋》三家之界,通鄭、何二君之郵,平末學之詬争,廣先儒之異義云爾。”[②]他依據袁鈞所輯《發墨守箴膏肓釋廢疾》,作《發墨守箴膏肓釋廢疾疏證》三卷,不僅對何、鄭所争經義詳作稽核,還對劉逢禄三書一一評析,論其是而斥其非。皮錫瑞的《春秋》之學雖主《公羊》,并不排斥《穀》《左》,在《春秋通論》中提出:“《春秋》有大義,有微言,大義在誅亂臣賊子,微言在爲後王立法。惟《公羊》兼傳大義、微言,《穀梁》不傳微言,但傳大義,《左氏》并不傳義,特以記事詳贍,有可以證《春秋》之義者。故三傳并行不廢,特爲斟酌分别,學者可審所擇從矣!”[③]因此,《發墨守箴膏肓釋廢疾疏證》雖然立在今文學立場,但并未爲何休、劉逢禄强作辯護,而是根據傳意以及先儒之説對争論各方進行評判,較爲公允,有助於平息這一千古争訟。

其三,章太炎因憤激於康學恣肆,追咎其源,對劉逢禄攻擊《左氏》及古文經學十分不滿。他在撰擬《左傳讀》的過程中,針對劉逢禄《箴膏肓評》《左氏春秋考證》及《砭後證》,撰《駁箴膏肓評》《左氏春秋考證砭》《後證砭》(即《春秋左傳讀叙録》),對劉逢禄誣毁《左氏》專作批駁。他説:“麟素以杜預《集解》多棄舊文,嘗作《左傳讀》……任重道遠,粗有就緒,猶未成書。乃因劉氏三書,《駁箴膏肓評》以申鄭説,《砭左氏春秋考證》以明傳意,《砭後證》以明稱傳之有據,授受之不妄。”他與劉逢禄勢不兩立,一意爲《左傳》洗誣辨冤,“今《左氏》之見誣久矣,非有解結釋紛之作,其誣伊於何底?亦欲追踵法塵,從君子後,以存絶學云爾”。[④] 爲反駁偏激的劉逢禄,章太炎尤而效之,常發偏宕過激之論,結果陷入門户意氣之争。

其四,廖平兼治《春秋》三傳,著述頗豐,其中《箴箴左氏膏肓》《起起穀梁廢疾》對

---

① (清)桂文燦:《經學博采録》,上海:華東師範大學出版社,2010年,第315頁。

② (清)皮錫瑞:《發墨守箴膏肓釋廢疾疏證自序》,吴仰湘編:《皮錫瑞全集》(第4册),北京:中華書局,2015年,第346頁。

③ (清)皮錫瑞:《經學通論》,第391頁。

④ 章太炎:《〈左氏春秋考證砭〉〈後證砭〉〈駁箴膏肓評〉叙》,《章太炎全集》(第2册),上海:上海人民出版社,2018年,第856頁。

何、鄭一并作糾駁。《起起穀梁廢疾》"以明本義而駁何、鄭",[①]從義理、義例與史事入手,闡釋《穀梁》本義,辨正何、鄭誤説。《箴箴左氏膏肓》(又名《再箴左氏膏肓》)多以禮解傳,認爲三傳可以互補,彼此貫通,求同存異,指摘何、鄭不解《左氏》本義,主張三傳不可偏廢,爲何、鄭之争作調人。後來李源澄承其説作《箴膏肓後評》,對三傳采取折中態度,所論先探《春秋》經義或義例,再評何、鄭、劉三家是非,并對劉疑《左》頗多微詞,"至劉氏以《左氏》解經之文,爲非《左氏》之舊,《左氏》誠多可疑,不合於經者甚多,惟至今尚未能證明其僞,若《僞古文尚書》之顯白無疑,故置而不論"。[②]

其五,民國學者王樹榮,[③]著《紹邵軒叢書》七種十八卷,其中《續公羊墨守》三卷、《續公羊墨守附篇》三卷、《續穀梁廢疾》三卷、《續左氏膏肓》六卷,全面接續何、鄭之争,但較少評説何、鄭經説是非,用意在發揮劉逢禄、崔適等清代公羊家的思想,爲晚清以來的今、古文之争推波助瀾,"綜觀王氏著作,不外分辨古、今文的優劣,鄭玄、何休的是非,其學大抵在攻守之間"。[④] 王樹榮尤其用力於三傳真僞之辨,在《續穀梁廢疾》中試圖説明《穀梁》爲僞古文學,《續左氏膏肓》更揭斥《左氏》有六謬,即"一曰《左氏》非編年之史;二曰《左氏》無釋經之例;三曰《左氏》有增竄之文;四曰《左氏》多乖牾之事;五曰《左氏》多違經之處;六曰《左氏》非傳經之傳",將劉逢禄之説發展到登峰造極的地步,以突出《公羊》爲《春秋》唯一正傳。

此外,在晚清以來逐漸復興的《穀梁》學中,同樣也有不少學者對何、鄭之争作出回應,特别是對劉逢禄"難《穀》"力作反駁。如柳興恩對劉逢禄攻擊《穀梁》極爲不滿,認爲:"黨同伐異之見,經生俱所不免。《穀梁》之在東漢,學已不顯。何休欲申《公羊》,乃復從而廢疾之。鄭康成之起《廢疾》,非與何氏爲難,將以存其學也。今《公》《穀》二家,頒在學官,并無軒輊,武進劉申受乃申何難鄭,不過自形其黨伐之私,於《穀梁》何加損焉? 况何休注《公羊》積思十有七年,而劉申受止覃思五日,已綴成二卷,何其敏也。余既彙鈔衆説,固亦不得遺之,因條舉件繫於左。"[⑤]《穀梁大

① (清) 廖平:《重訂穀梁春秋經學外篇叙目》,《廖平全集》(第5册),上海:上海古籍出版社,2015年,第387頁。

② 李源澄:《箴膏肓後評》,《李源澄著作集》,臺北:臺灣"中央"研究院中國文哲研究所,2008年,第828頁。

③ 按,王樹榮(1871—1952)字仁山,浙江吴興人,光緒甲午科(1894)舉人,曾師從崔適,自署"紹邵軒主人",以接續何休之學自任。程發軔主編《六十年來之國學》,推王樹榮爲公羊學研究中最重要、最具有代表性的三位經學家之一。

④ 程發軔主編:《六十年來之國學》,臺北:臺灣正中書局,1972年,第410頁。

⑤ (清) 柳興恩:《穀梁大義述》卷十二《述師説》,《續修四庫全書》(第132册),上海:上海古籍出版社,2002年,第187頁。

義述》卷十二、卷十三轉録劉逢禄《穀梁廢疾申何》,逐一反駁。馬尾海戰後遭貶謫的張佩綸,也針對何休的《穀梁廢疾》,起而爲《穀梁》作辯護,接續張靖《穀梁起廢疾箋》,撰成《穀梁起廢疾補箋》,對何休、鄭玄、劉逢禄等人的説法進行回應,申述《穀梁》高明之處,以釋各家之非。

特别要指出的是,康有爲在《新學僞經考》中,一再惋惜"何休作《公羊墨守》《左氏膏肓》《穀梁廢疾》,惜不得歆作僞之由,未達一間,卒無以塞陳元、賈逵之口耳","何休爲《公羊》大宗,自能攻《左氏》,然亦不得其僞書法之根,故卒爲康成所箴","何邵公爲公羊宗子,然不得《左氏傳》作僞之由,僅以爲膏肓,安得不爲人所箴也",①主張將劉逢禄攻擊《左氏》竄益、作僞的一面特作發展,此後崔適受此影響,作《春秋復始》説明《左》《穀》均爲劉歆僞造或古文家竄亂,王樹榮又受崔適影響,由何、鄭經義之争,完全轉爲對《左》《穀》的辨僞,今、古文門户之争至此勢成水火。

二、劉逢禄、章太炎、皮錫瑞《箴膏肓》研究例析

對於何、鄭關於《左傳》經義的争論,魏晋以下曾有人作過回應,但未留下具體論述。清代漢學家重視鄭學,因而矚目何、鄭之争,大作輯佚工作,但未評析二人經説的是非優劣。劉逢禄第一次對何、鄭之争重作評論,《箴膏肓評》自有其學術史上的價值,此後屢有學者就此作申論,其中皮錫瑞、章太炎堪稱典型。因此,本文就三人對待何、鄭争論中具體經説的評議與反應,試作比較,期能管中窺豹。

爲論述方便,以下選擇九則較有代表性的争論,以隨文評析的方式,勾勒雙方争議的要點,品評各家立論的得失。②

例1　隱公元年傳:不書即位,攝也。

《膏肓》:古制,諸侯幼弱,天子命賢大夫輔相爲政,無攝代之義。昔周公居攝,死不記崩。今隱公生稱侯,死稱薨,何因得爲攝?且《公羊》以爲諸侯無攝。本疏。

鄭箴:周公歸政,就臣位乃死,何得記崩?隱公見死於君位,不稱薨,云何?《禮記・明堂位》疏。《公羊》云:"宋穆公云:'吾立乎此,攝也。'"以此言

① 康有爲:《新學僞經考》,北京:中華書局,2012年,第89、165、195頁。

② 按,各家所輯何休《膏肓》和鄭玄《箴膏肓》多有差異,本文依皮錫瑞的輯校(對袁鈞輯本有所改進),原附袁鈞考證和皮氏核校從略。劉逢禄《箴膏肓評》和章太炎《駁箴膏肓評》,見《章太炎全集》(第2册),少數文句標點有異。皮錫瑞《箴膏肓疏證》,見本人整理的《皮錫瑞全集》(第4册)。

之，何得非《左氏》？本疏。

劉評：周公誕保文、武受命，非居攝也。何、鄭俱生漢季，沿劉歆、王莽之邪説耳。隱公之讓，《春秋》探其意而成之，著立子法，名之曰攝，而不行即位之禮，非典要也。宋穆公之事，《春秋》大居正，已歸禍於宋，亦未以穆公之攝爲典要也。

章駁：王若曰“孟侯，朕其弟”，周公曰“朕復子明辟”，非攝如何？劉言《春秋》探隱意而成之，名之曰攝，則傳云“攝也”，何得云誤？經不以攝爲典要，傳亦何嘗以攝爲典要也？隱言“吾將授之”，若授之而死，則亦不稱“公薨”矣，志未成而先見弑，安得不書“公薨”？鄭説當矣。[①]

對於《春秋》不書魯隱公即位的問題，三傳各自作解，後來者争議紛紛。何休提出諸侯無攝，魯隱公已實際爲君，以周公居攝作爲對比，責難《左氏》謂魯隱公爲攝。鄭玄認爲周公、隱公都是攝，[②]并增加宋穆公稱攝之例。劉逢禄不承認周公爲攝，認爲周公居攝出自劉歆、王莽編造，指摘何、鄭誤沿歆、莽邪説。他又提出魯隱公之攝爲《春秋》所加，有名而無實；宋穆公以攝自居，但《春秋》不以爲然。章太炎强調周公居攝確是歷史事實，魯隱公也自居爲攝，但其志未遂，《春秋》成其意而名之爲攝，與《左傳》謂之爲攝正同，不能以《春秋》爲是而斥《左傳》爲誤。關於周公、魯隱公、宋穆公是否爲攝，各家所説有異，其實是對史事與經義的關係看法不同，反映出今、古文學者對孔子修《春秋》如何處理舊史策書存在歧解。《左傳》“不書即位，攝也”，杜注：“假攝君政，不修即位之禮。故史不書於策，傳所以見異於常。”孔疏：“隱以桓公幼少，且攝持國政，待其年長，所以不行即位之禮。史官不書即位，仲尼因而不改，故發傳以解之。公實不即位，史本無可書。”他在《春秋釋例》中指出：“隱既繼室之子，於第應立，而尋父娶仲子之意，委位以讓桓。天子既已定之，諸侯既已正之，國人既已君之，而隱終有推國授桓之心，所以不行即位之禮也。隱、莊、閔、僖雖居君位，皆有故而不修即位之禮，或讓而不爲，或痛而不忍，或亂而不得，禮廢事異，國史固無所書，非行其禮而不書於文也。”可見《左傳》所謂“不書即位”，古文學者指爲隱公攝行君事，却未行即位之禮，史官本無可書，孔子修經承用舊文，“史官不書即位，仲尼因而不改”。而《公羊傳》“公何以不言即位？成公意也”，何注“以不有正月而去即位，知其成公意”，又“故凡隱之立，爲桓立也”，何注：“故於是已立，欲須桓長大而歸之，故曰爲桓立，明其本無受國之

① 章太炎：《駁箴膏肓評》，《章太炎全集》（第 2 册），第 826—827 頁。

② 按，鄭玄《發墨守》説“隱爲攝位，周公爲攝政，雖俱相幼君，攝位與攝政異也”，所言與《箴膏肓》略異，章太炎《左傳讀》卷一指其“過爲鈲析”，認爲周公既攝政，也攝位。《章太炎全集》（第 2 册），第 59 頁。

心,故不書即位,所以起其讓也。"可見今文家認爲魯隱公實已行即位之禮,當國爲君,但有返位於桓公之心,《春秋》善其意而成其美,因此《公羊》"不言即位"、何注"去即位",都指孔子修經,删去隱公即位之事。[①] 皮錫瑞即指出:"隱元年不書即位,古《春秋左氏》説以爲本不行即位之禮;今《春秋公羊》説以爲公時實行即位之禮,孔子成公讓意,去之。兩説不同,故《左氏》以爲攝,《公羊》以爲諸侯無攝。宋繆公實已爲君,行即位禮,猶自謂攝,故何劭公以爲謙辭。謙辭者,自謙而非實事。然則宋繆公本非攝,如何君説,與《公羊》'諸侯無攝'之義初不相背。劉氏以爲繆公之攝不爲典要,是也。鄭君分别周公就臣位乃死,不得記崩,隱公死於君位,當稱薨,以箴《膏肓》,自是塙論。引宋穆公云攝也,以傅合《左氏》,則於《公羊》義尚未審。"[②]分别今、古文異説,指陳鄭箴得失,極爲簡要。皮錫瑞還指出"劉氏并駁何、鄭,謂沿莽、歆邪説,其説殊非",列舉《周書·明堂解》、《荀子·儒效》、《韓非子·難二》、《列子·楊朱》、《尚書大傳》、《韓詩外傳》、《淮南·齊俗訓》《氾論訓》、《説苑·君道》《尊賢》等有關周公攝政或踐天子之位的記載,駁斥劉逢禄説:

> 此皆周、秦、西漢之書,并云周公居攝。然則王莽居攝,正以周公有此故事,依仿爲之。若古時全無其事,莽、歆安能僞作以欺天下?何、鄭言周公居攝,是沿周、秦、西漢之説,非沿莽、歆之説。《尚書·大誥》"王若曰",《正義》引鄭注云:"王,周公也。周公居攝,命大事,則權代王也。"《禮記·明堂位》"昔者周公朝諸侯於明堂之位",鄭注云:"周公攝王位,不於宗廟,辟王也。"云"權代王",云"辟王",鄭君能知周公不得已之心,尤見立言之善。如此説經,豈有流弊?若因王莽之居攝,遂謂周公無居攝事,然則因燕噲、曹丕之禪讓,遂謂堯、舜無禪讓事,可乎!西漢今文説之昌明,始於陽湖莊氏及劉申受、魏默深諸公,而疑古惑經,隱蹈宋、明憑臆之失,學者亦不可不辨也。[③]

皮錫瑞以周公居攝爲例,批評常州公羊學派疑古惑經,爲西漢今文學張目,值得重視。相較而言,章太炎此處著力於申鄭,僅論周公居攝爲事實,未分辨此説與劉歆、王莽的關係,名爲駁劉,實則乏力。在《左傳讀》卷一"攝也"條下,章太炎説:"隱元年:'不書即位,攝也。'何、鄭之相駁,麟已有申。劉逢禄謂此乃劉歆、王莽托爲周公居攝

---

① 按,《左傳》孔疏引"舊説賈、服之徒以爲四公(隱、莊、閔、僖)皆實即位,孔子修經,乃有不書","潁氏説以爲:魯十二公,國史盡書即位,仲尼修之,乃有所不書",可見賈、服、潁所説與公羊家同。

② (清)皮錫瑞:《箴膏肓疏證》,《皮錫瑞全集》(第4册),第363頁。

③ (清)皮錫瑞:《箴膏肓疏證》,《皮錫瑞全集》(第4册),第363—364頁。按,皮錫瑞後來在《書經通論》中指責劉逢禄《書序述聞》"不信周公居攝之説",批評《尚書今古文集解》妄駁周公稱王,斥其"從宋儒臆説而變亂事實,與伏生之説大背"。

之説以增《左氏》,則試以討莽者之言證之。”引翟義聲討王莽不當攝天子位,指出“乃其言以王莽爲不當攝,則周公當攝可知,則隱公當攝亦可知。《左氏》家忠義之士固有其説,豈子駿所增飾哉”,[①]顯然是對《駁箴膏肓評》所作補充,增加對劉逢禄的批駁。

例 2　隱公元年傳:士逾月,外姻至。

《膏肓》:士禮三月而葬,今《左氏》云“逾月”,於義《左氏》爲短。《禮記·王制》疏。

鄭箴:禮,人君之喪,殯、葬皆數來月來日,士殯、葬皆數死月死日,尊卑相下之差數。故大夫、士俱三月,其實不同。士之三月,乃大夫之逾月也。《王制》疏。又:人君殯數來日,葬數往月。大夫殯、葬皆數來日來月。士殯、葬數往日往月。士之三月,大夫之逾月也。本疏。

劉評:“逾月”之文,蓋非《左氏》之舊。此短喪之萌芽,其禍發於王莽不爲功顯君服矣。且士之姻皆在國中,安得有外姻乎?

章駁:即天子七月而葬,亦未除喪。然則葬自葬,服自服,各不相涉。王莽不爲功顯君服,何與此哉?(莽母死而意不在哀,《漢書》已明言之。至於子駿所議之服,未可言非。體尊不顧私,事有不得不然。若使伊尹居攝,其母薨,豈得歸而三年邪?顧視其心何如耳。子駿之議,上於伊尹時則是,上於王莽時則非,要其言固有據,非杜預短喪所得傅會也。)“外姻”本不指異國者,《左傳讀》論之詳矣。即誤解爲異國,亦不得以詆《左氏》。蓋大夫不外娶,以杜外交,士卑,無所忌。孔子娶宋并官,明見《漢禮器碑》。子張陳人,子游吴人,而申詳爲子游壻,此非異國邪?仲尼大聖,言氏禮宗,而士行此,何也?即以此爲從衆,而《士昏禮》有“異邦”贈送之文,又何也?且何氏隱三年“癸未,葬宋穆公”傳注,明引《左氏》“士逾月,外姻至”之文,而《膏肓》顧駁之,豈非違心之論哉![②]

依禮,士三月而葬,《左傳》却説“士逾月”而葬,何休就此責斥《左傳》。其實,《禮記·王制》説“大夫、士、庶人三日而殯,三月而葬”,《雜記下》也説“士三月而葬,是月

① 章太炎:《左傳讀》,《章太炎全集》(第 2 册),第 58—59 頁。按,章太炎《左傳讀續編》再次討論“攝”,反駁魏源《詩古微》《書古微》所説周公攝政未攝位,也可視作對劉逢禄的補充性批評,可與皮錫瑞的批評互觀。《章太炎全集》(第 2 册),第 59—70 頁。

② 章太炎:《駁箴膏肓評》,《章太炎全集》(第 2 册),第 827 頁。按,《左傳讀》卷三駁劉逢禄“外姻”,引據《荀子·禮論》“修士之喪,動一鄉屬朋友”,指出:“外姻特在一鄉,其稱外者,猶云外戚耳,豈異國也?”《章太炎全集》(第 2 册),第 75 頁。

也卒哭。大夫三月而葬,五月而卒哭",同稱大夫、士三月而葬。《王制》孔疏還解釋説:"按:《左傳》大夫言三月,士言逾月,此總云大夫、士三月而葬者,此記者皆以降二爲差,故總云三月;《左傳》細言其别,故云大夫三月、士逾月。其實大夫三月者,除死月爲三月,士三月者,數死月爲三月,正是逾越一月,故言'逾月'也。"至於"士逾月",杜注"逾月,度月也",孔疏説:"言從死月至葬月,其間度一月也。士與大夫不異,而别設文者,以大夫與士名位既異,因其名異,示爲等差,故變其文耳,其實月數同也。"均可見何休對"士逾月"的理解有誤。因此,鄭玄指出士與大夫殯葬日期因計數不同,有士逾月、大夫三月之異,其實從死到葬時間一樣,"士之三月,大夫之逾月也",足以答解何休的責難。劉逢禄對此實已無可置喙,但節外生枝,指"士逾月"一句非《左氏》之舊,攻擊王莽、劉歆倡短喪之説,并新增對"外姻至"的責難,認爲士不外娶,無外姻之説。章太炎的反駁有三:其一,指出王莽自行短喪,與劉歆所議服制無關,不能以莽詆歆;其二,分辨"外姻"不指異國,論證士可外娶;其三,揭出何休《膏肓》與《公羊解詁》自相抵觸,斥其發違心之論。這些駁斥擊中何、劉要害,在《駁箴膏肓評》中是最爲精彩的篇章。皮錫瑞也直稱"劉氏此評,立論太果",引《儀禮·士昏禮》"若異邦,則贈丈夫送者以束錦"及賈公彦疏釋,指出"士得外娶,《禮》有明文。劉氏謂士'安得有外姻',與《士昏禮》不合矣",對劉逢禄的武斷極不謂然。至於何休《公羊解詁》引述"禮,天子七月而葬,同軌畢至;諸侯五月而葬,同盟至;大夫三月而葬,同位至;士逾月,外姻至",徐疏謂其引自《左傳》,皮錫瑞并不認同,提出"劭公今文顓家,《解詁》一書未嘗引用《周官》《左傳》,所引禮亦不見於《儀禮》十七篇,蓋逸《禮》文。此引《禮》亦逸《禮》,與《左傳》同者,非引《左傳》也",又提出"作《膏肓》乃據《王制》駁《左氏》,與《解詁》之文相背,或作《膏肓》在前,作《解詁》在後,如鄭答炅模、劉琰之意,不復追改歟",[①]雖然言之有理,究屬推斷之詞,暴露出强爲何休辯護的今文立場。

例 3　莊公六年傳:騅甥、聃甥、養甥請殺楚子。

《膏肓》:楚、鄧强弱相縣,若從三甥之言,楚子雖死,鄧滅曾不旋踵。若刳腹去疾,炊炭止沸,《左氏》爲短。本疏。

鄭箴:楚之强盛,從鄧滅以後。於時楚未爲强,何得云"强弱相縣"?同上。

劉評:據《左氏》,楚武王時,已合諸侯於沈鹿,讓黄、伐隨、圍鄾、敗鄧、敗鄖、覆絞、盟貳軫矣,安得云未强乎?據經,則穀、鄧已滅於楚而爲寓公於魯,固知《左氏》所據史文,非夫子所據也。

---

① (清)皮錫瑞:《箴膏肓疏證》,《皮錫瑞全集》(第4册),第365—366頁。

章駁：沈尹戌言："若敖、蚡冒至於武、文，土不過同。"是文王時未甚强也。以前合諸侯等事，實由其君之才耳。文王亦雄主，"是君也死，疆其少安"。百里之國，未必遂能滅鄧，何説誠謬矣。穀、鄧稱本朝，夫子之經固不以爲失地之君，《公羊》自誤耳。①

據《左傳》記載，楚文王因伐申而過鄧，鄧國三甥建議於宴席襲殺楚文王，以免將來被楚所滅，但鄧侯不從其計，十年後楚文王果然伐滅鄧國。何休、鄭玄對楚、鄧二國强弱形勢作出不同的評判，劉逢禄根據《左傳》記載楚武王征伐諸事，認爲楚文王繼武王之業，國力必然更强，又根據《春秋》桓七年記穀伯、鄧侯朝魯，認爲鄧國早被楚滅，指出《左傳》莊公六年所載史事絶不可信。章太炎根據沈尹戌之言，認爲楚國至武王、文王時仍是百里之國，又説武王、文王雖是雄主，楚國未必强盛，并以《春秋》不言穀伯、鄧侯失地，指斥《公羊》解經謬誤。按，桓公二年《左傳》"'蔡侯、鄭伯會于鄧'，始懼楚也"，杜注："楚武王始僭號稱王，欲害中國。蔡、鄭姬姓，近楚，故懼而會謀。"桓公六年《左傳》記楚武王侵隨，有"以爲後圖"句，杜注："二年，蔡侯、鄭伯會於鄧，始懼楚。楚子自此遂盛，終於抗衡中國，故傳備言其事以終始之。"又有"天方授楚"句，孔疏："楚之先君熊繹始封於楚，在蠻夷之間，食子男之地。至此君始强盛，威服鄰國，似有天助，故云'天方授楚'。"可見楚國聲威早著，國力較盛，劉逢禄所論不虚。而昭公二十三年《左傳》載沈尹戌説"若敖、蚡冒至于武、文，土不過同"，杜注"方百里爲一同，言未滿一圻"，係對下"今土數圻"而言，通過對比以見楚國在武、文時疆域不廣，非指國力不强。又孔疏"言田雖至九百里，猶止名同，故云'不過同'，非謂百里以下也。知者以楚是子爵，土方二百里，明非百里也"，明言楚非百里之國。襄公二十五年鄭子産獻捷於晋，對曰"昔天子之地一圻，列國一同，自是以衰。今大國多數圻矣"，更可見沈尹戌所説"土不過同"是指楚仍爲列國，不涉及其國力强盛與否，章太炎引以爲據，當然效力有限。② 至於《春秋》桓公七年"夏，穀伯綏、鄧侯吾離來朝"，《公羊傳》説"皆何以名？失地之君也"，徐疏指其依據在《曲禮下》"諸侯失地名"，而《左傳》説"穀伯、鄧侯來朝。名，賤之也"，杜注"辟陋小國，賤之。禮不足，故書名"，可見關於穀伯、鄧侯書名的原因，《公羊》《左傳》大有分歧，何

---

① 章太炎：《駁箴膏肓評》，《章太炎全集》（第2册），第831頁。

② 按，章太炎在《左傳讀》卷二"噬齊"條下，提及何休、鄭玄之争，以鄭箴爲是，提出："是年傳稱楚文王伐申過鄧，是時申未滅也。十四年傳始見滅息之文，亦在十年息侯使楚文王伐蔡之後可知。當時申、息與鄧皆未滅，漢陽諸國存者甚多，是楚未强盛也。"又引沈尹戌之言，説"此雖沈尹過甚其説，亦足見文王時未甚强也"，所舉諸證勝於《駁箴膏肓評》。《章太炎全集》（第2册），第164—165頁。

休、杜預解説不同,各有其是,不可執一廢一。劉逢禄、章太炎恰好各執其一,當然難以讓對方心服。當時楚强、鄧弱確是事實,但强弱相懸到何種程度,史書不載,後人斷斷相争,徒勞無益。皮錫瑞評論説:"劉説是也。鄭義與事實不合,固屬强辭。其實《左氏》此等文亦無庸深辨。孔疏引蘇氏云:'三甥既有此語,《左氏》因史記之文,録其實事,非君子之論,何以非之?'蘇氏之言甚通,可不必過於吹求矣。"①他取蘇寬之論,批評何休借瑣細之事對《左氏》吹毛求疵,很有道理,但對鄭玄强詞争辯表示不滿,對劉逢禄諸説完全認同,仍與"無庸深辨"之説不符。

例 4 文公元年傳:穆伯如齊,始聘焉,禮也。

《膏肓》:三年之喪,使卿出聘,於義《左氏》爲短。本疏。

鄭箴:《周禮》:"諸侯邦交,歲相問,殷相聘,世相朝。"《左氏》合古禮,何以難之?同上。

劉評:《周官》《左氏》,同出劉歆。然所謂"世相朝"者,亦俟三年喪畢,朝於天子之後,豈宗廟之事尚未行而行朝聘者乎?然《左氏》此條亦出附益,而杜氏短喪之説,遂以誣經蔑禮矣。

章駁:三年中,君不可朝,而臣可聘,季札出聘通嗣君是也。以杜預短喪爲本此,則天子越紼祭天地、社稷,亦短喪者所本耶?②

何休堅持諸侯三年喪中不能外出聘享,對公孫敖在魯僖公喪期内出訪齊國而《左傳》謂之合禮大作非議,鄭玄却依據《周禮》,認爲《左傳》持論合於古禮。劉逢禄先以《周官》《左氏》同出劉歆之手,不可信據,動摇鄭玄立論的基礎,再對《周禮》"世相朝"作解釋,强調諸侯間聘享必須"俟三年喪畢,朝於天子之後",最後宣稱《左傳》記載出於劉歆等人竄益,試圖從根本上否認《左傳》之説,并連帶駁斥杜預的短喪説。此評申何休、難鄭玄、闢劉歆、排《左傳》、斥杜預,堪稱《箴膏肓評》的典型。章太炎對其中兩點提出反駁,一是根據《左傳》所記季札受命聘魯"通嗣君也",認爲國君在三年喪内不能朝見周天子,却可派大臣出訪諸侯;二是根據《王制》所記天子可以越紼行祭,認爲所謂短喪者自有經典依據,否認杜預"既葬除喪"説源自《左傳》。劉逢禄指《周官》《左氏》出自劉歆僞作,以《左傳》"君子曰"及解經之詞爲後人竄益,屬於一偏之論,古文家絶不承認,章太炎於别處略有批駁。但他爲證明承喪繼位的新君可令臣子出聘,舉季札爲例并無效力,因爲襄公二十五年吴王諸樊被殺,餘祭

① (清)皮錫瑞:《箴膏肓疏證》,《皮錫瑞全集》(第 4 册),第 374 頁。

② 章太炎:《駁箴膏肓評》,《章太炎全集》(第 2 册),第 834 頁。

嗣立,至二十九年餘祭遣季札聘魯,早已不在三年内。① 章太炎對《王制》的援引更有問題。《王制》:"喪三年不祭,唯祭天地、社稷,爲越紼而行事。"鄭注:"不敢以卑廢尊。"孔疏:"私喪者是其卑,天地、社稷是其尊。今雖遭私喪,既殯已後,若有天地、社稷之祭即行之,故云'不敢以卑廢尊'也。……天地、社稷,故有越紼之禮。六宗及山川之等,卑於天地、社稷,待喪終乃祭。故《鄭志》答田瓊云:'天地郊社至尊,不可廢,故越紼祭之。六宗、山川之神,則否。'"可見,章太炎引《王制》而僅截取其下半,斷章取義,不足以服人。其實宣公三年《左傳》"春,不郊,而望,皆非禮也",杜注:"言牛雖傷死,當更改卜,取其吉者,郊不可廢也。前年冬,天王崩,未葬而郊者,不以王事廢天事。"孔疏:"案經,牛死在正月,郊當用三月,其間足得養牛。牛雖一傷一死,當更改卜取其吉者,郊天之禮不可廢也。牛死而遂不郊,故爲非禮也。不郊非禮,則於禮得郊。禮,諸侯爲天子斬衰,天王崩未葬,而得郊者,不以王事廢天事也。"下引《王制》此文及鄭注。可見,章太炎爲駁劉逢禄,急切之中竟悍然不顧杜、孔成説。皮錫瑞則在疏證中,明列《公羊解詁》和《左傳》杜注、孔疏,指出"《公羊》譏喪聘,并譏喪娶;《左氏》不譏,反以爲禮。杜注、孔疏遂爲既葬除喪之説,以傅會之",并詳引朱大韶《左氏短喪説》,證明杜預邪説實源自《左傳》,最後評判説:"《左傳》序事之書,據事直書,不加褒貶,是史家通例,猶可説也。其所云禮,多當時通行之禮。春秋衰世,不遵古制,亦不必爲《左氏》深咎。惟此條及文二年'襄仲如齊納幣'、襄元年'邾子來朝'之類,乃《左氏》自發之凡。説《左氏》者以爲凡例出於周公,是周公已定短喪之法矣,此則萬無可解。即申《左》者,亦莫能申其説。必如劉申受説,以凡例爲劉歆竄入,乃可爲《左氏》解也。"②可見他對《左傳》記載能持平以待,較一般嫉視《左傳》的今文學家大爲寬容,但也致疑傳中某些凡例,有限度地

① 按,襄公二十九年《左傳》記季札使魯,説"其出聘也,通嗣君也",但經文"吴子使札來聘"下,杜注"吴子,餘祭,既遣札聘上國而後死。札以六月到魯,未聞喪也",餘祭派季札出使後,即爲閽人所弑,其弟夷末繼位,孔疏也説:"上云'閽弑吴子',此言吴子使聘,傳曰'其出聘也,通嗣君也',不知通嗣君,通誰嗣也。賈逵、服虔皆以爲夷末新即位,使來通聘。案隱三年'武氏子來求賻',文九年'毛伯來求金',并不言王使,傳皆云'王未葬也'。是知先君未葬,嗣君不得命臣。此與閽弑吴子文不隔月,吴、魯相去經塗至遠,豈以君死之月即命臣乎而得書'吴子使'也?且傳稱季札至魯,遍觀周樂,至戚聞鐘聲,譏孫文子云'君又在殯,而可以樂乎',自請觀樂,譏人聽樂,曠世大賢,豈當若是?故杜以爲通嗣君,通餘祭嗣也。"杜預指賈、服有誤,特别對傳文"嗣君"作注説"吴子餘祭嗣立",其時餘祭嗣位已四年,杜説爲是,章太炎可能誤據賈、服。其實,《左傳》記各國新君遣使出聘明言"通嗣君也"共有六例。

② (清)皮錫瑞:《箴膏肓疏證》,《皮錫瑞全集》(第4册),第388頁。按,此説皮錫瑞後在《春秋通論》中有詳論。

認可劉逢禄指斥《左傳》解經之語出於後人附益的説法。

例 5　文公五年傳：王使榮叔來含且賵，召昭公來會葬，禮也。

《膏肓》：禮，尊不含卑，又不兼二禮。《左氏》以爲禮，於義爲短。本疏。

鄭箴：禮，天子於二王後之喪，含爲先，襚次之，賵次之，賻次之；於諸侯，含之，賵之；小君亦如之；於諸侯臣，襚之。諸侯相於，如天子於二王後；於卿、大夫，如天子於諸侯；於士，如天子於諸侯臣。何休曰"尊不含卑"是違禮，非經意。其一人兼歸二禮，亦是爲譏。同上。

劉評：諸侯含士則可，天子含諸侯妾母則不可。士賵，妾不賵，貴賤各殊也。

章駁：賈侍中云："畿内曰王。以恩深加禮妾母，恩同畿内，故稱王。"然則妾母雖不得含賵，未始不加恩，不得指爲非禮也。鄭君以兼歸亦譏，與賈、服亦同。①

何休針對《左傳》所説提出兩難：尊不含卑，不兼二禮。鄭箴其一，認爲尊可含卑，批評何休違背經意，而從其一，認爲譏一人歸二禮，暗指《左傳》違失經意。劉逢禄具體提出天子不可含諸侯妾母，反駁鄭玄。章太炎又力反劉説，提出妾母加恩可得含、賵，同時借賈逵、服虔主張譏榮叔以一人兼兩使，申述鄭説。何休主張不兼二禮，源自《公羊傳》"兼之，非禮也"。賈逵説"'王使榮叔歸含且賵'，以恩深加禮妾母，恩同畿内，故稱王"，又賈、服説"含、賵當異人，今一人兼兩使，故書'且'以譏之"，顯然都是采用今文家説。孔疏曾批評"康成以爲譏一人兼二事者，非《左氏》意也"，章太炎竟然還引賈、服以申鄭，可謂誤引將伯爲助。至於何休提出尊不含卑，對《左傳》以天子派榮叔來含、賵成風爲禮進行批評，實與《公羊》"母以子貴"之義不符。劉逢禄强調"天子含諸侯妾母則不可"，也違背《公羊》家法。可見，不管是力倡《公羊》的劉逢禄，還是維護《左傳》的章太炎，因疏於稽察何、鄭經説的原始面貌，結果都自亂家法。皮錫瑞詳考《左傳正義》和《公羊解詁》，引據《公羊義疏》，指出："陳卓人解《公羊》甚確，斯爲顓門之學。劉申受《公羊解詁箋》不從《公羊》'母以子貴'之義，故此評不云'天子含諸侯之母不可'，而云'天子含諸侯妾母不可'。然妾母不得稱夫人，是《穀梁》義，非《公羊》義。孔巽軒用胡康侯説，亦《穀梁》義，非《公羊》義也。若譏兼之非禮，《公》《穀》義同。《穀梁傳》曰：'含一事也，賵一事也，兼歸之，非正也。'賈、服解《左傳》，采《公》《穀》説。杜氏作《集解》，乃專主《左傳》，其於《左氏》

① 章太炎：《駁箴膏肓評》，《章太炎全集》(第2册)，第835頁。

自是顓門，而與《春秋》之旨不合也。鄭君據《雜記》，不以尊不含卑爲非禮，而以兼歸二禮爲非禮，兼《公羊》《左傳》之義。鄭於三《傳》，本不主一説也。"[①]他指正劉氏之失，辨析鄭氏之説，可謂詳盡。不過此處非議杜注"專主《左傳》"，仍有疏失，在"王使榮叔來含且賵，召昭公來會葬，禮也"句下，杜注"成風，莊公之妾。天子以夫人禮賵之，明母以子貴，故曰禮"，此注雖本自古《春秋左氏》説，[②]但實引《公羊》"母以子貴"立説，可見嚴立《左氏》門户、責斥《左氏》先師雜引他傳的杜預，也有暗襲《公羊》經義之處。

例6　宣公五年傳：冬，來，反馬也。

《膏肓》：禮無反馬之法，而《左氏》以爲得禮。禮，婦人謂嫁曰歸，明無大故，不反於家。經書"高固及子叔姬來"，故譏乘行匹至也。《儀禮·士昏禮》疏。

鄭箴：《冠義》云"無大夫冠禮，而有其昏禮"，則昏禮者，天子、諸侯、大夫、士皆異也。本疏。《士昏禮》曰："主人爵弁、纁裳、緇袘，從者畢玄端，乘墨車，從車二乘，執燭前馬。婦車亦如之，有裧。"此婦車出於夫家，則士妻始嫁，乘夫家之車也。《詩·鵲巢》云："之子于歸，百兩御之。"又曰："之子于歸，百兩將之。"將，送也。國君之禮，夫人始嫁，自乘其家之車也。《何彼襛矣》篇曰："曷不肅雍，王姬之車。"言齊侯嫁女，以其母王姬始嫁之車遠送之。《士昏禮》疏。則天子、諸侯嫁女，留其乘車可知也。高固大夫也，"來，反馬"，則大夫亦留其車也。《禮》雖散亡，以《詩》之義論之，大夫以上，其嫁皆有留車反馬之禮。留車，妻之道也；反馬，壻之義也。高固以秋九月來逆叔姬，冬來反馬，則婦入三月祭行乃反馬，禮也。本疏。

劉評：《春秋》之義，大夫不得外娶，大夫尤不得從妻歸宗。反馬之禮，在國行之可也。鄭不揣其本矣。

章駁：既有反馬之禮，安得不從妻歸宗？在國行之，獨非從妻歸宗乎？

---

① （清）皮錫瑞：《箴膏肓疏證》，《皮錫瑞全集》（第4册），第391—392頁。按，皮錫瑞後來在《春秋通論》中評析説："妾母稱夫人爲合正，《春秋》質家，本有'母以子貴'之義，董子《繁露·三代改制質文》篇言之甚明。范氏主《穀梁》妾母不得稱夫人，義雖正大，然是文家義，不合於《春秋》質家。劉逢禄治《公羊》，乃於此條必從《穀梁》，以汩《公羊》之義，是猶未曙於質家、文家之别也。"

② 按，《五經異義》："妾母之子爲君，得尊其母爲夫人不？《春秋公羊》説：妾子立爲君，母得稱夫人。《穀梁》説：魯僖公立妾母成風爲夫人，入宗廟，是子而爵母也。以妾爲妻，非禮也。古《春秋左氏》説：成風得立爲夫人，母以子貴，禮也。謹案：《公羊》《左氏》義是也。"

豈在國不爲乘行匹至,而異國獨爲乘行匹至乎? 大夫不外娶,於逆時譏之則可,既外娶矣,則不得不反馬,無爲於反馬譏之也。①

何休認爲婦人無大故不得返家,又謂《春秋》書"高固及子叔姬來"爲譏,由此指責《左傳》反馬之禮。鄭玄則指出大夫以上與士婚禮有異,士妻始嫁時乘夫家之車,自無反馬之禮,而君、卿、大夫嫁女均乘自家之車,有始嫁留車、成婦反馬之禮。劉逢禄承何休"譏乘行匹至"之説,提出大夫不能從妻歸宗、反馬之禮只可行於國内,譏詆鄭玄"不揣其本"。章太炎完全針對劉逢禄,指出既有反馬之禮,大夫即可從妻歸宗,并可通行於國内國外。看起來鄭説足以箴何,劉已申何難鄭,章駁劉更頭頭是道。然而,回到經傳原文語境,却發現這場争論有誤處。《左傳》承經文"冬,齊高固及子叔姬來",作傳説"冬,來,反馬也",僅述反馬之事,未綴以"禮也"之説,杜注又稱:"禮,送女留其送馬,謙不敢自安,三月廟見,遣使反馬。高固遂與叔姬俱寧,故經傳具見以示譏。"杜預强調經傳所譏并非反馬,而是高固不該與叔姬俱寧,實與何休"譏乘行匹至"意同。孔疏更説:"禮,送女適於夫氏,留其所送之馬,謙不敢自安於夫,若被出棄,則將乘之以歸,故留之也。至三月廟見,夫婦之情既固,則夫家遣使,反其所留之馬,以示與之偕老,不復歸也。法當遣使,不合親行,高固因叔姬歸寧,遂親自反馬,與之俱來。故經傳具見其事,以示譏也。"明言反馬之禮"法當遣使,不合親行",而高固"親自反馬",違禮當譏。可見,何休稱"禮無反馬之法,而《左氏》以爲得禮",誤解《左傳》之義,而鄭玄箴何時力證大夫以上有反馬之禮,雖可糾何休"據士禮無反馬"之失,但對何説《春秋》"譏乘行匹至"未作回應,毫不理會高固與叔姬俱寧之事,反誤引高固反馬證大夫之妻始嫁留車。《左傳》孔疏評及何、鄭之争,即稱"禮有反馬之法,唯高固不宜親行耳",可補鄭箴之失。劉逢禄强調大夫不得外娶,尤不得從妻歸宗,指高固與叔姬出境歸寧違禮,重申何休"譏乘行匹至"之説,但他承認國内可行反馬之禮,却與何休立異,自失今文立場。章太炎與劉逢禄争論"從妻歸宗""乘行匹至",能攻其罅,却爲鄭箴所囿,停留於申述反馬合禮,認爲大夫一旦違禮外娶,"則不得不反馬,無爲於反馬譏之",未抓住高固"親自反馬"這一焦點,仍可謂"不揣其本"。

在劉逢禄之後、章太炎之前,陳立《公羊義疏》也回應何、鄭之争,提出:"反馬之説,出於《左氏》。推士禮以言,大夫以上婦人出嫁,亦當乘其夫家之車。男帥女、女從男之義,所以重耻遠嫌也。《詩》之'百兩御''百兩將',自美其送迎之盛爾,不得

① 章太炎:《駁箴膏肓評》,《章太炎全集》(第 2 册),第 839 頁。

據爲婦人自乘其車之證，何知婦車不在‘百兩御’之中乎？《昏禮》雖士禮，如三月廟見諸節既同，何所見婦車一節獨異焉？劉氏猶牽涉《左氏》反馬說也。”顯然既申何休之說，又糾劉逢禄之失。皮錫瑞通觀《左傳》杜注、孔疏和《儀禮》鄭注、賈疏，援引陳立之説，對這場争論作了總結：“反馬之説，《左氏》一見，外不見於他經，蓋出於古文家。鄭君據‘無大夫冠禮，而有其昏禮’，謂大夫以上昏禮與士不同。大夫以上三月廟見成昏，今、古文説皆同，鄭君不從。大夫以上三月廟見反馬，專出於古文説，鄭君從之。孔、賈兩疏，皆足證明鄭義。……何君明云‘禮無反馬之法’，是今文家不用古《左氏》説。若如孔説，反馬當遣使，不當親來，劉説反馬在國可行、不得外娶，皆與何君義違。此條用古文説，當從鄭義；用今文説，當從陳氏申何也。”[①]皮錫瑞批評劉逢禄名爲申何，實悖其義，强調今、古文經説相異，可以自守家法，各從其義，反對無謂之争，實爲通達之論。

例 7　襄公十一年傳：魏絳於是乎始有金石之樂，禮也。

《膏肓》：缺。

鄭箴：大夫、士無樂。《小胥》“大夫判縣，士特縣”者，《小胥》所云娱身之樂及治人之樂則有之也。故《鄉飲酒》有工歌之樂，是也。《説題辭》云無樂者，謂無祭祀之樂，故特牲、少牢無樂。《禮記·曲禮》疏。

劉評：鄭從《説題辭》，是已。《左氏》以魏絳受女樂爲禮，非也。

章駁：《儀禮》侯國大夫無金奏而有石樂，不得謂無樂也。魏絳有大功，并得有金石之樂，此非常之賜，亦猶諸侯九錫有秬鬯、弓矢之等，不得謂非禮也。鄭君《箴膏肓》從《説題辭》，蓋别有通《左氏》之語，今亡之耳。[②]

何休《膏肓》此條缺佚。鄭玄既依從《春秋説題辭》“樂無大夫、士制”，認爲“大夫、士無樂”，又根據《周禮》《儀禮》加以細辨，提出《説題辭》所謂樂特指祭祀之樂。劉逢禄對鄭玄所説大夫、士無祭祀之樂表示認同，并據此評判襄十一年《左傳》不應以魏絳受女樂爲禮，實已逸出何、鄭之争，轉而排擊《左傳》。然而，根據《左傳》所載，“鄭人賂晋侯以師悝、師觸、師蠲；歌鐘二肆，及其鎛、磬，女樂二八。晋侯以樂之半賜魏絳”，“魏絳於是乎始有金石之樂，禮也”，晋侯所賜雖有女樂，但傳文明言“魏絳於是乎始有金石之樂，禮也”，未以魏絳受女樂爲合禮，孔疏即指出“唯言魏絳有金石之樂，不言女樂。女樂，房中私宴之樂，或不以賜之”，因此劉逢禄説“《左氏》以

① （清）皮錫瑞：《箴膏肓疏證》，《皮錫瑞全集》（第 4 册），第 400 頁。

② 章太炎：《駁箴膏肓評》，《章太炎全集》（第 2 册），第 852 頁。

魏絳受女樂爲禮",顯悖《左傳》本意。章太炎駁劉時,仍争辯魏絳因功受賜有金石之樂,并不論及女樂事,未能擊中劉氏要害。至於鄭玄引《説題辭》,劉逢禄實已肯定,章太炎不必費力再爲鄭説曲尋證據,以至從《左氏》古文説入手而走錯了方向,暴露出不能體察鄭玄和同今、古文經説的缺失。皮錫瑞則針對劉逢禄的粗疏,對何、鄭經説的今、古文背景細作分析:"鄭雖引《説題辭》大夫、士無樂,但以爲'無祭祀之樂',又引《小胥》云云,謂有娱身及治人之樂,則鄭非全用《説題辭》義,與何君不盡合。蓋何君據《説題辭》大夫、士無樂以難《左氏》,是今文説;鄭兼引《周禮》與《説題辭》,分别大夫、士無祭祀樂,而有娱身及治人樂,是和同今、古文説。兩説不同,故鄭箴何。若如劉説,鄭盡從《説題辭》,則與何同,不必箴矣。"[①]指出兩人貌同實異,可謂細致入微。他還根據何休《公羊解詁》和《白虎通·禮樂》,别出心裁地分析何休今文説主張大夫、士無金石之樂,[②]然後推斷説"《膏肓》今雖不詳,據《解詁》,必是引《春秋説》以駁魏絳有金石樂爲禮之非"。[③] 皮錫瑞試圖還原何休批評《左傳》的本來面貌,殊不知《左傳》本意在强調大夫受賜得有金石之樂,章太炎説"魏絳有大功,并得有金石之樂,此非常之賜……不得謂非禮也",恰可駁之。此外,皮錫瑞説"《左氏》以受女樂爲禮,固非",仍爲劉逢禄所誤導。這兩點又透露皮錫瑞仍有較强的今文經學門派觀念。

例8 襄公二十二年傳:焉用聖人。

《膏肓》:説《左氏傳》者曰:"《春秋》之志,非聖人,孰能修之?"言夫子聖人,乃能修之。御叔謂臧武仲爲聖人,是非獨孔子。《周禮·大司徒》疏。

鄭箴:武仲者,述聖人之道,魯人稱之曰"聖"。今使如晋,過御叔,御叔不説學,見武仲而雨行,傲之,云焉用聖人爲。《左氏傳》載之者,非御叔不説學,不謂武仲聖與孔子同。同上。

劉評:《左氏》好記瑣事。如御叔篇全不涉經,《左》故也。如黑弓篇妄增"邾"字,設爲傳《春秋》者,非《左》故也。何君不攻其本而治其末,未爲知《左氏》矣。

章駁:此"聖人"即"睿作聖"之聖,通也,與"非聖人,孰能修之"異。何休固謬,鄭君亦未中肯綮。(《公羊》"聲姜"作"聖姜",若使"聖"字衹

① (清)皮錫瑞:《箴膏肓疏證》,《皮錫瑞全集》(第4册),第415頁。

② 按,《皮錫瑞日記》己亥年八月初八日記載:"録《箴膏肓疏證》三帋,論今文説大夫、士無樂,自謂有心得。"《皮錫瑞全集》(第10册),第1119頁。

③ (清)皮錫瑞:《箴膏肓疏證》,《皮錫瑞全集》(第4册),第415頁。

有“大聖”一誼,魯人雖諛,何至以此謚姜乎?)劉以《左氏》好記瑣事,不知此以見魯大夫之傲慢,穆叔之明於政體,非細故也。其於經亦有旁通之法,故有無經而發傳者,有傳舉他人之言盈篇累牘而與經不涉者,每借以發别條經之誼,非深觀會通,未能明也。黑肱,古文《春秋》亦無“邾”字,傳有之耳。無“邾”字者,以是時季孫意如攝君,與黑肱同惡相助,哀邾之不得復有故邑也。《公羊》“通濫”之説,乃至謂叔術妻嫂,身無死刑,不僅《夏官·大司馬》所云“外内亂,鳥獸行,則滅之”,而欲通之爲國,其迷繆乃至此。然何休雖妄論《左氏》,猶不至謂陳、劉諸儒所改竄,至劉氏而益狂悖矣。①

何休因古文家指孔子爲聖人,《左傳》却記載御叔謂臧武仲爲聖人,因此責難其自相矛盾。鄭玄則指出:臧武仲因“述聖人之道”,被魯人稱爲聖,而在《左傳》所述故事中,御叔并未直接稱臧武仲爲聖人,《左傳》也未將臧武仲與孔子并稱爲聖人。劉逢禄并不對何、鄭所争具體事實作評議,却指責“《左氏》好記瑣事”,并借《左傳》記御叔事與《春秋》經文無關,指斥《左傳》本來不解經,又認爲《左傳》借黑弓事發傳論“賤而書名”及附上“君子曰”一段爲後人竄益,由此批評何休“不攻其本而治其末”,糾纏於細枝末節,未從根本上揭斥《左傳》非《春秋》之傳。章太炎先從“聖”字入手,指出“聖”有“通”義,“聖人”并非僅指孔子一人,②批評何休以狹陋之心而有荒謬之説,也對鄭玄箴何迂曲乏力大爲不滿(其實鄭注《周禮·大司徒》“聖”字,明言“聖,通而先識”,後來杜預《左傳集解》即取鄭説)。他接著針對劉逢禄“《左氏》好記瑣事”大作批駁,指出《左傳》解經有多種方式,并以黑肱爲例反斥《公羊》解經極其“迷謬”,指斥劉逢禄主張劉歆改竄《左傳》之説極爲“狂悖”,揭出何休以來爲申張《公羊》而肆意詆毁《左傳》的門派作風。皮錫瑞也引據《春秋左傳正義》,指出:“據杜、孔之説,足釋何君之難。古稱‘聖人’,本不甚尊。時人稱武仲爲聖人,猶漢諸生稱叔孫生爲聖人耳。”③所説與章太炎糾何之論可互補。

① 章太炎:《駁箴膏肓評》,《章太炎全集》(第 2 册),第 851—852 頁。

② 按,章太炎此説,應源自《春秋左傳正義》。襄公二十二年傳“焉用聖人”,杜注:“武仲多知,時人謂之聖。”孔疏:“《周禮·大司徒》:‘以鄉三物教萬民,一曰六德:知、仁、聖、義、忠、和。’鄭玄云:‘聖,通而先識也。’《尚書·洪范》云‘睿作聖’,是聖者通識之名,時人見其多知,故以聖人言之,非爲武仲實是大聖也。《尚書》稱‘惟狂克念作聖,惟聖罔念作狂’,《詩》稱‘人之齊聖’‘皇父孔聖’‘母氏聖善’,皆非大聖也。”

③ (清)皮錫瑞:《箴膏肓疏證》,《皮錫瑞全集》(第 4 册),第 420 頁。

例 9　昭公二十六年傳：昔先王之命曰："王后無適，則擇立長。年鈞以德，德鈞以卜。"王不立愛，公卿無私，古之制也。

《膏肓》：《春秋》之義，三代異，建適媵，别貴賤，有姪娣以廣親疏。立適以長不以賢，立子以貴不以長。王后無適，明尊之敬之，義無所卜筮。不以賢者，人狀難别，嫌有所私，故絶其怨望，防其覬覦。今如《左氏》言，云"年鈞以德，德鈞以卜"，人君所賢，下必從之，焉能使王不立愛也，豈復有卜？隱、桓之禍，皆由是興，乃曰古制，不亦謬哉！又大夫不世，如并爲公卿通繼嗣之禮，《左氏》爲短。《周禮·太卜》疏。

鄭箴：立適以長不以賢，固立長矣；無適而立子以貴不以長，固立貴矣。若長鈞、貴鈞，何以别之？故須卜。《禮記·檀弓》疏。今言"無適，則擇立長"，謂貴鈞始立長，王不得立愛之法。年鈞，則會群臣、群吏、萬民而詢之，有司以序進而問。《太卜》疏。《周禮·小司寇》"掌外朝之政，以致萬民而詢焉"，其三曰詢立君，"其位：王南鄉，三公及州長、百姓北面，群臣西面，群吏東面。小司寇以序進而問焉"。如此，則大衆之口非君所能掩，是王不得立愛之法也。本疏。《禮》有詢立君、卜立君，是有卜也。示義在此，短之言謬，失《春秋》與《禮》之義矣。《太卜》疏。公卿之世立者有大功德，先王之命有所不絶者，是大功特命則得世位也。《詩·文王》疏。

劉評：文家、質家叙媵立子之法，雖雙生猶别其先後。鄭有長鈞、貴鈞之疑，知未能升何氏之堂矣。《周官》亦出劉歆，何氏所不信，不足以難也。若楚共王之卜寵子五人，豈禮也哉！公卿有大功德則封建之，如伯禽封魯，而周公支子之在王朝者不世爵而世禄，安得有絶世之疑也？

章駁：文、質叙媵及姪娣與雙生之法，乃《公羊》一家之言，而亦不見傳文，乃學者爲之説耳，豈爲明據？鄭君不屑箴，豈不知哉！有詢、卜之禮，而君之私愛、子之覬覦皆可絶，誠先王所以防後之大法也。以《周官》爲僞書，王伯厚所謂"不難於議經，况傳、注乎"！楚共諸子本有長幼可分，其卜誠非禮矣，且决之以璧而不以卜，尤非古法，不足引以難此也。公卿有世禄者，亦適子食其禄，若無適，則安得不用立長諸禮乎？[1]

關於立子之法，《左傳》所載"王后無適，則擇立長"與《公羊》"立子以貴不以長"相反，"年鈞以德，德鈞以卜"與《公羊》"立適以長不以賢"相異。何休奉行《公羊》

① 章太炎：《駁箴膏肓評》，《章太炎全集》(第 2 册)，第 850—851 頁。

“子以母貴”的原則，强調以貴賤定繼嗣，反對立子以賢、立子以卜，認爲立賢必然導致立愛，也會使以卜立嗣落空。鄭玄説“立適以長不以賢，固立長矣；無適而立子以貴不以長，固立貴矣”，想溝通《公羊》與《左傳》之説，指出無論貴鈞、年鈞都不會出現立愛，并以卜立君作爲補充。劉逢禄强調《公羊》之法周密無弊，指斥鄭玄之説與《周官》之法，章太炎則斥稱“《公羊》一家之言”，不承認其效力，而盛推《周禮》詢立君、卜立君之法。劉逢禄还提出何休不信《周官》，鄭玄引《周官》不足以難何，章太炎也提出鄭玄不信《公羊》之説，不屑於箴何，顯示今、古文雙方因經説對立，無論如何争辯也難見勝負。其實，與王子猛争位失敗的王子朝，事後説“王后無適，則擇立長。年鈞以德，德鈞以卜”，自有其用心，孔颖达援引襄公三十一年穆叔之言“大子死，有母弟則立之，無則立長。年鈞擇賢，義鈞則卜，古之道也。非適嗣，何必娣之子”，孔疏解釋説：“彼言大子死，立母弟，則此言‘擇立長’，謂無母弟者也。彼又云子野‘非適嗣，何必娣之子’，然則適嗣立而死，當立娣之子也。姪與娣同。蓋王后、夫人無姪娣之子，乃於諸妾之子擇立長耳。‘年鈞擇賢’，與此‘年鈞以德’，皆謂母之貴賤等者。《公羊傳》曰：‘立適以長不以賢，立子以貴不以長。’明母貴則先立也。此子朝之母必賤於猛母，故專言立長之義，不言母之貴賤。”孔疏已揭出王子朝“專言立長之義”的隱秘，劉逢禄、章太炎却對此視而不見，老調重弹，齗齗相争。善於整理舊説的皮錫瑞即指出“據孔疏引《左氏》以證《左氏》，兼采《公羊》以證《左氏》，可謂通達。其實《公羊》與《左氏》之義迥乎不同，不得强爲牽合”，可謂洞中癥結。他進而考察王子猛與王子朝的適庶長幼情況，發現今、古文所説完全不同：“據《左氏》義，則子猛已爲大子，當立，猛卒，當立其母弟王子匄，而子朝以長庶子争立，故孔疏以爲子朝之母賤於猛母也。”“據《公羊》義，則子猛與子朝皆篡，子朝尤幼，并非長庶，敬王亦非子猛母弟，與《左氏》紀事全異，當各有所據。”皮錫瑞由此對何、鄭之争作出評斷：“以《春秋》書‘王子猛’、書‘天王’爲斷，當從《公羊》爲正。《史記·周本紀》以猛爲長子，不云敬王爲猛母弟，蓋同《公羊》也。漢今、古文各自爲説。《周禮》《左傳》皆古文家，《周禮》云‘詢立君’，故《左傳》有‘士伯立於乾祭，而問於介衆’之文；《周禮》云‘卜立君’，故《左傳》有楚共王‘請神擇於五人，使主社稷’之文。今文家無‘詢立君’‘卜立君’之義，不必以《周禮》難何也。”①他雖然從經義上主張《公羊》爲正，但能平情看待何、鄭之争，通過還原彼此家法，消弭今、古文之間無謂的紛争。

另外，對王子朝所説“王不立愛，公卿無私”，何、鄭、劉、章之間延續近兩千年的

① （清）皮錫瑞：《箴膏肓疏證》，《皮錫瑞全集》（第4册），第428—429頁。

争論,也是一場爲争門户而鬧出的笑話。孔疏就指出:"三公、六卿無得私附王之庶子,而妄立之。其意言單、劉有私情,違古制也。何休難云:'大夫不世功,而并爲公卿通繼嗣,《左氏》爲短。'鄭玄云:'公卿之世有大功德,先王命所不絶者。'何難既非,鄭答亦謬。"何、鄭均誤會《左傳》"公卿無私"的本意,皮錫瑞指出"孔疏以爲何、鄭皆誤,則其説無足深究矣",[①]然而劉、章失察,仍爲此争辯,可謂無的放矢,難脱門户意氣之誚。

結　　語

何休非議《左氏》,鄭玄起而箴砭,偶亦附從何説。何休雖以張大《公羊》自任,間亦暗用《穀梁》《左氏》。鄭玄雖爲《左氏》作辯護,却未專持其説,不乏采《公》《穀》經義之例。因此,何、鄭之争多因經説、經義歧異而生發,不能完全歸入今文、古文的分立與争鬥。可是,劉逢禄、章太炎却各以今文、古文的後繼者自任,從學派競勝的前提出發重論何、鄭之争,往往流於意氣,徒争門户,不辨經説是非,不明經學家法,正如治絲而益棼,無法平息争訟,折衷於是。

章太炎在《左傳讀》中,雖有批駁常州公羊學派的意圖,仍多次采用《公羊》學説,[②]至《駁箴膏肓評》,完全轉到爲《左氏》辯誣的立場,對《公羊》之義棄置不用,對誣《左氏》最甚的劉逢禄一概批駁。章太炎雖標榜"駁《箴膏肓評》以申鄭説",但何、鄭之争在他筆下僅是批駁劉逢禄的歷史背景,較少對何、鄭經説直接作辨析,至多體現出糾何、申鄭的態度。皮錫瑞對於何、鄭之争,不泛論雙方經説是非,而注重清理各自家法原貌,尤其是指明鄭玄不主一家、兼采今古的經學底色,有益於深化對何、鄭之争的理解。皮錫瑞作爲晚清今文學者,雖然倡導《公羊》之學,但并不盲從常州學派。對於《箴膏肓評》,他既論定其是,又抉别其非,多作平允篤實之評,鮮見黨同伐異之論。因此,單就《箴膏肓》研究而言,皮錫瑞與章太炎確有高下之别。不過,皮錫瑞 1899 年作《箴膏肓疏證》時,經學已漸入佳境,而 1902 年的章太炎血氣方剛,經學上頭角崢嶸,彼此迥異,并非怪事。

綜而言之,劉逢禄、章太炎有心踵續漢代經學今、古文之争,刻意嚴立門户,張

---

① (清) 皮錫瑞:《箴膏肓疏證》,《皮錫瑞全集》(第 4 册),第 429 頁。

② 按,章太炎自稱"麟素以杜預《集解》多棄舊文,嘗作《左傳讀》,徵引曾子申以來至於賈、服舊注"。《章太炎全集》(第 2 册),第 856 頁。可見他撰《左傳讀》的初衷是糾補杜解,力復《左氏》先師舊貌,因此采賈、服舊説較多,而賈、服明引暗用《公羊》經説者屢見不鮮。

大學派,陷於意氣之争;皮錫瑞雖宗主今文,但少門户之見,善於梳理舊説,用心明晰漢代今、古文家法,頗能息争解訟。本文目的并不在較量前人優劣,而是透過劉、章、皮三家對何、鄭之争的不同反響,窺探不同時代今、古文學者的治經風氣,呈現清代中期以後重新興起的經學今、古文之争的複雜面相,藉以深化中國經學史研究。

湖南圖書館藏王先謙《春秋左氏傳古注》考述*

陳　峴

【摘　要】 湖南圖書館藏王先謙《春秋左氏傳古注》爲長沙王氏鈔本，原書六卷，現存五卷。在每卷之封皮、卷首及卷一版心共題寫《春秋左氏傳集解》《春秋左氏傳古注》《賈服注輯述》三種書名。本書之編纂，是在李貽德《春秋左氏傳賈服注輯述》的基礎上，删去絶大多數李貽德所撰按語，僅保留李氏對賈逵、服虔《左傳》注輯佚部分的縮編版本。除少量謄抄錯誤外，對李氏輯録賈服古注之成果幾乎未加改動，連李氏因襲自洪亮吉《春秋左傳詁》之錯誤以及《輯述》本身之錯誤也一并沿襲，由此可見洪亮吉、李貽德、王先謙《左傳》學間的因襲關係。

【關鍵詞】 王先謙　《春秋左傳》　李貽德　賈逵　服虔

【作者簡介】 陳峴，1988 年生，湖南大學嶽麓書院副教授。

對《春秋左傳》的研究，堪稱清代經學研究中的"顯學"。從顧炎武到惠棟，再到沈欽韓、劉文淇等，清儒以治《左傳》名家者層出不窮。而自清初開始，清代的《左傳》研究便呈現出一個非常明顯的學術傾向，那就是批駁杜預的《春秋經傳集解》，而力倡"古注""舊注"。此所謂"古注""舊注"，指的就是賈逵、服虔兩位漢儒對《左傳》的注解。但自杜預的《春秋經傳集解》被孔穎達選爲《五經正義》所用的注本後，賈、服注便在歷史上逐漸亡佚。因此，從各種歷史文獻中輯佚賈、服古注，并加以整理和解釋，便成爲了清代《左傳》研究中的一種熱門做法。像是劉文淇《春秋左氏傳

* 本文爲國家社科基金重大項目"《春秋》三傳學術通史"(19ZDA252)及湖南省社科基金獎勵項目"胡安國與宋代《春秋》學研究"(23JL002)之階段性成果。

舊注疏證》、李貽德《春秋左氏傳賈服注輯述》、沈欽韓《春秋左氏傳補注》等著作，均爲代表。王先謙作爲末代嶽麓書院山長和清季大儒，著述等身，也曾著力於此，輯成六卷本《春秋左氏傳古注》。然而由於此書在各種藏書目録中均被著録爲稿本或抄本，并未曾刊刻問世，因此世人瞭解不多，亦鮮有相關研究問世。筆者利用湖南圖書館藏五卷殘本《春秋左氏傳古注》，將此書的基本格式、内容及其成書的可能性來源作一研究，以供方家參考。

一、《春秋左氏傳古注》的基本信息與三種題名

署名王先謙纂集的《春秋左氏傳古注》，在多部有關湖南地區藏書目録或湘人著述的書籍中都有著録，如常書智、李龍如主編《湖南省古籍善本書目》，[①]尋霖、龔篤清編《湘人著述表》，[②]朱漢民、鄧洪波著《嶽麓書院史》[③]等書中便均有記載。而尋霖、劉志盛所撰《湖南刻書史略》則明確著録此書屬葵園著述未刊系列，現藏湖南圖書館。[④] 陽海清、孫震主編《中南、西南地區省、市圖書館館藏古籍稿本提要》所提到的信息則更爲全面："《春秋左氏傳古注》六卷，清王先謙輯，清長沙王氏鈔本，五册（湖南）。"[⑤]

綜合前人對王先謙《春秋左氏傳古注》的著録信息來看，此書并未刊刻，所存六卷只有鈔本存世，且并無湖南圖書館所藏五册外的其他著録。考之湖南圖書館藏《春秋左氏傳古注》鈔本，筆者發現該本爲殘本。《古注》原書爲六卷，每卷一册，湖南圖書館藏鈔本闕第四册，以及第一册桓公部分的第九頁。而在各家著述中，亦并無任何關於該鈔本所缺的册、頁之信息。本書現存近五卷之内容，則皆爲王先謙所輯賈逵、服虔對《春秋》經文及《左傳》傳文的注釋，唯闕第四卷宣公、成公時期的相關内容。

在上文提到的各種著述中，王先謙所纂輯的此書均題名爲《春秋左氏傳古注》，

① 常書智、李龍如：《湖南省古籍善本書目》，長沙：嶽麓書社，1998 年，第 31 頁。

② 尋霖、龔篤清：《湘人著述表》，長沙：嶽麓書社，2010 年，第 89 頁。

③ 朱漢民、鄧洪波：《嶽麓書院史》，長沙：湖南大學出版社，2017 年，第 420 頁。

④ 尋霖、劉志盛：《湖南刻書史略》，長沙：嶽麓書社，2013 年，第 365 頁。

⑤ 陽海清、孫震：《中南、西南地區省、市圖書館館藏古籍稿本提要》，武漢：華中理工大學出版社，1998 年，第 486 頁。

概無例外。但筆者在湖南圖書館所藏稿本中,却發現了此書三種不同的題名。

在湖南圖書館藏此書的現存六卷中,第二、三、五、六卷均保留有封面一頁,而第一卷的封面已闕。其中,卷二封面題有單行大字標題"春秋左氏傳集解二",標題下爲雙行小字,第一行題"莊公閔公",第二行題"長沙王氏鈔藏"。卷三封面題單行大字標題"春秋左氏傳集解",標題下雙行小字,第一行題"卷三",第二行題"長沙王氏鈔藏"。卷五封面題單行大字標題"春秋左氏傳集解五",標題下雙行小字,第一行題"襄公昭公",第二行題"長沙王氏鈔藏"。卷六封面題單行大字標題"春秋左氏傳集解六",標題下雙行小字,第一行題"定公哀公",第二行題"長沙王氏鈔藏"。由此可見,在卷二、卷三、卷五、卷六的封面中,均題寫《春秋左氏傳集解》一名,而非各類著録中所見的《春秋左氏傳古注》。

然而,筆者翻檢全書現存的所有正文册頁,却并没有發現題於各卷封面的《春秋左氏傳集解》這一名稱。在本書現存五卷稿本之中,其内容格式與《春秋經》及三傳略同,按照春秋十二公的順序進行排列,每一公的部分,則按照編年順序排列。值得注意的是,此稿本於每一公的正文部分前,均頂格題寫書名"春秋左氏傳古注"。如於隱公部分題寫《春秋左氏傳古注一》,桓公部分題寫《春秋左氏傳古注二》,莊公部分題寫《春秋左氏傳古注三》。剩餘七公(宣公、成公部分闕),則不再題寫序號,只題寫《春秋左氏傳古注》書名。而在每一處題名第二列下方的署名部分,則均題寫"長沙王先謙益吾輯",無例外情況。由於第一卷封皮缺失,故隱公部分的頂格題名"春秋左氏傳古注一"便是今所見本書的首處題名,各類著述中標注的《春秋左氏傳古注》亦是由此而來,此爲本書的第二個書名,也是流傳最廣、最爲人所熟知的一個書名。

本書的第三個書名,出現在卷一版心處。在卷一第一、二頁和第三、四頁間的版心處,頂格題寫另一書名"賈服注輯述",下書"春一年"。然而,此二處之題名又均被手寫豎綫劃去。而從第五頁開始,版心處則只書寫年份,如第五、六頁間版心書"隱二年",不再出現"賈服注輯述"字樣。而若該年所録條目過少,則剩餘版面全部空出,到另一整頁再開始記録下一年的内容。由此可見,《賈服注輯述》在該本謄抄時,也曾爲一暫定使用的名稱,但此名稱很快便被劃去,棄之不用。

綜上所述,本書共有《春秋左氏傳集解》《春秋左氏傳古注》《賈服注輯述》三種書名。其中,《賈服注輯述》在謄寫之初便被放棄,影響最小。《春秋左氏傳集解》雖被謄録於書封,但由於本書卷一封皮缺失,此名稱又并未在正文中出現,故而并不爲人所熟知。且本書現存第二、第三、第五、第六卷封皮之字樣與正文迥異,是否爲原鈔本封皮亦不得而知,故《春秋左氏傳集解》這一書名究竟成於何時、何人之手不詳。在三者之中,《春秋左氏傳古注》一名頂格題寫於每公正文之前,且在各類目録書中均著録爲此名,因而影響最大、傳播最廣。

二、《春秋左氏傳古注》輯述賈服注的特色與問題

王先謙在《春秋左氏傳古注》中對賈逵、服虔之《左傳》注釋的輯佚頗爲詳備。據筆者統計,即便排除所闕第四卷中宣公、成公部分的内容不計,《古注》共輯賈逵注 338 條,服虔注 771 條,另有賈服同引者 50 條,總計 1 159 條之多。

王先謙對每一條賈、服《左傳》古注的輯佚,均以"賈曰""服曰""賈服曰"的形式謄寫,非常工整。而在所輯古注全文徵引之後,另以雙行小字注明該條輯佚之出處。本書輯佚賈服古注,尤以徵引《左傳》本疏與《史記》三家注,即劉宋裴駰《史記集解》、唐司馬貞《史記索隱》和唐張守節《史記正義》爲最多,凡徵引超過 10 處者見下表:

輯佚來源	《左傳正義》	《史記》三家注	《毛詩疏》	《太平御覽》	《周禮疏》
引用次數	441	452	75	74	25
輯佚來源	《經典釋文》	《禮記疏》	《水經注》	《春秋釋例》	《儀禮疏》
引用次數	13	20	17	12	14

除此之外,本書輯佚範圍還包括《公羊疏》《穀梁疏》《尚書疏》《論語疏》《漢書注》《續漢書注》《宋書》《南史》《北史》《魏書》《通典》《路史》《初學記》《文選注》等,所囊括的文獻來源非常豐富。

然而,本書對賈服注之輯佚,範圍雖廣,數量雖多,但問題却也非常明顯。其中最爲突出的,便是誤引問題。古人對前人經説之輯録,并不似今人之嚴謹,多有節引、概引之做法。但《古注》對賈、服古注之輯録,却存在多處誤判、誤收之現象,即把并非賈、服注之内容認定爲賈、服注,并予以收録。

比如,《古注》在隱公四年引服虔注:"服曰:'軏,車轅也。'"并注明出自《太平御覽》五百五十三,然而遍考《太平御覽》,并不見此文,其餘文獻中,雖多有"軏,車轅"之説,但在清代之前并没有關於此説出自服虔的任何記録,屬於誤收。

同樣是隱公四年,《古注》引《史記注》(即《史記集解》)中收録的一條服虔注:

"服曰:'邢,周公之允,姬姓國。'"但考之《史記集解》原文,作:"賈逵曰:'邢,周公之胤,姬姓國。'"[①]其中,《古注》將"周公之胤"改爲"周公之允",乃是避康熙皇帝之諱,故改"胤"爲"允"。但將賈逵注記爲服虔注,則屬明顯誤記。

再如,《古注》於隱公三年輯録了多條賈逵注,如:"王子狐,周平王之子。忽,鄭莊公太子忽也。""温,周地名,蘇氏邑也。"於僖公七年、文公七年等處,也輯録服虔注多處,如"服曰:鄭伯罪之也"等。根據小字標注,以上對賈、服古注的輯録,均出自《太平御覽》。然而考之《太平御覽》,雖有"王子狐,周平王之子。鄭子忽,鄭莊公太子忽也""温,周地也,蘇氏邑也"[②]等語,但并未記載這些解釋爲賈逵或服虔之説。王先謙將這些出自《太平御覽》的解釋文句定爲賈、服之説,缺乏證據,不應收録。

其次,《古注》在標注所輯録之賈服古注的出處時,也有若干記録錯誤之處,例如:

1. 隱公四年,《古注》輯録服虔注一條:"賦,兵也。以田賦出兵,故謂之賦。"王先謙標注此條之出處爲《衛世家注》。然考之《史記》三家注,并無此條之記載,而記載服虔此注之文獻來源應爲《毛詩·擊鼓·疏》。[③]

2. 莊公二十二年,《古注》輯録服虔注兩條:"言完五世之後與卿并列。""京,大也。"王先謙標注此兩條服注之出處爲《田敬仲世家注》。然考之《史記》三家注,此兩條服注實際出自《陳杞世家》之裴駰《集解》,且"五世之後"原作"後五世"。[④]

3. 莊公三十二年,《古注》輯録服虔注一條:"閔公於是年九歲。"王先謙標注此條出自《閔元年疏》,然考之《左傳正義》,此條實際在閔二年。[⑤]

4. 襄公三年,《古注》輯録服虔注一條:"以組綴甲。"并標注其出自《初學記》卷二十七。然考之《初學記》,此條實在卷二十二。

5. 昭公二十五年,《古注》輯録賈逵注一條:"二十五家爲一社。"并標注此條之

① (西漢)司馬遷撰,(劉宋)裴駰集解,(唐)司馬貞索隱,(唐)張守節正義:《史記》卷三十七《衛康叔世家》,北京:中華書局,2008年,第1592頁。

② (宋)李昉:《太平御覽》卷四百八十,四部叢刊三編景宋本。

③ (唐)孔穎達:《毛詩正義》,北京:北京大學出版社,1999年,第129頁。

④ (西漢)司馬遷撰,(劉宋)裴駰集解,(唐)司馬貞索隱,(唐)張守節正義:《史記》卷三十六《陳杞世家》,第1578頁。

⑤ (唐)孔穎達:《春秋左傳正義》,北京:北京大學出版社,1999年,第308頁。

出處爲《魯世家注》。然考之《史記》三家注，此條實出《齊太公世家》之裴駰《集解》。[①]

在《古注》中，諸如此類輯佚出處標注錯誤者共有數十處之多，其中以標錯篇目、卷數者爲最多。除此之外，還有一些地方，出現了經文錯置等現象，比如："三月，公至自齊，居於鄆。"此條本當爲昭公二十六年《春秋經》經文，然《古注》却誤記於昭公二十五年《左傳》傳文。

其三，《古注》在"賈服曰"條目的處理上，有失之過寬之嫌。如前所述，《古注》輯佚賈服古注的一個重要來源，即孔穎達所撰《春秋左傳正義》，而孔氏之疏，常常將賈逵、服虔以及其他學者的經説統而述之。如在對隱公元年《左傳》傳文"不書即位，攝也"條的解釋上，孔穎達《正義》即引述賈逵、服虔等人的觀點爲："賈、服之徒以爲四公皆實即位，孔子修經，乃有不書。"[②]而王先謙即將"四公皆實即位，孔子修經，乃有不書"引爲"賈服曰"語。如前所言，古人引述前人經説，多用此類節引、概引之法，本無可厚非。但《古注》在輯録賈服古注的工作中，却存在將其餘學者論述亦判定爲賈服注的問題。

比如孔穎達在隱公元年《正義》中曾説道："劉、賈、潁爲傳文生例曰：'恩深不忍，則傳言"不稱"；恩淺可忍，則傳言"不書"。'"[③]此爲孔穎達綜合劉歆、賈逵、潁容三家之例，而王先謙却將此例直接引爲賈逵語，而未與劉歆、潁容做出任何區分。

再如隱公五年，《古注》輯録服虔注一條："《大司馬》曰：'仲秋教治兵。''辨旗物之用，王載大常，諸侯載旂，軍吏載旗，師都載旜，鄉遂載物，郊野載旐，百官載旟，各書其事與其號焉。'"王先謙標注此條出於本疏，即孔穎達《左傳正義》。然考之《正義》原文，却與《古注》所輯有異。其一，《左傳正義》原文并没有引用"各書其事與其號焉"一句，此句爲《古注》根據《周禮·大司馬》原文補入。其二，《左傳正義》并没有直接交代這段引用是服虔注文所引。[④] 只是在一個長段的論述之後，纔交待"服虔解此亦引《司馬職》文，明是旌旗所建用秋辨旗物之法"。[⑤] 雖然根據孔穎達的交待，服虔確實在此注解中引用了《周禮·大司馬》的文句，但服虔所引是否即孔穎達

① (西漢) 司馬遷撰，(劉宋) 裴駰集解，(唐) 司馬貞索隱，(唐) 張守節正義：《史記》卷三十二《齊太公世家》，第 1504 頁。

② (唐) 孔穎達：《春秋左傳正義》，第 48 頁。

③ (唐) 孔穎達：《春秋左傳正義》，第 48 頁。

④ (唐) 孔穎達：《春秋左傳正義》，第 94 頁。

⑤ (唐) 孔穎達：《春秋左傳正義》，第 95 頁。

所引,顯然無法明確判斷。

由於《古注》全書輯録賈服古注的體例都是將《左傳正義》《史記》三家注等書的原文引作“賈曰”“服曰”“賈服曰”等字樣,而在這些文句中,有很多是孔穎達等人節引的“服虔以爲”“賈逵以爲”,或者劉歆、許淑、服虔、賈逵、潁容、鄭玄將多人觀點所進行的綜述。雖然這些内容也可以反映賈、服對相關經學問題的觀點表達,但畢竟與直接引用的賈、服對《左傳》的注釋文字不同,這兩者間的區分就完全没有體現出來。尤其是《古注》所引“賈服曰”的條目,基本上都存在這一問題。

客觀而論,這種節引或者概引,雖然多少會造成一些理解上的偏差,但在古人著述中實屬正常現象。不過,由於在《左傳正義》等書裏面,本身就存在節引現象,稍一不注意,就容易將并不是賈逵、服虔觀點的語句,比如劉歆、許淑、服虔、潁容之説,或是孔穎達自己的論述納進來,將之作爲賈逵、服虔的觀點加以徵引,這便會因收録範圍過寬而造成所輯失實的問題。

三、《春秋左氏傳古注》成書淵源辨析

在上文論述中,我們可以發現,王先謙《春秋左氏傳古注》在輯録賈逵、服虔《左傳》注的過程中,存在爲數不少的誤判、誤收、標注錯誤等問題。但如果我們將《古注》中所出現的這些問題,與在王先謙之前同樣做了類似工作的洪亮吉《春秋左傳詁》、李貽德《春秋左氏傳賈服注輯述》做一對比,便會發現,王先謙《春秋左氏傳古注》所犯的錯誤,絶大多數是承續洪亮吉、李貽德而來,其中尤其以與李貽德《春秋左氏傳賈服注輯述》重複者爲最多。

我們首先來看上文中所舉的誤判、誤收諸例:

其一,王先謙將“軌,車轍”之説誤判爲服虔注。但其所標明之徵引出處《太平御覽》中,却并不見引此説。那麽,王先謙爲什麽會犯這樣一個看上去毫無來由的錯誤呢? 事實上,這個錯誤并不是王先謙犯的,而是李貽德犯的。李貽德《輯述》在解釋“同軌畢至”一語時,便輯録服虔注文:“服曰:‘軌,車轍也。’”下又以小字注明出處“《太平御覽》五百五十三”,[①]與王先謙《古注》之標注完全一樣。由此可見,王先謙的錯誤,完全承襲李貽德而來。

其二,王先謙《古注》在隱公四年將《史記集解》中所載“邢,周公之允,姬姓國”

① (清)李貽德:《春秋左氏傳賈服注輯述》卷一,清同治五年朱蘭刻本。

這一條賈逵注誤記爲服虔注。而此處之誤記，也是李貽德初犯，在《輯述》中誤標爲服虔注，[①]而王先謙則沿襲了此錯誤。

其三，王先謙《古注》在隱公三年、僖公七年、文公七年等處將雖然出自《太平御覽》，但在原書中并未標注出處的文句斷歸賈逵、服虔，這一做法也是出自李貽德，後者在《輯述》中便將這些説法標注爲賈逵、服虔之説，王先謙仍舊是沿襲了李貽德之錯誤，而未加以改正。

在王先謙《古注》輯録賈逵、服虔古注時所出現的誤判、誤收問題，絶大多數都是承襲李貽德《輯述》中的錯誤而來。而王先謙《古注》在文獻來源標注上的錯誤，也是如此。以上文中所列舉的隱公四年、莊公二十二年、莊公三十二年、襄公三年、昭公二十五年五處錯誤爲例，這五處文獻來源的標記錯誤，全都是李貽德在其《輯述》中就已經犯下，而王先謙則在《古注》中加以沿襲。

除此之外，諸如將"三月，公至自齊，居於鄆"一條由昭公二十六年經文誤記入昭公二十五年傳文，以及大部分《太平御覽》卷數的標注錯誤、《史記》篇目的標注錯誤等，都是首先出現在李貽德《輯述》之中，再由王先謙《古注》加以承襲。

在這種情况下，我們便可以結合《古注》在卷一版心處所題寫的第三個書名《賈服注輯述》，來判斷一下王先謙《古注》與李貽德之間的關係。我們知道，李貽德所撰之代表作，即名爲《春秋左氏傳賈服注輯述》，而《輯述》一書與王氏《古注》的最大不同，便是李貽德除輯録賈逵、服虔古注外，還撰寫了大量按語與個人觀點。而王先謙所撰《古注》，則是在李貽德《輯述》的基礎上，將李貽德所撰按語等文句删去，只保留了其所輯佚的賈逵、服虔古注部分。而在第一卷版心處題寫的《賈服注輯述》書名，也有力地揭示了此處與李貽德《輯述》間的關係。

在對賈逵、服虔注的輯録上，王先謙《古注》與李貽德《輯述》之間的差别很小，只有寥寥幾處：

1. 襄公二十三年，《古注》輯録服虔注一條："石，砭石也。"王先謙標注此條出處爲《南史》十九。但考之《南史》，此條實際上出自卷五十九。再考之李貽德《輯述》，對此條之標注爲出自《南史》五十九，是正確的。[②] 由此可見，《古注》此處之錯誤并非沿襲自李貽德，而是在編纂過程中出現的錯誤。

2. 昭公八年，《古注》輯録賈逵注一條："幕，後後虞思也。"王先謙標注爲出自

---

① （清）李貽德：《春秋左氏傳賈服注輯述》卷一。

② （清）李貽德：《春秋左氏傳賈服注輯述》卷十二。

《陳杞世家注》。但考之《史記集解》,原作“幕,舜後虞思也”。[①] 而李貽德《輯述》中對此條之輯録亦作“幕,舜後虞思也”。[②] 與原文同。由此可見,王先謙此處之錯誤,亦非自李貽德而來,也是在編纂過程中所犯的錯誤。

3. 昭公三十一年,《古注》所引《左傳》傳文“日占諸史墨”一則。但考諸《左傳》原文,本作“旦占諸史墨”。而李貽德《輯述》所引亦作“旦占諸史墨”。[③] 王先謙所引“日占諸史墨”仍爲編纂錯誤。

4. 哀公七年,《古注》輯録賈逵注中有“王合諸侯享禮十有二年”一句,王先謙標注此條出自《吴世家注》。考諸《史記集解》,原作“王合諸侯享禮十有二牢”,[④]而李貽德《輯述》所引亦作“王合諸侯享禮十有二牢”,與原文同。[⑤] 由此可見,將“牢”誤作“年 ”仍爲王先謙《古注》之抄寫錯誤。

除這類情況之外,王先謙《古注》中所見的爲數不多的幾處按語或説明,也都是李貽德《輯述》中就已經出現,而非王氏所撰。如桓公二年李貽德所撰按語,對節引賈逵、服虔古注的情況作出説明:“賈、服文多同,故今節取杜文爲賈、服義焉。”[⑥]此條按語,便被王先謙收録於《古注》,且并未注明出自何處。同樣在桓公二年,李貽德《輯述》在輯録服虔注“三辰,日月星也”一條後,出現了一條題爲“恭冕謹按”的按語。[⑦] 此條按語的作者則并非李貽德,而是清代學者劉寶楠之子劉恭冕。據《清史稿·儒林傳》記載,劉恭冕曾手校李貽德《春秋左氏傳賈服注輯述》:

> 恭冕字叔俛,光緒五年舉人。守家學,通經訓。入安徽學政朱蘭幕,爲校李貽德《春秋賈服注輯述》,移補百數十事。後主講湖北經心書院,敦品飭行,崇尚樸學。幼習《毛詩》,晚年治《公羊春秋》,發明“新周”之義,闢何劭公之謬説,同時通儒皆韙之。卒年六十。著有《論語正義補》《何休論語注訓述》《廣經室文鈔》。[⑧]

---

① (西漢) 司馬遷撰,(劉宋) 裴駰集解,(唐) 司馬貞索隱,(唐) 張守節正義:《史記》卷三十六《陳杞世家》,第1581頁。

② (清) 李貽德:《春秋左氏傳賈服注輯述》卷十五。

③ (清) 李貽德:《春秋左氏傳賈服注輯述》卷十八。

④ (西漢) 司馬遷撰,(劉宋) 裴駰集解,(唐) 司馬貞索隱,(唐) 張守節正義:《史記》卷三十一《吴太伯世家》,第1471頁。

⑤ (清)李貽德:《春秋左氏傳賈服注輯述》卷二十。

⑥ (清) 李貽德:《春秋左氏傳賈服注輯述》卷三。

⑦ (清) 李貽德:《春秋左氏傳賈服注輯述》卷三。

⑧ (清) 趙爾巽等:《清史稿》,北京:中華書局,2004年,第13291頁。

劉恭冕在校定《賈服注輯述》時所撰的這條按語，也被王先謙《古注》全文收録。這也説明，王先謙《古注》在撰寫時所參考的李貽德《輯述》之版本，肯定是劉恭冕校對之後的版本。

由此可見，除個别編纂過程中的謄録錯誤外，王先謙《古注》對於李貽德《輯述》所輯賈逵、服虔注幾乎未加任何修改，連李氏《輯録》中所犯下的誤判、誤收、標注等大量錯誤都一并沿襲。甚至連《古注》中出現的爲數不多的寥寥幾處按語，也均爲沿襲李貽德《輯述》中的按語而來。總體而言，王先謙《春秋左氏傳古注》，可視爲在李貽德《春秋左氏傳賈服注輯述》的基礎上，只保留所輯賈服注的縮編本。

事實上，李貽德《輯述》的撰寫，也是站在前人的肩膀上完成的。其對賈服注的輯録，也廣泛參考了在他之前的清代學者的工作，其中尤其以參考洪亮吉《春秋左傳詁》爲最多。例如：

1. 莊公二十九年，《輯述》與《古注》輯録賈逵注一條，其中有"延廄不書作"一句，李貽德標注爲輯自《左傳》本疏。[①] 然而考之《左傳正義》，原作"言廄不書作"，[②]而洪亮吉《春秋左傳詁》則引作"延廄不書作"。[③] 李貽德《輯述》與王先謙《古注》文本皆異於《正義》而同於洪亮吉《左傳詁》。

2. 閔公二年，李貽德在"與其危身以速罪也"一條傳文下，於《太平御覽》中輯録服虔注一則，[④]然而李貽德的這一段服注文字輯録，與《太平御覽》原文存在多處差異，却與洪亮吉《左傳詁》的文字完全一致。

3. 僖公二年，李貽德輯録賈逵注一條："楚邱，衛地。"標出《史記索隱》。[⑤] 然而，賈逵此注實出《史記集解》。[⑥] 考之洪亮吉《左傳詁》，亦標出《史記索隱》。[⑦] 可見，這一標注錯誤，始於洪亮吉，而由李貽德、王先謙相繼承襲。

4. 僖公五年，《輯述》與《古注》均將《左傳》本文"狐裘尨茸"引爲出自《史記》的

① （清）李貽德：《春秋左氏傳賈服注輯述》卷四。

② （唐）孔穎達：《春秋左傳正義》，第 291 頁。

③ （清）洪亮吉：《春秋左傳詁》，北京：中華書局，1987 年，第 39 頁。

④ （清）李貽德：《春秋左氏傳賈服注輯述》卷五。

⑤ （清）李貽德：《春秋左氏傳賈服注輯述》卷六。

⑥ （西漢）司馬遷撰，（劉宋）裴駰集解，（唐）司馬貞索隱，（唐）張守節正義：《史記》卷三十二《齊太公世家》，第 1495 頁。

⑦ （清）洪亮吉：《春秋左傳詁》，第 46 頁。

文本"狐裘蒙茸",[①]而這一文本,也正是洪亮吉《左傳詁》所用文本,[②]李貽德、王先謙沿用。

5. 在僖公三十年、文公七年等多處從《太平御覽》中所輯録的服虔注中,李貽德多次將原文中并未標注出處的文句斷爲服虔注,其引用文本也屢與《太平御覽》本文有異。而考諸《左傳詁》,這些問題均爲洪亮吉初犯,李貽德、王先謙因襲未改,故又相繼出現在《輯述》和《古注》中。

由此可見,正如王先謙《古注》中的絶大多數内容均因襲自李貽德《輯述》,李貽德《輯述》的很多文字,也均來自洪亮吉《左傳詁》。不過,相較於《古注》幾乎完全未改動《輯述》中的内容,李貽德在《輯述》的纂集和撰寫中,也提出了很多與洪亮吉不同的意見。比如,洪亮吉認爲"經在僖公五年'晋侯殺其大子申生'"一句爲服虔注之内容,[③]但李貽德根據自己的判斷,認爲此句并非服注,於是便未將此句輯入。

再如,同在僖公五年的"會王太子鄭"傳文下,《左傳詁》輯録了一條服虔注:"惠王以惠后故,將廢大子鄭,而立王子帶。故齊桓帥諸侯會王大子,以定其位。"[④]此文本杜預注之原文,且未標爲他人經説。但在洪亮吉的標注中,却以出自《太平御覽》爲由,將此文判定爲服虔注。而李貽德顯然對洪亮吉此説持不同看法,他在《輯述》中雖然也以出自《太平御覽》爲由輯録了此文,却將之判定爲賈逵注。[⑤] 平心而論,由於《太平御覽》并未交待此文出處,而此文又爲杜預注之原文,因此,無論是洪亮吉還是李貽德的判斷,都有缺乏證據之嫌。但我們也可以看到,李貽德《輯述》雖然參考和承襲了很多洪亮吉《左傳詁》中的内容,但也有很多根據自己的觀點而做出的改變。

綜上所述,在洪亮吉《春秋左傳詁》、李貽德《春秋左氏傳賈服注輯述》和王先謙《春秋左氏傳古注》三部著作中,存在明顯的因襲關係。許多對賈逵、服虔《左傳》注的輯録,都是在洪、李、王三書中不斷傳遞的,甚至連一些輯録中的錯誤和問題,也在三者中沿襲了下來。不過,李貽德之《輯述》雖然大量參考了洪亮吉《左傳詁》的内容,但也有很多自己的判斷和修改。王先謙之《古注》,則幾乎是在李貽德《輯述》的基礎上,删除其自撰内容,只保留所輯賈服注之後的縮編版本,其學術水準因此

① (清)李貽德:《春秋左氏傳賈服注輯述》卷六。

② (清)洪亮吉:《春秋左傳詁》,第 277 頁。

③ (清)洪亮吉:《春秋左傳詁》,第 269 頁。

④ (清)洪亮吉:《春秋左傳詁》,第 278 頁。

⑤ (清)李貽德:《春秋左氏傳賈服注輯述》卷六。

也不可能超越李貽德《輯述》。也正因如此，王先謙并非將此書刊刻問世，在其《葵園自訂年譜》中，也并未將此書列入其代表作之中。客觀而論，這可能也是王先謙本人清楚地認識到《古注》之學術水準難以超越洪亮吉與李貽德，刊刻之必要性并不甚高之後，所做出的合理判斷與決定。不過，通過對湖南圖書館藏王先謙《春秋左氏傳古注》鈔本的研究，我們也可以清晰地梳理出一條清代《左傳》研究的傳承與發展脉絡，對推進清代《左傳》學與《春秋》學的研究具有非常積極的意義。

經學訪談

何謂儒教：從董仲舒到康有爲

謝遐齡、曾亦等

第一場　主旨發言

【曾亦】今天我們舉辦這麽一場小型學術討論會，一則因爲謝遐齡老師近年來關於國家宗教問題有許多突破性的思考，這些思考對於我們理解儒家以及古代中國的宗教，當然也包括道教和佛教，有著非常大的啓發性；再則因爲今年是謝老師八十壽辰，所以，我們今天這場會議有著暖場或熱身的性質。這兩條算是今天會議的緣起。下面先請謝老師作主旨發言。

【謝遐齡】謝謝曾亦組織這次會議，也謝謝幾位遠道而來的朋友。此外，我還要謝謝郭曉東，大家看到手頭這本論文集，其中第一篇就是郭曉東組織的，後來也是曉東安排發表了。不過，目前看到的這篇是未經删節的稿子，後來發表在儒家網上，其中有些内容，出紙質版時就删掉了。論文集還收録了三篇發表在《復旦學報》上的文章，在此我還得隔空感謝學報的主編汪涌豪和責編陳涯倩。這三篇文章最早在 2017 年就開始寫了，正式發表則在 2022、2023 年，原來是一篇，由於太長了，有六萬多字，就拆成了三篇發表。

我寫的這幾篇關於國家宗教的文章，最初還是閲讀楊慶堃的《中國社會中的宗教》一書引發出來的思考。不過，我們是做哲學的，不同於楊慶堃，更熟習的是概念辨析，所以，我希望自己在楊慶堃，也包括國内其他的一些學者，譬如牟鍾鑒、任繼愈等的基礎上，來從事一些完善或推進的工作。

首先，我個人對於中國宗教問題的思考，最初源於早年對湯因比《歷史研究》的閲讀。上世紀七十年代，毛澤東號召學習哲學，這讓我們得以讀到許多封禁多年的西方譯著，其中就有《歷史研究》。後來我分配到南通，做中學教師，在這期間我就讀了這本書，并且做了很詳細的筆記。可以説，湯因比關於文明和宗教關係的學説,對我的影響是很大的。後來我在 2014 年提出影響當今中國三種文明的主張,也與這本書的閲讀有關係。

此外引發我對宗教問題的興趣,還有一些原因,譬如,上世紀八十年代以來學界關於"儒家是否是宗教"的討論,以及范麗珠讓我給她翻譯的楊慶堃《中國社會中的宗教》一書修訂版撰寫書評,不過,最直接的刺激還是這些年隨著儒家的復興而再次引發的儒教討論。

其次,我談一下關於宗教研究所涉及的方法論問題。歷來學界多以基督教爲樣板,來理解什麽是宗教。黑格爾根據他對清王朝的瞭解,説皇帝是教皇,所以中國存在著國教。黑格爾都看得如此清楚,然而,後來的西方研究者却完全不瞭解黑格爾這個説法,這是很奇怪的,表明他們的研究還有很大的局限性。

古代中國的宗教,楊慶堃稱之爲"原始宗教"。這作爲第一代宗教,是從舊石器時代就自然産生出來的宗教形態。如果要作進一步區分,似乎還要將宗教與巫術區分開來。巫術的起源或許更早,不過到底追溯到什麽時候,現在很難判斷。有一種説法認爲,人類早在五十萬年前就有喪葬了,可見宗教因素的起源是很早的。我有這樣一個推斷,就是認爲宗教與國家是一起産生的。我曾經發表了一篇文章,即《國家治理與中國哲學的起源》,其中第二段運用邏輯分析的方法,討論國家的産生應該以宗教爲判據。

至於猶太教,不能説是第一代宗教,我猜測可能是第三代宗教;至於基督教,則屬於第四代宗教。不過,如果猶太教算第二代,那麽基督教就是第三代宗教。目前許多研究宗教的學者,都没有把原始宗教或第一代宗教當成宗教,不過,真正研究宗教史的學者,譬如美國的伊利亞德,就不這麽看。陳明,是這樣嗎?

【陳明】他是美國人,但出生在羅馬尼亞。

【謝遐齡】范麗珠説這人是她的師爺。因爲歐大年是他的學生,而范麗珠則是歐大年的學生。

【陳明】是的。伊利亞德的著作,大部分都是上海社科院宗教所的晏可佳組織翻譯的。

【謝遐齡】可見,真正研究宗教史的學者,包括涂爾干爲代表的人類學家,都認可原始宗教的存在。不過,康有爲不承認原始宗教是宗教,他没有這個認識。我認爲,古代中國的國家宗教屬於第一代宗教,也就是楊慶堃所説的原始宗教。前面我講到,許多學者不把第一代宗教看作宗教,大家看論文集最後一篇的附録二,就把那些學者心目中的宗教規定歸納爲六點,不過,我又加上了第七點,這是他們没有涉及的。爲什麽我要加上第七點呢?就是爲了認識我們當代中國,也是爲了否認儒家是儒教，還有關於當代中國的宗教性，我覺得這兩點都可以説明了。

下面我講第三點，即對古代中國社會結構的認識。古代社會的結構是政教一體，嚴格來講，就是軍、政、教三者的一體。國家即教會，教會即國家，國家不僅有軍、政方面的職能，也有後世的宗教職能，譬如，祭天、祭祖、祭社稷這些宗教儀式，同時就是最重要的政治活動。

這個説法的要害，就在於"一體"兩個字。"政教合一"的説法不太準確，因爲説"合一"，容易解讀爲原先是分而爲二，之後再合二爲一，所以，更準確的用詞應該是"政教一體"。此外，"國家宗教"一詞，容易與今天的"國教"概念相混淆。因爲"國教"是獨立於國家的教會，是以政教分立爲前提的，而後再由憲法規定爲全民尊奉的宗教。至於"國家宗教"的前提，則是政教一體，而非政教分立。關於這層意思，楊慶堃先生没有區分清楚。楊慶堃之所以用"彌漫"一詞形容中國社會的宗教，起因於他心中念念不忘獨立的宗教體系，而没有牢牢地定格於一體。確立了政教一體的概念，再加上社會與教會一體的意思，這就完整了。

第四點，關於神祇體系的頂層結構。最高的神是昊天上帝，下面還有五天帝、五方帝、五人帝、五精帝。此外還有更低層次的天神，譬如雷公、電母等。天神之外，還有地祇，譬如山川、五嶽、四瀆等，就屬於地祇。當然，這些神祇體系的確立，有一個發展的過程。在這個過程中，漢朝尤其重要，值得我們做更細緻的考察和研究。

這裏涉及一個問題，對天的信仰算得上純粹的信仰嗎？因爲那些受基督教影響的學者老説我們的敬天法祖信仰不够純粹。當然，這個説法如果站在基督徒的立場是可以理解的，但這絶不應該是學術研究者所有的態度。

我早年反對將中國思想家分爲唯物主義者和唯心主義者，反對把氣詮釋爲物質，以及把氣本論詮釋爲質本論，因爲質本論通常翻譯成唯物主義；反對把理詮釋爲精神，以及把理本論詮釋爲形本論，因爲形本論通常翻譯成唯心主義。近年來，我反對某種更深層次的分裂，也就是西方思想把大分裂爲神與自然界，我覺得這是一個更重要的分裂。這種分裂在亞里士多德的《形而上學》中體現得很明顯，即把神説成是純形式。這種分裂也引發了中西信仰的差異。西方人信仰的神，是與自然界分裂之後的耶穌，至於中國古人的信仰，則是在這種分裂之前的上天和祖宗。但是，我們現在的中國學者却接受了西方思想把神和自然界對峙起來的概念體系，就是説，我們把神和自然界的分裂看作一個默認的前提，如此反過來觀察我們的本土思想，就會覺得這也不對頭，那也不妥帖。不信耶穌的中國人，遂以爲自己没有信仰，因爲人們不把敬天法祖當作信仰，這也是不少中國思想家認爲古代思想傾向於唯物主義的原因。此外還有一部分人,濾去了儒家的宗教内涵,而將儒學解讀爲某種人文主義,這同樣是有問題的。

我們研究古代的神祇體系,還有一個偶像産生的問題。中國早期没有偶像崇拜,直到漢朝,偶像還很少見。譬如,現在的嶽廟裏都有偶像,但是,最初祭祀嶽神時,只是樹立兩根柱子,上面綁著一根横杠,然後把殺掉的牲口挂在上面,讓血滴下來,然後再埋掉。在這個祭祀過程中,并没有偶像,甚至連廟宇都可能没有。我記得曾看過一個記載,説是到了漢宣帝時,東嶽纔開始有廟。但是,對於普通民衆來説,是需要偶像的,而道教正源於民間,所以,我推測正神的偶像化恐怕起源於道教的影響。

第五點,對於中國的國家宗教來説,教主是天子,是皇帝,而不是孔子。這與基督教不一樣,他們的教主是耶穌,後來則有教宗或教皇。康有爲建立孔教,主張敬天,但是不法祖,用尊孔來代替法祖。而在中國古代,國家層面的祭天、祭祖、封神這些宗教活動,通常是誰在做呢?當然是朝廷,是天子或皇帝,而不是孔子,更不是後世的儒生。

【陳明】但我認爲,儒教的教主只能是孔子。“三代以上,治出於一”,教權與政權是結合在一起的。戰國以後,“政由甯氏,祭則寡人”,政教就分離了。到秦始皇重用法家,“以法爲教,以吏爲師”,就是有政無教,但這樣就讓國家的治理成本變得很高,於是財政不堪重負,最後就二世而亡了。漢代基本上也面臨這個問題,政府與社會的關係處理得不好,所以纔有漢武帝出來對策問計。

【謝遐齡】看來陳明認爲中國自戰國以後就出現了政教的分離,這和我的觀點不一樣。漢朝的國家宗教建設有一個大難題,就是要解決天和五帝的關係。早在戰國秦時,就有了四帝的信仰,至漢初,劉邦加上黑帝,就有了五帝。既有了五帝,就有了歸一的問題。對於猶太人來説,爲什麽會形成一神教呢?在我看來,對於一個部族來説,面對艱難的自然環境,必須要團結,所以纔會强調信仰上的單一性。我覺得,一神教的産生就是出於這樣一種環境。但是,對於生活在廣大平原上的華夏衆多部族來説,也有一個諸部族走向合并的過程,不過,既然是要合并,就必須容許各部族保留自己的信仰,容許他們各自祭祀自己的神靈,這大概就是五帝信仰的來源。而且,我覺得公羊家講“通三統”,也有這個意思,就是説,夏、商、周三朝本來是并立的三國,即便某族做了天子,還會允許别的部族祭祀自己的神靈。然而,到了漢朝大一統,就開始搞信仰上的一元化。可見,“天下”不只是一個地理概念,更重要的還是一個宗教概念,借助這個概念,漢人的宗教信仰就實現了大一統。這時方士們那裏已有的“太一”崇拜,正好適逢其會,就被朝廷和學者們采用了。我曾經在青島的一次會議上讀過社科院宗教所李曉璇的論文，就研究這個問題，很有意思。陳明，你認識吧？

【陳明】我當然認識。她是在我離開儒教室很久以後纔進來的，主要從事禮制方面的研究。

【謝遐齡】所以，"太一"崇拜的形成，就有幾個方面的源流。我期待能有學者進一步研究周、秦、楚的宗教是怎麽在漢朝被整合起來的，我覺得這個問題很重要。

關於漢武帝表彰六經，我還想先談談朱元璋。朱元璋最初投身於紅巾軍這只宗教軍隊，不過，他們的宗教却是外來宗教的中國化。然而，當朱元璋奪取天下以後，就開始表彰六經，而回歸於傳統的國家宗教。關於朱元璋的宗教轉向，這是極有研究價值的題目，在我的印象中，除了吴晗寫過一篇《明教與大明帝國》的文章外，似乎還没有看到别的相關論文。

關於第六點，我想講講六經和孔子的關係。康有爲認爲六經皆孔子所作，當時反對這種説法的學者就很多了，但我認爲，這裏還有一個概念上的認定問題。事實上，孔子之前已經形成了大量的文獻，但是，這些文獻能不能稱爲"經"呢？恐怕不能。孔子講自己是"述而不作"，而康有爲却説"六經作於孔子"，這就有問題了。孔子應該只是把那些上古文獻編輯一下用來教學，形成教材，於是出現了傳授的現象；通過師弟間的傳授，纔有了經學，教材也就上升爲經。所以，有了孔子纔有經，康有爲的這種説法，就講得通了。不過，康有爲以此稱頌孔子的偉大，不免有了批評的意思。因爲孔子"筆則筆，削則削"，這意味著孔子以前很多文獻就這樣被孔子消滅了。

宋代儒家非常稱頌顔回，主要是因爲他居陋巷，而不改其樂。但我覺得，孔子重視顔回，更是因爲顔回有南面之才。此外還有仲弓，孔子也是非常看重的。這都是因爲顔回、仲弓能當領導幹部，能主持一方的政務。這裏涉及心性儒學和政治儒學的不同立場。我曾經在一次會議上批評了朱子，當時朱人求是主持人，大概不滿意我的發言，就指出我只是持政治儒學的立場，而儒家還有一個心性儒學的傳統。當時我就這樣回應他説，儒家的王道學既講政治，也講心性。我們讀到《大學》的治國一章時，裏面有"如保赤子"的説法，顯然就有心性修養的内容。舉個例子，當你自己的嬰兒哭鬧時，心情會怎麽樣？煩不煩？

【曾亦】我不煩，但我的老婆就會煩。

【謝遐齡】你們看看，這就是修養。

【陳明】我覺得還是愛情的問題。

【謝遐齡】在我看來，所謂"如保赤子"，就是當小孩哭鬧時，不能煩躁，得心疼。

至於王者治國,對待百姓也應該如此。我現在一直這樣講:你們這些當官的,當老百姓鬧事時,你們就得像對待自己家的嬰兒一樣,不能恨他們啊!可是現在有一些官員,一看到老百姓鬧事,就恨得牙癢癢的,覺得這是給自己找麻煩,一心想著把事情壓下去。所以,儒家要求政府官員做"父母官",就是要"如保赤子",應該像對待自己的嬰兒一樣對待百姓,尤其當嬰兒哭鬧時,不能責怪,而是要反省自己哪裏没有做好。這就是"如保赤子"的内涵。其實,我們黨講群衆路綫,就有這層意思。所以,治國和修養是不可分割的。所以,我認爲,把心性儒學和政治儒學對立起來,是非常偏頗的。

那我就先講到這兒,謝謝各位。

第二場　討論:陳明、余治平、郭曉東

【干春松】十年前,我參加上海的一個文化論壇,其間就做過謝老師的訪談,後來發表在《天府新論》上。最近我讀謝老師的文章,裏面還談到了牟鍾鑒先生。正好此前我與牟先生也有一個關於"宗法性國家宗教"的對話,後來牟先生認可了那次對話,認爲討論得還是比較深入的。

【曾亦】我記得那次和謝老師的對話是在 2014 年,發表則在 2015 年,剛好十年了。

【干春松】如此算來,那次對話正好是對謝老師七十大壽的慶賀。這次我特別感謝同濟大學經學研究院,讓我們幾個有機會在這裏相聚,還可以討論一些學術問題。其實,我們幾個這些年都特別關注儒教的問題,只是角度不太一樣。所以,我們今天圍繞這個主題進行討論,以此作爲謝老師八十大壽的暖場,是非常合適的。

前兩天,我跟陳壁生、畢游塞在北京聊天,也討論了儒教的問題。但是畢游塞跟謝老師不一樣,謝老師走的是上行路綫,即國家宗教的路綫,而畢游塞作爲外國的人類學家,走的是下行路綫,即從民間宗教的角度來討論儒教在現代中國的作用。

按照議程,我們先請陳明發言。大家知道,陳明的儒教主張是獨樹一幟的,這就是他的"公民宗教"説。這兩年來,陳明離開北京到湘潭以後,相當於從國子監到了地方性學校,但我覺得,他學問的路子却是越來越正了。下面有請陳明來發表自己的觀點。

【陳明】我經常以"老謝"相稱,昨天纔知道他要過八十大壽了,我還以爲是七十歲呢。看來,我經常稱呼"老謝",似乎有些不太恭敬。但我覺得師友之間的感覺是

最好的，還是照舊吧。

【干春松】你還是叫“謝老師”吧，因爲曾亦和曉東都是謝老師的學生輩呢！

【陳明】那没事的，江湖上還是各叫各的吧。我覺得，老謝的學術路子有一個特别之處，也是很可貴的地方。現在很多搞西哲的人，到了一定時候，就覺得搞得差不多了，或者感到搞不上去了，就轉向了本土研究，我們姑且説得好聽一點，就稱爲“西而優則中”吧。譬如，現在許多人搞所謂“漢語哲學”，就是這個路子。但是老謝不一樣，而是轉向了宗教。這是老謝的特别之處。那麽，這個路子爲什麽可貴呢？通常來説，哲學與宗教是没什麽勾連的，現在老謝轉向了宗教，這不是投機取巧，而是迎難而上，其中有一種問題意識在那裏，甚至有一種情懷責任在那裏，當然，這裏也體現了老謝的睿智。在我看來，西學的優點是門檻比較高，缺點則是天花板比較低，而中學剛好相反，缺點是門檻比較低，優點則是天花板比較高。那麽，高在哪裏？這高就在有真問題。我不是説西學没有真問題，但是，那些真問題是人家的，没法内化成你的問題。必須要有問題意識、情懷責任和文化認同，纔是真問題的基礎。對哲學來説是如此，對宗教來説更是如此。

這兩點既是恭維老謝的好話，其實也是我們對自己的誇獎。很多人認爲我們講儒教，是嘩衆取寵；或者跟康有爲一樣，屬於“貌孔心夷”。他們錯了。其實，只要把前面所説的問題意識、情懷責任或文化認同帶進去，就不難理解我們的思想興趣和學術轉向了。

今天會議的主題是“何謂儒教”，但是，我覺得老謝講的却是“何來儒教”，而答案似乎是否定的，認爲没有什麽儒教。我們這個小圈子裏的幾個人，干春松、唐文明、曾亦和我，即所謂“新康有爲主義”者，往遠點説，還有蔣慶、康曉光等，都跟康有爲是一樣的，即對儒教這個事實基本上是持肯定態度的。我們的區别僅僅在於，到底是從基督新教、伊斯蘭教，還是從國教、公民宗教的角度去描述儒教而已。離開儒教講中國的宗教，當然也可以，譬如佛教、道教之類的宗教。但老謝不是，講的都是他自己的一套，也就是“國家宗教”。按照老謝的説法，國家宗教是一種軍、政、教的綜合體，但我覺得這是有問題的。

漢承秦制，但到了漢武帝以後，采納了董仲舒的建議，設立了五經博士，從而在文化上取代了“以法爲教，以吏爲師”的政策，因爲秦人完全是以政代教。老謝在他的《康有爲：儒家脱離國家宗教》一文中説道：“儒家與國家宗教是一種結盟關係，始於董仲舒，終於康有爲。”這就是説，董仲舒之前，國家宗教已經存在了。那麽，這種宗教究竟是什麽呢？老謝説過自己受到了牟鍾鑒先生的影響，也就是他的“宗法性宗教”説。

牟先生曾給我上過課,算是老師了。他是根據出世、入世來劃分宗教、非宗教,因爲儒家是講入世的,所以不是宗教。其實,中國人的祖先崇拜,到底是入世還是出世?猶太教以重回錫安山、重建大衛的國爲目標,這算是出世還是入世呢?我覺得,牟先生將以天神和祖先崇拜爲中心的宗法倫理制度視爲宗教,以此代替或補充、調整任繼愈先生的儒教論,反映了某種思考,但這只是一種還原,甚至是一種退步。現在老謝根據這一思路將它與儒教切割,則是更大的退步。宗法制度是在周公手裏建立起來的,目的在於"封建親戚,以藩屏周",完全是一種政治、軍事上的安排。至於祖先崇拜,古已有之,後來"祖有功,宗有德"的説法,則是儒家在理論上的提升。還有關於天的論述,主要是孔子在《易傳》裏完成的,屬於聖人對於天的體認,最後則成就了"乾父坤母"的世界圖景。這些確實與宗法性宗教有著内在的聯繫,但經過儒家的抽象和升華之後,整個體系的本質精神已是"生生之德",譬如,董仲舒説"仁,天心",就有這個意思。可以説,經過這樣一種抽象和升華的儒教,其重點和中心已不再是宗法,天纔是最高信仰的對象。

《説卦》中説道:"有天地然後有萬物,有萬物然後有男女;有男女然後有夫婦,有夫婦然後有父子;有父子然後有君臣,有君臣然後有上下;有上下然後禮義有所措。"雍正帝頒行全國的"天地君親師",基本就是從這裏來的。"天地君親師"牌位,其實就是儒教的通俗形式。那麼,這些跟王教有什麼關係呢?如果將儒家經典看成對"國家宗教"的闡釋,并且,這種闡釋完全改變了所謂的"國家宗教",變成了某種新的東西,譬如家家供奉的"天地君親師"牌位,那麼,你還能説儒教不是宗教,跟王教只是結盟關係麼?

朱子説《儀禮》是"經",而《禮記》是"傳",我覺得,這跟您説的好像有點類似。但周公、《儀禮》難道不屬於儒家?古印度教的《吠陀經》是經,《奥義書》是闡釋,但絲毫不影響二者的整體有機性,尤其在後來的實踐中,二者確實整合在一起了。現在您把周公、孔子、董仲舒這些儒家人物都從國家宗教中摘出來,那麼宗法就只還原成爲一種血親制度,即一種以祖先崇拜爲基本内容的自然宗教。這樣的所謂王教,就很難説還算什麼宗教了。

另外,您認爲宗教是與國家同步産生的,這個命題很清晰,您的其他很多命題都是由此推導出來的。但是,國家通常被視爲文明的標志,應該是比較晚近的事情,而在國家形成之前的很長時間,宗教就早已出現了,至少可以看到圖騰崇拜、祖先崇拜這些宗教因素。況且,就中國來説,周王朝這種國家是在周公手裏成型的,而宗法制度是當作政治制度來使用的。當然,您這樣説也許有您的根據,這就是弗雷澤的"巫君合一"論。但是,這種"巫君合一"的團體與國家還是有相當距離的。

關於這點，我們且暫不去説它。不過您這裏有一點跟弗雷澤大大不同，那就是將巫術視爲宗教，而在弗雷澤那裏，巫術被視爲科學的原始形態。您引用湯因比的説法，認爲有創教者的宗教纔是高級宗教，其實就暗含了這樣一個結論，即自然宗教雖然没有創教者，但也是宗教，只是不够高級而已。

這裏又涉及宗教的分類問題。您似乎把宗教分成三個層次：第一層次的宗教，即自然宗教；第二層次的宗教，您舉了猶太教的例子，我則稱爲共同體叙事宗教；第三層次宗教，您舉了基督教的例子，這應該稱爲個體叙事宗教。這種區分，是有一定道理的。我給學生上課時，主張將宗教劃分爲這樣兩類：自然宗教，這是以自然存在爲崇拜對象的宗教；人文宗教，即以具有精神性、倫理性的存在爲崇拜對象的宗教。而在人文宗教那裏，又可區分爲共同體叙事宗教和個體叙事宗教，譬如，猶太教、婆羅門教或古印度教屬於共同體叙事宗教，基督教則是個體叙事宗教。只有個體叙事宗教纔講出世，至於猶太教，則講重回錫安山，而婆羅門教講的是種姓制度，儒教講的是“天下和成”“止於至善”。問題在於，您把王教放在什麽位置呢？如果只是政治化使用的宗法宗教，那顯然是一種低層次的自然宗教。但是，您一方面將它與國家聯繫在一起，另一方面又將它與儒家切割，那麽，《禮記・祭義》裏面所做的闡釋、提升，就没法解釋了。我覺得，您似乎被牟鍾鑒老師帶節奏了。

此外，您論證儒教不是宗教的一個重要根據，就是儒教没有創教者。其實，儒教是有創教者的，譬如，周文王重組六十四卦卦序，在《周易》裏建立了一個宇宙的自然生命系統，而孔子的《易傳》則爲這個自然生命系統注入了德性，并以此將天人勾連起來，進而人文化成。我幾年前寫過一篇文章，以“從自然宗教到人文宗教”來描述從《易經》到《易傳》的變化，這就否定了我的老師把《易經》到《易傳》的變化看成從巫術到哲學的主流觀點。

在我看來，離開儒家人物和經典來講王教或國家宗教，是不可能的。我認爲，儒教的産生要從比較宗教學的角度，即從當時的歷史處境和社會需求的角度進入。譬如，猶太教可以説是部族戰争中失敗者抗争的宗教，婆羅門教則可以説是部族戰争中勝利者統治的宗教，而我們的儒教則是同一個部落聯盟内部治理競争中進化成型的宗教。儒教的起點是文王序卦，中間則是周公《大象傳》對“皇天無親，惟德是依”理念的落實，最後纔是孔子的《彖傳》《文言傳》等。有了這一切，纔有了後來董仲舒與漢武帝的對策博弈。漢代王充説“文王之文在孔子，孔子之文在董仲舒”，這概括了儒教理論和實踐的基本發展歷程。

猶太教經典是在巴比倫之囚的囚徒困境中編撰成型的。那批猶太精英處境悲苦，但生命意志頑强，政治理想堅定，一心想著打回老家去，於是建構起一個關於世界的基礎叙事,且把自己放在特殊的位置,即作爲上帝的"選民"。這就可以解釋您剛纔所講的一神教和人格神的問題。爲什麽耶和華能成爲唯一神?您剛纔給了一個解釋,説猶太人是一個小部族,很辛苦,所以必須强調它的獨特性和排他性。這個思考的方向是正確的,但還不够,因爲這個神必須保證能够幫助以色列人打敗其他部族,這就要求這個神有普遍權威、全能威力,不僅能管自己這個A部族,還要能管與自己作對的B部族。但這個既能管A部族又能管B部族的普遍神、全能神,爲什麽要厚此薄彼呢?或者説,猶太人爲什麽能够讓這個普遍神、全能神獨寵你一人呢?這就需要建構叙事,即是通過洪水清場,創造出選民這一個角色與自己立約。既然神能够與人立約,那麽,這個神就必須人格化,可以説,這種人格一神教完全是猶太人在多元族群衝突處境中頑强抗争的産物。

再説婆羅門教,就是古印度教,它也是共同體叙事的産物,所以没有創造者。如果一定要找創造者的話,《摩奴法典》可以説是有作者的。它早期都是一些很神秘、很簡單的東西,像《原人歌》這類作品,就是講世界是怎麽來的,非常樸素和原始。只有關於個體叙事的宗教纔有創造者,像耶穌、佛陀這樣的人物,因爲個體叙事宗教不僅出現較晚,而且有共同體叙事宗教作爲基礎,可以説是站在了巨人的肩膀上,要麽借勢而起,要麽乾脆與之對抗。雅利安人很有意思,他們講從嘴巴裏生出婆羅門,從胳膊上長出刹帝利,從腿上長出吠舍,從脚趾頭長出首陀羅。而到了希臘人那裏,則講宙斯頭顱裏可以生出雅典娜。至於柏拉圖講靈魂的等級,也是從身體的部位去理解理性、激情和欲望這些東西,這很有意思。至於中國人,却很少有這類神話思維,而是講"天地絪緼,男女構精",這説明我們的文明是在一種内生的常態環境中一步步積累起來的。從祖先崇拜到聖賢崇拜,再到乾父坤母和天地君親師,可謂一脉相連,這種完全不同的路徑差異,正是我們理解儒教的基礎,絶對不能簡單照搬西方的宗教學理論,而應該"以儒教爲方法",纔能看清楚其他的宗教和文明。

您的王教説確實有這個味道,但我覺得,若直接用國家宗教來定位中國的宗教,并將儒教與之切割開來,這就走得有點遠了。"政教合一"的説法固然不合適,因爲三代以上,"治出於一",可説是以教行政,教在政先。無論封建親戚以藩屏周,還是立嫡立長的繼承制度,都是如此,但是,這些究竟是教還是政,或者是一種親屬制度式的社會政治,其實還需要兩説。然後纔是二者的分離,無論法家的變法,還是"政由甯氏,祭則寡人"的説法,都是獨立的政治崛起的表徵,後來到秦始皇那裏,纔發展到頂峰。然後,就是漢武帝和董仲舒的故事了。在這個漫長的歷史過程中,儒教得到了長足發展,而宗法制度正是其實踐基礎。但更爲重要的,則是孔子本人對於天道的體認。如果没有天這個神靈存在，所有的祭祀活動，就只有一般禮儀的意義，而"天地君親師"的系統也就只剩下君父爲尊了。或許這就是老謝所説的"國家宗教"，但是，這其實不過意味著朕即國家、朕即上天，談不上什麽精神品質。值得慶幸的是，這并不是歷史事實，在"天地君親師"中，天纔是最高位格，并且，"天意難知，唯聖人知之"，"罪己詔"以及"奉天承運"的聖旨格式，表明君的地位并非最高。這難道不是儒教麽？朱子説"天不生仲尼，萬古如長夜"，而胡宏説"孔子即天，天即孔子"，都值得我們從宗教的角度認真加以體會琢磨。

最後，干春松剛纔提到了我説的"公民宗教"。那什麽是"公民宗教"呢？在我這裏，"公民宗教"并不是一個教，不是 a religion，而是 civil religion。因此，"公民宗教"是一種功能承擔者，即在公共領域裏占據主導地位的神聖性話語。明成祖修建紫禁城時，皇宫、祖廟的位置，就是按照儒教講的"左宗右社"來擺放的，然後是天壇、地壇、日壇、月壇的設置，都可以在經典中找到依據。顯然，這些設施并不純粹基於政治權力的要求。陳贇現在老喜歡講"三代以上治出於一，三代以下治出於二"，其中，"治出於一"可以説是"政教合一"，或者"政教一體"。那麽，如何理解"治出於二"呢？我覺得漢宣帝講的"霸王道雜之"，可以説是很透徹的講法了。後世儒家言必稱三代，其實那種"治出於一"的制度，只適合血緣組織相對緊密的王國時代，而到了秦始皇統一六國後形成的帝國時代，則必須實行中央集權的郡縣制。此時宗法制度對於大一統的治理目標來説，就不大合適了，不過在社會層面依然有著深厚的基礎。董仲舒用素王説、"《春秋》大一統"説解决了與"時王"的矛盾，而"霸王道雜之"的治理策略和文明結構就此底定。這樣儒教不僅體現在基層的祭祖和朝廷的祭天活動中，也體現在教化活動中，并因此成爲公共領域裏主導性的神聖話語。

現在講文化自信、文明自覺，我覺得離開儒學是講不清、講不透的。若從"霸王道雜之"的框架和公民宗教的角度，則不僅可以接近正脉，同時也可以較好處理與主流意識形態的關係。

我就講到這裏吧。

【干春松】謝謝陳明。下午謝老師會有一個整體回應，接下來就先請治平兄發言。

【余治平】剛纔陳明講的幾個問題，我覺得還是蠻切中要害的，期待著謝老師下午的回應。陳明講了這麽多，我覺得可以概括爲這樣三個問題：第一個問題，原始宗教産生於國家出現之前，若按照謝老師的邏輯，就得把新石器時代的那些崇拜、信仰,統統納入國家宗教的範疇,這樣不免要回答一個問題,即爲什麽國家出現以前就有了國家宗教?第二個問題,謝老師主張教、政、國三者的一致性,而陳明則相反。第三個問題,在國家宗教的形成過程中,如何看待儒家的作用和貢獻。對於國家宗教,到底該肯定它嗎?我認爲,如果離開歷代儒者的努力,國家宗教也玩不轉,搞不成了。我覺得陳明提出的這三個問題很有意思,也很有力度。另外,按照陳明的劃分,原始宗教屬於第一代宗教,而人文宗教則放在第二代,我也覺得是很有道理的。

謝老師提出的"國家宗教"概念,肯定不同於任繼愈、陳明等人一直宣導的"儒教"概念。關於這個概念,可以先分開來進行考察。首先,關於"國家"這個概念。去年干春松有一本書專門講了現代國家的起源,裏面提到現代國家和中國古代國家的區分,我覺得很有幫助。按照儒家的説法,諸侯有國,大夫有家,天子纔有天下,顯然,這不同於現代意義上的"國家"概念。在周代禮制中,除了天子祭天以外,就只有魯國因周公的勛勞而被允許祭天,可見,通常只有天子纔有涉及國家宗教的種種行爲。就此而言,"帝國"這個概念可能更切合謝老師所説的國家宗教問題。其次,關於"宗教"的概念,更容易引起争議。"宗教"一詞,本來源於日本人對religion的翻譯,雖然怎麽看都别扭,但也找不到一個更好的詞來替代它,就只能將錯就錯,一直沿用下來了。謝老師提到"王教"這個概念,可以容納更多的内涵,我覺得這是很重要的理論貢獻。

謝老師的理論有一個切入點,就是楊慶堃《中國社會中的宗教》中提出的"彌漫性的宗教"(diffused religion)一詞,這表明中國自古以來就存在一種全民性的國家宗教,具有無所不在、普遍滲透的特點。確實,這個概念可以更準確地揭示出儒教的本質。因爲儒教區别於那種制度性、一神教的宗教,而是浸潤在人們的日常生活中,稱得上"百姓日用而不知",這就是"彌漫性宗教"的魔力。至於謝老師使用"國家宗教"這個概念,我覺得其中還有國家意志、國家精神、國家信仰的意味。因爲歷代帝王所宣導的國家宗教,不但有信仰的成分,還包括敬天、法祖等一整套煩瑣的禮儀,并且還滲透著政治性的架構和威權。基於這樣一種内涵,是不是還有比"國家宗教"更合適的概念呢?比如是不是可以用"帝國主導意識形態"這個詞?

下面我講第二個問題,也就是董仲舒和國家宗教的關係問題。二十年前,我在復旦做博士論文的時候,不同於過去從宇宙論、認識論、政治學、倫理學或神秘主義的角度來研究董仲舒,而是從"信念本體"這個概念切入對董仲舒的研究,這也是受了謝老師的影響。2021年,謝老師在衡水的董仲舒會議上就講到,在漢代的國家宗教中,教主是皇帝,而不是孔子,更不是董仲舒。我認爲,僅僅這一點就足以構成謝老師與任繼愈、陳明等人的儒教觀的實質性差别。謝老師還曾舉過猶太教的例子，説孔子或儒生相當於猶太教裏面的拉比，負責布道、傳教和研究經典、解釋經典，却不在政治領袖之列。在國家宗教中，儒家雖然有經典的解釋權，但真正的教主却只能是皇帝本人。所以，儒生對自己的定位是很清楚的，不能越權，尤其不能覬覦教主的位置。

早在戰國秦時，就開始祭天了，不過那時祭的似乎只是日月、山川、大地。到了漢武帝時，發生了一個轉變，國家宗教上升到了一個自覺的層面。當時的國家宗教包括三大塊，即國家信仰、國家祭祀和國家教化。國家信仰是指對天道的信仰，歷代儒生都講天道，當然講得最好的還是董仲舒。董仲舒借助陰陽五行理論，把整個天道也就是儒家的宇宙論圖景清晰地呈現出來了。不僅如此，董仲舒還通過與漢武帝的對策，把自古以來的天道信仰上升爲國家層面的信仰，使之成爲全民性精神生活的一種必然需要。

下面我再講講國家祭祀的問題。2019 年在復旦開的那次宗教會議上，我講到董仲舒的"求雨""止雨"，不過，這些活動還是地方性的，算不上國家祭祀。只有祭天，纔稱得上國家祭祀。雖然我們目前還找不到武帝郊祭、封禪與董仲舒對策之間的直接關聯，但按照董仲舒的理論系統，對郊祭與封禪還是有明確要求的，特别是他對祭天之禮的大量記載和描述，反映了他對國家祭祀的理解和詮釋，同時多少也呈現出武帝年間儒生群體對國家最高祭祀的設計與要求。當時漢代國家最高規格的祭祀，包括南郊祭天、泰山封禪、雍五畤。董仲舒所闡發的國家宗教觀念，已經突破了高祖時代"群儒既以不能辯明封禪事，又牽拘於《詩》《書》古文而不敢騁"的尷尬局面，而表現出聯繫時代現實、滿足客觀需要的意圖。

還有就是國家教化的問題。我覺得，謝老師的國家宗教論還没有包括國家教化這一塊内容，這是一大缺失。正是由於國家教化，纔使得儒家的價值與理念潛移默化地滲透到全體人民日用生活的每一個方面，成爲一種名副其實的"彌漫性宗教"。董仲舒通過其"性二品"學説，確立了君王施行教化的意義和作用，可以説，國家教化在董仲舒這裏得到了極大的强調。《春秋繁露・實性篇》中説道："性者，天質之樸也；善者，王教之化也。無其質，則王教不能化；無王教，則質樸不能善。"人之天性質樸，所以能够爲善，正是後天教化的結果。這種後天的教化，依賴於王者的積極作爲和德教的施行，"性待漸於教訓，而後能爲善"。王者施行教化的功效，董仲舒在《天人三策》中進行了一番近乎宗教性的渲染。董仲舒在第一策中，要求天子能够教於國、化於邑，朝廷和地方要上下一起努力，共同改善世道世風。在第二策中，董仲舒則指出，在堯舜以下歷代聖王的治理下，"教化大行，天下和洽，萬民皆安仁樂誼,各得其宜,動作應禮,從容中道”,這是漢初新儒家的“理想國”,也是董仲舒對武帝的一份政治承諾。其實儒家的“理想國”的門檻并不高,只要天子、國君能帶頭修身立德,民衆就能够上行下效,就不難實現了。

最後,我還是要强調,“國家宗教”的概念能提出來是很好,但我們也要正視它面臨的困難。首先,時代變了。董仲舒的思想形成於“軸心時代”晚期,可以説是“軸心時代”的集大成思想家,他對國家宗教的學術建構,就是在中華文明初現之時,將君王教化的精神確立起來。到了後來,尤其是明清之際,君主專制已經高度成熟,甚至快要腐爛了,這時再强調國家宗教,就不合時宜了。對於我們今人來説,現在國家宗教的困難是什麽呢? 如果在董仲舒的時代,强調君權來自天授,這還是可以理解的。而到了現代社會,大家都知道政權來自“民授”,而不是“天授”,就有點政治不正確了。最近讀到余華有句話,讓我大受感觸。余華説有兩種恐怖主義,一種恐怖主義是手持炸彈,一種恐怖主義是手持意識形態。如果我們還要搞國家宗教,這免不了束縛人心,限制個體的發展,那麽,我們在這樣一個“去意識形態化”的現代潮流中,怎麽可能重新建立“神道設教”呢?《周易・觀卦》講“下觀而化”,而謝老師始終强調老百姓是有宗教需求的,那麽怎樣纔能把“下觀而化”做得更好呢?

還有一點,就是關於崇拜譜系的追尋。我們國家宗教的崇拜譜系不應只追溯到堯、舜、禹、湯、文、武、周公,更應該追溯到伏羲、女媧,我覺得,聖王不僅限於歷代的政治領袖,神話時代的衆神也應該列爲崇拜譜系的第一層次。所以,我主張把《山海經》也列入儒門的經典。

我就講這些,謝謝大家!

【干春松】余治平竟然想把《山海經》納入儒家經典,這讓我很震驚,一時腦子還轉不過來。下面,我們聽聽郭曉東的發言。

【郭曉東】剛纔聽了各位的發言,特別聽了謝老師的發言,很受啓發。這兩天我一直在看謝老師的相關文章,確實對國家宗教這個問題有了一些新的體會。謝老師對國家宗教的論述,越來越有體系性,這是我的一個强烈感受。這幾年來,謝老師發表了不少相關論述,《現代儒學》發了一篇文章,《原道》也有一篇,還有《復旦學報》發表的系列論文,呈現出謝老師關於國家宗教問題的完整論述,無論是方法論的探討,還是從董仲舒到康有爲的諸多具體論述,構成了一個相當完整的體系,應該説是非常全面了。

在我看來,謝老師關於國家宗教問題的論述,要點有兩個: 第一,謝老師認爲國家宗教不同於儒教,這是一個非常重要的命題。剛纔陳明和謝老師的主要分歧也在這裏,即如何看待儒教和國家宗教的關係。第二,謝老師多年前就一直强調中國人的天道信仰，而在最近的論文中又指出國家宗教既是王道學，也是天道學。可見，謝老師是把天道學和王道學合在一起來講，從而天道和王道共同構成了國家宗教的實質性内涵。所以，國家宗教有兩個方面的宗教學意義，一個是天道的意義，一個是王道的意義。這和西方人所理解的宗教非常不一樣。因爲西方人講宗教，只是講天道，而不講王道、人道。但對於中國的傳統思想來説，天道和王道從來都是一體兩面的。殷周之際就有一個非常重要的變化，即周人主張"皇天無親，惟德是輔"，顯然，這時已經把天道與人道合在一起講了。更爲系統的論述，還可以從《春秋》對"元年春王正月"的闡釋中來看。從"元"到"春"，從"春"到"王"，然後是"正月"，這在公羊家看來，裹面有著内在的邏輯關係，而且，董仲舒特别强調了"王"在"元年春王正月"這六字中的核心地位，所以，董仲舒説王者"上承天之所爲，而下正其所爲"，這就把天道和人道的意義合在一起講了。

在這個問題上，謝老師對"天"的解析是特别有洞見的。在關於董仲舒的那篇論文中，謝老師提到的"天"，并没有像在西方人那裹，被分解爲自然界的天和西方意義上超越的、神性的天。如果只講超越的天，那麼，中國人所講的天所具有的人道意義是不存在的；如果只講自然的天，那麼天又是不具有神性的。可見，中國的天不能這樣理解，既不是自然界的天，也不是超越的天。因此，謝老師特别强調了天道的形而上意義。而且，對於"形而上"這個詞，謝老師也做了一個非常重要的辨析。形而上的天是指形質未分之前，在何休的《公羊傳》注那裹，借助《春秋緯》的説法，提出"無形以起，有形以分，造起天地"。所以，作爲"元"的天道是"無形以起，有形以分"的，有了"元"，纔有天地的肇起，天地肇起以後，纔有後來人道價值的根基。由此，作爲"元"的天道就爲王道建立一種根基性的東西。所以，謝老師説天道等同於易道，也可以等同於《春秋》講的"元"，至於上帝、自然，都是形而下的，只有天道纔是真正的形而上。與此相關，謝老師還有一個很有洞見的觀點，可以由此窺見"天人合一"之意。天與人的關係，不是像神性的天所具有的那種超越性，而是"合一"，謝老師特别强調這個"合一"是王道圓滿的實現。天人的"合　"，所"合"的不是以人合天，而是體現爲人道、王道的圓滿實現。

謝老師的論述中，另外還有一個非常值得注意的點，就是對公羊學的三統、五端説的宗教學解讀。謝老師認爲，公羊學講"通三統"，有著宗教學的意義，這是因爲"三統"同爲一教。這個説法在公羊學那裹是可以成立的，只是謝老師論述得比較簡略。關於"通三統"的理論，在何休那裹，有著非常完整的論述。何休是從"三正"入手來討論三統問題，所謂"三正"，本是夏、殷、周三朝的歲首，而在《春秋》的書法中，三個正月前通常都書"王"，這意味著三個正月都同樣來自《春秋》的"元"，也就是共同的“天道”。正月、二月、三月前所以書“王”,意味著三王都具有天命的合法性,所以纔能够通三統。這種對“通三統”的宗教學解讀,我覺得非常重要,這不僅有理論上的重要性,而且也有實踐上的重要性。此後歷朝都以此來證明其政權的合法性,就是説,每一個新的王朝,不論是靠武力攘奪,還是靠篡位竊取,在制度上通常會有“存二王后”的政治舉措,這是“通三統”説的制度體現。譬如,李淵建立唐朝的時候,不僅封隋恭帝爲酅國公,還封了北周的後人爲介國公。李淵這麽做,就是要表明他的王朝具有天命的合法性,是與前面兩代王朝分享了同一個天道的合法性。所以,歷朝基本上都不否定“通三統”,即使封了以後不久就把他們殺掉,但最初還是要封的。

【陳明】就是説,基於現實政治的原因或許會把二王后殺掉,但基於“通三統”的精神,還是要履行分封這個程序。

【郭曉東】對,是這樣。開始出於政權合法性的考慮,必然要分封,即便這方面做得不太像樣的明、清兩朝,好歹也要裝模作樣地封,或者封個比較低的爵位。

此外,謝老師還有很多論述,我覺得都挺有意思的,許多思想還非常有洞見,值得進一步闡發。譬如,關於漢武帝的封禪,以前大多數解讀都認爲司馬遷是在批評漢武帝,謝老師却發掘出背後的積極意義。另外,漢武帝在《天人三策》中提出了三個問題,即對性與天道的追問。我們受了《論語》的影響,通常認爲孔子罕言性與天道,然而,漢武帝偏偏要追問性與天道的問題。從這裏我們可以看出,至少漢武帝、董仲舒之後的儒家,是非常重視性與天道問題的。

另外,我還有一個小問題,向謝老師請教一下。謝老師講到宗教學的方法論問題時,反對以基督教爲樣板,這個我是完全同意的,但是,謝老師提到了第一代宗教,也就是原始宗教,到底是不是國家宗教呢? 我對這個觀點有些存疑。特别是謝老師關於國家宗教的實質内涵規定,如果我剛纔的解讀没錯的話,那麽實質的内涵規定應該就是天道和王道的一體。如果是這樣,天道與王道的一體,是否與文明初肇的原始宗教是一致的? 對此我是有些困惑的,畢竟王道概念本身是純粹的儒家概念。對此,我們可以選取殷周之際和秦漢之際這兩個歷史時期來進行考察。

殷商的信仰體系與西周的信仰體系看上去是一樣的,但有一個根本的不同,就是“皇天無親,惟德是輔”的出現。殷人是純粹信仰上帝的,商紂王講“我命由天”,非常自信殷王朝是萬年不變的。但是,殷人政權的傾覆,這對周人來説,意味著天命不可能永遠不變,而是可以轉移的。那麽,天命如何轉移呢? 這涉及德的問題。當周人提煉出這個“德”字時,自然涉及王道的問題。

同樣,秦漢的問題也是如此。秦人的信仰比較複雜,研究的不多,我看了一些資料，感覺秦人的信仰體系比較原始，基本上不涉及後來的王道問題。謝老師在論文中也提到，劉邦在建設國家宗教的過程中，王道的色彩也并不濃。所以，如果我們把中國的傳統宗教界定爲天道和王道的一體化，那麽，我覺得從第一代宗教的角度去界定的話，可能王道的意義凸顯不出來。真正把王道的意義凸顯出來，我覺得還是周公以及像董仲舒這樣的儒家學者。周公制禮作樂，到董仲舒借用《春秋》中"元"和"王"的關係來展開闡述，天道和王道纔能合在一起講。這是我想請教謝老師的問題。

我大體就講這麽多吧。

【干春松】我們今天搞這樣一個小型閉門會議，非常好，可以把問題討論得比較充分。這些年來，謝老師對國家宗教問題有許多思考和論述，前面陳明、余治平和郭曉東都發表了自己的想法，還提了不少疑問，我聽下來很受啓發。八十年代以來，任繼愈先生基於他對宗教的定義，對儒教有許多論述，還編過《何爲儒教》的書。不過，任先生有一個好處，就是從來不回避别人對他的批評。南開大學的張榮明還寫了一本講國教的書，後來何光滬也有一篇很長的文章，就是討論儒教到底是不是國教。此外，冷德熙也寫過和讖緯神學相關的書，也涉及謝老師關注的漢代神學問題。可見，關於這個問題的討論，還是始終存在的，甚至也曾熱鬧一時。現在這個問題又回來了，這大概是由於儒學的復興而出現了新的研究力量，包括我們在座的這些人，都開始參與到這個討論中來了。當然，我們的視角不同於任繼愈先生他們，還是有一些差别的。

剛纔曉東提了很多細節性的問題，我覺得特别重要，不過，謝老師是在從事一個宏大的理論建構，就涉及曉東剛纔講的兩個意義，其中一個就是方法論的意義。前面説到了政教合一和政教一體，這些都關涉到如何理解國教的問題。前兩天我與周軼群討論吴宓時，突然意識到，除了康有爲以外，學衡派的吴宓、梅光迪、湯用彤、胡先驌等都有孔教論，陳寅恪也可以算在裏面。

【曾亦】那他們和康有爲的區别在哪裏呢？

【干春松】學衡派把儒教看成宗教，不過他們講的宗教却凸顯了教化的意味。他們直接使用"孔教論"這個名詞，對康有爲的態度非常矛盾。他們的口號是"昌明國粹，融化新知"，我覺得與謝老師的思路有點相似。因爲謝老師的總體思想，以及問題意識的展開，還是明顯有融匯中西的意圖。所以曉東説得很有道理，謝老師的論述能够爲我們提供一個方法論的意義，即以一種新的角度來考察中國傳統的宗教形態，包括前孔子時期的宗教形態。

以前我和陳來老師聊天的時候,問他接下來準備幹什麽,他説不打算再寫東西了,因爲再寫也寫不出什麽新意了。當時我還跟他開玩笑説:"張岱年先生八十歲以後纔是創作的高峰,他三分之二的作品都是八十歲以後纔發表出來的。"陳老師回答得很有意思:"那是因爲張岱年先生大部分時間都没法出版他的書,就只能攢到八十歲以後出了。而他本人出書就很順,從來没被攔過。"不過,最近陳老師又開始出新書了。所以,我相信人文學者的思想高峰,或許八十歲以後又是一個新的起點。我特别期待謝老師還繼續思考下去,按照現在的技術能力,活到一百二十歲不成問題,您還有四十年的時間可以創作。

下面請謝老師就上面三位的問題作個回應吧。

【謝遐齡】我先簡單回應一下幾個小問題,大的問題到下午再一并回應吧。剛纔曉東表揚我有洞見,我體會下來,這個話裏的意思是説裏面還有很多粗疏的地方,譬如,他講到《春秋》的"通三統",就説到我論述有些簡略。我最初做學問時没什麽書可看,就是拿著黑格爾的《小邏輯》來揣測他的整個體系是什麽樣子,最後還真猜中了。你們看,我連黑格爾都能猜中一些,何況其他的東西呢!

還有祭祀排位的問題,當時寫得確實很粗,講的也不是説當朝就一定祭前面的兩代聖王,而是從整個三王、五帝、九皇、六十四民裏面選一些來祭。當時寫完後就没再修改,這個地方肯定很粗疏。曉東客氣,就只挑了這麽點來講。所以,我特别期待後面的年輕學者,把問題做下去。非常高興你們今天前來捧場,説不定以後關注的人就多了,就會繼續做下去。至於我自己,能够起到一個開頭的作用,就很滿足了。

第三場　討論:陳壁生、干春松、曾亦

【陳明】下午場的討論也很值得期待,先請壁生發言。

【陳壁生】謝老師的文章,我以前在各種雜志上已經拜讀過了。上午聽了謝老師的發言,有很多收穫,啓發很大,因爲這些都是我們一直在思考的問題。尤其最近這些年,當中國文明受到重視以後,儒學、儒教與中國文明的關聯到底是什麽樣子?這一直是目前學術研究最核心的問題。我主要講如下四個方面:

第一,謝老師以前主要從事社會理論的研究,近些年轉到更爲傳統的宗教研究,這是對中國文化的思考不斷深化的結果。我覺得這些年學術界對宗教問題的重視有兩個原因:一是對傳統文化的理解不斷深入,由此深入到了宗教問題;一是對中國文明與西方文明之差異的理解,不可避免涉及宗教問題。

中國文明的復興，其實與綜合國力的提高密切相關。對於中國這樣一個有著悠久歷史的文明，其核心精神到底應該如何理解？我覺得，宗教的維度是不可忽視的。不僅如此，這些年來的經學復興，其實也與此相關，因爲傳統思想中最具有宗教性的學術，顯然就是經學。當代中國的傳統學術研究，不論稱爲儒學，還是稱爲儒教，以及關於"宗教性"的討論，事實上都是對中國文明内核的理解。

因此，這些年來出現了各種對儒教的論述。比較典型的是唐文明，他對康有爲的理解有非常獨特的地方，包括他最近關於"天地之心"的討論，都是强調儒學的宗教性。但是，如果立足於西學尤其是基督教的框架，很容易發現中國并没有西方那樣的宗教，至少在中國文化中我們看不到基督教意義上的神，所以，中國就只能是"自然"的。但是，唐文明極力以宗教性維度爲基礎，對儒學進行宗教化的建構。

謝老師思考的背景和出發點，就是楊慶堃的《中國社會中的宗教》。以前我們也多次討論過這本書的内容，這本書把中國傳統宗教稱爲"彌散性宗教"，不過，這個概念更適合定位各種各樣的民間宗教。干春松老師在其《保教與立國》中，涉及公民宗教，也有這個維度的考慮，即用儒教來對民間宗教進行整合，然後上升爲國家宗教。謝老師從楊慶堃這本書入手，直接來講國家宗教，我覺得這是謝老師基於自身的問題意識來理解中國的傳統宗教。尤其是"國家宗教"這個概念，與我們通常講的"國教"有一定的關係，但不完全一樣。

如果站在另外一個角度，我覺得謝老師講的國家宗教，從整體框架上來看，仍然算是一種儒教。我這麽説，其實是因爲儒教在中國歷史上有著不同的形態。譬如陳明老師講的儒教，可能和康有爲的關係更爲密切，或者有一部分是從康有爲那裏來的。這背後涉及今文經學和古文經學的區别，因爲今文經學纔有"孔教"的概念，而古文經學是没有的。古文經學不突出孔子，只是把孔子看成一個"述而不作"的老儒，所以，古文家講的教化，就只能是王官學中的教化。這種王官學的教化模式，感覺和謝老師講的國家宗教特别相似，當然不是一模一樣，尤其是對教主的認識、對教義的理解等，更是相似。可以説，謝老師關於國家宗教的理論，爲我們認識中國文明，提供了一種新的思路。

第二，從傳統意義上的儒教角度來看，國家宗教到底意味著什麽？通常我們對儒教的理解有兩個主要方向：第一個方向，就是以基督教爲標準的宗教形態，這涉及自然和超越性的分裂，最極端的就是像奥古斯丁提到的"上帝之城"，即用一種超越人類生活的典範來觀照不完美的人間秩序，這是一種徹底的、絶對的超越。第二個方向是政教的方向，没有任何超越性的維度，其教化主要是通過政治來實現的。

這裏涉及一個問題，儒教到底是在一個政教結構中，還是獨立於政教之外？我覺得,謝老師用“國家宗教”這個詞語,特別鮮明地表達了教化在政治中的内涵。由此我們回過頭來看康有爲的理解,其孔教論其實也涉及這兩個層面。辛亥以前,康有爲更多是依照基督教模式來講孔教,其中最爲標志性的做法,就是康有爲把民間的神廟改造爲祭祀孔子的孔廟,然後通過孔廟來傳播孔子的理論。康有爲還認爲,孔子的理論不僅適用於中國,還適用於全世界,於是他還有向海外傳教的意圖。這些説法表明,儒教是可以脱離政治的一種宗教。但是,康有爲這麽説的時候,背後其實還有一個基礎,那就是傳統的政教結構還依然存在,簡單來説,就是大清還没有滅亡。但是,隨著大清的滅亡,康有爲組織了孔教會,其目的却有了不同,即要將孔教上升爲國教。其實,康有爲在辛亥以前對國教講得不多,辛亥以後纔開始大量發表關於國教的論述,而且,他把整個中國歷史塑造爲儒教就是國教的歷史。在康有爲看來,儒教是從董仲舒開始的,那時儒教就已經是國教了。就此而言,康有爲的國教論帶有兩重性,既有宗教的特點,又有政教的特點。

唐文明的《敷教在寬》討論的是早期康有爲,但如果涉及的是晚期康有爲,國教的維度就會很難寫。所以,我覺得謝老師的“國家宗教”提法,比較接近康有爲辛亥之後的國教理論。從《漢書・郊祀志》直到後來歷代帝王的祭天活動,都是講經學如何進入政治體制,以及進行教化的種種表現,而這正是國家宗教的内涵。

第三,國家宗教的問題,某種程度上就是一種國家的教化,所以,中國歷史上從來没有出現過獨立的教會組織,因爲教化始終是一種國家層面的政治行爲。二十年前,我剛認識陳明老師的時候,就跟他討論了儒教的問題。陳老師經常這樣説:“即便中國古代没有儒教,我們現在也可以創立一個儒教。”這大概是陳老師講“公民宗教”的基本動機。我們如果回到傳統,不難發現,儒教固然是一個在中國綿延兩千多年的傳統,却從來没有形成自己的獨立組織。

因此,我們今天講儒教,首先必須要搞清楚爲什麽儒教在歷史上没有形成西方意義上的教會組織?我覺得,謝老師講的“國家宗教”是一個比較合適的理解方式。因爲這意味著政與教在中國傳統中是不可分的,政是教的外在表現,而不是兩個獨立的系統。作爲教,其最内在的核心就是經學。所以,歷代儒者(或者經師)致力於對經典的研究和闡釋,即便把孔子當作教主,也没必要建立一個獨立的團體來傳播孔子的教。教在政中,這個教的特點本身,就以君父、父子等人倫的方式表現出來了。可見,這些儒教徒實際上在政教結構中扮演了君臣、父子的角色,這時國家就成了一個特别重要的維度。上午余治平老師講到董仲舒對秦朝祭天的論述,因爲秦始皇祭祀四色帝,其實是天帝,但董仲舒却説秦不祭天,因爲在他看來,秦始皇雖是皇帝,却没有成爲天子,就不能够與天發生任何實質性的關聯,其政權就没有來自天命的合法性。所以，國家宗教的概念對理解這些問題有著非常重要的意義。

第四，謝老師講的國家宗教比較徹底，不免會産生一些容易争論的問題。譬如，謝老師經常提到，在國家宗教中，天子纔是教主。謝老師還引用了黑格爾的論述，大概也是説天子既是一國的元首，也是宗教的教主。從這個意義上來説，儒教在中國就是國教。很多學者也和黑格爾一樣，都是這樣理解的。漢代今文經學衰落以後，代之而起的則是鄭玄的經學，自此以後，周孔制法和禮樂秩序作爲經學的核心精神，就貫穿在中國文明裏面了。到了南北朝時期，隨著佛教的傳入，這時佛教徒有這樣一個説法，認爲佛教的教主是佛陀，而儒門的教主則是天子，是皇帝。他們這麽講的時候，其實是爲了批判儒家，因爲這麽説意味著儒家的格調比較低，只是把俗王當成教主而已。

在某種程度上，黑格爾的説法也有這種傾向。從西學的角度來看，如果把教主理解爲天子的話，用沃格林的説法，就必然是一個宇宙論秩序。最高統治者既是大酋長，同時也是大巫師。李澤厚先生講巫史傳統，也有類似説法。如果教主是天子的話，那麽如何去理解孔子呢？所以，我對謝老師這種説法是存疑的。這裏面對孔子的評價，很有可能比在古文經學家那裏還更低。古文經學家講孔子是“述而不作”，但畢竟整合了前面整個王官學的體系，而形成一套獨特的理論體系。我覺得，如果用國家宗教來理解儒教的話，很容易被反儒的人所利用。

其實在中國漫長的歷史裏，魏晋南北朝時期的禮樂精神和謝老師所講的國家宗教最爲接近，所以，在我看來，跟國家宗教最切合的儒家理論，其實不是《春秋》學，而是《禮》學。從禮樂出發所理解的政教形態或經學形態，很大程度上就是一個國家宗教的形態。我特别期待，謝老師能够在這個基礎上繼續講下去。現在有很多人寫這方面的論文，包括我自己帶的學生，都在研究郊祀禮、五帝説及董仲舒的宇宙論，這些主題都和謝老師的思考有關聯，只是我倒没有想到可以直接使用“國家宗教”這個詞。歷史學倒是有“國家祭祀”的説法，而與民間祭祀相對，但他們没有使用“宗教”這個更有概括性的詞語。

那我就先説到這裏。

【陳明】壁生的發言，很多頗有啓發，尤其是最後提到了一個很重要的問題，即若以天子或皇帝爲教主，該如何安放孔子的位置呢？這對於謝老師的國家宗教論來説，我覺得是一個很難回答的問題。

下面有請干春松發言。他的發言有一個特點，喜歡打醉拳，時常給人有綿裏藏針的感覺。

【干春松】開始以爲這次活動是要給謝老師祝壽,我只是來抬轎子的,没想到還要談談學習謝老師思想的體會,這個活可不輕,讓我倍感壓力啊!不過,謝老師提到的這些問題,其實也是我們平時經常關心的問題,這樣交流起來比較深入。

現代學者關於儒家宗教性的討論,主要有三個脉絡,也就是三條綫。第一條綫,就是新儒家的那條綫。我以前寫過一篇《從康有爲到李澤厚》的文章,發表在《讀書》上。李澤厚很高興,就專門給我打了電話,問我怎麽想到把他和康有爲連接起來。可見,他雖然不太願意説自己是個新儒家,但還是希望把自己安放在某個脉絡中。新儒家的脉絡,既有理論,也有實踐,這在您的文章裏面也有提到。上午我講到了學衡派,而學衡派的主要對話對象就是康有爲和陳焕章。這條脉絡是有一個問題意識的,即康有爲、陳焕章是想要解决現代中國的國家認同問題。圍繞這個問題,會引申出一系列思想上的討論,而這種討論的最重要文本,就是1958年港臺新儒家發表的《爲中國文化敬告世界人士宣言》。《宣言》在第一章裏談到了超越性問題,就是追問儒家到底有没有一個超越性的維度。當時他們喜歡用的一個詞,就是我們都熟知的"終極關懷"。剛纔壁生説到,如果以西方宗教作爲參考的模型,中國是没有宗教的,但是,我們也有超越的東西,所以後來就引出了關於"内在超越"的討論。這是新儒家特别關切的問題。

對應這個問題,大概有兩條路徑。一條就是徐復觀在《中國人性論史》講的人文主義。上午曉東講到殷周之際的變革,提到所謂"皇天無親,惟德是輔",其實這就是一條人文主義的思路。正因如此,中國没有發展出一神教的信仰。我前幾年還寫過一篇文章,其中討論了這樣一個問題,即爲什麽殷周之際的人文主義思潮,到了漢代反而出現了一個任繼愈所説的儒學神學化的傾向。這條路子繼續發展下去,就是蔣慶和陳明這兩種不同的思路。蔣慶的思路就是要把儒家的教育系統宗教化,孔廟是宗教場所,儒士就是宗教人員、神職人員,而祭田和學田則是地産,這是蔣慶的路子。而陳明的公民宗教路子,我們上午已經講過了。這兩條路子,都可以説是承繼新儒家脉絡而發展出來的。

另一條路徑就是儒學史,也就是任繼愈、牟鍾鑒的路子。雖然他們兩人的思路完全不同,但問題意識還是一樣的,這裏我就不細講了。任繼愈的思路是説我們原有一個宗教,但這個宗教到宋明理學那裏就已完成了,這種完成的形態,借助"天理"概念,而形成了一套教義系統。至於牟鍾鑒,則認爲我們有一套宗法制度,并將之與儒家的宗教系統結合起來。至於徐復觀,則介於這兩條思路之間。

還有第三條思路,就是李澤厚和陳來關於古代宗教與倫理的討論。這個討論就像剛纔壁生所講的,通過把問題轉化爲一個文明史的問題,來理解中華文明的發展問題。他們指出了巫史傳統中的一些問題，這與謝老師的國家宗教是有關係的，但處理問題的方式完全相反。因爲謝老師站在國家宗教的立場，認爲君王是整個天下的大巫師，其他人不過是一般的巫而已，這與李、陳他們是很不同的。

從某種程度上講，謝老師的思路似乎不屬於上面任何一個路徑。即便把謝老師歸於新儒家的路子，可能謝老師也不願意吧，并且也無助於理解謝老師思路的特殊性。不過，我看謝老師的文章，對話的對象其實還是任繼愈、牟鍾鑒等人，大概他們也是謝老師比較願意對話的那種路子。因爲任繼愈、牟鍾鑒等人接受了一個普遍意義上的宗教定義，并借助這個定義來解决儒家的宗教性問題。不過新儒家發明了一個"宗教性"的概念，就是説，在他們看來，儒家雖然不是宗教，却有宗教性。

剛纔陳壁生提出了一個特別好的問題，這個問題與如何理解文明的特性有很大的關聯。這個關聯呈現爲兩個方向：一個就是虚化儒家的宗教面向，而突出其價值性，這就是蔡元培和梁漱溟的路子。在他們看來，現代社會已經不需要宗教了，至於傳統儒家是不是宗教，這都不要緊了，所以現在也無須討論這個問題了。在他們看來，在現代社會，完全可以通過美育或倫理來取代宗教的基本功能。他們聲稱的這條路徑，其實是對康有爲之孔教主張的回應。至於梁漱溟講的"倫理本位，職業分立"，其實是要解决中國文明的特點是什麽的問題。無論是蔡元培，還是梁漱溟，都與謝老師的問題方向完全不同。至於另一個方向，就是陳焕章後來制度化宗教的努力。其實，現代新儒家也没有完全放棄這個方向，比如牟宗三就有人文教的構想。不過，我覺得，人文教的構想還不如康、陳的孔教會構想呢！

另外，還有一個不同於人文教的構想，就是剛纔壁生提到的民間宗教。我去年到過陳壁生的老家潮州，就是想看看汕頭人年俗裏面所體現的東西。畢游塞他們也關心這個問題，即儒教如何在民間宗教系統中存在。在他們看來，儒教其實已經碎片化了，僅僅體現在一系列民間宗教儀式裏面，譬如迎神、曬神、祭拜祖宗等習俗中。還有一些儒教碎片，譬如，福建那邊搞了一些儒教村子。此外，我們還應該關注印尼的孔教。印尼孔教是陳焕章儒教設計的現實版本，不過完全基督教化了，譬如，把儒家經典做成唱詩班的誦讀文本，并在周末唱詩查經。

接下來，我再説幾個自己比較關心的宗教問題，也就是像余治平所説的，我是從國家問題出發來思考現代中國的宗教問題，也就是康有爲的宗教問題。不過，我與唐文明有很大的不同。唐文明比較關心早期康有爲，而我更關注孔教會的理論和實踐。這就延伸出一個問題，即在國家宗教中，國家的意義到底是什麽？謝老師比較喜歡用"國家宗教"的概念，而牟鍾鑒先生却喜歡用"宗法性宗教"這個説法，至於我本人，還是比較喜歡用"孔教"或"儒教"概念，因爲這個概念背後有著清晰的問題意識,即現代國家建構中的宗教問題。

然後是第二個問題。我同意陳壁生的質疑,即當我們説儒教或者孔教時,教主是比較清楚的,也就是孔子。康有爲那裏也是很清晰的,他稱孔子是"大地教主"。謝老師在講康有爲上書時,講到了《孔子改制考》,其中有稱孔子是"黑帝之子"的説法,康有爲正是從這個角度把孔子神聖化,視孔子爲教主。但是,即便對於國家宗教來説,教主也不可能是天子,天子最多是個大祭司,也就是李澤厚所説的"大巫"。對此,康有爲也反復討論過,説巫是連接人和天的中介,而天子只可能是連接世俗社會和神聖社會的中介,最多相當於耶穌,而不可能是上帝。

剛纔陳壁生提到祭天、祭地、祭日月山川,而在這種國家禮制中,皇帝只是一個主祭者,而不是被祭者。上午我講到學衡派時,提到吴宓討論中國宗教的時候,最關心的是北京的日壇、月壇、天壇、地壇等,皇帝自己不是一個被祭的對象。當我們使用"國家宗教"這個概念時,首先要面對的是如何在現代的國家框架裏去處理上述問題的困難,我覺得謝老師還需要重新去思考。

關於第三個問題,我想問問謝老師,您到底要解决一個文明的問題,還是解决一個宗教的問題,抑或解决一個信仰教化的問題。陳明講"公民宗教",我自己也比較喜歡用這個詞,不過我的理解與陳明有一些差别。無論如何,我們在講公民宗教的時候,最核心的問題就是在現代的國家建構中,儒教到底能發揮什麽作用? 可見,我們關心儒教問題,并不是要解决古代的問題,而是要解决當下的問題。我覺得謝老師也是如此,也不是要解决古代的問題,而是想通過解决古代的問題來解决現代的問題,或者説提供一個理解當下中國的文化建構、國家建制的新視角。我覺得,謝老師是有這樣的一個抱負的。您對當代中國宗教化的分析,也使得我更準確、更深入地理解當下中國包括中國共産黨的思路。

而且,我認爲謝老師和李澤厚在一些思路上特别像。李澤厚一天到晚想著怎麽爲現代中國出招,即使在美國待著,也無時無刻不想著建言獻策,這點陳明應該更瞭解。我覺得謝老師也是壯心不已,這點和李澤厚没有什麽不同。但是,我們讀到謝老師的這幾篇文章,可能在功能上有些重叠,就是説,您有時似乎只是在探討一個學術問題,有時又像是要解决一個理論問題,而有時則試圖解决一個現實問題。當這幾個功能叠加在一起時,就如曉東所説的,有些内容可能就講得比較粗疏,可能謝老師本來也没想講得太細,因爲講細了就會阻礙您對現實問題的關切,而變成一篇純粹的學術論文了。我體會下來,謝老師本來就不想提供純學術性的文章。我以前和陳壁生討論過楊慶堃的"彌散性"概念,當時我們純粹就是覺得這個概念太好了,值得討論。但是我讀謝老師的文章時,好像不完全是在關心楊慶堃

的理論，而是從楊慶堃理論對自己的啓發入手，想自己來搞一套理論，得魚忘筌，楊慶堃只是魚籠子而已，

我前面講了三個學術路徑的問題，其實是希望謝老師在進一步研究時，給我們提供一個清晰的目標，就是説，您到底是要解決儒教與國家建構的問題，還是要應對外來宗教對我們信仰的衝擊問題，還是要接受像民間宗教這種打游擊的、化整爲零的方式，譬如接受像印尼孔教那樣一個純粹建制化的方式。其實，印尼孔教還是有很强的宗教動機，而最可怕的是，國家宗教有可能會弱化爲吴宓的那種路徑，即僅僅强調理性、教化及提升國民道德等世俗功能的一面。在我看來，這是一種最差的路徑，因爲會完全消弭掉儒家，最後變得和孔子、儒家都没關係了。譬如，按照這條路子，這種宗教最後會變成這個樣子：孔子很不錯，爲什麽呢？因爲孔子在某本書裏講了某句話。孟子也很不錯，爲什麽呢？因爲他講了大丈夫，或者還有别的什麽話。顯然，他們對陳壁生講的經典系統、文明系統是絲毫不會關心的，而只會講某某與白璧德、莫爾等有什麽關係。所以，學衡派爲什麽没有新儒家那樣有吸引力，就是因爲學衡派虚化了他們的對象，最後就變成啥都要而啥都没有的境界。

因此，我也在等謝老師接下來的工作。我一直説八十歲是一個新起點，以前謝老師在寫康德、黑格爾時，還是純學術的工作，而現在纔真正到了理論創造的新階段。我個人是不太喜歡現在的過度經學化，不過還是特别期待有一個經學時代的到來。現在經學很受關注，我却希望經學家們能多多關注問題，尤其是理論問題和現實問題。

【陳明】我覺得干春松的轎子是抬得最好的。還有一點，謝老師的問題意識是很清楚的，但是，你似乎没有説清楚你到底想要幹什麽。我們都清楚你在講儒教問題，但是，你這樣講儒教，又是爲了什麽呢？我覺得還需要再進一步明確。

【謝遐齡】除非我以後還能保持現在的狀態，而且活到一百二十歲，否則干春松讓我幹的工作，可能我還真幹不了。

【陳明】這個没問題，您不要謙虚，而且您的弟子已成長起來了，可以讓徒孫們給您做助理，協助您完成工作。那麽，接下來就請亦老發言吧。

【曾亦】這些天我也一直在讀謝老師的文章，對我啓發性最多的還是討論康有爲的那一部分。干春松和我都有過專門研究，尤其是干春松對於孔教的研究更是細緻深入，本來應該多講一些的，可惜剛纔一心抬轎子去了。

謝老師討論康有爲的文章，是發表在《復旦學報》三篇文章中的最後一篇，應該最能够代表謝老師近期的思考和理論關切。上午謝老師有一個説法，説他猜測猶

太教是第二代或第三代宗教,這個話題隨後就被陳明接過去了,講了很多,我聽了很受啓發。按照謝老師和陳明的講法,原始宗教算第一代宗教;至於猶太教、婆羅門教,屬於精英團體共同創造的産物,具有一定的制度性,却没有創教的教主,除此之外,其教義和組織形態還是比較清楚的,算是第二代宗教;佛教、基督教、伊斯蘭教則屬於典型的第三代宗教,具有制度性宗教的一切特點。那麽,儒教的位置該如何擺放呢?

謝老師是將儒教與國家宗教區分開來,按照我的理解,古代中國的國家宗教包括兩個來源:第一個來源,國家在禮制層面對原始宗教的吸收和改造。謝老師提到了漢高祖對雍四畤的吸收,并增加了黑帝,於是"五帝"的祭祀就這麽形成了,至於戰國秦以來的四畤,則似乎是對秦地的原始宗教進行改造的結果。在這種過程中,似乎看不到儒家的任何作用。第二個來源,則是孔子及其歷代弟子對經典的闡釋,這構成國家宗教的教義部分。至於康有爲搞的孔教,雖以"國教"爲目標,但顯然不同於謝老師講的"國家宗教"。按照康有爲的孔教構想,孔子爲教主,而孔門弟子則爲教團,這固然是康有爲按照基督教模式改造的結果,也與漢代緯書及《春秋》學者對孔子的神化有關。顯然,先秦時的孔子及其弟子,并不具有早期教團的性質,而更像一個學術團體。儒家性質的轉變,并參與到國家宗教的建設中,是從董仲舒以後纔開始的,尤其是到了漢元帝以後,接受儒家經義的學者掌握了國家的政權,比如御史大夫貢禹及丞相韋玄成、匡衡等,基於對經典中所謂周制的理解,非常自覺地對漢朝襲自原始宗教、秦代禮制的部分進行批判和改造,由此形成了影響中國兩千多年的國家宗教。可見,漢以後的國家宗教是通過歷代儒家學者對秦朝國家宗教的不斷改造而逐步建構起來的,其中既有原始宗教的内容,又有宗奉孔子的儒家精英團體的創制活動,其性質是比較複雜的。

我們再看其他文明的情況,伊斯蘭教既屬於第三代制度性宗教,又具有國家宗教的性質,這與基督教非常不一樣。先知穆罕默德自創教伊始,既吸收了被稱爲蒙昧時代(查希里葉)的習俗,又吸收了第二代宗教即猶太教的教義,還吸收了第三代宗教基督教的某些内容。顯然,伊斯蘭教具有第三代宗教的一切特點,有創教的教主,有傳教的弟子,有廣大的信衆,還有經典以及宗教儀軌。從這個角度來講,伊斯蘭教與佛教、基督教并無多少不同。然而,伊斯蘭教却以此教團爲基礎,建立了烏瑪這種政教合一的組織,也就是伊斯蘭國家的最初形態。在烏瑪中,除了信衆外,還有異教徒和俗人,這是國家區别於教團的重要特徵。并且,當創教的穆罕默德去世後,繼任者稱爲哈里發,不僅作爲"真主在大地的影子",而且亦是"信士的長官",體現了君權與教權的高度結合,從這個意義上説,最接近謝老師所説國家宗教中的教主的，其實就是歷代的哈里發。不過，謝老師視天子爲教主，所以啓人疑問，就在於天子的神性不來自被視爲“黑帝之子”的孔子，而是感生帝。其實，這種性質的教主在第三代宗教中非常罕見，而在第二代宗教中則多一些，在原始宗教中應該是非常普遍的現象，因此，不少學者將這種政教合一的領袖稱爲上古時代的“大巫”，是有道理的。

那麽，我們如何理解中國古代的皇帝或天子呢？謝老師主要强調了天子的主祭權，所以纔視之爲國家宗教的教主。關鍵在於，除了外來的佛教和本土的道教外，中國没有第三代宗教，天子的主祭權不是出於對創教教主的繼承，而是來自世俗的王權，其神性也是儒家的感生學説所賦予的。哈里發不一樣，其教權來自先知穆罕默德，而不是來自世俗的王權。尤其是什葉派的伊瑪目，更是强調其神性是通過血緣從先知那裏繼承下來的。後世儒家認可天子享有一定的教權，首先是因爲天子是“天之子”，則祭天的意義只是“尊祖”而已；其次，天子又尊奉孔子之教和先王之道，這與哈里發和伊斯蘭教的關係是一樣的，所以，歷代天子可被視爲孔子的“法嗣”。所以，天子的權力來自兩個方面，既作爲“天之子”而祭天，又奉持孔子之教法而行王道。政權與教權的合一，在天子身上可視爲“一體”，而不可分割。基於這種理由，我覺得謝老師將天子視爲教主，一定程度上還是可以講的，只是大不同於第三代宗教中的教主，而近於原始宗教中的“大巫”以及什葉派的哈里發而已。

這些年來，我也比較關注宗教問題，尤其是伊斯蘭教。在我看來，在目前的幾大主要文明中，儒教與伊斯蘭教是最爲接近的。當然，謝老師是將儒教和國家宗教區别開來，而我覺得，漢以後的國家宗教已經高度儒家化了，且從康有爲對“國教”概念的使用來看，可能稱爲儒教更合適一些。過去我們受中西比較思路的影響，通常把基督教、西方文明與儒教、中國文明來進行比較，其實這兩種形態相差得非常遠。只是因爲近代以來，基督教文明對中國的影響最爲深刻，我們纔在學術和思想上探討這兩種宗教的關係。如果我們站在純學術的角度，不難發現，最具有國家宗教性質的宗教，其實是儒教和伊斯蘭教，這對於我們進一步理解中國古代文明，非常重要。但是，兩者成爲國家宗教的方式是不一樣的。儒教成爲國家宗教，主要是董仲舒以後的儒家精英團體借助王權通過剔除國家禮制中的原始宗教内容而逐步實現的，但這個團體本身并不具有宗教性質，儒教的宗教性主要體現在官方典禮以及下層民衆的尊祖禮儀和鬼神信仰上。至於伊斯蘭教，本身屬於第三代宗教，然而，却成功實現了化教團爲國家的轉化，於是伊斯蘭教就成了國家宗教。如果將兩種國家宗教相比較，伊斯蘭教的創教教主及其繼承人，同時又是國家的政治領袖，而在中國的情况不同，由於孔子没有像歷史上的文王、湯那樣，能憑著百里或七十里國而取天下,所以,即便像康有爲所主張的那樣,孔子是創教的教主,但在國家宗教中,其後嗣不過是食邑一縣的衍聖公而已。至於廣大的儒家精英團體,則是通過參與到政權中,猶如伊斯蘭教的烏裏瑪一樣,發揮其作用而已。如果國家宗教需要一個教主,不可能由儒家的聖人擔任,只能由國家的政治領袖,即皇帝擔任,更何況皇帝還作爲"天子",天然就具有某種神聖性。充其量來説,儒教與國家的關係,頗近於現代沙特王國中的瓦哈比教派與沙特王室的關係。當然我這裏講的,不一定就符合謝老師的本意,但是,我還是最大程度接受了謝老師的思想。這裏也有自己特别的問題關切,即在現代中國,儒家應該以何種方式發揮其積極作用,而不只是作爲某種旁觀者或批評者。

以前我讀過本尼迪克特的《菊與刀》,很受啓發。她在分析日本的社會和宗教的時候,其實也談到了類似的問題。神道教是日本的原始宗教,但在相當長一段時間内,它并没有取得國家宗教的地位,相反,來自中國、朝鮮的佛教却有著更大的政治影響,甚至在某種程度上進入到國家宗教的層面。然而,明治維新以後,日本頒布過一個神佛分離的法令,自此開始,佛教就從國家宗教的領域中被驅逐出去了,而神道教則獲得了國家宗教的地位。

所以,我覺得不同的宗教形態,在某種意義上都可能改造爲國家宗教。從這個角度再回頭來看康有爲的孔教主張,就很有意思了。謝老師在文章裏提到,"國教"和"國家宗教"是兩個不同的概念。就此而言,康有爲想要將儒教改造爲國教,而不是國家宗教,但是,他有意混淆這兩個概念,或者對兩者的不同没有清晰的意識。可以説,康有爲把儒教裏面的國家宗教内涵給剥離掉了,然後又按照基督教這種第三代宗教的模式,構建所謂的孔教。不過,康有爲在戊戌前後講的孔教有國家宗教的内涵,但到了民國以後,隨著儒教制度基礎的崩塌,即便孔教能够上升爲國教,却是以政教分離爲前提的,較之以政教一體爲前提的國家宗教,其地位顯然大大下降了。當時反對孔教運動的那些人,却屢屢拿著政教分離來攻擊康有爲,其實也是混淆了兩個概念。

下面我再講講董仲舒的問題。謝老師在文章中説到"董仲舒意味著儒家和國家的結盟",這裏用了"結盟"這個詞,這意味著什麼呢? 所謂結盟,表明雙方的地位是相當的,姿態是平等的。但是,歷史上的儒家基本上采取一種"得君行道"的立場,即利用君權來行道,而要實現這一點,又主要是通過入仕來實現的。因此,面對君權,儒家是很難做到不卑不亢的,更談不上凌駕於君權之上,從這個角度來説,"結盟"這個詞不是特别準確,但又很有見地,因爲道出了儒者利用君權的實質。這種結盟心態,在孔子、孟子那裏是非常明顯的,到了後世的儒家就難説了,更不用説明清的儒家，因爲這些儒家把忠君看成最高的政治道德了。在我看來，真正體現這種結盟關係的，則是沙特王室與瓦哈比派，君權與教化基本上是平等的，并通過這種結盟，實現了現代沙特王國的誕生。

不過我覺得，謝老師這麽説的用意并不在這裏。因爲早期儒家只是一種純粹的學派，其思想的宗教性并没有在現實中體現出來。直到董仲舒以後，一代接一代的儒者借助君權的力量，把經典中的宗教性落實爲國家宗教。謝老師在文章中提到了祭天之禮的變化，我過去也對此有一些研究。謝老師上午時説道，最初秦時只有四帝祠，劉邦時始備五帝祠，此後到漢武帝時，因爲受方士謬忌的影響，開始祭太一神。顯然，這跟儒家没有什麽關係。而且，漢武帝是在甘泉宫設壇祭祀太一神，但甘泉宫并不在長安，離長安還有幾百里的距離。所以，每當皇帝祭五帝和太一神時，都要跑老遠的路，而且路上也不安全，更是勞民傷財。到了漢成帝的時候，丞相匡衡就上疏指出這種做法不符合周禮。當然，周人祭天的情況到底怎麽回事，其實只是儒家基於五經所作的闡釋，真實的情况也没有足够史料來證明。不管怎樣，在漢代儒家看來，從秦人那裏繼承下來的祭天禮，肯定是有問題的。於是儒家通過對周禮的理解，對秦漢以來的祭天禮進行了改造，换言之，儒家真正參與到國家宗教的構建，要比漢武帝尊儒晚了好久，直到漢元帝、成帝以後，纔逐步體現出來。基於匡衡等儒臣的建議，祭祀太一神的地點移到了長安南郊，這對皇帝來説，至少方便多了，不用再跑那麽老遠了。後來清人對此評價道，説這正是儒家經義的效果，至此纔真正得到實現。所以，就祭天禮來説，漢承秦制，本身帶有原始宗教的特點，而儒家學者依據孔子所改定的“六經”，而構建出一套周禮，并以此對源於原始宗教的秦制進行了改造。從這個意義上説，孔子對於後世儒家來説，多少具有第三代宗教意義上的教主性質。但就儒家重新構建起來的國家宗教中，掌握神權的教主却是擁有君權的天子或皇帝，而儒家學者只是壟斷了對“六經”的闡釋及對周禮的構建而已。可見，儒家的那套宗教性主張化爲國家宗教，實際上經歷了一個漫長的過程，關鍵是得到了世俗王權的支持和合作。就此而言，謝老師説“董仲舒與國家的結盟”，正體現了儒家在建立國家宗教過程中所發揮的實際作用。在伊斯蘭教那裏，經學家常常凌駕於君權之上，而儒家不一樣，需要通過與君權的結盟來實現其政治理想。

第三點，如果如謝老師所説，天子是教主，那麽如何安放孔子的位置呢？這大概是大家最關注的問題。我們作爲聖人孔子的徒子徒孫，尊孔纔是首要的信仰。按照謝老師和陳明對宗教形態的劃分，原始宗教和第二代宗教通常是没有教主的，而只有第三代宗教纔有教主。那麽，對於幾千年的中國來説，一方面是儒教自古有之,而國家宗教則起源更早;但另一方面,孔子本人并没有創立一個教團,稱不上教主。而且,國家宗教自古就有之,即便是儒家之前的殷、周,都有某種國家宗教存在,此時同樣由天子掌握了神權,如果非要説有教主,可能作爲其始祖的上古聖人更有資格。然而,隨著漢人尊奉孔子作爲"素王"而爲漢制法,孔子就獲得了某種神聖地位,并且,漢儒又是依據孔子删削的"六經"來改造國家宗教的,這樣就出現了道統與政統的矛盾,尊孔與奉天,這兩者并不是那麽和諧的。所以,康有爲將儒教改造爲孔教,且尊孔子爲教主,正是基於孔子對國家宗教乃至整個中華文明的巨大影響。後來章太炎處處與康有爲作對,覺得尊孔子爲教主是太過了,於是爲了貶低孔子,不惜將孔子與魯班、華佗這種行業團體的祖師爺相提并論。

唯一例外的就是伊斯蘭教。穆罕默德既是教團的創始人,是教主,隨著伊斯蘭國家的建立,又成爲掌握世俗權力的社團領袖,而當先知去世以後,社團領袖的繼承人同時又是"安拉在大地的影子",稱爲哈里發。對於中國天子來説,正如殷商君王所宣稱的那樣,本身也是有神性的,這是其權力合法性的來源。然而,隨著秦朝的二世而亡,儒家却把新君主國家的構建與尊儒、尊孔聯繫起來了。就是説,皇帝不僅僅是天子,必須"法祖",而且還要遵循天道,即經過儒家所闡釋的先王之道,纔具有合法性,纔會得到上天的庇佑,既有祥瑞,又有灾異。所以,創立儒家的孔子就具有教團創始人的性質,而皇帝依然作爲神聖的天子,却必須信守儒家講的那套王道。就像在伊斯蘭國家中,哈里發雖然是"安拉在大地的影子",但對經義和教法的闡釋,却始終掌握在伊斯蘭學者手中。

謝老師視天子爲教主,大概與天子在國家中扮演的角色有關。關於這一點,古書中的記載是非常多的。中國古人祭天,無論是圜丘祭天,還是祭五帝,又或雩祭,都帶有農業民族的特點。尤其是雩祭求雨,上至天子,下至各級地方官,都是最重要的政府職能,顯然,這項職能是有宗教性的。對於第一代宗教,或者巫術文明來説,這項職能是很常見的。就此而言,秦漢以後的天子,更像是"大巫",而不應該視爲第三代宗教中的教主。至於孔子所創的學派到漢代發揮了一套宗教性學説,并改造了舊有的國家宗教,就此而言,孔子比較接近穆罕默德的地位,或許可視爲教主。

所以,我覺得謝老師的説法,其中的道理是可以成立的,只不過稱天子爲教主,以前没有這個説法,其中牽涉的東西太多,不大容易講清楚。

另外,謝老師在文章中對於"神道設教"有一個比較特别的理解。按照通常的説法,所謂神道設教,就是統治者出於國家治理的目的,需要借助神異的事物。譬如,朱元璋在奪取政權的過程中,既有與小明王政權的淵源,還利用了摩尼教,對此，學界有不少研究。朱元璋即便建立了明王朝以後，還喜歡講一些神異的東西，金庸武俠小説裹面提到的周顛、鐵冠道人，都在朱元璋的文告裹出現過。當時就有儒生對朱元璋的這套做法很不以爲然，譬如，解縉還就此批評過朱元璋，認爲這樣没必要。可以説，朱元璋就是搞的神道設教，與謝老師的解釋不大一樣，不知謝老師怎麽看？

因爲時間關係，我就講到這裹。

第四場　回應：謝遐齡

【陳明】前面大家的發言講了很多，問題不少，啓發也很大，下面我們就看謝老師如何拆招了。

【謝遐齡】我先來回應一個小問題，也就是最後曾亦講到"教主"這個用詞。實際上我在文章裹已經有回應了，也就是在康有爲這篇文章的最後一段。我自己已經意識到"教主"這個詞可能引起人們的一些反感，因爲大家覺得孔子纔有資格稱爲教主，所以我就寫了這麽幾句話，即"尊孔子爲教主，則奪天子之位。或者説天子不可稱作教主，只可稱作教皇。耶穌纔是教主"，接著我又寫道，"此名詞之區别而已。蓋耶穌爲神，康有爲稱孔子爲教主，實際意思是尊爲耶穌等級的神。古代中國的國家宗教，一般天子爲教皇，聖人級天子如伏羲、神農、黄帝等則稱'人帝'"。這個人帝、天帝，其實在古人的注解裹争論得很多，特别是鄭玄、王肅有較多的討論。我接著説"按康有爲的術語，當尊爲教主"，前面曾亦講得很清楚，教主是制度性宗教的概念，而不是國家宗教的概念，但對於中國古代的國家宗教來説，如果一定要找一個教主，"按照國家宗教之體系，則教主當列伏羲等。而國家宗教的'教主'，爲帝，亦爲祖。所謂'敬天法祖'，祖指的就是伏羲、神農、黄帝、少皞、顓頊。若尊孔子爲教主，則教主再無祖宗的含義了，背棄中華傳統矣。不祖伏羲，何來五千年的中華文明"，要講五千年文明就得從伏羲講起，那麽伏羲就是祖宗，又是國家宗教裹最早的教主，當然這又會引起很多問題。

下面我再正式回應一下諸位的問題，主要有兩個：一個就是大家都關心的"國家宗教"概念，另一個就是陳壁生講的新文明問題。

我使用"國家宗教"這個概念，是有來源的。無論是牟鍾鑒的"宗法性國家宗教"，還是任繼愈的提法，都在我的文章裹有反映。我還提到張立文在《中國哲學史新編》裹的一個説法，説到國家宗教是從原始宗教中脱胎而來的。不過，我按照楊慶堃的意思，把國家宗教和原始宗教劃了等號，而張立文却是將原始宗教等同於巫術。

這裏就産生了一個問題,即巫術和宗教的界限在哪裏? 關於這個問題,我在《國家治理與中國哲學的起源》這篇文章裏講得比較清楚。巫術主要是通過一些動作來解决實際問題,至於宗教,就必須對各種各樣的儀式提出解釋,通過這種解釋就産生了神學、哲學以及其他一些理論。從邏輯上説,巫術時代就有了權力,這涉及對部族内部的食物分配、婚嫁制度和造人活動等,還有戰争等對外的職能。當人口數量增加到一定規模後,就會産生各種管理機構,於是就有了國家。而在我這裏,則是把國家的産生與原始宗教聯繫在一起的。

【陳明】 我給你補充一點,考古學家説的複雜社會,其實就是國家。

【謝遐齡】 好像原來你説宗教先於國家,但我這是按照邏輯來推理,認爲國家的産生就是國家宗教的産生,并且,此時國家完全是軍、政、教三者的一體。

【曾亦】 這意味著國家離不開宗教。

【謝遐齡】 在我看來,顓頊時的"絶地天通",可以看作國家宗教或者國家産生的標志性事件。我這裏都是邏輯分析,至於具體事件的論證,還得仰賴諸位。

【曾亦】 恩格斯把國家的産生與私有制聯繫在一起。

【謝遐齡】 那個説法有問題。中國古人講"普天之下,莫非王土",這明明是説周代實行公有制嘛! 一九四九年以後,國家搞的也是公有制,直到改革開放以後,允許多種經濟形式并存,中國纔再度出現了私有經濟形式。看來,國家與經濟層面的所有制形式没有必然關係。當然,我這裏完全是概念式的推衍。這是我講的第一個問題。

關於第二個問題,我有一個理論預設,也算是我個人的感悟吧,就是認爲人類社會始終脱離不了宗教。我記得世紀之交時有過一次宗教大討論,當時李申發表了很多文章,都在討論這個問題。

【陳明】 我也覺得是這樣。

【謝遐齡】 我進一步説,人類不可能脱離宗教,而中國現在依然是宗教社會、宗教國家。問題在於,我們現在是什麽宗教呢? 前面曾亦講到,伊斯蘭教是第三代制度性宗教,然後再成爲國家宗教。我在討論康有爲的文章末尾,故意寫了這麽幾句話,説"康有爲宗教活動留下的思想遺産是: 任何社會必定有宗教,必須有國教",還有上午説到的"觀康有爲之後的中國社會史,新宗教、邪教層出不窮,證明民衆有宗教需求,且甚饑渴,至饑不擇食。似乎説明宗教存在必不可免。而亂象則證明國教之必要。邪教越多、亂象越繁,則國教之必要越明顯"。

然後我寫到,"康有爲的言論活動不僅宣告國教之必須,且標志著中國宗教史的轉折”，意思是宗教史没有結束，只是轉折。康有爲的著述和活動，或許預告了制度性宗教統領中國社會的時代要來臨了。

關於宗教與文明的關係，我的觀點是有了宗教就會有新文明，而他認爲，現在中國没有新宗教，怎麽可能有新文明呢？我就説，對於中國來説，將來會在三大文明匯合的基礎上，形成一個新的文明體。當然，三大文明之間有巨大的張力，但誰也消滅不了誰，需要長時間的磨合。目前來看，要想消滅西方文明是不可能的，因爲我們現在整個教育體制，乃至漢語語法，骨子裏都是西方文明，西化非常嚴重。但是，我們普通老百姓的待人接物方式，却是本土的傳統，否則就寸步難行，可以説，本土的傳統還在潛移默化地發生作用。關鍵在於，三大文明在中國如何磨合呢？至於新文明的主幹，我始終認爲，還是我們本土的傳統。

【陳明】我們的傳統是什麽呢？

【謝遐齡】就是敬天法祖。

【陳明】這就是儒教嘛！您爲什麽不願意説清楚呢？

【謝遐齡】具體叫什麽，以後我們可以再討論。對於這個新宗教，最主要看信仰什麽。我認爲，不信上天，不信伏羲、神農，就不是中國人。

【陳明】還要加上信仰孔子。伏羲、神農，哪能跟孔子相比！謝老師您爲什麽老要繞開孔子呢？

【謝遐齡】孔子也在這個信仰體系裏呢！

【陳明】可惜唐文明没趕上來參加我們的討論。唐文明最近給孔子找了一個爹，也就是伏羲。他按照基督教的《舊約》《新約》，説孔子相當於耶穌，然後儒教還要找一個耶和華似的存在，最後就找到了伏羲。

【謝遐齡】這個争論我們先放一放。

【陳明】很有意思。唐文明比您年輕了三十多歲，却和您想到一塊去了。

【謝遐齡】中國將來的新文明形態，具體的道路還不清楚。但是，基於三種文明體在中國的磨合，應該會産生一種新文明的樣態，我覺得是可以確定的。那麽，美國或歐洲也會出現新的文明樣態嗎？這很難講。簡單來説，我們眼見的一個新文明正在誕生，而對我們學者來説，就是要觀察其今後的發展，并且爲之提供正確的導向。

【陳明】原來我認爲自己是最樂觀的一個人，没想到這房間裏還有一個人比我更樂觀。

【陳壁生】謝老師這是站在兩千年大變局的高度來説的，陳明老師却是從五年、十年的維度來説的。

【謝遐齡】辛亥革命後,我們的祭天、祭祖都没了,至少在國家宗教層面上看不到了。至於以後的新文明,將是三大文明的混合體。

【陳明】我覺得謝老師有一個最大問題,就是避開孔子和儒家來講五千年文明。

【謝遐齡】現在雖没有祭天大典了,但孔子在我們心目中還是至高無上的。如果按照你的孔子信仰,莫非現在還是中華文明?

【陳明】照你這樣説,我們不再祭天了,却還必須保留這種可能性,對不對?

【謝遐齡】最近有一句話,我忘了是誰説的,意思是中華文明所以延續五千年,是因爲國家一直都存在。其實歷史上我們的國家滅亡了好些次,但國教却一直存在,而中華民族纔存在,可見,教存則族存。

【陳明】這裏面怎麽能没有孔子呢?

【謝遐齡】不祭伏羲,這還存在嗎?

【陳明】没幾個祭伏羲的。亦老,讓你去給伏羲磕個頭,不太容易吧!

【余治平】甘肅天水每年都有祭伏羲的。

【謝遐齡】那是地方性的。

【曾亦】國共兩黨都只是祭到黄帝,晚清也是祭黄帝的。

【郭曉東】好像是四川省的一個高級幹部,就有一個執念,認爲伏羲是中華文明的始祖,於是就不斷聯合周邊的各個省,還修建了中央正式認可的伏羲廟。

【陳明】我是被謝老師的情懷感動了。我聽謝老師話裏的意思,似乎可以通過國家宗教的形式來搞新文明。這裏面又有尊君的意思,不過謝老師又説不是。我現在有點"瞻之在前,忽焉在後"的感覺,得好好消化一下。

【謝遐齡】我其實講得很清楚,未來新文明的内涵就是敬天法祖。没有敬天法祖,就根本談不上新文明。

【陳明】如果説到敬天法祖,我好像明白了。可惜今天的時間也差不多了。

【謝遐齡】謝謝諸位。最後我還要説一句:新宗教其實是全球問題。因爲這關係到全世界幾大宗教的互動。中國人講的敬天法祖,能否得到全球的公認?其他民族雖然不肯尊奉伏羲,至少應該敬天吧!所以,各尊其祖,共尊天道,將是全球人類的共同信仰。

春秋學譯介

兩漢時期春秋三傳與國政[①]

[日] 渡邊義浩　撰　吴迎龍　譯

【作者簡介】 渡邊義浩,1962 年生,日本早稻田大學文學部教授、漢學研究所所長、常務副校長,日本儒教學會會長。

【譯者簡介】 吴迎龍,1994 年生,清華大學人文學院博士研究生。

引　　言

被班固假托爲五經博士和儒教一尊設立者的董仲舒是春秋公羊學者,而光武帝爲了説明自身正統性向天下宣布圖讖,其主要製作者也屬於公羊學派,兩漢時期春秋學的中心正是公羊學。[②] 然而,以宣帝時期的石渠閣會議爲契機,穀梁傳被立爲學官。章帝時期的白虎觀會議也是在左氏傳興起的背景下召開的。穀梁傳、左氏傳,尤其是東漢時期的左氏學也有很大的影響力。

有關春秋三傳的形成及其思想内容等方面的討論,已經有了非常多的研究成果。[③] 因此,本文將聚焦於春秋三傳的特點,在其(出現時期及此後時期)與國政的關

---

① 譯文説明:本篇論文曾被收録於渡邊義浩所編《兩漢時期的詩與三傳》(汲古書院,2007 年),後被收入《東漢時期"儒教國家"的成立》(汲古書院,2009 年)一書作爲第一章。本次翻譯依據的是 2009 年的版本。另外,原文"春秋三傳""公羊傳""穀梁傳"等統一不加書名號,譯文一依原文。

② 關於班固在《漢書》中對董仲舒的宣揚,請參考渡邊義浩所編《兩漢的儒教與政治勢力》(汲古書院,2005 年);關於光武帝宣布圖讖於天下,請參考渡邊義浩所著《儒教與東漢國家的支配》(雄山閣出版,1995 年)、板野長八所著《儒教成立史的研究》(岩波書店,1995 年)。

③ 春秋三傳之中,關於公羊傳、穀梁傳,野間文史在所著《春秋學：公羊傳與穀梁傳》(研文出版,2001 年)中整理了附有各種評論的研究動向。關於左氏傳,野間文史在所著《春秋正義的世界》(溪水社,1989 年)中整理了附有各種評論的研究動向。本文大體上以野間先生的先行研究和整理爲依據。

聯中展開分析。通過這樣的分析,試圖説明春秋三傳在兩漢的國政中實際被運用的程度。具體來説,就是考察《史記》《漢書》及《後漢書》等史書所記載的論議中,春秋三傳如何成爲國政運用的依據。同等視角的研究已由田中麻紗巳展開,[①]本文將在其研究的基礎上,進一步從兩漢時期春秋三傳的互動及其與國政的關聯入手,去説明公羊傳爲何會成爲兩漢時期三傳的中心,同時也試圖展望此後左氏傳占據優勢的理由。

一、公羊傳與武帝前西漢的國政

確定層累形成的春秋三傳的成書時期是很困難的。本文遵從加賀榮治的見解,認爲三傳基本的成書時間是戰國後期,并且(在時間綫上)存在公羊傳→穀梁傳→左氏傳的先後關係。[②] 不過,相較於成書時期,本文更關注其出現時期,(以此爲基礎)去討論三傳的特點與漢代政治狀況之間的關係。

春秋三傳中,最先出現的是公羊傳。經由衆多經師層累形成的公羊傳,在景帝時期由胡毋生進行了最終的整理。(日原利国《春秋公羊傳研究》,研文出版,1976年)公羊傳與左氏傳的不同在於,通過與經文的相應來解釋經文,因此繼承了春秋經的三個特點:(1)以魯國爲主體的記録;(2)尊王的思想;(3)周朝封建制度的維持。根據野間文史在《春秋學:公羊傳與穀梁傳》中的整理,公羊傳的性格表現爲:(1)魯國主體得到了延續;(2)對王者的尊重,作爲理念的王者被絶對化;(3)在以絶對王者爲頂點理念的封建制度中,(産生了)不與諸侯專封、世卿非禮、大夫無遂事等(觀念)。

---

① 請參考田中麻紗巳的論文《關於〈漢書〉中的"春秋之義"》(《東方學》八八,1995年)、《關於東漢初期的春秋學》(《中村璋八博士古稀記念東洋學論集》,汲古書院,1996年)、《漢代的穀梁傳》(《兩漢時期的詩與三傳》,汲古書院,2007年)、《〈後漢書〉所引春秋三傳》(《兩漢時期的詩與三傳》,汲古書院,2007年)。更早的皮錫瑞在《經學通論》(中華書局,1954年)的"四 春秋 論春秋爲後世立法,惟公羊能發明斯義惟漢人能實行斯義"中,總結了史書中所見的"春秋之義"。此外,日原利國也在人民主義式與國家主義式的《春秋》解讀的緊張關係中,探討了漢代時期"春秋之義"的現實和具體把握。再有,陳蘇鎮所著《漢代政治與〈春秋〉學》(中國廣播電視出版社,2001年)和張端穗所著《西漢公羊學研究》(文津出版社,2005年)也是在與政治過程的關聯中展開的討論,前者探討了三傳的特徵,後者關注了公羊傳的特徵。

② 請參考加賀榮治的系列論文《關於〈春秋〉經傳的成立》(《國學院大學漢文學會會報》三六,1990年)、《再論〈春秋〉經傳的成立》(《國學院大學漢文學會會報》三七,1991年)、《三論〈春秋〉經傳的成立》(《國學院中國學會報》三七,1992年)。與此相對,以《漢書·藝文志》爲首,像狩野直喜所著《春秋研究》(美篶書房,1994年)中那樣,認爲左氏傳比公羊傳要更早,也有很多人持有這樣的立場。此外,關於《春秋》成書的研究,平勢隆郎所著《〈春秋〉與〈左傳〉——戰國史書中的"史實""正統"與國家領域觀》(中央公論新社,2003年)也多有貢獻。

此外,野間文史在《春秋學：公羊傳與穀梁傳》中認爲,公羊傳最具特徵的部分,是在胡毋生進行最終整理的景帝時期形成的,并提出了四點證據。亦即：1. 秦漢統一帝國成立後,郊祭成爲了天子的獨占祭祀,因此公羊傳視魯國的郊祭爲僭禮并提出了批評;2. 公羊傳中關於災異的觀點,距"災異説"的成立只有一步之遥;[①]3. 公羊傳中的故事,有與同爲文景時期所著的《韓詩外傳》和文帝時期伏生的《尚書大傳》相似的内容;4. 作爲公羊傳的總論,哀公十四年的"西狩獲麟"將《春秋》視爲"撥亂世反諸正"之書,這與群臣贊頌高祖功績時説的話是一樣的。[②] 因此,公羊傳的特徵被總結爲如下七點：① 一方面强調大夫無遂事,但另一方面又允許例外,主張與經相對的權和與文相對的實;② 對夷狄持有强烈到甚至不承認其存在的攘夷思想;③ 將君臣之義絶對化,但又期待親親之道的兩全;④ 相較於行爲結果,更重視行爲意志的動機主義;⑤ 贊美讓國;⑥ 認可復仇;⑦ 通過災異理解天意。[③]

下面對公羊傳的性格(1)～(3)、特徵①～⑦與漢朝國政的關聯進行探討。在公羊傳出現的景帝時期以前,西漢國政上的大問題是,❶强大的諸侯王與❷匈奴的侵襲。此外,作爲關乎景帝正統性的問題,景帝父親❸文帝即位的正當化也有被提出的必要。

關於❶、❷的問題,在公羊傳出現之前,文帝時期的儒者賈誼就上奏了解決的方法。(《漢書》卷四十八《賈誼傳》)按金谷治的説法,賈誼的諸侯王對策,是通過封國的細分來强化皇帝的權力,這是武帝時期廣泛推行的"推恩令"的先驅。如此冷酷地削弱諸侯實力的行徑,被包裝成一種出於家族制顧慮的恩情主義,這就是儒教能够勝利的原因。此外,賈誼的匈奴對策,是通過清算既往的屈辱關係,以武力和懷柔的方式來樹立天子的尊嚴,這是大一統觀念的表現。[④]

---

① 這是對中江丑吉論文《關於公羊傳與公羊學》(《中國古代政治思想史》,岩波書店,1950年)的批評,他認爲《公羊傳》中無法看出漢代公羊學關於災異和人事之間存在直接因果關係,也無法看出通過人事的努力可以避免天災的所謂天人合一思想。

② 哀公十四年"西狩獲麟"的傳文與漢高祖之間的關聯,狩野直喜在所著《兩漢學術考》(筑摩書房,1964年)中就已經指出。此外,内山俊彦在論文《堯舜之知君子乎?——讀公羊小記》(《山口大學文學會志》三四,1983年)中,對這條傳文的解釋及其意義展開了論述。

③ 日原利国在《春秋公羊傳研究》(創文社,1976年)的不同章節中,對①～⑥展開了詳細的討論。

④ 請參考金谷治的論文《漢初儒生的活動(二)——從賈誼、賈山和經生群體來看》(《秦漢思想史研究》,日本學術振興會,1960年)。此外,作爲先驅研究,重澤俊郎所著《原始儒家思想與經學》(岩波書店,1949年)中也有部分關於賈誼的論述。唐雄山在所著《賈誼禮治思想研究》(中山大學出版社,2005年)中,以賈誼的諸侯對策"割地定制"、匈奴對策"三表五餌"等概念爲中心進行了討論。

賈誼的諸侯王對策被晁錯繼承。晁錯最初學習的是申商刑名的法家思想,後來奉命跟隨齊地的伏生受《尚書》而成爲博士,又受到了後來成爲景帝的皇太子的重用,被稱爲"智囊"。景帝即位後,晁錯成爲了御史大夫,開始施行他一貫主張的削減諸侯王封地的政策。(《漢書》卷四十九《晁錯傳》)在此政策下,首先是楚王劉戊,在文帝生母薄皇太后去世時,因爲服喪期間仍姦淫婦女的罪名被削去了東海郡封地。此後趙王劉遂、膠西王劉卬的領地也被削去,吴王劉濞聯合諸王,以誅殺晁錯的名目發動了反亂。這就是吴楚七國之亂。反亂平定之後,諸侯王被奪去了國政上的權力。在此之前,諸侯國的官員,除了由中央派遣的丞相以外,全都是由諸侯王任命的。反亂之後,王的丞相被改名爲"相",像御史大夫這樣與中央政府同名的官職也被廢止,王國的政治開始由中央派遣的"相"來掌管。①

狩野直喜在《春秋研究》中提出,公羊傳中的"譏世卿",是在討論相當於"卿"的王國丞相由朝廷派遣的事。如其所述,主張(3)相對諸侯而絶對化王的地位的公羊傳,其性格正是導致吴楚七國之亂的原因,(它是使)❶削減諸侯王勢力正當化的理論。(2)作爲理念的王者的絶對性是(3)得以落實的前提,這本來是春秋時代權威失墜,追求周王理想的思想,却成爲了展現苦於❶諸侯王强大的漢天子理想的思想。也就是説,作爲西漢初期國政現實的❶强大諸侯王的存在,以賈誼爲代表的西漢初期儒者的努力結果被繼承了下來,(2)絶對的王者(3)對諸侯以下的統治被正當化,這一點反映在了公羊傳的性格之中。

楚王劉戊因爲在文帝生母薄皇太后的喪期中違禮而被削減領土,可見景帝對父親文帝的生母薄皇太后的思念之情。但是,取代讓漢朝陷入危機的吕皇后,薄皇太后作爲劉邦的"皇后"被追尊爲高皇后,是東漢光武帝時期的事情。(《後漢書》本紀一下《光武帝紀下》)這不僅是因爲景帝彰顯文帝生母的理念未能得到確立,還要考慮到打倒吕氏的王室并非文帝出身的代王家,而是齊王家。因此,文帝—景帝即位的正當性,作爲政治過程來説是很薄弱的。

吕后死後,吕産、吕禄成爲了相國、上將軍,計劃利用南北軍的兵力消滅劉氏一族和不支持吕氏的諸大臣。朱虚侯劉章娶了吕禄的女兒爲妻,他從妻子那裏聽聞了這個計劃,并告知了兄長齊王劉襄。齊王在召集齊國兵力待命的同時,向其他諸侯王發出檄文請求聯合。與此相呼應,在首都長安,劉章與太尉周勃、丞相陳平合

① 關於吴楚七國之亂的研究,請參考稻葉一郎的論文《關於吴楚七國之亂》(《立命館文學》三六九、三七〇,1976年);關於西漢王國丞相的研究,請參考鎌田重雄所著《秦漢政治制度的研究》(日本學術振興會,1962年)。

謀斬殺了吕産,又與周勃一起誅盡了吕氏一族。齊王聽聞此事,也就收兵返回了齊國。(《漢書》卷三十八《高五王齊王肥傳》)

然而,最終被迎爲皇帝的,并非打倒吕氏的核心人物劉章的兄長齊王劉襄,而是代王劉恒(文帝)。吕后的兒子惠帝,以及惠帝的兩個兒子(少帝恭、少帝弘)都去世時,因爲祖母曹夫人的地位很高,齊王此時就成了劉邦的嫡長孫。[①](參照圖一《前漢皇帝略圖》)但是,因爲母族中有駟鈞這樣的惡人,大家擔心他會成爲吕氏那樣的外戚,因此(齊王)没有被迎立爲皇帝。相比之下,文帝雖是惠帝的弟弟,但他的生母薄姬的家族被認爲是"性至謹良",因此被選爲了皇帝。(《漢書》卷三十八《高五王齊王肥傳》)

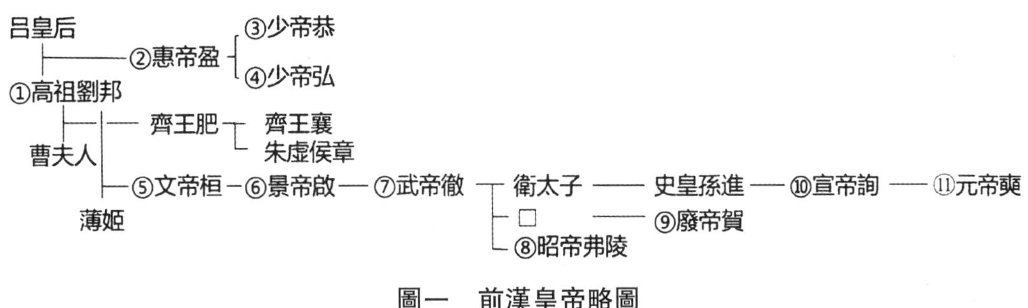

圖一 前漢皇帝略圖

齊王家對此顯然無法接受。這或許是他們不滿的表現,朱虚侯劉章,也就是後來的城陽景王劉章,此後一直在山東半島被繼續祭祀。王莽篡漢之時,因爲懷念漢朝而爆發的赤眉之亂,城陽景王的信仰集團是其中的核心之一。[②] 從吕氏一族中拯救了漢朝的劉章,在其死後,又通過城陽景王信仰,再次打倒了篡漢的王莽。

景帝時期出現的公羊傳,有必要讓❸文帝的即位正統化,因爲他是從母親地位低下的代王家出身,越過了齊王家而即位的。相應的做法就是⑤贊美讓國。公羊傳高度贊揚了魯隱公有意讓位給弟弟魯桓公的行爲,儘管這并没有真的實現。即便如此,有著讓國的意志便是值得尊重的,這裏就體現了公羊傳的④動機主義。然而,桓公雖是弟弟,但相較於隱公,他作爲妾媵的母親,地位仍稍顯尊貴。這樣一來,即使同爲妾媵,但和曹夫人相比,母親薄姬地位更爲低下的文帝的正統化還是無法實現。

於是,公羊傳提出了其他二傳中都没有的"子以母貴,母以子貴"的義例。《春秋公羊傳》隱公元年中提到,隱公有意讓國於桓公是因爲桓公的母親地位更尊貴,

① 譯者注:原文即爲"嫡長孫"。

② 關於赤眉之亂中城陽景王信仰的重要性,請參照志田不动麿的論文《赤眉之賊與漢城陽景王祠的關係》(《歷史教育》五一六,1930年)。

“子以母貴”的義例由此確立。作爲“子以母貴”的結果,即位的兒子其母親的地位本就很尊貴,在邏輯上并没有繼續提出“母以子貴”義例的必要。[①] 或者這麽説,對於隱公和桓公來説似乎并無必要,但爲了使母親地位低下的❸文帝即位的現實正統化,這個義例又是不可欠缺的。春秋中“母以子貴”的義例,結合⑤贊美讓國、④動機主義,使景帝父親❸文帝的即位得以正當化。

此外,“母以子貴”也使景帝生母立后被正當化。在父親文帝還是代王的時候,他的王后去世時留下了四個兒子,但這四個兒子在文帝即位後也相繼病死。這樣,妾媵中竇姬的長子、日後的景帝被選爲了皇太子,此後兩個月,在薄皇太后(文帝的生母)的建議下,竇姬被立爲了文帝的皇后。(《史記》卷四十九《外戚世家》)也就是説,景帝的母親竇姬被立爲皇后,也是依據“母以子貴”這一義例得以正當化的。不過,後來成爲皇太后的竇氏,喜歡的却是黄老的思想。(《史記》卷四十九《外戚世家》)由此可以窺見儒生對於公羊傳的宣揚并不充分。

景帝十分重視“母以子貴”的義例,正因如此,對於依據這個義例把不再受寵的栗姬立爲皇后的奏議非常憤怒。《史記》卷四十九《外戚世家》中記載:

> 景帝長男榮、其母栗姬、栗姬齊人也。(景帝)建榮爲太子。……(館陶)長公主日譽王夫人男之美、景帝亦賢之。又有曩者所夢日符、計未有所定。王夫人知帝望栗姬、因怒未解、陰使人趣大臣立栗姬爲皇后。大行奏事畢,曰:子以母貴、母以子貴。今太子母無號、宜立爲皇后。景帝怒曰、是而所宜言邪。遂案誅大行、而廢太子爲臨江王。栗姬愈恚恨、不得見、以憂死。卒立王夫人爲皇后、其男爲太子。[②]

《春秋》義例作爲國政運用的論據被提出,這是最早的事例之一。景帝如果要遵守“母以子貴”的春秋義例,同時又不想讓失寵的栗姬被立爲皇后,那除了廢除栗姬兒子的太子之位以外别無他法。正因預料到了這一點,王夫人纔讓人進言立栗姬爲皇后。如其所料,景帝廢除了太子,王夫人的兒子則成爲了太子,也就是後來的漢武帝。

武帝通過衛青、霍去病擊破了匈奴,漢朝與匈奴屈辱的外交關係也隨之發生了改變。此後於李廣利征討大宛的太初四(前一〇一)年,武帝在重新與匈奴展開戰争

① 儘管田中麻紗巳在論文《關於“母以子貴”——兩漢的用例與何休的解釋》(《人文論叢》三三,1985年)中提出,“子以母貴”説的是桓公,而“母以子貴”則可能指隱公的妾母這樣的可能性,但《公羊傳》是從桓公的尊貴出發,所表達的應該是子與母相互支持、共同尊貴的意義。

② 譯者注:原文中引文皆爲日文訓讀,同時作者在尾注中附有漢文句讀版,爲不破壞原作者對引文的詮釋,譯文保留其句讀,不再依通行標點改正。後皆仿此。

之際,發布了詔令。《漢書》卷九十四上《匈奴傳 上》中記載:

> (武帝)乃下詔曰、高皇帝遺朕平城之憂、高后時單于書絶悖逆。昔齊襄公復九世之讎、春秋大之。①

這裏是依據《春秋公羊傳》莊公四年的春秋之義,正當化了對匈奴的討伐。公羊傳肯定了齊襄公滅紀爲九世前的齊侯報仇的行爲,并認爲即便是百世之仇,也可以復仇。穀梁傳、左氏傳中并没有像⑥公羊傳這樣對復仇激進的肯定,這應看作是對自高祖劉邦以來❷匈奴侵擾的復仇的認同。這樣説的話,公羊傳中②激進的攘夷思想,也是爲了正當化對夷狄匈奴的復仇。也就是説,西漢初期苦於❷匈奴侵擾的國際關係的現實,以②激進的攘夷思想和⑥肯定復仇(的形式)被反映在了公羊傳的特徵之中。

綜上所述,公羊傳爲了應對景帝之前西漢國政上存在的現實問題,諸如❶削減諸侯王勢力、❷討伐匈奴以及❸文帝和景帝的正統化等,進一步完善了自己的思想。針對問題❶,公羊傳提出了(2)對王者的尊重,以及(3)不與諸侯專封;針對問題❷,公羊傳提倡了②激進的攘夷思想以及⑥對復仇的肯定;針對問題❸,公羊傳除了⑤贊美讓國和④(推崇)動機主義外,還提出了"母以子貴"的義例。在這樣的努力下,到了武帝時期,以公羊傳爲依據的國政正統化理論最終以詔令的形式被頒布。因此,班固在《漢書》中提出的,武帝時期就設立"儒教的國教化"這一理解,并不算完全錯誤。② 曾師事班固之父班彪的王充,在《論衡・程材篇》中也有類似的論述:

> (或曰)法令、漢家之經、吏議决焉。事定於法、誠爲明矣。曰、夫五經亦漢家之所立、儒生善政、大義皆出其中。董仲舒表《春秋》之義、稽合於律、無乖異者。然則春秋、漢之經、孔子制作、垂遺於漢。論者徒尊法家、不高春秋、是闇蔽也。

(班固和王充)都認爲《春秋》是"漢朝的經書",并著力强調這是來自董仲舒的思想。然而,班固和王充所宣揚的董仲舒,雖然深化了⑦灾異説,并試圖(以此)對武帝的親近加以批判,但他的《高廟園灾對》却被政敵惡意利用,使得他未能將自己的思想

---

① 不過,狩野直喜在《春秋研究》(美篶書房,1994 年)中認爲武帝只是將春秋的義例用來作爲征討匈奴的藉口。

② 福井重雅在所著《漢代儒教史的研究》(汲古書院,2005 年)中明確辨析了班固刻意宣揚董仲舒的行爲。此外也請參照渡邉義浩所編《兩漢的儒教與政治權力》(汲古書院,2005 年)。

反映到國政上。(渡邉義浩《儒教與東漢國家的支配》)儘管如此,武帝仍然重用了公孫弘這樣的儒生,不論是通過"母以子貴"的義例來正統化皇帝的生母,還是利用特殊的復仇、夷狄觀使對匈奴爲首的夷狄戰争正當化,公羊傳對現實的適應性都讓它得到了高度的評價。但是,宣帝時期的國政,不再允許公羊傳的正統化理論得以實施。

二、穀梁傳與宣帝時期的國政

不僅是文帝、景帝,武帝的生母也由"母以子貴"的義例而正統化。此後,凡是生母或生祖母爲妾媵的皇帝,在追尊生母的時候都會對它加以利用。(田中麻紗巳《關於"母以子貴"——兩漢的用例與何休的解釋》)昭帝追尊生母趙婕妤爲皇太后的事,儘管史書并没有明確記載,但顯然也是利用"母以子貴"的義例來獲得正當化的。然而,宣帝的即位却無法通過公羊傳來正當化。《漢書》卷七十一《雋不疑傳》中有這樣的記載:

> 始元五年、有一男子乘黄犢車、建黄旐、衣黄襜褕、著黄冒、詣北闕、自謂衛太子。公車以聞。詔使公卿・將軍・中二千石雜識視。長安中吏民聚觀者數萬人。右將軍勒兵闕下、以備非常。丞相・御史・中二千石至者并莫敢發言。京兆尹(雋)不疑後到、叱從吏收縛。或曰、是非未可知。且安之。不疑曰、諸君何患於衛太子。昔蒯聵違命出奔、輒距而不納、春秋是之。衛太子得罪先帝、亡不即死。今來自詣、此罪人也。遂送詔獄。

作爲昭帝京兆尹的雋不疑,當出現有人自認衛太子(武帝和衛皇后的孩子,被立爲太子後又遭廢黜)時,毫不猶豫地將其逮捕了。其正當性的依據,就在《春秋公羊傳》哀公三年之中。公羊傳認爲,違背父親之命而出奔的衛太子蒯聵,他的歸國被其子蒯輒拒絶是正確的。① 以此爲參照,已經獲罪於武帝的衛太子,也没有必要得到原諒。衛太子的弟弟昭帝聽説此事後,給予了高度評價,認爲公卿就應該由學習過經術的人來擔任。②(《漢書》卷七《昭帝紀》)然而,在此後即位的衛太子之孫宣帝看來,公羊傳并不是一個好的經典,因爲它將這種不可接受的處置正當化了。

---

① 狩野直喜在《春秋研究》(美篶書房,1994 年)中,根據《論語》中所傳孔子的言論,認爲允許蒯輒拒父的公羊傳,是對孔子真意的曲解。

② 如富谷至在論文《西漢後半期的政治與春秋學——〈左氏春秋〉與〈公羊春秋〉的對立與發展》(《東洋史研究》三六—四,1978 年)中所述,公羊學的動機主義式的法律解釋,在審判的場合中發揮了重要的作用。

被認爲應當逮捕的衛太子,他的孫子宣帝之所以能够即位,是因爲霍光廢除了昭帝去世後即位的昌邑王劉賀(的皇帝之位)。由於廢除皇帝之位的事情前所未聞,霍光利用了他的外孫女上官皇太后。率領著群臣的霍光謁見了皇太后,年僅十七歲的皇太后親臨未央宫召見了皇帝。皇帝拜伏在皇太后面前時,霍光及群臣聯名上奏,要求廢除這位無道的皇帝,皇太后批准了這份奏議。皇帝將璽綬歸還給皇太后,就這樣被廢除了。《漢書》卷六十八《霍光傳》中這樣記載:

> 今陛下嗣孝昭皇帝後、行淫辟不軌。詩云、籍曰未知、亦既抱子。五辟之屬、莫大不孝。周襄王不能事母、春秋曰、天王出居于鄭。繇不孝出之、絶之於天下也。宗廟重於君、陛下未見命高廟、不可以承天序、奉祖宗廟、子萬姓、當廢。

上述奏文中,不僅引用了歌頌衛武公譏刺周厲王的《詩經·大雅·蕩之什·抑》,還引用了《春秋》僖公二十四年的經文。公羊傳中這樣説道:"王者無外,此其言出何?不能乎母也。"(《春秋公羊傳》僖公十四年)東漢末年公羊學的集大成者何休,在《春秋公羊經傳解詁》中這樣注解:"不能事母。罪莫大於不孝,故絶之言出也。下無廢上之義,得絶之者,明母得廢之,臣下得從母命。"(《春秋公羊傳注疏》僖公十年)正如岩本憲司在《春秋公羊傳何休解詁》(汲古書院,1993 年)中指出的,何休的注解前半部分與《漢書》卷六十八《霍光傳》相似,後半部分與《春秋繁露·精華篇》相似。何休這樣的解釋,顯然是在董仲舒學派的公羊學背景下展開,爲了正當化《漢書》中所記載的西漢國政的現實而書寫的。公羊學通過保證皇太后廢除皇帝的正當性,持續穩固著宣帝即位前西漢國政的正統化。

然而,宣帝和公羊傳,却顯得并不合拍。宣帝在霍光去世後開始親政,誅盡了霍氏一族。(公羊傳)不但提供了逮捕祖父衛太子的理論依據,還限制了夫人的地位,主張由士庶成爲君主的人不能將生母稱爲夫人。① 宣帝迫切需要一個新的儒説將其親政正統化,以取代處處於他不利的公羊學派。在這種情況下,穀梁傳的出現成爲了必然。

春秋穀梁傳,是在宣帝下令召開石渠閣會議後不久就出現的一本反公羊傳。

① 按照公羊學的説法,基於"母以子貴"的義例,妾媵的兒子成爲皇帝後,其生母可以被尊爲先君的夫人。然而據《通典》卷七十二《禮 三十二》中所引許慎《五經異義》:"妾母之子爲君,子得尊其母爲夫人。按春秋公羊説,妾子立爲君,母得稱夫人。故上堂稱妾,屈於嫡;下堂稱夫人,尊行國家。則士庶起爲人君,母亦不得稱夫人。"在許慎所傳的公羊説中,由士庶成爲君主的人,他們的母親不能被稱爲夫人,夫人的範圍被限定了。

(山田琢《關於穀梁傳的成立》,《日本中國學會報》一〇,1958年)而它釋義的方法却繼承自公羊傳,并在其基礎上有所展開。根據野間文史在《春秋學: 公羊傳與穀梁傳》中的整理,穀梁傳的性格表現爲: (1) 魯國主體開始鬆動; (2) 不是對作爲理念的王,而是對現實中的周王室尊重感變强; (3) 對維持周朝封建制度有著强烈的意志。這樣的性格,相比左氏傳,顯然與公羊傳更接近。但與之相對的,穀梁傳的特徵表現爲: ⅰ 不承認讓國,主張按長幼順序繼承; ⅱ 主張實現華夷統一的理想社會; ⅲ 闡述了重民思想以及法刑并用。[①] 在穀梁傳的特徵中,明顯表現出了想要取代公羊傳成爲《春秋》之傳的性格。

據此,這裏將對穀梁傳的特徵ⅰ～ⅲ與國政的關聯進行探討。穀梁傳出現的宣帝時期,對儒教的要求,最重要的是Ⅰ自民間即位的宣帝的正統化。此外,宣帝時期國政上的特徵有,Ⅱ降伏匈奴與Ⅲ重視内政。

《春秋穀梁傳》,在《春秋》開篇的隱公元年中,就討論了繼子的問題。隱公抱著讓位於(父親惠公喜愛的)弟弟桓公的念頭而即位,關於這一點,無論是⑤贊美讓國的公羊傳還是左氏傳,都將隱公評價爲"賢君"。對此,穀梁傳提出,"先君(惠公)之欲與桓(公),非正也,邪也。"廢棄了長子繼承的惠公的行爲是"邪"的,按照那樣去實行的隱公的行爲,"己(隱公)探先君之邪志,而遂以與桓,則是成父之惡也"。穀梁傳對此提出了嚴厲的批評。長子繼承,被認爲是比遵從惠公意志的對親人的"孝"更高的道義。這樣的穀梁傳,ⅰ不認可讓國,而是主張依據長幼之序來繼承,這使得(武帝長子衛太子的孫子)宣帝的即位擁有了正當性。

宣帝自己也堅持了長子繼承制。在即位之初,宣帝拒絕了霍光歸還攝政大權的請求。(此時的宣帝)還没有與霍氏對抗的權力基礎。儘管如此,宣帝仍在即位之年的十一月,就將長子(後來的元帝)已經兩歲的妻子許氏立爲皇后。四年後,霍光的妻子顯,爲了讓自己的女兒成爲皇后,毒殺了許皇后,相關的調查也因霍光的意圖而中止。結果毒殺并没有被發現,第二年本始四(前七〇)年,霍光的女兒成君被册立爲皇后。(《漢書》卷八《宣帝紀》)

地節二(前六八)年,霍光病死,宣帝開始親政,第二年就立被毒殺的許皇后所生的王子奭爲皇太子(後來的元帝)。儘管當時的皇后仍是霍光的女兒,但宣帝還是貫

① 關於穀梁傳的夷狄觀,請參考山田琢的兩篇論文《關於穀梁傳的成立》(《日本中國學會報》一〇,1958年)、《春秋的理想——關於公羊、穀梁二傳的夷狄觀》(《斯文》二二,1958年)。另外,關於穀梁傳對法刑的重視,請參考重澤俊郎的論文《穀梁傳的思想與漢代社會》(《支那學》九一四,1942年)和日原利国的論文《漢代思想研究的現狀》(《亞洲歷史入門》三,同朋舍出版,1983年)。

徹了被穀梁傳强烈主張的長子繼承制。(《漢書》卷八《宣帝紀》)

此外，在宣帝親政期間，作爲漢朝建立以來最大的麻煩，Ⅱ匈奴問題也得到了解决。神爵二(前六〇)年，(漢朝)首次在龜兹設立了西域都護，西域的南北通道被鄭吉壓制，再加上匈奴内部的分裂，形成了五個單于林立的局面。這其中最爲有力的呼韓邪單于，曾一度成功統一匈奴，却敗給了兄長郅支單于。甘露元(前五三)年，呼韓邪單于將兒子送入朝廷向漢朝歸順，以請求漢朝的援助。兩年後的甘露三(前五一)年，呼韓邪單于親自來朝覲漢朝，參加了正月的朝賀。(《漢書》卷九十四上《匈奴傳上》)

在此之前，宣帝曾就如何應對呼韓邪單于的問題召開過議論。《漢書》卷七十八《蕭望之傳》中記載：

> 初、匈奴呼韓邪單于來朝、詔公卿議其儀。丞相(黄)霸・御史大夫(于)定國議曰、聖王之制、施德行禮、先京師而後諸夏、先諸夏而後夷狄。詩云、率禮不越、遂視既發、相土烈烈、海外有截。陛下聖德、充塞天地、光被四表、匈奴單于、鄉風慕化、奉珍朝賀。自古未之有也。其禮儀宜如諸侯王、位次在下。望之、以爲、單于非正朔所加、故稱敵國。宜待以不臣之禮、位在諸侯王上。外夷稽首稱藩、中國讓而不臣、此則羈縻之誼、謙亨之福也。書曰、戎狄荒服。言其來服、荒忽亡常。如使匈奴後嗣、卒有鳥竄・鼠伏、闕於朝享、不爲畔臣。信讓行乎蠻貉、福祚流于亡窮、萬世之長策也。天子采之、下詔曰、蓋聞、五帝・三王、教化所不施、不及以政。今匈奴單于稱北藩、朝正朔、朕之不逮、德不能弘覆。其以客禮待之、令單于位在諸侯王上、贊謁稱臣而不名。

丞相黄霸和御史大夫于定國認爲匈奴單于應置於諸侯王之下的議論，是以《春秋公羊傳》成公十五年的"春秋内其國而外諸夏，内諸夏而外夷狄"爲依據的，這反映了公羊學②對夷狄嚴厲的攘夷思想。宣帝采納了蕭望之對此的反駁意見，在甘露三(前五　)年正月，將作爲夷狄的匈奴呼韓邪單于的地位置於諸侯王之上，還給了他在朝見皇帝時"稱臣不名"的待遇。就這樣，漢朝與Ⅱ匈奴建立了和親關係。如果像公羊傳那般有著②强烈的攘夷思想并⑥認可復仇，維持這樣的關係是不可能的。與之相對，穀梁傳提倡的是ⅱ實現華夷混一的理想社會。①

---

① 山田琢在論文《春秋的理想——關於公羊、穀梁二傳的夷狄觀》(《斯文》二二，1958年)中指出，根據《春秋穀梁傳》哀公十三年的"吴夫差論"，以及哀公十四年的"西狩獲麟"，孔子的理想正是實現夷狄進步至符合中國之禮的華夷混一的世界。

因此,宣帝在同年甘露三(前五一)年五月,以蕭望之爲主持,召開并主導了石渠閣會議。按照大久保隆郎在《"古今"與"華夷"》(《中國讀書人的政治與文學》,創文社,2002年)中的説法,這是爲了公開確認新的匈奴政策所要依據的經典。此外,正如福井重雅所論證的那樣,石渠閣會議爲了討論"五經異同",首次讓五經各自明確地出現了相應的博士。這是邁向制度化儒教一尊體制的第一步。① 但是,五經并非全都被平等對待,石渠閣會議主要以春秋爲中心,尤其是爲了彰顯與《春秋公羊傳》相對的《春秋穀梁傳》。會議的結果是"多從穀梁",這完全符合了宣帝的意圖。(《漢書》卷八十八《儒林·瑕丘江公傳》)

就這樣,宣帝將穀梁傳放在了儒教的核心位置,因爲ⅰ長子繼承優先的原則正當化了Ⅰ自己的即位,同時ⅱ華夷混一的理念又正當化了Ⅱ對匈奴的降伏。但是,這并不意味著宣帝的政治只以儒家爲根據來運營。宣帝認爲國政的根本在於"良二千石",通過積極地任用循吏,宣帝表現出了Ⅲ對内政的重視。然而,《漢書》卷九《元帝紀》中,記載尚爲太子的元帝提議專用儒生的事情時:

> 宣帝、作色曰、漢家自有制度。本以霸·王道雜之。奈何純任德教、用周政乎。

正如宣帝這句名言所傳達的,宣帝并不只重用儒教的學者。在武帝時期被大量任用,重視法刑、以擴張君主權力爲目的的酷吏們,在宣帝時期和循吏們一同活躍於政壇。② 穀梁傳由於其ⅲ重民思想與法刑并用的特徵,很好地適應了被稱爲"以法律爲詩書"(《漢書》卷七十七《蓋寬饒傳》)的宣帝"王霸雜揉"的政治。不過需要注意的是,像東漢那樣儒教一尊的政策,在宣帝時期并没有被實行。

---

① 請參考福井重雅的論文《秦漢時期博士制度的展開——關於五經博士設置疑義的再討論》(《東洋史研究》五四—一,1995年)。福井認爲,自宣帝以後,甚至到元帝、成帝、哀帝、平帝的整個西漢後期,都無法在官方記録中找到有關博士名目和定員的文字。直到東漢光武帝的建武年間,五經纔首次被明確指定爲易、書、詩、禮、春秋這五種經典,并爲每一經都設立了固定的家法,各家法中設立了相應的博士,這樣的制度纔完全確立。以博士弟子制度爲表現的儒教一尊體制,直到東漢的光武帝時期纔正式完成。另外,林啓屏在其論文《論漢代經學的"正典化"及其意義——以"石渠奏議"爲中心》(《第四屆漢代文學與思想學術研討會論文集》,臺灣政治大學中國文學系,2002年)中也將石渠閣會議定位爲經典的"正經化"運動之一。

② 關於宣帝時期酷吏們活躍的情況,請參考鎌田重雄的論文《循吏與酷吏——地方官的兩種類型及其配置》(《史學雜志》五九—四,1950年)、影山剛的論文《關於西漢酷吏的二三問題》(《福井大學學藝學部紀要》Ⅲ社會科學六,1957年)、譚伝賢的論文《十年來(1987—1997)有關漢代酷吏與吏治研究綜述》(《中國上古秦漢學會通訊》四,1998年)。

綜上所述,穀梁傳,以ⅰ嫡長子繼承優先的原則,正統化了武帝嫡曾孫Ⅰ宣帝的即位;以ⅱ實現華夷混一的理想社會的主張,適應了Ⅱ匈奴降伏的政治現實;此外,爲了應對宣帝Ⅲ對内政的重視,提出ⅲ重民思想和法刑并用,支持了宣帝"王霸雜揉"的政治模式。不過元帝即位後的西漢,還是放棄了"王霸雜揉"的政治模式,東漢也以"寬"治爲主流。[①] 另外,漢朝在對外方面,因爲此後一直苦於羌族等夷狄的入侵,穀梁傳并没有成爲漢朝春秋學的主流。當然,作爲最早試圖取代公羊傳的《春秋》之傳,因在邏輯上仍具有高度的整合性,穀梁傳并未失去作爲三傳之一的地位。

三、劉向、劉歆與左氏傳

元帝即位之後,儒教作爲國政運用的依據漸漸占據了中心地位,但與此同時儒教經義的相互矛盾及其與現實之間的齟齬,却也漸漸顯現出來。[②] 此外,像東漢那樣一尊體制的儒教尚未構建,皇帝的國政運用,常常偏離於儒教之外,左右摇擺。在這種背景下,基於這樣一種律曆思想(即天的宇宙化運行乃是基於整合化的數的世界觀),重新整飭了西漢儒教學説的劉歆,與他父親劉向共同發現了《春秋左氏傳》。[③]

據前注提及的加賀論文所述,左氏傳的性格表現爲:(1)以春秋長曆爲基石,采用與國語同源的資料;(2)除史實傳説之外,還重叠了由術數家所傳的卜筮傳説、歲星傳説等,使左氏傳成爲了《春秋》之傳;(3)添加了很多諸如"書曰""不書""凡例"的解經文字。而它的特徵則表現爲:公羊傳重視事情(史實)的動機,意圖樹立以政治社會的統一爲目標的秩序規范;穀梁傳重視事情的結果,目標是整齊已經統一的政治社會的秩序;與之相對,左氏傳先從對事情的解釋出發,再去説明其中的義理。也就是説,[1]以事爲主的左氏傳,與以義爲主的公羊傳、穀梁傳是完全不同的。另外,關於漢家的正統化,《春秋左氏傳》文公傳十三年中,提到了[2]漢朝的祖先是堯帝末裔這樣的史實傳説,這也是公羊傳、穀梁傳中没有的特徵。接下來本文將試

① 關於東漢時期以"寬"治爲主流的情況,請參考渡邉義浩的論文《從"德治"到"寬治"》(《中國歷史上的教與國家》,雄山閣出版,1994年)、《從"寬"治到"猛"政》(《東方學》一〇二,2001年)。

② 以《春秋公羊傳》文公九年、襄公二十九年的春秋之義爲依據,將郅支單于的兒子送至國境的提議没有被通過;從《春秋公羊傳》襄公六年的春秋之義出發,將孔子的子孫立爲二王後的議論也没有被許可。作爲國政依據的春秋之義逐漸增多,被拒絶的情況也相應多了起來。

③ 關於劉歆的律曆思想,請參考堀池信夫《漢魏思想史研究》(明治書院,1988年)。此外,還請參考川原秀城所著《中國的科學思想》(創文社,1996年)。

圖考察左氏傳的特徵與其出現的成帝時期國政問題上的關聯,主要包括:①天子七廟制、②郊祀、③漢家火德説。

①天子七廟制的問題,是由廢除郡國廟的問題派生而來的。郡國廟起源於高祖爲其父在各郡國設立的太上皇廟,隨著太祖廟(高祖)、太宗廟(文帝)、世宗廟(武帝)的增加,變成了各郡國祭祀其皇帝祖先的廟。[1] 除郡國廟外,長安及其近郊還設有從高祖到宣帝,以及太上皇和宣帝之父史皇孫的廟,對這些廟的祭祀成爲了莫大的負擔。這不僅是因爲財政上的壓力,也是因爲郡國廟與儒教的經義不合。以丞相韋玄成爲代表的七十人,在《漢書》卷七十三《韋賢傳附韋玄成傳》中這樣説道:

> 春秋之義、父不祭於支庶之宅、君不祭於臣僕之家、王不祭於下土諸侯。臣等、愚以爲、宗廟在郡國、宜無修、臣請勿復修。

(他們)依照"春秋之義",上奏要求廢止郡國廟。不過,如堀池信夫在其所著《漢魏思想史研究》(明治書院,1988年)中指出的,這裏的"春秋之義",并非源自與春秋學有關的材料,而是出於《禮記》。禮説也被視爲"春秋之義",可見漢代時期《春秋》的重要性。但不管如何,郡國廟就這樣被廢止了。在這之後,天子七廟制的問題開始被討論,諸如怎樣處理長安及近郊(從高祖到宣帝,以及太上皇和宣帝之父史皇孫)的宗廟等問題也由此産生。

據藤川正數的研究,西漢時期的宗廟制問題,主要集中在兩個方面:由旁系繼承帝位的皇帝,其父親的廟是否應當按照親廟來祭祀?作爲世宗廟的武帝廟,是否應納入不毀之廟的範疇?韋玄成主張保留太祖廟,太上皇、惠帝、文帝、景帝的廟則親盡宜毀,皇考廟則親未盡應留。與之相對的,尹更始則主張廢棄没有作爲皇帝即位的宣帝之父的皇考廟。元帝最終下詔,采納了韋玄成存續皇考廟的意見,但問題并没有得到解決。此後元帝因害怕觸怒祖先,又恢復了被毀棄的太上皇廟和惠帝廟。成帝即位後,再次召開議論,孔光和何武認爲,只有太祖廟和太宗廟屬於不毀之廟,武帝之廟是可以毀棄的。對此,劉歆和王舜則主張武帝之廟作爲世宗廟是可以不毀的,而且不毀之廟在數量上没有限制,七廟之數中不包含不毀之廟。《漢書》卷七十三《韋賢傳附韋玄成傳》中記載:

---

① 關於郡國廟的問題,請參考守屋美都雄的論文《關於西漢時期的郡國廟》(《地理歷史研究》一五一四,1938年)。此外,保科季子在論文《西漢後半期儒家禮制的受容——與漢家傳統的對立及皇帝觀的改變》(《歷史與方法 五——作爲方法的丸山真男》,青木書店,1998年)中也討論了包括郡國廟和天子七廟制的問題,對西漢後期的國政與儒教的關係有所探討。

> 太僕王舜・中壘校尉劉歆議曰、……① 禮記王制及春秋穀梁傳、天子七廟、諸侯五、大夫三、士二。……春秋左氏傳曰、② 名位不同、禮亦異數。③ 自上以下、降殺以兩、禮也。七者、其正法數、可常數者也。宗不在此數中。宗、變也。苟有功德則宗之、不可預爲設數。……

劉歆將①《禮記・王制》和《春秋穀梁傳》作爲天子七廟的經典依據。這其中,不毁廟的數量没有限制、不毁廟不在七廟之中這些劉歆個人主張的部分,則是以《春秋左氏傳》中②莊公傳十八年和③襄公傳二十六年作爲理論依據的。哀帝采納了這一主張,將武帝之廟定爲不毁之廟,最終又由王莽决定毁掉了皇考廟,這樣天子七廟制的問題就解决了。也就是説,解决① 天子七廟制問題的理論依據,是從左氏傳的經義中被找到的。

相比郡國廟的廢止和天子七廟制的問題,在漢家故事與經義之間更爲摇擺的是②郊祀的問題。西漢時期,武帝曾在甘泉立泰畤祭祀泰一,在河東的汾陰祭祀后土,它們作爲祭祀天地的漢家故事被繼承了下來。對此,匡衡指出要排除郊祀中的巫術成分,主張廢除四百七十五處祭祀(場所),甚至甘泉的泰畤和汾陰的后土,乃至於祭祀五帝的雍五畤也應被廢除,并提議在長安城的南郊和北郊舉行對天地的祭祀。成帝采用了這些建議。於是在建始元(前三二)年三月,成帝在南郊祭祀了上帝,在北郊祭祀了后土,這是中國歷史上南北郊祭祀的開始。然而,在郊祀禮的當天,長安發生了未曾有過的大風灾害,之後郊祀便没有再舉行。此後成帝咨詢了劉向,劉向批判了匡衡的意見并反對舉行南北郊祭祀。結果到了永始二(前一六)年,皇太后認爲成帝無子就是轉移祭祀導致的灾禍,又將天地祭祀復歸到原來的甘泉、汾陰故地。對此,谷永要求將天地祭祀返回到長安的南北郊。皇太后因爲成帝的去世,曾一度將其遷回長安,但又因爲哀帝病重,天地祭祀最終又復歸於甘泉、汾陰。

從郊祀之地如此反復的變動中不難看出,儘管儒教的經義被努力運用於國政,但這一目標始終未能實現,"儒教國家"也未完全成立。此後,是由王莽確立了長安南北郊的祭祀,甘泉、汾陰的祭祀以及雍五畤被廢止。[①] 在王莽審議這個問題時,劉

---

① 關於漢代郊祀制度的禮學討論,請參考藤川正數所著《漢代禮學研究》增訂版(風間書房,1985年),關於其制度的變遷,請參考金子修一所著《中國古代皇帝祭祀研究》(岩波書店,2006年)、王柏中所著《神靈世界:秩序的重建與儀禮的象徵——兩漢國家祭祀制度》(民族出版社,2005年)。關於西漢武帝時期的郊祀,請參考目黒杏子的論文《西漢武帝時期郊祀體制的成立——以對甘泉泰畤的分析爲中心》(《史林》八六—六,2003年)。另外,岩野忠昭的論文《西漢後期的郊祭論》(《東洋大學中國哲學文學科紀要》一二,2004年)討論了《春秋繁露》與此的關係。北村良和的論文《關於西漢末的改禮》(《日本中國學會報》三三,1981年)從七廟制中看出了漢家對自我的冒瀆,并認爲這是王莽經學帝國出現的先兆。

歆是參與其中的儒者之一,但其具體的貢獻,史書中并没有明確的記載。(《漢書》卷二十五下《郊祀志下》)

接下來將考察左氏傳與漢朝國政關聯最密切的③漢家火德説。直到劉向、劉歆父子之前,五德終始説采用的都是相勝的邏輯。文帝時期的張蒼將漢家水德説制度化,對此,賈誼和公孫臣則認爲漢爲土德,黄龍出現的契機使得公孫臣的漢家土德説被文帝所采納。受此影響的漢武帝,在太初元(前一〇四)年,根據受命改制的思想,制定了太初曆,與三正説相呼應的漢家土德説被決定下來。[①]

與之相對,劉歆製作了三統曆來對抗太初曆,又以相生邏輯的五德終始説爲基礎,提出了③漢家火德説。《漢書》卷二十一上《律曆志》中這樣記載:

> (劉)向子(劉)歆、究其微眇、①作三統曆及譜以説春秋。推法密要、故述焉。夫曆春秋者、天時也、列人事而因以天時。②傳曰、民受天地之中以生、所謂命也。……傳曰、元善之長也。共養三德爲善。[②]

班固認爲,劉歆是根據①三統曆和世譜來解釋《春秋》的。事實上,劉歆的曆論中反而多處引用了左氏傳。"三統"一詞,不僅是作爲曆法用語指"一元三統四千六百十七年",還有表示夏、商、周三代正朔,即天統、地統、人統的意味,更進一步説,它是貫通天、地、人三才的大本之法。而使這些正統化的,就是②《春秋左氏傳》昭公傳十二年(中的論述)。當然,正如堀池信夫在《漢魏思想史研究》(明治書院,1988年)中所强調的,三與二的基本的數值關係,借由易經中所説的"參天兩地",成爲了由天地而來的絶對化的數,三統曆以左氏傳和《易》共同作爲核心經典。劉歆將除了禮經之外的儒教經典全都置於三統曆的世界體系之中,經學具備了統括世界的意義,而處在其中心的,正是《易》和左氏傳。

左氏傳之所以對三統曆有用,是因爲雖然同樣作爲《春秋》的傳,但與公羊、穀梁不同,左氏傳[1]以事爲主。在推算春秋長曆時,除了三十七回的日食,帶有干支的記事也非常有用。根據左氏傳,除了經文中的三百九十三處干支,還可以再加上

---

① 關於五行思想,請參考島邦男所著《五行思想與禮記月令的研究》(汲古書院,1971年)。此外,石合香在論文《秦漢時期的受命改制——對五德終始説與三正説的討論》(《東方學的新視點》,五曜書房,2003年)中認爲,(後世討論中)對三正制的重視是受了班固的影響,實際上的受命改制,是完全以五德終始説爲中心展開的。

② 此外,關於三統曆和世譜的討論,請參考能田忠亮、藪内清《漢書律曆志研究》(東方文化研究所,1951年)。

左氏傳獨有的三百八十六處干支。1這是以事爲主的左氏傳的特性。[①] 劉歆用三統曆來計算左氏傳中所記載的曆象二十四事,以此來證明三統曆的正確性。基於此,劉歆發揮了左氏傳(1)以春秋長曆爲基石的性格,利用了其1以事爲主的特徵,打倒了使漢家土德説正統化的太初曆。

那麽,漢家并非土德而是火德這一點,究竟是如何被證明的呢? 從劉歆那裏受得左氏傳的賈徽,其子賈逵通過引入左氏傳中提到的少昊證明了這一點。《後漢書》列傳二十六《賈逵傳》中記載:

> 又五經家皆無以證圖讖明劉氏爲堯後者、而左氏獨有明文。五經家皆言顓頊代黄帝、而堯不得爲火德。左氏以① 爲少昊代黄帝、② 即圖讖所謂帝宣也。如令堯不得爲火、則漢不得爲赤。其所發明・補益實多。

在光武帝爲了漢家的正統化宣布圖讖的東漢時期,爲了彰顯左氏傳,不僅需要通過左氏傳①引入少昊來證明漢家堯後説和漢家火德説,還必須要提到其與圖讖之間的關聯。[②] 然而,(按照下面的梳理)

五經家説
黄帝(土)→顓頊(金)→帝嚳(水)→堯(木)→舜(火)→
夏(土)→ 殷(金)→ 周(水)→漢(木)
左氏傳説
黄帝(土)→少昊(金)→顓頊(水)→帝嚳(木)→堯(火)→
舜(土)→ 夏(金)→ 殷(水)→ 周(木)→漢(火)

引入少昊并論證堯爲火德的做法,在賈逵之前就已存在。因爲倒轉了順序,這可能有些不好理解,《漢書》卷二十一下《律曆志 下》中這樣記載:

---

① 杜預爲了盡可能利用春秋經與左氏傳中合計的七百七十九個干支,在每十九年中設置七次閏月,確定大小月,作成了《春秋長曆》。使得春秋中的三十七次日食中有三十三次符合曆面。相關討論,請參考渡邉義浩論文《關於杜預的春秋長曆》(《東洋研究》一五五,2005 年)。

② 福井重雅在論文《班固思想續論——以〈左傳〉與緯書爲中心》(《史滴》二一,1999 年)和《班固思想初探——以"漢家堯後説"與"漢家火德説"爲中心》(《中國古典學論集》,汲古書院,2000 年)中認爲,賈逵此處的上奏,是最早且唯一對漢家堯後説、漢家火德説、《左傳》、讖緯這四者關係進行説明的記録。此外,關於漢家火德説,請參考久野昇一的論文《關於西漢末漢家火德説稱謂的理由(上)(下)》(《東洋學報》二五一三、四,1938 年)以及楊權所著《新五德理論與兩漢政治——"堯後火德"説考論》(中華書局,2006 年)。

> 世經春秋昭公十七年、郯子來朝。傳曰、昭子問、少昊氏鳥名何故。對曰、吾祖也。我知之矣。昔者、黄帝氏以雲紀、故爲雲師而雲名。炎帝氏以火紀、故爲火師而火名。共工氏以水紀、故爲水師而水名。太昊氏以龍紀、故爲龍師而龍名。我高祖少昊摯之立也、鳳鳥適至、故紀於鳥、爲鳥師而鳥名。言郯子據少昊受黄帝、黄帝受炎帝、炎帝受共工、共工受太昊、故先言黄帝、上及太昊。

《世經》以《春秋左氏傳》昭公傳十七年爲依據,追述了帝王系譜,創設了漢家火德説。劉歆以左氏傳爲依據,通過在帝王系譜中插入少昊,使得以相生的五德終始説爲基礎的漢家火德説得以正統化。

另一個作爲左氏傳的特徵被提出的②漢家祖先爲堯之末裔,其論據就在《春秋左氏傳》文公傳十三年中所提到的"其處者爲劉氏",這六個字表明士會的子孫變成了劉氏。再加上襄公傳二十四年、昭公傳二十九年中提到的,堯的子孫是劉累,劉累的子孫是范氏的史實傳説;以及《漢書》卷一《高祖本紀》的贊中所引劉向的説法,即留在秦地的劉氏成爲了漢室的祖先。這樣,漢家堯後説就完成了。

關於這一點,孔穎達早就表示,這六個字是漢朝的左傳家爲了振興左氏學,諂媚劉姓的漢室而附益進去的。(《春秋左氏傳》文公十三年疏)劉逢禄則斷言這六個字爲劉歆所加,并進一步主張整個左氏傳都是劉歆的僞作。(《左氏春秋考證》下)鎌田正在《左傳的成立及其發展》(大修館書店,1963 年)中否認了文公傳十三年中的六個字爲劉歆所加以及左氏傳爲劉歆僞作的觀點,認爲漢家火德説以及漢家堯後説,是其父劉向的説法。然而,《史記》卷二《夏本紀》中這樣記載:

> 陶唐既衰、其后有劉累。學擾龍于豢龍氏、以事孔甲。孔甲賜之姓曰御龍氏、受豕韋之後。龍一雌死、以食夏后。夏后使求、懼而遷去。

《史記》中的這段文字,與漢家堯後説的論據之一《春秋左氏傳》昭公傳七年的文字幾乎完全相同。當然有些字句上的出入,不過决定性的差異在於,現行的《春秋左氏傳》昭公傳七年中,加入了"范氏其後也"這五個字。這與《春秋左氏傳》文公十三年中"其處者爲劉氏"的六個字,添加方法完全相同。既然與劉氏祖先相關的部分,都是以同樣的形式被補充的,那麼像鎌田正在《左傳的成立及其發展》(大修館書店,1963 年)中所認爲的,文公傳十三年的六個字并非後人竄入的斷言,恐怕就難以成立了。當然,認爲左氏傳完全由劉歆僞造這并不合理,但是認爲劉向、劉歆在校書的時候,結合當時的政治狀況做了一些加筆,這樣的推測没什麽不對。至少在司馬遷所見的《左氏傳》中,無法推導出漢家堯後這樣的結論。這一點從《史記》卷二中可以看出,儘管它引用了《春秋左氏傳》昭公七年的文字,但完全没有涉及堯與漢家的關係。久野昇一在《關於西漢末漢家火德説稱謂的理由(上)(下)》中認爲,《史記》的出現明確地揭示了各王朝的祖先,爲了漢室的名譽,有必要明確其祖先,這就是漢家堯後説出現的原因。佐川繭子在論文《關於光武帝時期火德堯後之漢的再興》(《東漢經學研究會論集》二,2005 年)中認爲,《史記》的本紀和世家中都没有堯後氏族的存在,這爲劉氏堯後系譜的提出創造了便利。至少在《史記》的執筆階段,漢家堯後説還未能成立。司馬遷所見到的《左氏傳》與劉向、劉歆父子所"發現"的《春秋左氏傳》,很大可能并非同一文本。但無論如何,劉向、劉歆正是通過[2]漢家祖先爲堯帝末裔這一左氏傳的特徵,使③漢家火德説和漢家堯後説得以正統化的。

綜上所述,左氏傳爲劉歆的主張提供了正統性依據,用以解决成帝時期國政的重要課題①天子七廟制的問題。此外,左氏傳也通過(1)以春秋長曆爲基石,[1]以事爲主的特點,正統化了三統曆,以打破作爲漢家土德説依據的太初曆。進而,③漢家火德説、漢家堯後説也通過[2]漢家祖先爲堯帝末裔的史實傳説得到了正統化。

由此被確立的③漢家火德説、漢家堯後説,不久就被王莽加以利用。《漢書》卷九十九上《王莽傳上》中這樣記載:

> 予以不德、托于① 皇初祖考黄帝之後、皇始祖考虞帝之苗裔、而太皇太后之末屬。② 赤帝漢氏高皇帝之靈、承天命傳國金策之書、予甚祗畏、敢不欽受。[①]

居攝三(八)年十一月的下書中,王莽將自己定位爲①黄帝、舜的苗裔,并將②漢家視爲火德。此外,《漢書》卷九十九中《王莽傳 中》中這樣記載,

> 莽曰、予之① 皇始祖考虞帝受壇于唐。② 漢氏初祖唐帝、世有傳國之象、予復親受金策於漢高皇帝之靈。

在始建國元(九)年,以②漢爲堯(唐帝)的後裔,以①堯舜革命爲參照,提出要進行漢朝與新朝之間的革命。

不過,像康有爲的《新學僞經考》那樣,主張劉歆僞造左氏傳是爲了王莽(簒漢)的觀點是不恰當的。爲了漢朝的正統化,以左氏傳爲依據創造出的③漢家火德説、漢家堯後説,確實被王莽利用了。但不能説③漢家火德説、漢家堯後説是爲了王莽土德説、王莽舜後説而創立的。儘管如此,從結果來看,王莽建立新朝利用了左氏傳這一點毋庸置疑。對於打倒新朝復興了漢室的光武帝劉秀來説,要把左氏傳立爲學官是不太可能的。然而,要處理像天子七廟制和郊祀制度等以左氏傳的出現

① 此外,關於王莽的禪讓革命與漢家火德説關聯的討論,請參考渡邊さおり的論文《關於王莽的易姓禪讓革命》(《東海史學》二九,1995 年)。

爲背景的政治狀況，由王莽確定的“古典國制”的基本化形態却不得不被繼承下來。[①] 那麽，東漢時期相關情況又將如何呢?

四、公羊傳、左氏傳的相剋與東漢國政

光武帝將即位的正統性托之於圖讖，也就是赤伏符。《後漢書》本紀一上《光武帝紀 上》中這樣記載：

> 光武先在長安時同舍生彊華、自關中奉赤伏符。曰、劉秀發兵捕不道、四夷雲集龍鬬野、四七之際火爲主。群臣因復奏曰、受命之符、人應爲大。萬里信合、不議同情。周之白魚、曷足比焉。今上無天子、海内淆亂。符瑞之應、昭然著聞。宜荅天神、以塞群望。光武於是命有司設壇場於鄗南千秋亭五成陌。(建武元年)六月、即皇帝位。

和象徵周朝受命的白魚相比，赤伏符作爲即位正當性的象徵更加具有確定性，因爲它基於漢家火德説。此外，在建武二(二六)年確定的，對天子而言最爲重要的對天祭祀，除郊祀外，還有迎氣的禮儀，都繼承自被稱爲“元始故事”的由王莽所定的制度。(《續漢書》志七《祭祀上》)不過，王莽所定的禮制，本就是爲了漢朝而議論出來的。再加上建國初期，也没有餘裕基於新的經義來提出正統性。

另外，左氏學派在此時也很盛行。建武四(二八)年尚書令韓歆上疏，要求將古文派的費氏易和左氏傳立爲學官，經過與今文派的討論，光武帝最終裁定，確立李封爲左氏傳博士。然而，此後關於(左氏傳)立學的是非被不斷討論，光武帝也没有安排李封的繼任者，此後，左氏傳再也没有被立爲學官。(《後漢書》列傳二十六《陳元傳》)

光武帝之所以作出這樣的判斷，大約是因爲儘管左氏傳在内容上有優越之處，在結果上却允許了王莽的簒漢，光武帝想盡量避免將東漢的正統性托之於左氏傳。《續漢書》志七《祭祀志 上》中這樣記載：

> 至(建武)七年五月、詔三公曰、漢當郊堯。其與卿大夫・博士議。時侍御

---

① 關於王莽所定以“元始中故事”爲中心、以儒教爲基礎的國制整備，之於“中國古典國制的成立”的意義，請參考渡辺信一郎的論文《天下觀念與中國古典國制的成立》(《中國的歷史世界——統合系統與多元的發展》，東京都立大學出版會，2002 年)。此外，關於東漢時期的相關情況，請參考渡邉義浩《東漢時期的禮與“故事”》(《兩漢時期的易與三禮》，汲古書院，2006 年;《東漢時期“儒教國家”的成立》第三章，汲古書院，2009 年)。

> 史杜林上疏、以爲、漢起不因緣堯、與殷周異宜、而舊制以高帝配。方軍師在外、且可如元年郊祀故事。上從之。

建武七(三一)年,光武帝遵從杜林的上疏,在郊祀中不再以堯配祭。考慮到王莽的漢新革命就是參照堯舜革命而進行的,這自然是理所當然的舉措。[①]

此後不久,光武帝廢除郭皇后改立陰皇后。與之相伴的,建武十九(四三)年,郭皇后曾作爲皇太子的兒子劉彊被貶爲東海王,陰皇后的兒子,也就是後來的明帝,被立爲了太子。皇太子交替的詔書,記載於《後漢書》本紀一下《光武帝紀下》中:

> (建武十九年)六月戊申、詔曰、春秋之義、立子以貴。東海王陽皇后之子、宜承大統。皇太子彊崇執謙退、願備藩國。父子之情、重久違之。其以彊爲東海王、立陽爲皇太子、改名莊。

(詔書中的邏輯)正是"子以母貴"。毫無疑問,公羊學派也在試圖捲土重來。[②] 在第三部分中提到,賈逵在上奏中指出只有左氏傳明確記載了漢家堯後説和漢家火德説,并要求將左氏傳立爲學官,這其實是章帝時期的事了。章帝贊許了賈逵的上奏,并從修習公羊嚴氏、顔氏二家的諸生中選取了二十人,讓他們學習左氏傳。(《後漢書》列傳二十六《賈逵傳》)

接下來的建初四(七九)年,章帝主持了白虎觀會議。這次論議的主軸,是以左氏學爲代表的古文學派和以公羊學爲中心的今文學派之間的對立,論議的成果被編成了《白虎通》。整體上看,這本書基本上以今文説爲主。關於春秋學的部分,完全無視了左氏傳,稍微用了一些穀梁傳,大部分采用了公羊學派的學説。[③] 在白虎

---

① 關於東漢被曹魏所滅的漢魏革命,也是以堯舜革命爲參照的情況,請參照渡邉義浩《"魏公卿上尊號奏"中所見漢魏革命的正統性》(《大東文化大學漢學會志》四三,2004 年;《東漢時期"儒教國家"的成立》第八章,汲古書院,2009 年)。

② 關於東漢初期公羊學派通過導入緯書,積極地推動漢朝正統化,并致力於捲土重來的情況,請參考安居香山的論文《圖讖的形成及其延用——以光武帝革命前後爲中心》(《東方學》二七,1964 年)、間嶋潤一的論文《關於兩漢時期的"獲麟"解釋》(《漢文學會會報》三六,1977 年)。作爲其結果,何休的《解詁》中,夾雜了大量的緯書,其中可以根據其性質大致分爲與春秋義相關的例子、與灾異相關的例子、與禮制相關的例子,相關研究請參考田中麻紗巳的論文《〈春秋公羊解詁〉與緯書的關聯》(《緯學研究論叢》,平河出版社,1993 年)。

③ 請參考田中麻紗巳的論文《〈白虎通〉中的"或曰""一説"》(《人文論叢》[京都女子大學]三八,1990 年),然而,在白虎觀會議之後四年的建初八(八三)年,章帝下詔,"令群儒選高才生,受學《左傳》《穀梁春秋》《古文尚書》《毛詩》",田中麻紗巳在論文《關於東漢初期的春秋學》(《中村璋八博士古稀記念東洋學論集》,汲古書院,1996 年)中推測,這是對古文學持有好感的章帝接受了賈逵請奏之後的結果。

觀會議上,由王莽所定的禮制,也就是以"元始故事"爲中心的古典國制,通過經義被正統化了。具體來説,包括① 洛陽遷都、② 畿内制度、③ 三公設置、④ 十二州牧設置、⑤ 南北郊祀、⑥ 迎氣(五郊)、⑦ 七廟合祀、⑧ 官稷(社稷)、⑨ 辟雍(明堂·靈臺)、⑩ 學官、⑪ 二王後、⑫ 孔子子孫、⑬ 樂制改革、⑭ 天下之號(王朝名)等幾乎所有方面,都在白虎觀會議上通過今文學的經義被重新正統化了。[①] 白虎觀會議與石渠閣會議完全不同,後者以正當化匈奴政策的轉换而公開確認穀梁傳爲目的,而前者則是將漢朝的國政完全通過公羊傳以及公羊學説來正統化,這是象徵著東漢"儒教國家"完成的會議。[②]

在白虎觀會議中,不僅確認了作爲今文學的公羊傳的優越性,以及將王莽所定的漢朝國制經由經義正統化,同時還能看到爲了適應現實變化而發展的新公羊學。在生母外戚較多的西漢時期,"母以子貴"的義例,在外戚參與政治的正當化論證中發揮了重要作用。然而,東漢的外戚,并非來自生母,而是來自嫡妻的家族,并且以嫡妻的權力作爲其權力的根基。(渡邉義浩《關於東漢時代的外戚》,《史峰》五,1990 年)這種外戚的權力形態,具體來説就是章帝的外戚竇氏的權力,無法通過"母以子貴"來正統化。在這時被提出的義例是"娶先大國"。

白虎觀會議之後,東漢中期順帝的外戚梁氏,是章帝時期生下和帝却被譖殺的梁貴人的後代。儘管如此,《後漢書》本紀十下《皇后紀》中有如下記載:

> 陽嘉元年春、有司奏、立長秋宫。以乘氏侯(梁)商先帝外戚。春秋之義、娶先大國。梁小貴人、宜配天祚、正位坤極。(順)帝從之。乃於壽安殿立貴人爲皇后。[③]

就這樣,梁貴人被立爲順帝的皇后,梁氏作爲外戚開始掌握權力。這裏需要注意的是,這些被泛稱爲"有司"的官員們,理所當然地引用了"娶先大國"這個"春秋之義"來説明梁氏立后的正當性。"娶先大國"這個"春秋之義",并不見於春秋經,當然也不見於公羊傳或何氏注。這一邏輯最先出現在《白虎通》卷十"嫁娶"中:

---

① 參考渡邉義浩,《〈白虎通〉中體現的東漢儒教的特殊性》(《兩漢的儒教與政治權力》,汲古書院,2005 年;《東漢時期"儒教國家"的成立》第二章,汲古書院,2009 年)。

② 通過白虎觀會議召開的東漢章帝時期,確定東漢"儒教國家"的成立,并以此爲"儒教國教化"完成的觀點,請參考渡邉義浩《儒教與東漢國家的支配》(雄山閣出版,1995 年),以及《東漢時期"儒教國家"的成立》序言(汲古書院,2009 年)。

③ 此外,關於公羊學與外戚參政的正當化之間的討論,也請參考何照清所著《兩漢公羊學及其對當時政治之影響》(輔仁大學中國文學研究所碩士論文,1986 年)。

王者之娶、必先選于大國之女禮儀備所見多。詩云、大邦有子、俔天之妹。文定厥祥、親迎于渭。明王者必娶大國也。春秋傳曰、紀侯來朝。紀子以嫁女于天子、故增爵稱侯。

由此可見,這是在白虎觀會議上被確定的公羊學説。順帝時期的梁皇后立后事件,有司的上奏,是借由(通過"母以子貴"義例的展開,在白虎觀會議中産生的)"娶先大國"來完成正當化論證的。這裏,我們不僅能理解在儒教一尊的時代,《白虎通》在東漢國政中强大的規制力,還能看出公羊學派理論的自我發展。

那麽,對於賈逵所强調的,只有左氏傳纔能直接將劉氏與春秋相關聯的主張,公羊學是以怎麽樣的邏輯展開來與之對抗的呢?這個流傳至今的答案存在於《春秋公羊傳》哀公十四年所附何休的注解之中,《春秋公羊經傳解詁》哀公十四年中這樣寫道:

〔傳〕君子曷爲爲春秋。……

〔注〕……孔子仰推天命、俯察時變、却觀未來、豫解無窮。知漢當繼大亂之后、故作撥亂之法以授之。

〔傳〕制春秋之義、以俟後聖。

〔注〕待聖漢之王、以爲法。

在這裏,孔子被定位成一個預知了漢朝成立,并爲之制定春秋之義作爲其法度的神秘存在。没有王位却是真正王者的"素王"孔子,在《春秋》中爲後世的"聖漢"指明了真正王者的法則。以何休爲代表的公羊家們的"孔子素王説",就這樣支撑了"聖漢"的正統性,并以此與左氏傳對抗。公羊學,在左氏傳被王莽利用的契機下,恢復了自身作爲漢朝正統思想的地位,在白虎觀會議中確定了這一勝利。其中,不僅是因爲公羊傳本身適應了漢朝國政的現狀,同樣也因爲公羊學派在理論發展上的努力。

此外,生活在東漢末年的何休,在《春秋公羊傳》宣公十五年的注中,主張了作爲理想土地制度的井田制。(渡邉義浩《井田制的系譜——關於占田、課田制的思想史背景》,2005年)然而,此後發展爲曹魏屯田制、西晋的占田和課田法的井田制傳統,是從《禮記·王制》中發展來的。[①] 一方面,被公羊學視爲"聖漢"的東漢的滅亡,給公羊學派

① 請參考渡邉義浩的論文《井田制的系譜——關於占田、課田制的思想史背景》(《中國研究集刊》三七,2005年)。關於何休的井田制,内山俊彦在論文《何休思考的歷史》(《中國思想史研究》二四,2001年)中指出,在《春秋》經中作爲理念存在的衰亂→升平→大平的上升過程,井田制國家爲其中的"大平"提供了一個具體的内容基礎。此外,也請參考中嶋隆蔵的論文《何休的思想》(《集刊東洋學》一九,1968年)。

的普及和發展帶來了困難。另一方面,持續與公羊學對抗的左氏學,却很好地應對了東漢的滅亡。針對東漢"寬"治帶來的僵局,以《春秋左氏傳》昭公傳二十年的"寬猛相濟"爲論據,主張重視法刑的"猛"政,影響了曹操和諸葛亮的國政運用。(渡邉義浩《從"寬"治到"猛"政》,2001 年;《死而後已——諸葛亮的漢代精神》,2003 年)另外,對於社會的分權化,以《春秋左氏傳》僖公二十四年爲論據,正當化了對同姓諸侯的封建。(渡邉義浩《"封建"的復權——西晋時期諸王的封建》)更進一步,西晋的杜預登場後,一邊注釋左氏傳,一邊正統化司馬氏的權力,徹底壓倒了公羊傳。(渡邉義浩《杜預的左傳癖與西晋的正統性》,2005 年;《杜預的諒闇制與皇位繼承問題》,2005 年)與聖漢關係過於密切的公羊傳,也隨著聖漢一同衰落了。

結　語

本文暫且擱置了春秋三傳的成立及其思想内容上的問題,只措意於在兩漢的政治過程中,春秋三傳是如何被利用於國政的正當化的。出現時期最早的公羊傳,很好地正當化了武帝之前的西漢國政,在東漢時也憑藉自身學説的發展,成爲了貫穿兩漢的春秋學核心經典。與之相對的,穀梁傳儘管很好地適應了宣帝時期的國政,却太過於依賴宣帝時期的特殊狀況。最後出現的左氏傳,雖然有規定了漢朝禮制根本的優勢,却被王莽利用,這對它在東漢時期的地位非常不利。

公羊傳,是爲了漢朝而作的《春秋》。不僅何休明確記載了它是爲了聖漢而被書寫的,而且它針對一直威脅漢民族國家的夷狄的强烈攘夷思想,也很好地適應了漢朝這個時代。漢朝滅亡後,經過五胡十六國,在胡漢融合的進展中,公羊傳的困境還將繼續。與之相對,左氏傳因爲以事爲主,可以引申出各種事例,通用性更高。因此,漢朝滅亡後,(左氏傳)仍能超越魏晋南北朝的動亂時期,被選爲唐朝的《五經正義》之一。

書評與札記

《左傳》神采與春秋士人精神

——評胡安順《春秋左傳導論》

鍾書林

【摘　要】 胡安順教授《春秋左傳導論》在介紹《左傳》基本内容，梳理歷代《左傳》研究概況的同時，揭示了《左傳》神采，爲初學者掃除了許多閱讀障礙。該書内容具體包括：梳理并辯正《左傳》研究中的不少疑案；重估《左傳》研究中的是非得失；彙編并注釋有關春秋五霸事迹的文選，有效發揮編年體、紀傳體二者的長處；編制春秋王公及卿大夫世系表，清晰地展示人物關係；闡揚先秦士人精神，展示《左傳》人物風采與精髓之所在；等等。

【關鍵詞】 春秋　《左傳》　士人精神

【作者簡介】 鍾書林，1978 年生，上海師範大學人文學院教授。

《左傳》之文，歷來備受推崇。晋人賀循稱："《左氏》之傳，史之極也。文采若雲月，高深若山海。"[①]由於《左傳》的語言高古，人物衆多，故一般讀者往往望而却步，或者淺嘗輒止。胡安順教授《春秋左傳導論》(中國社會科學出版社 2024 年，以下簡稱《導論》)一書，不僅詳細介紹了《春秋》和《左傳》，且爲初學者掃除了許多閱讀障礙。全書分上中下三編。上編系統介紹《左傳》的基本内容、學術價值以及歷代研究概況；中編爲文選，擇選有關春秋五霸事迹的文章，按紀事本末體編排、注釋；下編制表 83 張，包括東周諸王世系表、春秋二十國君主世系表及魯、晋、齊等九國卿族世系表。此外，書末專文論述了春秋時的士人精神，具有很强的現實教育意義。

① (清)朱彝尊著，林慶彰等整理：《經義考新校》，上海：上海古籍出版社，2010 年，第 3088 頁。

一、梳理并辯正《左傳》研究中的疑案

孔子與《春秋》、《左傳》與《春秋》的關係歷來辯訟紛紜。《導論》梳理這些争議并明確提出了自己的看法。關於孔子與《春秋》的關係,學界存在兩種對立的觀點,其一認爲《春秋》系孔子據魯史修成,其二認爲《春秋》非孔子所修。《導論》認爲,在没有充分證據的情况下,與其否定孔子修《春秋》,不如肯定孔子修《春秋》。關於《左傳》與《春秋》的關係,《導論》指出漢代一些學者認爲《左傳》不傳《春秋》,這僅僅是今文經學家的看法,不能説明當時所有經學家都持這種觀點。儘管《左傳》與《春秋》存在着不少差異,但就總的情况看,其所記内容是"同"多於"異",故承認《左傳》爲傳《春秋》而作是没有問題的。

又如關於《春秋》筆法"一字寓褒貶",歷來傳爲美談,然其具體語義理解却存在分歧。前人多認爲《春秋》的每一字都寓有褒貶義,例如杜預《春秋釋例》一書系統總結了其筆法;不過後代學者也有對此質疑、否定者,例如宋人鄭樵質疑説:"凡説《春秋》者,皆謂孔子寓褒貶於一字之間……此之謂欺人之學。"(《通志》)在這些分歧中,贊成者或穿鑿附會,曲解經義,否定者或斷然否定,措辭激烈。面對這些分歧,《導論》條分縷析各家説法,站在現代學術的高度,認爲如果摒棄門户之見,應該承認"《春秋》書法"肯定是有的,但將其抬升至十分嚴密乃至神聖的地位則是不可信的。

二、重估《左傳》研究中的是非得失

《左傳》自産生至今,頗受學人重視并研究。歷代研究的是非得失,亟待梳理。《導論》將《左傳》的歷代研究劃分爲七個階段,重估其學術價值。例如指出在南北朝時期,《左傳》學分爲南北兩派: 南宗杜預,北宗服虔。唐代孔穎達的《左傳正義》則全面采用晋人杜預《春秋左傳集解》,如此極大地提高了其價值,但嚴重忽視了服注,打破了南北并峙的格局,致使服虔的《春秋左氏傳解》從此失傳。又如關於宋人研究《春秋》《左傳》的是非得失,《導論》有不少中肯的評判。以葉夢得爲例,葉氏著有《春秋傳》《春秋考》《春秋讞》《春秋指要總例》等著作。《導論》認爲葉氏治《春秋》的最大特點是注重實證,批評《左傳》時多從字義、史實立論;但他比較自負,好下斷語,難免失之偏頗。再如評説清人的相關研究,亦頗顯公允。清人重視"漢學",於《左傳》研究中出現的偏頗撥亂反正,其中以劉文淇、洪亮吉最具代表性。劉文淇等《春秋左傳舊注疏證》、洪亮吉《春秋左傳詁》,都意在鈎沉漢儒古注,揭露杜預對漢

儒成果的竊用。他們認爲杜預不遵古訓,對漢代服虔注、賈逵注多有剿襲却不加注明。《導論》指出“(清人)以賈逵、服虔之説爲主,對杜預注、孔穎達疏有糾謬補缺之功,亦有貶斥過分之處”,“重賈、服而排杜,故不免失之客觀”。①

另外,漢代劉歆的《移書太常博士文》,反映了今、古文經學派的嚴重對立現象。由於對原文斷句的不同理解,學界出現了《左傳》是否出自孔壁的分歧。《導論》認爲原文發生了錯簡:“發生錯簡的幾句是‘及《春秋左氏》,丘明所修。皆古文舊書,多者二十餘通’,如果把這四句移至‘《書》十六篇’與‘天漢之後’兩句之間,原文之疑就會涣然冰釋,各就其理。”②這無疑是一個重要發現。

三、彙編并注釋有關春秋五霸事迹的文選

《春秋》《左傳》均爲編年體,以時間爲中心,“系日月而爲次,列時歲以相續”,即按年、月、日有次序地記録史實。這種體例對於一些重大事件的前因後果、重要人物的生平功業等的叙述難免碎片化,讀者不便全面掌握事件的來龍去脉及人物的行動軌迹。《導讀》中編的《左傳》文選采用編年體加紀傳體的方式,兼顧時間與事件,有效發揮了二者的長處。

文選只選取有關春秋五霸(齊桓公、宋襄公、晋文公、秦穆公、楚莊王)事迹的内容,原因概由於作爲導讀,文選不能占太多的篇幅;更由於五霸是春秋時期最重要的人物,其事迹也是春秋時期最重要的活動,例如春秋最重要的一些戰役如“齊桓公伐楚”“泓之戰”“城濮之戰”“韓之戰”“崤之戰”“邲之戰”等都在其中。讀者通過閱讀“五霸事迹”,既可以領略到五霸的事迹和風采,也可瞭解到《左傳》概貌,包括戰争、盟會、外交活動、辭令藝術等。例如“齊桓公霸業”一章,共分齊襄公之弑、公子小白與公子糾争國、齊桓公始霸、遷邢封衛、齊桓公伐楚、齊桓公伐鄭、葵丘之盟七節,將散見於《左傳》各處的有關記載重組,使之史脉清晰,展示出了齊桓公霸業的全部内容及發展過程。

四、編制春秋王公及卿大夫世系表

《左傳》中的人物衆多,共達四千人左右。即使同一人物,在不同語境下,或稱

① 胡安順:《春秋左傳導論》,北京:中國社會科學出版社,2024年,第98—99頁。

② 胡安順:《春秋左傳導論》,北京:中國社會科學出版社,2024年,第84頁。

名,或稱字,或稱謚號,不一而足,給讀者帶來很大麻煩。《導讀》的下編仿《史記》"十表"體例,參考《春秋釋例》《春秋會要》《春秋大事表》等文獻製成《春秋王公世系表》《春秋魯、晋、齊、宋、鄭、衛、陳、楚、秦九國卿大夫世系表》。這在《左傳》全注本或選注本中均絶無僅有,不僅清晰地展示了人物關係,且對人物作了必要解釋,其詳細程度超過了同類著作,爲一般讀者通讀《左傳》掃除了諸多障礙,也是專家學者的重要參考。例如《左傳·昭公七年》"子産爲豐施歸州田于韓宣子"一語,查《導論》鄭國"豐氏世系表",可知豐施即子旗,伯石(公孫段)之子。魯昭公十六年鄭六卿餞韓宣子於郊,子旗賦《有女同車》。①

五、闡揚先秦士人精神

春秋時期是中國古代士人精神形成與發展的重要歷史階段。《導論》附録《春秋士人精神舉要》一文,從《左傳》中選取二十四則文選,一一簡評,并在文末作了總論。文章認爲士人精神就是具有强烈的社會責任感與忘我精神,具體表現包括以修齊治平爲己任,深明大義、看重名節、勇於擔當、不懼犧牲、砥礪前行、死而後已等,所謂"苟利天下生死以,不以禍福避趨之"。文章指出,春秋之時,雖禮崩樂壞,然文武遺烈,流而未滅,士人精神迢遞而昌。士人精神崇尚個人之修養,不爲形牽,不爲勢禁,處心有道,行己有方,爲國赴難,爲民請命,疾惡如仇,珍視名節,視死如歸,信守承諾,重義輕利,富貴不淫,貧賤不移,威武不屈,果毅不狂,爲官憂國民,守義忘死生,事君不避難,有罪不逃刑,臨財不苟取,臨禍不苟免,不因有恃而呈勇,不以私憤而害公,寧自損而不失大義,受人惠則必救其患,等等。②

上述春秋士人精神,社會責任感,是《左傳》神采與精髓之所在,也是中華優秀文化傳統與民族品格的重要體現,其文化價值與借鑒意義跨越時空,影響至今,具有强烈的現實教育意義,值得今人珍視和認真學習。

傳承發揚中華優秀文化傳統與中華民族品格,守正創新,秉持時代精神,增强中華文明傳播力影響力,離不開經典的閱讀與踐行。正如詹福瑞先生《論經典》所説,"經典屬於傳統,是人類優秀的文化遺産","經典乃是歷經時間檢驗留下來的精品",但"經典不是死的標本,它是活在當代,而且有着强大活力,參與當代文化建

① 胡安順:《春秋左傳導論》,北京:中國社會科學出版社,2024年,第353頁。

② 胡安順:《春秋左傳導論》,北京:中國社會科學出版社,2024年,第386—387頁。

構,并影響到人類靈魂的文化遺産”。[①] 以《左傳》等經典爲代表的中華典籍,歷經沉澱,生衍不息,是中華優秀文化數千年連續性存在的厚重根基。但如何實現其當代價值,依然是個未竟的重要話題,有待更多的探討與關注。

① 詹福瑞:《論經典》,北京:人民文學出版社,2016年,第20頁。

《左傳》“其無晋乎”補證

吴林妍、劉　光

【作者簡介】　吴林妍，2000 年生，南通大學文學院碩士研究生；劉光，1989 年生，南通大學文學院副教授。

《左傳・閔公元年》記載，晋獻公將上軍出征，使太子申生將下軍，獲勝而歸之後爲太子城曲沃。士蔿遂預言太子將不立，且曰：

> 不如逃之，無使罪至。爲吴大伯，不亦可乎？猶有令名，與其及也。且諺曰：“心苟無瑕，何恤乎無家！”天若祚大子，其無晋乎！

其中“其無晋乎”的釋義仍有争議，大致存在兩派觀點。以沈欽韓、竹添光鴻等爲代表的一派認爲這是反問句表肯定，意謂太子“終有晋國”。沈欽韓在《春秋左氏傳補注》中注疏：

> 言天祚太子，終有晋國。勸其且逃以待命。

他認爲“上天祚太子，太子一定會擁有晋國，勸諫太子暫且逃奔，來等待時機歸國繼承國君之位”，即太子等待時機成熟還會回到晋國繼承國君之位，準此，“其無晋乎”意謂“怎麽會没有晋國呢”，以反問表肯定語氣，也就是所謂“終有晋國”。

竹添光鴻在《左氏會箋》也認爲：

> “其無晋乎”，如惠公、文公雖出奔歸有晋國即是也。或謂未必無如晋國者别在也，誤矣。

他認爲“其無晋乎”應理解爲“太子就像晋惠公、晋文公一樣，雖然出奔他國，但是歸國之後仍然能够繼承國君之位”。也認爲“其無晋乎”意謂“怎麽會没有晋國呢”，以反問表肯定語氣。

另一派以楊伯峻爲代表,認爲"其無晉乎"并非反問:

> 意謂天若保佑太子得善終,必不致令其在晉國,蓋仍是勸太子逃亡之意。

楊伯峻認爲"上天如果保佑太子讓他得以善終的話,一定不會讓他留在晉國,文意大概還是勸諫太子逃亡的意思","必不致令其在晉國",即太子應該離開晉國,此句句意"蓋仍是勸太子逃跑之意",該句式表推測義。

楊伯峻的觀點影響亦大,沈玉成《左傳譯文》、李夢生《左傳譯注》等譯作多從楊説。

近來徐飛《〈左傳〉"其無晉乎"補證》一文(後簡稱"徐文")認可前一種觀點。他從語法句式、表達結構、勸諫宗旨三個方面論證了"其無晉乎"的句式含義,認爲"其無晉乎"是以反問表肯定,句意是"(太子)難道不能擁有晉國嗎?"我們認爲他的觀點仍有商榷之處,試辨析如下。

首先從語法上分析"其無……乎"句式。該句式在先秦漢語中并非全部表示反問語氣,還同時存在以疑問語氣表推測義的用法,譯爲"大概没有/不……吧",這種情況下"其無+名詞+乎"就是表示一種對未來形勢的預測,并不是以反問表肯定。如:

> 天王使召武公、内史過賜晉侯命。受玉惰。過歸告王曰:"晉侯其無後乎?王賜之命,而惰於受瑞,先自棄也已,其何繼之有?禮,國之幹也;敬,禮之輿也。不敬則禮不行,禮不行則上下昏,何以長世?"(《左傳·僖公十一年》)

此處内史過之言在於譴責晉侯無禮於王,因而預測晉侯没有後代。所以此處的"其無……乎"并不是以反問表肯定,而是表推測義。

因此,"其無……乎"確實可表推測語氣,不一定都以反問表肯定,因此,"徐文"在語法上的説法略失嚴密。

其次,"徐文"認爲"士蔿之言由表示轉折遞進的'且'字截爲兩段,後段不應'仍是勸太子逃亡之意'",這一點也存在問題。因爲在先秦漢語文獻中,連詞"且"既能表示順承關係,也能表示轉折關係。如果是表示順承關係,那麽連詞"且"字前後的文意應該是統一的;如果連詞"且"表示轉折關係,則前後的文意相反。此處失誤的點與前一個問題類似,即不能僅憑藉"且"這個連詞本身就得出文意是表示轉折關係,而是要根據文意來推"且"的功能。

退一步説,即使這裏的"且"確實如"徐文"所説是表示轉折關係,後面的表意不是勸太子逃亡。而“徐文”在最後一部分得出結論之前却説“士蔿判斷申生的儲位將被剥奪,還將因此受禍,遂勸其效仿吴太伯避位出奔,不僅可以免禍,還能博得讓國美名”,這與其前文所言“不應該是勸太子出逃”的觀點前後似有矛盾之處。

此外,“徐文”的翻譯也存在問題。將“其無晋乎”翻譯成“(太子)難道不能擁有晋國嗎?”原文中作名詞的“晋”就被偷换成了作動詞,釋作“擁有晋國”,於理不通。

我們認可竹添光鴻所引“或謂”的觀點,即“雖出在我,猶能如太伯之得國,可患無晋國乎”的觀點,其依據如下:

第一,從主題宗旨來看

從原文來看,前半段士蔿勸諫太子,説與其等待灾禍降臨其身,不如效仿吴太伯讓國出奔,不僅不會罪降於身,還能獲得讓國的美名。主旨是勸諫太子離開晋國。後半段繼續引用諺語“心苟無瑕,何恤乎無家”進一步勸諫:“你的心如果没有瑕疵,何必擔心没有‘家’(不能建立自己的采地食邑)呢?”可見,後半段的主旨也是勸其出逃。因此連詞“且”是表示順承關係,士蔿全部的言論都是圍繞出逃展開的。

第二,從語法結構來看

“乎”是語氣詞,重點在於怎麽理解“其”的語法功能。根據王引之《經傳釋詞》和楊樹達《詞詮》,與“乎”構成句式的“其”有兩種用法:其一,作副詞,表推測義,在不確定事情未來發展走向的時候用;其二,用法同“豈”,反問句,表肯定語氣。

因此,“其……乎”句式在具體的語境中究竟是哪種用法,完全取決於語境宗旨。此處,按照邏輯關係,只能根據語意宗旨來推“其……乎”構式的確切用法,而不能用“其……乎”構式來倒推語意,徐文恰恰違背了這一邏輯。

第三,從歷史典故角度來看

沈欽韓、竹添光鴻和徐飛顯然忽視了“吴太伯出奔建國”的文化意義,纔會誤解“天若祚大子,其無晋乎”。

而實際的情况是吴太伯出奔之後并没有再返回周王室,而是來到荆蠻之地建立了新的國家。太伯出奔到荆蠻之地後,所從者衆,於是成立了吴國,獲得了很大的成功。

士蔿以吴太伯比太子,顯然是希望太子效仿吴太伯,逃奔他地以建立自己的功業。沈欽韩和竹添光鴻等人的觀點都認爲太子還會回到晋國,這與士蔿的説法是矛盾的。

楊伯峻認爲“其”是表推測義,勸諫太子離開晋國,在這一點上相比沈等人是進步的。但是楊并没有考慮到離開之後是怎麽樣的,忽視了吴太伯出奔“建國”這一關鍵信息,因此也没有得出正確的言論。

另外值得一提的是，所謂"天子建德，因生以賜姓，胙之土而命之氏"，"胙"可表"賞賜（土地）"之義，與吴太伯"建國"正好對應。沈欽韓一派觀點并没有提及此點，楊伯峻將"祚"解釋爲"保佑"，都不够準確。我們認爲"天若祚大子"當譯爲"上天如果賞賜太子（土地）"。正與"雖出在我，猶能如太伯之得國，可患無晋國乎"的説法相合。

最後，還應該從主語省略角度看"天若祚大子，其無晋乎"。前半句"天若祚大子"主語是"天"，下半句"其無晋乎"主語蒙前省，也是"天"。因此，"天若祚大子，其無晋乎"應譯爲"上天如果賞賜太子（土地），大概不是（賞賜）晋國（給他）吧"。

圖書在版編目(CIP)數據

春秋學研究. 第五輯 / 曾亦，郭曉東主編. -- 上海 ：上海古籍出版社，2025. 5. -- ISBN 978-7-5732-1621-2

Ⅰ. K225.07

中國國家版本館 CIP 數據核字第 20258GP826 號

春秋學研究(第五輯)

曾　亦　郭曉東　主編

上海古籍出版社出版發行

(上海市閔行區號景路 159 弄 1-5 號 A 座 5F　郵政編碼 201101)

(1) 網址：www.guji.com.cn

(2) E-mail：guji1@guji.com.cn

(3) 易文網網址：www.ewen.co

上海商務聯西印刷有限公司印刷

開本 787×1092　1/16　印張 20.75　插頁 2　字數 465,000

2025 年 5 月第 1 版　2025 年 5 月第 1 次印刷

印數：1—800

ISBN 978-7-5732-1621-2

K·3873　定價：88.00 元